ISBN 978-0-267-29203-5
PIBN 10738654

Ausgewählte Schriften

von

Heinrich von Treitschke

Erster Band

Leipzig

Verlag von S. Hirzel

1907

Inhalt.

Die Freiheit.

(Leipzig 1861.)

Wann werden sie jemals aussterben, jene ängstlichen Ge=
müter, denen es ein Bedürfnis ist, sich die Mühsal des Lebens
durch selbstgeschaffene Pein zu erhöhen, denen jeder Fortschritt
des Menschengeistes nur ein Anzeichen mehr ist für den Verfall
unseres Geschlechtes, für das Nahen des jüngsten Tages? Die
große Mehrheit der Zeitgenossen beginnt, Gottlob, wieder recht
derb und herzhaft an sich selber zu glauben, doch sind wir schwach
genug, mindestens einige der trüben Vorhersagungen jener
schwarzsichtigen Geister nachzusprechen. Ein Gemeinplatz gewor=
den ist die Behauptung, die alles beleckende Kultur werde endlich
auch die Volkssitten durch eine Menschheitssitte verdrängen und
die Welt in einen kosmopolitischen Urbrei verwandeln. Aber es
waltet über den Völkern das gleiche Gesetz wie über den einzelnen,
welche in der Kindheit geringere Verschiedenheit zeigen als in
gereiften Jahren. Hat anders ein Volk überhaupt das Zeug
dazu, in dem erbarmungslosen Rassenkampfe der Geschichte sich
und sein Volkstum aufrecht zu erhalten, so wird jeder Fortschritt
der Gesittung zwar sein äußeres Wesen den anderen Völkern
näher bringen, aber die feineren, tieferen Eigenheiten seines
Charakters nur um so schärfer ausbilden. Wir fügen uns alle
der Tracht von Paris, wir sind durch tausend Interessen mit
den Nachbarvölkern verbunden; doch unsere Empfindungen und
Ideen stehen heute der Gedankenwelt der Franzosen und Briten
unzweifelhaft selbständiger gegenüber als vor siebenhundert
Jahren, da der Bauer überall in Europa in der Gebundenheit

altväterischer Sitte dahinlebte, der Geistliche in allen Ländern
aus denselben Quellen sein Wissen schöpfte, der Adel der latei=
nischen Christenheit sich unter den Mauern von Jerusalem einen
gemeinsamen Ehren= und Sittenkodex schuf. Noch ist der lebendige
Ideenaustausch zwischen den Völkern, dessen die Gegenwart mit
Recht sich rühmt, niemals ein bloßes Geben und Empfangen
gewesen.

In dieser tröstlichen Erkenntnis werden wir bestärkt, wenn
wir sehen, wie die Ideen eines deutschen Klassikers über den
höchsten Gegenstand männlichen Denkens, über die Freiheit, neuer=
dings von zwei ausgezeichneten politischen Denkern Frankreichs
und Englands auf sehr eigentümliche Weise weitergebildet worden
sind. Als vor einigen Jahren Wilhelm von Humboldts Versuch
über die Grenzen der Wirksamkeit des Staates zum ersten Male
vollständig erschien, da erregte die geistvolle Schrift auch in
Deutschland einiges Aufsehen. Wir freuten uns, einen tieferen
Einblick zu gewinnen in den Werdegang eines unserer ersten
Männer. Die feineren Geister spürten mit Entzücken den be=
lebenden Hauch des goldenen Zeitalters deutscher Humanität,
denn wohl nur in Schillers nahverwandten Briefen über die
ästhetische Erziehung des Menschengeschlechts ist das heitere Ideal=
bild schöner Menschlichkeit, das die Deutschen jener Zeit begeisterte,
ebenso beredt und vornehm geschildert worden. Unsere Politiker
aber blieben von der Schrift fast unberührt. Dem geistvollen
Jünglinge, der soeben den ersten Blick getan in das selbstgenüg=
same Formelwesen der Bureaukratie Friedrich Wilhelms II. und
sich von diesem leblosen Treiben erkältet abwandte, um daheim
einer ästhetischen Muße zu leben — ihm war wohl zu verzeihen,
daß er sehr niedrig dachte vom Staate. Dalberg hatte ihn
aufgefordert, das Büchlein zu schreiben — ein Fürst, der alle
Güter des Lebens durch eine allwissende und allfürsorgende Ver=
waltung mit vollen Händen über sein Land auszustreuen gedachte.
Um so eifriger betonte der junge Denker, der Staat sei nichts
anderes als eine Sicherheitsanstalt, er dürfe nimmermehr weder
mittelbar noch unmittelbar auf die Sitten oder den Charakter

der Nation einwirken; der Mensch sei dann am freiesten, wenn der Staat das mindeste leiste. Wir Nachlebenden wissen nur zu wohl: das alte deutsche Staatswesen ging eben daran zu Grunde, daß alle freien Köpfe sich so krankhaft feindselig zum Staate stellten, daß sie den Staat flohen, wie der Jüngling Humboldt, statt ihm zu dienen, wie Humboldt der Mann, und ihn zu heben durch den Adel ihrer freien Menschenbildung. Die Lehre, welche im Staate nur eine Schranke, ein notwendiges Übel sieht, erscheint der deutschen Gegenwart als überwunden. Doch seltsam, diese Jugendschrift Humboldts wird jetzt von John Stuart Mill in der Schrift On liberty und von Ed. Laboulaye in dem Aufsatze l'État et ses limites als eine Fundgrube politischer Weisheit für die Leiden der neuesten Zeit verherrlicht.

Mill ist ein treuer Sohn jener echtgermanischen Mittel= klassen Englands, welche seit den Tagen Richards II. im Guten wie im Bösen, durch ernsten Wahrheitstrieb wie durch finsteren, fanatischen Glaubenseifer, die Innerlichkeit, die geistige Arbeit dieses Landes vorzugsweise vertreten haben. Er ist ein reicher Mann geworden, seit er das köstlichste Kleinod unseres Volkes, den deutschen Idealismus, entdeckt und erkannt hat. Von dieser freien Warte herab sagt er der Befangenheit seiner Landsleute und leider auch der deutschen Gegenwart Worte des Tadels, bittere Worte, wie sie nur der gefeierte Nationalökonom unge= straft reden durfte. Aber als ein echter Engländer, als ein Schüler Benthams, prüft er die Ideen Kants an dem Maße des Nützlichen, natürlich des „wohlverstandenen, dauernden" Nutzens, und zeigt damit selber die tiefe Kluft, welche das geistige Schaffen dieser beiden Völker immer trennen wird. Er schwankt zwischen englischer und deutscher Weltanschauung — in der Schrift über die Freiheit wie in seinem späteren Werke Utilitarianism — und hilft sich endlich, indem er den rein materialistischen Gedanken Benthams einen idealen Sinn unterschiebt, der sie dem deutschen Wesen nahe bringt. An der Hand des Apostels deutscher Huma= nität gelangt er dazu, das nordamerikanische Staatsleben zu preisen, welches von der schönen Menschlichkeit des deutschhelle=

nischen Klassizismus wenig oder gar nichts aufzuweisen hat. Laboulaye dagegen zählt zu jener kleinen Schule einsichtiger Liberaler, welche in der Zentralisation Frankreichs die Schwäche ihres Vaterlandes erkennt und die Keime germanischer Gesittung, die dort unter dem keltisch-romanischen Wesen schlummern, wieder zu erwecken trachtet. Mehr kühn als gründlich springt der geist= reiche Mann mit den historischen Tatsachen um; er meint kurz= weg, erst das Christentum habe den Wert und die Würde der Person erkannt. Nun muß unser herrlicher Heide Humboldt durchaus ein christlicher Philosoph sein, nun muß im neun= zehnten Jahrhundert das Zeitalter nahen, da die Ideen des Christentums sich vollständig verwirklichen und das Individuum herrschen wird, nicht der Staat. Der Franzose wird unter zahl= reichen Lesern nur eine kleine Gemeinde von Gläubigen finden. Mills Buch dagegen ist von seinen Landsleuten mit dem höchsten Beifall aufgenommen worden. Man hat es das Evangelium des neunzehnten Jahrhunderts genannt. In der Tat schlagen beide Schriften Töne an, welche in der Brust jedes modernen Menschen mächtigen Widerhall finden; darum ist lehrreich zu prüfen, ob sie wirklich die Grundsätze echter Freiheit predigen.

Haben wir auch gelernt, die Worte des griechischen Philo= sophen tiefer zu begründen und ihnen einen reicheren Inhalt zu geben, so ist doch kein Denker über jene Erklärung der Freiheit hinausgekommen, welche Aristoteles gefunden. Er meint in seiner erschöpfenden empirischen Weise, die Freiheit umfasse zwei Dinge: die Befugnis der Bürger nach ihrem Belieben zu leben, und die Teilnahme der Bürger an der Staatsregierung (das ab= wechselnde Regieren und Regiertwerden). Die Einseitigkeit, welche der Hebel alles menschlichen Fortschreitens ist, bewirkt, daß die Völker fast niemals dem vollen Freiheitsbegriffe nachstrebten. Vielmehr ist bekannt, wie die Griechen sich mit Vorliebe an dieses letztere, an die politische Freiheit im engeren Sinne, hielten und einem schönen und guten Gesamtdasein willig die freie Bewegung des Menschen zum Opfer brachten. Gar so ausschließlich, wie gemeinhin behauptet wird, war die Vorliebe der Alten für die

politiſche Freiheit freilich nicht. Jenes Wort des griechiſchen
Denkers beweiſt ja, daß ihnen das Verſtändnis für das Leben
nach eigenem Belieben, für die bürgerliche, perſönliche Freiheit
keineswegs fehlte. Ariſtoteles weiß ſehr wohl, daß auch eine
Staatsgewalt denkbar iſt, welche nicht das geſamte Volksleben
umſaßt; er ſagt ausdrücklich, die Staaten unterſcheiden ſich von-
einander beſonders dadurch, ob alles oder nichts oder wie vieles
den Bürgern gemeinſam ſei. Jedenfalls blieb in dem ausge-
wachſenen Staate des Altertums die Vorſtellung vorherrſchend,
daß der Bürger nur ein Teil des Staates iſt, die rechte Tugend
nur im Staate ſich verwirklicht. Darum befaſſen ſich die politiſchen Denker der Alten bloß mit den Fragen: wer ſoll herrſchen
im Staate? und wie ſoll der Staat geſchützt werden? Nur als
eine leiſe Ahnung regt ſich dann und wann die tiefere Frage:
wie ſoll der Bürger vor dem Staate geſchützt werden? Den
Alten ſteht feſt, daß eine Gewalt, welche ein Volk über ſich ſelber
ausübt, keiner Beſchränkung bedarf. Wie anders die Freiheitsbegriffe der Germanen, welche durchgängig auf das unbeſchränkte
Recht der Perſönlichkeit das Hauptgewicht legen! Überall im
Mittelalter beginnt der Staat mit einem unverſöhnlichen Kampfe
der Staatsgewalt gegen die ſtaatsfeindlichen Unabhängigkeits-
gelüſte der einzelnen, der Genoſſenſchaften, der Stände; und
wir Deutſchen haben am eigenen Leibe erfahren, mit welchen
Verluſten an Macht und echter Freiheit die „Libertät" der Klein-
fürſten, die „habenden Freiheiten der Herren Stände" erkauft
werden. Iſt dann endlich in dieſem Streite, den bei den Neueren
die abſolute Monarchie glorreich hinausgeführt hat, die Majeſtät,
die Einheit des Staates gerettet, ſo geht eine Wandlung vor in
den Freiheitsbegriffen der Völker, und ein neuer Hader beginnt.
Nicht mehr verſucht man den einzelnen loszureißen von einer
Staatsgewalt, deren Notwendigkeit begriffen worden. Aber man
verlangt, daß die Staatsgewalt nicht unabhängig dem Volke
gegenüber ſtehe; eine wirkliche Volksgewalt ſoll ſie werden, wirkend
innerhalb feſter Formen und an den Willen der Mehrheit der
Bürger gebunden.

Jedermann weiß, wie unendlich weit unfer Vaterland noch
von diesem Ziele entfernt ist. Noch immer ist für den Deutschen
eine schwierige, lohnende Aufgabe, was vor nahezu hundert
Jahren Vittorio Alfieri als seinen Lebenszweck hinstellte:

di far con penna ai falsi imperj offesa.

Noch heute wiederholt mancher deutsche Heißsporn die grimmige
Frage Alfieris: ob ein Mann voll Bürgersinnes unter dem
Joche der Gewaltherrschaft es verantworten dürfe, Kinder zu
erzeugen? — Wesen ins Dasein zu rufen, welche, je wacher
ihr Gewissen, je fester ihr Rechtsgefühl, nur um so schwerer leiden
müssen unter jener Verkehrung aller Begriffe von Ehre, Recht
und Scham, womit die Thrannei ein Volk verpestet? Aber es
ist den Völkern geschehen, was Alfieri an sich selbst erlebte. Als
er im Mannesalter das wilde Pamphlet „über die Thrannei"
herausgab, das der Jüngling einst in heiligem Eifer nieder=
geschrieben, da mußte er selbst gestehen: mir würde heute der
Mut, oder, richtiger zu reden, die Wut mangeln, welche nötig
war, ein solches Buch zu verfassen. Mit ähnlichen Empfindungen
blicken heute die Völker auf den abstrakten Thrannenhaß des
vergangenen Jahrhunderts. Wir fragen nicht mehr: come si
debbe morire nella tirannide, sondern mit gefaßter, unerschütter=
licher Zuversicht stehen wir inmitten des Kampfes um die politische
Freiheit, dessen Ausgang längst nicht mehr bezweifelt werden
kann. Denn auch über diesem Streite hat das gemeine Los alles
Menschlichen gewaltet, auch diesmal sind die Gedanken der Völker
den Zuständen der Wirklichkeit um ein Großes vorangeeilt. Wie
leblos, wie unfruchtbar stehen doch die Männer des Absolutismus
den Freiheitsforderungen der Völker gegenüber! Nicht zwei mäch=
tige Gedankenströme rauschen in mächtigem Wogenschwall auf=
einander, bis endlich aus dem wilden Wirbel eine neue mittlere
Strömung gelassen entweicht. Nein, ein Strom brandet gegen
einen festen Damm und bahnt sich durch tausend und tausend
Ritzen seinen Weg. Alles Neue, was dies neunzehnte Jahrhundert
geschaffen, ist ein Werk des Liberalismus. Die Feinde der Frei=

heit wissen nur beharrlich zu verneinen oder die Gedanken längst
versunkener Tage zum Scheine eines neuen Lebens wachzurufen,
oder endlich, sie entlehnen die Waffen ihren Feinden. Auf der
Rednerbühne unserer Kammern, mit der freien Presse, die sie
den Liberalen verdanken, mit Schlagwörtern, die sie den Gegnern
abgelauscht, verfechten sie Grundsätze, welche, durchgeführt, jede
Preßfreiheit, jedes parlamentarische Leben vernichten müßten.

Überall, sogar in Ständen, die vor fünfzig Jahren noch
jedem politischen Gedanken sich verschlossen, lebt still und fest
der Glaube an die Wahrheit jenes großen Wortes, das mit
seiner bewußten Bestimmtheit den Markstein einer neuen Zeit
bezeichnet, an den Ausspruch der Unabhängigkeitserklärung der
Vereinigten Staaten: „die gerechten Gewalten der Regierungen
kommen her von der Zustimmung der Regierten." So unzweifel=
haft ist diese Idee den modernen Menschen, daß sogar ein Gentz
den gehaßten Vorkämpfern der Freiheit widerwillig zustimmen
mußte, als er sagte, nur so lange dürfe die Staatsgewalt Opfer
von dem Bürger fordern, als dieser den Staat seinen Staat
nennen könne. Und so alt, so nach allen Seiten durchgearbeitet,
so dem Austrage nahe sind diese Freiheitsfragen, daß bereits
über die meisten derselben eine Versöhnung und Läuterung der
Meinungen sich vollzogen hat. Begriffen ward endlich, daß der
Kampf um die politische Freiheit kein Streit ist zwischen Republik
und Monarchie, sondern das „Regieren und zugleich Regiert=
werden" des Volkes in beiden Staatsformen gleich ausführbar
ist. Nur ein Folgesatz der politischen Freiheit bleibt noch heute
ein Gegenstand erbitterten, leidenschaftlichen Meinungskampfes.
Bildet nämlich das sittliche Bewußtsein des Volkes in Wahrheit
die letzte rechtliche Grundlage des Staates, wird das Volk in
Wahrheit nach seinem eigenen Willen und zu seinem eigenen
Glücke regiert, so erhebt sich von selbst das Verlangen nach
nationaler Abschließung der Staaten. Denn nur wo das lebendige
zweifellose Bewußtsein des Zusammengehörens alle Glieder des
Staates durchdringt, ist der Staat, was er seiner Natur nach
sein soll, das einheitlich organisierte Volk. Daher der Drang,

frembartige Volkselemente auszuscheiden, und in zersplitterten
Nationen der Trieb, das engere der beiden „Vaterländer" ab=
zuschütteln. Es ist nicht unsere Absicht zu schildern, wie viel=
fachen notwendigen Beschränkungen und Abschwächungen diese
politische Freiheit unterliegt. Genug, die Forderung einer Regie=
rung der Völker nach ihrem Willen besteht überall, sie wird er=
hoben so allgemein und gleichmäßig, wie nie zuvor in der Geschichte,
und wird schließlich ebenso gewiß befriedigt werden, als das Da=
sein der Völker dauernder, berechtigter, stärker ist denn das Leben
der widerstrebenden Mächtigen.

Doch sehen wir den Dingen auf den Grund, betrachten wir,
wie gänzlich unsere Freiheitsbegriffe sich verwandelt haben in
diesem vielgestaltigen Kampfe, dessen Zuschauer und Mitspieler
wir selber sind. Nicht mehr mit dem Übermute, mit der unbe=
stimmten Begeisterung der Jugend stehen wir den Freiheitsfragen
gegenüber. Politische Freiheit ist politisch beschränkte Freiheit —
dieser Satz, vor wenigen Jahrzehnten noch knechtisch gescholten,
wird heute von jedem anerkannt, der eines politischen Urteils
fähig ist. Und wie unbarmherzig hat eine harte Erfahrung alle
jene Wahnbegriffe zerstört, welche sich unter dem großen Namen
Freiheit versteckten! Die Freiheitsgedanken, welche während der
französischen Revolution vorherrschten, waren ein unklares Ge=
misch aus den Ideen Montesquieus und den halb=antiken Be=
griffen Rousseaus. Man wähnte den Bau der politischen Freiheit
vollendet, wenn nur die gesetzgebende Gewalt von der ausübenden
und von der richterlichen getrennt sei und jeder Bürger gleich=
berechtigt die Abgeordneten zur Nationalversammlung wählen
helfe. Diese Forderungen wurden erfüllt, im reichsten Maße
erfüllt, und was war erreicht? Der scheußlichste Despotismus,
den Europa je gesehen. Der Götzendienst, den unsere Radikalen
allzulange mit den Greueln des Konventes getrieben, beginnt
endlich zu verstummen vor der trivialen Erwägung: wenn eine
allmächtige Staatsgewalt mir den Mund verbietet, mich zwingt,
meinen Glauben zu verleugnen und mich guillotiniert, sobald ich
dieser Willkür trotze, so ist sehr gleichgültig, ob diese Gewaltherr=

schaft geübt wird von einem erblichen Fürsten oder von einem
Konvente; Knechtschaft ist das eine wie das andere. Gar zu hand=
greiflich scheint doch der Trugschluß in dem Satze Rousseaus,
daß, wo alle gleich sind, jeder sich selber gehorche. Vielmehr, er
gehorcht der Mehrheit, und was hindert, daß diese Mehrheit
ebenso tyrannisch verfahre wie ein gewissenloser Monarch?

Wenn wir die fieberischen Zuckungen betrachten, welche seit
siebzig Jahren die trotz alledem große Nation jenseits des Rheins
geschüttelt haben, so finden wir beschämt, daß die Franzosen trotz
aller Begeisterung für die Freiheit immer nur die Gleichheit
gekannt haben, doch nie die Freiheit. Die Gleichheit aber ist ein
inhaltsloser Begriff, sie kann ebensowohl bedeuten: gleiche Knecht=
schaft aller — als: gleiche Freiheit aller. Und sie bedeutet dann
gewiß das erstere, wenn sie von einem Volke als einziges, höchstes
politisches Gut erstrebt wird. Der höchste denkbare Grad der
Gleichheit, der Kommunismus, ist, weil er die Unterdrückung
aller natürlichen Neigungen voraussetzt, der höchste denkbare Grad
der Knechtschaft. Nicht zufällig, fürwahr, regt sich der leiden=
schaftliche Gleichheitsdrang vornehmlich in jenem Volke, dessen
keltisches Blut immer und immer wieder seine Lust daran findet,
sich in blinder Unterwürfigkeit um eine große Cäsarengestalt zu
scharen, mag diese nun Vercingetorix, Ludwig XIV. oder Napoleon
heißen. Wir Germanen pochen zu trotzig auf das unendliche Recht
der Person, als daß wir die Freiheit finden könnten in dem all=
gemeinen Stimmrechte; wir entsinnen uns, daß auch in manchen
geistlichen Orden die Oberen durch das allgemeine Stimmrecht
gewählt werden, und wer in aller Welt hat je die Freiheit in
einem Nonnenkloster gesucht? Der Geist der Freiheit, wahrlich,
ist es nicht, der aus der Verkündigung Lamartines vom Jahre
1848 redet: „jeder Franzose ist Wähler, also Selbstherrscher;
kein Franzose kann zu dem anderen sagen: du bist mehr ein
Herrscher als ich.“ Welcher Trieb des Menschen wird durch
solche Worte befriedigt? Kein anderer, als der gemeinste von
allen, der Neid! Auch die Begeisterung Rousseaus für das
Bürgertum der Alten hält nicht stand vor ernster Prüfung. Die

Bürgerherrlichkeit von Athen ruhte auf der breiten Unterlage der Sklaverei, der Mißachtung jedes wirtschaftlichen Schaffens, während wir Neueren unseren Ruhm finden in der Achtung jedes Menschen, in der Erkenntnis des Adels der Arbeit, jeglicher ehrlicher Arbeit. Der starrste Aristokrat der modernen Welt erscheint als ein Demokrat neben jenem Aristoteles, der unbefangen die Worte schrecklicher Herzenshärtigkeit spricht: „es ist nicht möglich, daß Werke der Tugend übe, wer das Leben eines Handarbeiters führt."

Durch solche Erwägungen wurden schon längst die tieferen Naturen veranlaßt, sorgsamer zu betrachten, auf welchen Grundlagen die vielbeneidete Freiheit der Briten ruht. Sie fanden, daß dort keine allmächtige Staatsgewalt die Geschicke der fernsten Gemeinde bestimmt, sondern jede kleinste Grafschaft ihre Verwaltung selber in der Hand hält. Diese Erkenntnis der segensreichen Wirkung des Selfgovernment war ein ungeheurer Fortschritt; denn der entnervende Einfluß eines alles bevormundenden Staates auf die Bürger läßt sich kaum düster genug schildern, er ist darum so unheimlich, weil die Krankheit des Volkes erst in einem späteren Geschlechte in ihrer ganzen Größe sich offenbart. Solange das Auge des großen Friedrich über seinen Preußen wachte, hob der Anblick des Helden auch kleine Seelen über ihr eigenes Maß empor, seine Wachsamkeit spornte die Trägen. Doch als er dahinging, hinterließ er ein Geschlecht ohne Willen, gewohnt — wie Napoleon III. von seinen Franzosen rühmt — jeden Antrieb zur Tat vom Staate zu erwarten, geneigt zu jener Eitelkeit, welche das Gegenteil echten nationalen Stolzes ist, fähig einmal aufzuwallen in flüchtiger Begeisterung für die Idee der Staatseinheit, aber unfähig sich selber zu beherrschen, unfähig zu der größten Arbeit, die den modernen Völkern auferlegt ist. Zu kolonisieren, den Segen abendländischer Gesittung unter die Barbaren zu tragen vermögen nur solche Bürger, welche im Selfgovernment gelernt haben, im Notfalle als Staatsmänner zu handeln. Die Besorgung der Gemeindeangelegenheiten durch besoldete Staatsbeamte mag technisch vollkommener sein und dem

Grundſätze der Arbeitsteilung beſſer entſprechen; jedoch ein Staat, der ſeine Bürger in Ehrenämtern die Sorge für Kreis und Gemeinde freiwillig tragen läßt, gewinnt in dem Selbſtgefühle, in der lebendigen, praktiſchen Vaterlandsliebe der Bürger ſittliche Kräfte, welche ein alleinherrſchendes Staatsbeamtentum niemals entfeſſeln kann. — Sicherlich, dieſe Erkenntnis war eine bedeut=ſame Vertiefung unſerer Freiheitsbegriffe, aber ſie enthielt keines=wegs die ganze Wahrheit. Denn fragen wir, wo dies Selfgovern=ment aller kleinen örtlichen Kreiſe beſteht, ſo entdecken wir mit Erſtaunen, daß die zahlreichen kleinen Stämme der Türkei ſich dieſes Segens in hohem Maße erfreuen. Sie zahlen ihre Steuern, im übrigen leben ſie ihrer Neigung, hüten ihre Schweine, jagen, ſchlagen ſich gegenſeitig tot und befinden ſich vortrefflich dabei — bis plötzlich einmal der Paſcha unter das Völkchen fährt und durch Pfählen und Säcken handgreiflich erweiſt, daß die Selbſt=regierung der Gemeinden ein Traum iſt, wenn nicht die oberſte Staatsgewalt innerhalb feſter geſetzlicher Schranken wirkt.

So gelangen wir endlich zu der Einſicht: die politiſche Frei=heit iſt nicht, wie die Napoleons ſagen, eine Zierde, die man dem vollendeten Staatsbau wie eine goldene Kuppel aufſetzen mag, ſie muß den ganzen Staat durchdringen und beſeelen. Sie iſt ein tiefſinniges, umfaſſendes, wohlzuſammenhängendes Syſtem poli=tiſcher Rechte, das keine Lücke duldet. Kein Parlament ohne freie Gemeinden, dieſe nicht ohne jenes, und beide nicht auf die Dauer, wenn nicht auch die Mittelglieder zwiſchen der Spitze des Staates und den Gemeinden, die Kreiſe und Bezirke, verwaltet werden unter Zuziehung der Selbſttätigkeit unabhängiger Bürger. Dieſe Lücken empfinden wir Deutſchen ſeit langem ſchmerzlich und machen ſoeben die erſten beſcheidenen Verſuche, ſie auszufüllen.

Doch ein Staat, beherrſcht von einer durch die Mehrheit des Volkes getragenen Regierung, mit einem Parlamente, mit unabhängigen Gerichten, mit Kreiſen und Gemeinden, die ſich ſelber verwalten, iſt mit alledem noch nicht frei. Er muß ſeinem Wirken eine Schranke ſetzen, er muß anerkennen: es gibt perſön=liche Güter, ſo hoch und unantaſtbar, daß der Staat ſie nimmer

ſich unterwerfen darf. Spotte man nicht allzudreiſt über die
Grundrechte der neueren Verfaſſungen. Sie enthalten mitten
unter Phraſen und Torheit die Magna Charta der perſönlichen
Freiheit, worauf die moderne Welt nicht wieder verzichten wird.
Freie Bewegung in Glauben und Wiſſen, in Handel und Wandel
iſt die Loſung der Zeit: auf dieſem Gebiete hat ſie ihr Größtes
geleiſtet; dieſe ſoziale Freiheit bildet für die große Mehrzahl der
Menſchen den Inbegriff aller politiſchen Wünſche. Man darf
ſagen, wo immer der Staat ſich entſchloß, einen Zweig des
geſelligen Wirkens ungehemmt ſich entfalten zu laſſen, da ward
ſeine Mäßigung herrlich belohnt; alle Wahrſagungen ängſtlicher
Schwarzſeher ſielen zu Boden. Wir ſind ein anderes Volk gewor=
den, ſeit uns der Weltverkehr hineinzog in ſein Wagen und
Werben. Vor zwei Menſchenaltern noch erklärte Ludwig Vincke
als ſorgſamer Präſident ſeinen Weſtfalen, wie man es anfangen
müſſe, um nach engliſchem Muſter eine Landſtraße auf Aktien
zu bauen. Heute überſpannt ein dichtes Netz freier Genoſſen=
ſchaften jeder Art den deutſchen Boden. Wir wiſſen: durch ſeinen
Kaufmann mindeſtens wird auch der Deutſche teilnehmen an der
edlen Beſtimmung unſerer Raſſe, daß ſie die weite Erde befruchten
ſoll. Und ſchon iſt kein leerer Traum, daß aus dieſem Welt=
verkehre dereinſt eine Staatskunſt entſtehen wird, vor deren welt=
umſpannendem Blicke alles Schaffen der heutigen Großmächte
wie armſelige Kleinſtaaterei erſcheinen wird. — So unermeßlich
reich und vielgeſtaltig iſt das Weſen der Freiheit. Darin liegt
die tröſtliche Gewißheit, daß zu keiner Zeit unmöglich iſt, für den
Sieg der Freiheit zu wirken. Denn gelingt wohl einer Regierung
zeitweiſe die Teilnahme des Volkes an der Geſetzgebung zu unter=
graben: nur um ſo heftiger wird ſich der Freiheitsdrang der
modernen Menſchen auf das wirtſchaftliche oder auf das geiſtige
Schaffen werfen, und die Erfolge auf dem einen Gebiete greiſen
früher oder ſpäter auf das andere hinüber. Überlaſſen wir den
Knaben und jenen Völkern, die immer Kinder bleiben, mit leiden=
ſchaftlicher Haſt der Freiheit nachzujagen wie einem Phantome,
das den Gierigen unter den Händen zerfließt. Ein reifes Volk

liebt die Freiheit wie sein rechtmäßiges Weib: sie lebt und webt mit uns, sie entzückt uns Tag für Tag durch neue Reize.

Aber mit der steigenden Gesittung ergeben sich neue, ungeahnte Gefahren für die Freiheit. Nicht bloß die Staatsgewalt kann tyrannisch sein; auch die nicht organisierte Mehrheit der Gesellschaft kann durch die langsam und unmerklich, doch unwiderstehlich wirkende Macht ihrer Meinung die Gemüter der Bürger gehässigem Zwange unterwerfen. Und ohne Zweifel ist die Gefahr, daß die selbständige Ausbildung der Persönlichkeit durch die Meinung der Gesamtheit in unzulässiger Weise beschränkt werde, in demokratischen Staaten besonders groß. Denn, war in der Unfreiheit des alten Regimentes mindestens einigen bevorzugten Volksklassen vergönnt, die persönliche Begabung ungehemmt und im Guten wie im Bösen glänzend zu entfalten, so ist der Mittelstand, welcher Europas Zukunft bestimmen wird, nicht frei von einer gewissen Vorliebe für das Mittelmäßige. Er ist mit Recht stolz darauf, daß er alles, was über ihn emporragt, zu sich herabzuziehen, alle unter ihm Stehenden zu sich emporzuheben sucht; und er darf sein Verlangen, im Leben der Staaten zu entscheiden, auf einen rühmlichen Rechtstitel stützen, auf eine große Tat, welche er und mit ihm die alte Monarchie vollzogen hat: auf die Emanzipation unserer niederen Stände. Aber wehe uns, wenn dieser Gleichheitstrieb, der auf dem Gebiete des gemeinen Rechtes die köstlichsten Früchte gezeitigt hat, sich verirrt auf das Gebiet der individuellen Bildung! Der Mittelstand haßt jede offene gewalttätige Tyrannei, doch er ist sehr geneigt, durch den Bannstrahl der öffentlichen Meinung alles zu ächten, was sich über ein gewisses Durchschnittsmaß der Bildung, des Seelenadels, der Kühnheit emporhebt. Die Friedensliebe, welche ihn auszeichnet und ihn an sich zu dem politisch fähigsten Stande macht, kann nur zu leicht ausarten in träges Behagen, in das gedankenlose, schläfrige Bestreben, alle Gegensätze des geistigen Lebens zu vertuschen und zu bemänteln, nur im Bereiche des materiellen Wirkens (des improvement!) ein reges Schaffen zu dulden. Nicht leere Vermutungen sind es, die wir hier aussprechen. Vielmehr

drückt in den freiesten Großstaaten der Neuzeit, in England und
den Vereinigten Staaten, das Joch der öffentlichen Meinung
schwerer als irgendwo. Der Kreis dessen, was die Gesamtheit dem
Bürger als ehrbar und anständig zu denken und zu tun erlaubt,
ist dort unvergleichlich enger als bei uns. Wer Kunde hat von
den denkwürdigen Verfassungsberatungen der Konvention von
Massachusetts aus dem Jahre 1853, wer es weiß, wie damals
mit Geist und Leidenschaft die Lehre verfochten ward: „ein Bürger
kann wohl Untertan einer Partei sein oder einer tatsächlichen
Gewalt (!), aber niemals Untertan des Staates," der wird die
Gefahr eines Rückfalles in Zustände harter Sitte und schwachen
Rechtes, die Gefahr einer sozialen Tyrannei der Mehrheit nicht
unterschätzen. Dies hat Mill vortrefflich erkannt, und hierin
liegt die Bedeutung seines Buches für die Gegenwart. Er unter=
sucht, ganz abgesehen von der Regierungsform, die Natur und
die Grenzen der Gewalt, welche füglich die Gesellschaft über den
einzelnen ausüben soll. Humboldt sah die Gefahr für die persön=
liche Freiheit nur im Staate, er dachte kaum daran, daß die
Gesellschaft schöner und vornehmer Geister, welche mit ihm ver=
kehrte, den einzelnen je an der allseitigen Ausbildung seiner
Persönlichkeit hindern könnte. Wir aber wissen nunmehr, daß es
nicht bloß eine „freie Geselligkeit", sondern auch eine tyrannische
öffentliche Meinung geben kann.

Um zu verstehen, in welcher Ausdehnung die Gesellschaft ihre
Gewalt über den einzelnen ausüben solle, gilt es zunächst eine
Frage wohlgemut über Bord zu werfen, womit die politischen
Denker sich unnötigerweise viele böse Stunden bereitet haben, die
Frage nämlich: ist der Staat nur ein Mittel zur Beförderung der
Lebenszwecke der Bürger? oder hat die Wohlfahrt der Bürger nur
den Zweck, ein schönes und gutes Gesamtdasein herbeizuführen?
Humboldt, Mill und Laboulaye, sowie der gesamte Liberalismus
der Rotteck=Welckerschen Schule entscheiden sich für das erstere,
die Alten bekanntlich für das letztere. Mir scheint, die eine Mei=
nung taugt so wenig wie die andere; der Streit betrifft, wie
Falstaff sagt, eine gar nicht aufzuwerfende Frage. Denn alle

Welt gibt zu, daß ein Verhältnis gegenseitiger Rechte und Pflichten den Staat mit seinen Bürgern verbindet. Zwischen Wesen aber, welche sich zueinander nur wie Mittel und Zweck verhalten, ist eine Gegenseitigkeit undenkbar. Der Staat ist sich selbst Zweck wie alles Lebendige: denn wer darf leugnen, daß der Staat ein ebenso wirkliches Leben führt wie jeder seiner Bürger? Wie wunderlich, daß wir Deutschen aus unserer Kleinstaaterei heraus einen Franzosen und einen Engländer mahnen müssen, größer zu denken vom Staate! Mill und Laboulaye leben beide in einem mächtigen, geachteten Staate, sie nehmen diesen reichen Segen hin als selbstverständlich und sehen in dem Staate nur die erschreckende Macht, welche die Freiheit des Menschen bedroht. Uns Deutschen ist durch schmerzliche Entbehrung der Blick geschärft worden für die Würde des Staats. Wenn wir unter Fremden nach unserem „engeren Vaterlande" gefragt werden, und bei den Namen Reuß jüngerer Linie oder Schwarzburg-Sondershausens Oberherrschaft ein spöttisches Lachen um die Lippen der Hörer spielt, dann empfinden wir wohl, daß der Staat etwas Größeres ist als ein Mittel zur Erleichterung unseres Privatlebens. Seine Ehre ist die unsere, und wer nicht auf seinen Staat mit begeistertem Stolze schauen kann, dessen Seele entbehrt eine der höchsten Empfindungen des Mannes. Wenn heute unsere besten Männer danach trachten, diesem Volke einen Staat zu schaffen, welcher Achtung verdient, so beseelt sie dabei nicht bloß der Wunsch, fortan gesicherter ihr persönliches Dasein zu verbringen; sie wissen, daß sie eine sittliche Pflicht erfüllen, welche jedem Volke auferlegt ist.

Der Staat, der die Ahnen mit seinem Rechte schirmte, den die Väter mit ihrem Leibe verteidigten, den die Lebenden berufen sind auszubauen und höher entwickelt Kindern und Kindeskindern zu vererben, der also ein heiliges Band bildet zwischen vielen Geschlechtern, er ist eine selbständige Ordnung, die nach ihren eigenen Gesetzen lebt. Niemals können die Ansichten der Regierenden und der Regierten sich gänzlich decken; sie werden im freien und reisen Staate zwar zu demselben Ziele gelangen, aber auf weit verschiedenen Wegen. Der Bürger fordert vom Staate das

höchstmögliche Maß persönlicher Freiheit, weil er sich selber aus=
leben, alle seine Kräfte entfalten will. Der Staat gewährt es,
nicht weil er dem einzelnen Bürger gefällig sein will, sondern
weil er sich selber, das Ganze, im Auge hat: er muß sich stützen
auf seine Bürger, in der sittlichen Welt aber stützt nur was frei
ist, was auch widerstehen kann. So bildet allerdings die Achtung,
welche der Staat der Person und ihrer Freiheit erweist, den
sichersten Maßstab seiner Kultur; aber er gewährt diese Achtung
zunächst deshalb, weil die politische Freiheit, deren der Staat
selber bedarf, unmöglich wird unter Bürgern, die nicht ihre
eigensten Angelegenheiten ungehindert selbst besorgen.

Diese unlösbare Verbindung der politischen und der persön=
lichen Freiheit, überhaupt das Wesen der Freiheit als eines fest
zusammenhängenden Systems edler Rechte hat weder Mill noch
Laboulaye recht verstanden. Jener, im Vollgenusse des englischen
Bürgerrechts, setzt die politische Freiheit stillschweigend voraus;
dieser, unter dem Drucke des Bonapartismus, wagt vorderhand
nicht daran zu denken. Und doch führt die persönliche Freiheit ohne
die politische zur Auflösung des Staates. Wer im Staate nur
ein Mittel sieht für die Lebenszwecke der Bürger, muß folgerecht
nach gut mittelalterlicher Weise die Freiheit vom Staate, nicht die
Freiheit im Staate fordern. Die moderne Welt ist diesem Irrtume
entwachsen. Noch weniger indes mag ein Geschlecht, das über=
wiegend sozialen Zwecken lebt und nur einen kleinen Teil seiner
Zeit dem Staate widmen kann, in den entgegengesetzten Irrtum
der Alten verfallen. Diese Zeit ist berufen, die unvergänglichen
Ergebnisse der Kulturarbeit, auch der politischen Arbeit des Alter=
tums und des Mittelalters in sich aufzunehmen und fortzubilden.
So gelangt sie zu der vermittelnden und dennoch selbständigen
Erkenntnis: für den Staat besteht die physische Notwendigkeit
und die sittliche Pflicht, alles zu befördern, was der persönlichen
Ausbildung seiner Bürger dient. Und wieder besteht für den
einzelnen die physische Notwendigkeit und die sittliche Pflicht,
an einem Staate teilzunehmen und ihm jedes persönliche Opfer
zu bringen, das die Erhaltung der Gesamtheit fordert, sogar das

Opfer des Lebens. Und zwar unterliegt der Mensch dieser Pflicht nicht bloß darum, weil er nur als ein Bürger ein ganzer Mensch werden kann, sondern auch weil es ein historisches Gebot ist, daß die Menschheit Staaten, schöne und gute Staaten bilde. Die historische Welt ist überreich an solchen Verhältnissen gegenseitiger Rechte, gegenseitiger Abhängigkeit; in ihr erscheint jedes Bedingte zugleich als ein Bedingendes. Eben dies erschwert scharfen mathematischen Köpfen, die wie Mill gern mit einem radikalen Gesetze durchschneiden, oftmals das Verständnis der politischen Dinge.

Mill versucht nun der Wirksamkeit der Gesellschaft ihre erlaubten Grenzen zu ziehen mit dem Satze: eine Einmischung der Gesellschaft in die persönliche Freiheit rechtfertigt sich nur dann, wenn sie notwendig ist, um die Gesamtheit selbst zu schützen oder eine Benachteiligung anderer zu verhindern. Wir wollen diesem Worte nicht widersprechen — wenn es nur nicht gar so inhaltlos wäre! Wie wenig wird mit solchen abstrakten naturrechtlichen Sätzen in einer historischen Wissenschaft ausgerichtet! Denn ist nicht der „Selbstschutz der Gesamtheit" historisch wandelbar? Ist nicht ein theokratischer Staat um des Selbstschutzes willen verpflichtet, sogar in die Gedanken seiner Bürger herrisch einzugreifen? Und sind nicht jene „für die Gesamtheit unentbehrlichen" gemeinsamen Werke, wozu der Bürger gezwungen werden muß, nach Zeit und Ort von grundverschiedener Art? Eine absolute Schranke für die Staatsgewalt gibt es nicht. Es bildet das größte Verdienst der modernen Wissenschaft, daß sie die Politiker gelehrt hat, nur mit Beziehungsbegriffen zu rechnen. Jeder Fortschritt der Gesittung, jede Erweiterung der Volksbildung macht notwendig die Tätigkeit des Staates vielseitiger. Auch Nordamerika erfährt diese Wahrheit; auch dort sind Staat und Gemeinde gezwungen, in den großen Städten eine mannigfaltige Wirksamkeit zu entfalten, deren der Urwald nicht bedarf.

Der vielgerühmte Voluntarismus, die Tätigkeit freier Privatgenossenschaften, reicht schlechterdings nicht überall aus, um den Bedürfnissen unserer Gesellschaft zu genügen. Das Netz unseres Verkehrs hat so enge Maschen, daß sich notwendig tausend

Kollisionen der Rechte und der Interessen ergeben; in beiden
Fällen hat der Staat die Pflicht, als eine unparteiische Macht
versöhnend und vorbeugend einzuschreiten. Desgleichen entstehen
in jedem hochgesitteten Volke große Privatmächte, welche tat=
sächlich den freien Wettbewerb ausschließen; der Staat muß ihre
Selbstsucht bändigen, auch wenn sie nicht die Rechte Dritter
verletzt. Das englische Parlament befahl vor einigen Jahren den
Eisenbahngesellschaften, nicht bloß für die Sicherheit der Reisenden
zu sorgen, sondern auch eine gewisse Anzahl sogenannter parla=
mentarischer Züge mit allen Wagenklassen für den gewöhnlichen
Preis abgehen zu lassen. Niemand wird in diesem Gesetze, das
den niederen Stäuben das Reisen ermöglicht, eine Überschreitung
der vernünftigen Grenzen der Staatsgewalt finden. Wer aber
im Staate nur eine Sicherheitsanstalt sieht, kann diese Maßregel
nur mit Hilfe einer sehr künstlichen und haltlosen Schlußfolgerung
verteidigen. Denn wer hat ein Recht, zu verlangen, daß er für
drei Schillinge von A nach B befördert werde? Die Eisenbahn=
gesellschaft besitzt ja kein rechtliches Monopol, und es steht jedem
frei, eine Parallelbahn zu bauen! Nein, der moderne Staat
darf auf eine ausgedehnte positive Tätigkeit für die Wohlfahrt
des Volkes nicht verzichten. In jedem Volke gibt es geistige
und materielle Güter, ohne welche der Staat nicht bestehen kann.
Der konstitutionelle Staat setzt ein hohes Durchschnittsmaß der
Volksbildung voraus; nimmermehr mag er dem Belieben der
Eltern überlassen, ob sie ihren Kindern den notdürftigsten Unter=
richt gewähren wollen; er bedarf des Schulzwanges. Der Kreis
dieser für das Dasein der Gesamtheit notwendigen Güter er=
weitert sich unvermeidlich mit der zunehmenden Gesittung. Wer
möchte im Ernst unseren Staaten ihre kostbaren Kunstanstalten
schließen? Wir alten Kulturvölker werden doch nicht in die
rohe Vorstellung zurückfallen, welche in der Kunst einen Luxus
sieht; sie ist uns wie das tägliche Brot. In der Tat, der Ruf
nach äußerster Beschränkung der Staatstätigkeit wird heute von
der Theorie um so lauter erhoben, je mehr die Praxis, auch in
freien Ländern, ihm widerspricht. Im Kampfe mit einer alles

umfassenden Staatsgewalt, welche die Gesellschaft nicht leiten,
sondern ersetzen möchte, ist unter dem zweiten Kaiserreiche die
Schule der Tocqueville, Laboulaye, (Ch. Dollfus groß geworden,
welche ihrerseits über das Ziel hinausschlägt und im Staate nur
eine Schranke, eine unterdrückende Gewalt sieht. Auch Mill ist
beherrscht von der Meinung, je größer die Macht des Staates,
desto geringer die Freiheit. Der Staat aber ist nicht der Feind
des Bürgers. England ist frei, und doch hat die englische Polizei
eine sehr große diskretionäre Gewalt und muß sie haben: genug,
wenn der Bürger jeden Beamten zur gerichtlichen Verantwortung
ziehen darf.

Glücklicherweise wirkt dieser steigenden Ausdehnung der
Staatsgewalt ein anderes historisches Gesetz entgegen. In demselben Maße als die Bürger reifer werden für die Selbsttätigkeit,
in demselben Maße ist der Staat verpflichtet, ja physisch gezwungen, zwar dem Umfange nach vielseitiger, aber der Art nach
bescheidener zu wirken. War der unreife Staat ein Vormund für
einzelne Zweige der Volkstätigkeit, so umfaßt die Fürsorge des
hochgebildeten Staates das gesamte Volksleben, aber er wirkt,
soweit möglich, nur anspornend, belehrend, Hindernisse weg-
räumend. Diese Forderungen also muß ein reifes Volk zur Sicherung seiner persönlichen Freiheit an den Staat stellen: als ein
Rechtsgrundsatz ist anzuerkennen das fruchtbarste Ergebnis der
metaphysischen Freiheitskämpfe des vergangenen Jahrhunderts,
die Wahrheit, der Bürger soll vom Staate nie bloß als Mittel
benutzt werden. Sodann: jede Wirksamkeit der Regierung ist
segensreich, welche die Selbsttätigkeit der Bürger hervorruft,
fördert, läutert; jede von Übel, welche die Selbsttätigkeit der
einzelnen unterdrückt. Denn am Ende beruht die ganze Würde
des Staates auf dem persönlichen Werte seiner Bürger, und
jener Staat ist der sittlichste, welcher die Kräfte der Bürger zu
den meisten gemeinnützigen Werken vereinigt und dennoch einen
jeden, unberührt vom Zwange des Staats und der öffentlichen
Meinung, aufrecht und selbständig seiner persönlichen Ausbildung
nachgehen läßt. So stimmen wir in dem letzten Ergebnisse, in

dem Verlangen nach dem höchſtmöglichen Grade der perſönlichen
Freiheit, mit Mill und Laboulaye überein, während wir ihre
Anſchauung vom Staate als einem Gegner der Freiheit nicht teilen.

Hier endlich iſt uns vergönnt, auszuruhen von der er=
müdenden allgemeinen Unterſuchung und zu ſagen, was denn
dies Nachdenken über die perſönliche Freiheit für uns bedeute.
Das Vorgefühl einer großen Entſcheidung zittert durch den Welt=
teil und legt jedem Volke die Frage nahe, welchen Hort es beſitze
an der perſönlichen Freiheit, der perſönlichen Selbſtändigkeit
ſeiner Bürger. Wir Deutſchen zumal können dieſe Frage nicht
umgehen, wir, deren ganze Zukunft nicht auf der geſeſteten Macht
alter Staaten, ſondern auf der perſönlichen Tüchtigkeit unſeres
Volkes beruht. Denn in dieſem unſeligen, ſelten verſtandenen
Zirkel bewegen ſich ja die hiſtoriſchen Dinge: nur ein Volk voll
ſtarken Sinnes für die perſönliche Freiheit kann die politiſche
Freiheit erringen und erhalten; und wieder: nur unter dem
Schuße der politiſchen Freiheit iſt das Gedeihen der echten per=
ſönlichen Freiheit möglich, da der Despotismus, in welcher Form
er auch erſcheine, bloß die niederen Leidenſchaften, den Erwerbs=
trieb und den alltäglichen Ehrgeiz entfeſſeln darf.

Sehen wir, wie weit der Sinn für perſönliche Freiheit in
unſerem Volke ſich entwickelt habe, ſo dürfen wir wohl jenen
Kleinmut verbannen, womit uns das Betrachten unſerer Lage ſo
leicht erfüllt. Auch wir tragen an dem gemeinen menſchlichen
Fluche, daß die Völker ihrer tiefſten und eigenſten Vorzüge ſich
ſelten klar bewußt ſind. Mit unbegreiflich leichtblütiger Hoffnung
redet man von jener gewaltigen Macht, welche „die Million
Bajonette" des einigen Deutſchlands dereinſt vorſtellen werde.
Und doch, gelingt einſt das Werk der nationalen Reform, ſo wird
zwar die Schaube ein Ende haben, daß ein großes Volk durch
ſein Grundgeſeß zu der defenſiven Politik eines Kleinſtaates
verurteilt iſt; aber unſere Macht wird nach wie vor fürs erſte
eine ziemlich beſcheidene ſein. Denn ſo ſchnell nicht verharſchen
die Wunden, welche die Sünden und das Unglück von Jahr=
hunderten geſchlagen. Auch das iſt eine Täuſchung, wenn man

meint, der deutsche Staat werde sofort durch seine inneren Ein=
richtungen zu einem Musterstaate werden. Freilich, wird unsere
nationale Einigung je vollendet, so wird uns nicht länger mehr
das empörende Schauspiel verletzen, daß einem gesetzlichen, maß=
vollen Volke kein Schimpfwort zu roh, kein Witzwort zu bitter
scheint für die höchste deutsche Behörde; die Welt wird nicht
mehr das Unerhörte sehen, daß die Verfassung des gedanken=
reichsten der Völker grundsätzlich so unwandelbar bleibt wie der
Staat der Chinesen; nicht mehr wird man uns zumuten, das
Geschenk unseres Todfeindes, die Souveränität der Einzelstaaten,
als ein unantastbares Heiligtum zu verehren; und das deutsche
Staatsrecht wird endlich auch von einem deutschen Volke zu
reden wissen. Mit einem Worte, will's Gott, so werden Zustände
schwinden, welche einem glücklicheren Geschlechte nur wie der
wüste Traum eines fieberhaften Kopfes erscheinen werden. Aber
wäre damit alles erreicht? Wäre damit mehr erreicht, als daß
die Würde des Staats, welche nach dem Verhängnis dieses Volkes
in den Teilen früher ausgebildet worden als in dem Ganzen,
endlich auch im ganzen Deutschland zu ihrem Rechte gelangte?
Erst beginnen würden wir dann, uns als Deutsche in jenen
Formen der politischen Freiheit zu bewegen, welche andere Völker
bereits seit Jahrhunderten ausgebildet haben.

. Dagegen unterschätzt man neuerdings ebenso leichtsinnig das
köstlichste und eigentümlichste Besitztum unseres Volkes, jene
Tugend, welche uns bisher trotz aller politischer Schmach noch
immer vor der Verachtung der Fremden bewahrt hat, und welche,
wenn wir das einige Deutschland je erschauen, den deutschen
Staat zu einer völlig neuen Erscheinung in der politischen Ge=
schichte machen wird: die unausrottbare Liebe des Deutschen
zur persönlichen Freiheit. Gar mancher wird hier lächeln und
uns die bittere Frage einwerfen: wo denn die Früchte dieser
Liebe seien? Und gewiß, errötend stehen wir vor jener stattlichen
Reihe von rechtlichen Schutzwehren, welche die angelsächsische Rasse
ihrer persönlichen Freiheit errichtet hat. In einer langen Zeit
der Entwürdigung hat der deutsche Charakter sehr, sehr viel

verloren von jener einfachen Großheit, die unser Mittelalter
zeigt. Wer die Geschichte des Deutschen Bundes näher kennt,
muß tief beschämt gestehen: Tausende, viele Tausende nieder=
trächtiger Denunziantenseelen und noch weit mehr untertänige
Leisetreter hat dies edle Volk erzeugt während zweier Menschen=
alter. Doch wer das Volksleben als ein Ganzes überschaut,
entdeckt notwendig Spuren der Kraft und Gesundheit, welche ihm
die gehässige Verbitterung des Urteils verbieten. Wenn wir,
wohin wir treten in der Fremde, der Kälte oder einem noch
tiefer verletzenden Mitleid begegnen, so dürfen wir uns wohl jeder
Anerkennung unserer staatlichen Befähigung freuen, welche uns,
aufrichtig weil unwillkürlich, aus fremdem Munde gespendet wird.
Mill ist weit davon entfernt, unser Volk zu vergöttern; er fühlt,
wie man ihm nicht mit Unrecht nachgesagt, im stillen seine nahe
Verwandtschaft mit dem deutschen Genius, aber er fürchtet die
Schwächen unseres Wesens, er vermeidet geflissentlich zu tief in
die deutsche Literatur einzudringen und hält sich an französische
Muster. Und derselbe Mann gesteht: in keinem anderen Lande
außer Deutschland allein ist man fähig, die höchste und reinste
persönliche Freiheit, die allseitige Entwicklung des Menschen=
geistes zu verstehen und zu erstreben!

Unsere Wissenschaft ist die freieste der Erde, sie duldet einen
Zwang weder von außen noch von innen; ohne jede Voraus=
setzung sucht sie die Wahrheit, nichts als die Wahrheit. Die
Rechthaberei unserer Gelehrten ward sprichwörtlich, doch sie ver=
trägt sich sehr wohl mit der unbefangenen Anerkennung der
wissenschaftlichen Bedeutung des Gegners. Trotz des Kasten=
geistes, der auch unter unseren Gelehrten spukt, darf ein freier
Kopf, der auf seinem eignen Wege, nicht auf dem breitgetretenen
Pfade der Schule, zu bedeutenden Ergebnissen gelangt, mit Sicher=
heit zuletzt auf warme Zustimmung zählen. Der rücksichtslosesten
polizeilichen Bevormundung, welche deshalb um so schwerer drückt,
weil sie im engsten Kreise und von unnatürlichen Mittelpunkten
herab wirkt, ist trotz alledem nicht gelungen, den Drang des
Deutschen nach persönlicher Eigenart zu brechen. Daß in allen

Fragen des Gewissens ein jeder für sich selbst allein stehe, ist eine
Überzeugung, welche bereits in den untersten Schichten dieses
Volkes feste Wurzeln geschlagen. In Zwergstaaten, die jedes
anderen Volkes Charakter bis zum Unkenntlichen verkümmern
müßten, predigt man der Jugend das Ideal freier Menschen=
bildung: den rücksichtslosen Wahrheitstrieb, das Werden des
Charakters aus sich selbst heraus, harmonische Ausbildung aller
menschlichen Gaben. Und wie notwendig Freiheit und Duldung
Hand in Hand gehen, so ist auch nirgendwo die Milde gegen
Andersdenkende so heimisch wie bei uns; wir haben sie gelernt
in der harten Schule jener Religionskriege, welche dies Volk
zum Heile der ganzen Menschheit gefochten hat. Und auch der
edelste Segen der inneren Freiheit ist uns geworden: das schöne
Maß. Die verwegensten Gedanken über die höchsten Probleme,
die den Menschen quälen, sind von Deutschen gedacht, aber nie
findet sich bei unseren großen Denkern eine Spur jener fanatischen
Verbissenheit, welche die kühnen Köpfe unfreier Völker entstellt:
ein Mann, der über das Christentum das écrasez l'infame ge=
sprochen, hätte bei uns nie als ein Heros des Geistes gelten
können. Die menschliche Achtung vor allem Menschlichen ward
dem Deutschen zur anderen Natur. Darum stehen, trotz alles
Ständehaders, der unser Land zerfleischt hat, die Volksklassen in
Deutschland in Sitten und Gedanken einander näher als in
Ländern mit freieren Staatsformen. Man sieht dem Deutschen
nicht so rasch, wie dem Russen oder dem Briten, von fernher an,
wes Volkes Kind er sei, aber wir sind von jeher reich gewesen
an eigenartigen Charakteren. Und weil das Volk sich die Freiheit
seiner persönlichen Bildung niemals hat rauben lassen, so ruht
in seinen Tiefen ein ungehobener Schatz starker nachhaltiger
Leidenschaft, den dann und wann ein einsichtiger Fremder, ein
Capodistrias, eine Frau von Staël, bewundernd erkannte. Was
deutsche Leidenschaft bedeute, das wird jeder begreifen, der deutsche
Dichtungen mit romanischen oder englischen aus der Zeit nach
der Puritanerherrschaft vergleichen will: sie hat sich noch an
allen Wendepunkten unserer Geschichte glorreich bewährt.

Das ist der Segen der persönlichen Freiheit. Und glaube
keiner, daß das freie wissenschaftliche Schaffen der Deutschen den
bestehenden Staatsgewalten als ein willkommener Blitzableiter
diene. Jeder geistige Erwerb, dessen ein Volk sich rühmen darf,
wirkt hinüber auf das staatliche Leben, ist ein Unterpfand mehr
für seine politische Größe. Jederzeit wird unter selbstgefälligen
Fachgelehrten die Rede gehen, die Wissenschaft habe nichts zu
schaffen mit dem Staate: die echten Größen der Wissenschaft
denken anders. Man lese die Briefe von Gottfried Hermann
und Lobeck. Unwiderstehlich werden die beiden großen Philologen,
beide durchaus unpolitische Naturen, in den Kampf um die politische Freiheit hineingezogen; wie tapfer streiten sie bald mit
attischem Witze, bald mit mutigem Zornwort, bald mit entschlossener Tat gegen die tenebriones! Die Welt ringt nach Freiheit, und es bleibt in alle Wege unmöglich, auf dem einen Gebiete
dem Lichte zu dienen, auf dem anderen der Finsternis. Vor
wenigen Jahrzehnten noch bildeten die Männer der klassischen
Gelehrsamkeit unzweifelhaft die geistige Aristokratie unseres
Volkes. Dies Verhältnis beginnt sich zu ändern, denn wenn auch
für wahrhaft vornehme Naturen die klassische Bildung eine un-
ersetzlich segensreiche Schule bleibt, so steht doch der gemeine
Durchschnitt der studierten Leute heute den Kaufleuten, den Tech-
nikern weit nach: der gebildete Gewerbtreibende beherrscht in
der Regel einen weiteren Horizont, er ist unabhängiger in seinem
Denken, und ihn beseelt das stolze Bewußtsein, der Zivilisation
eine Gasse zu brechen, welches dem kleinen Theologen und Juristen
gänzlich fehlt. Immerhin läßt Deutschlands neueste Geschichte
klar erkennen, daß wir von dem geistigen Schaffen langsam zur
politischen Arbeit übergehen. Der Trieb des freien genossenschaft-
lichen Zusammenwirkens, der in diesem Jahrhundert alle Völker
ergreift, zeigte sich bei uns zuerst lebhaft auf dem Gebiete der
Wissenschaft und Kunst: unsere Kunstvereine, Gelehrtenversamm-
lungen, Liederfeste sind älter als die verwandten Erscheinungen
bei fremden Völkern, während unsere politischen und wirtschaftlichen Vereine dem Beispiele der Nachbarn erst nachhinken. So

steht denn auch mit Sicherheit zu erwarten, daß die freie und
allseitige Bildung, der selbständige Wahrheitsmut der deutschen
Gelehrten rückwirken wird auf die gesamte Nation. Neigung und
Fähigkeit zur Selbstverwaltung sind bei uns in reichem Maße
vorhanden. Städte wie Berlin und Leipzig stehen mit der Rührig=
keit ihrer Verwaltung, mit dem Gemeinsinn ihrer Bürger den
großen englischen Kommunen mindestens ebenbürtig gegenüber.
Und wie viel Begabung und Lust zur echten persönlichen Freiheit
in unserem vierten Stande wohnt, das offenbart sich klarer von
Jahr zu Jahr in den Arbeitergenossenschaften.

Ein Volk, das, kaum auferstanden aus dem namenlosen
Jammer der dreißig Jahre, die frohe Botschaft der Humanität,
der echten Freiheit des Geistes, an alle Welt verkündet hat —
ein solches Volk ist nicht dazu angetan, gleich jenen verdammten
Seelen der Fabel, in Ewigkeit in der Nacht zu wandeln, suchend
nach seiner leiblichen Hülle, seinem Staate. Es ist unser Los —
und wer darf sagen: ein trauriges Los? —, daß die innere
Freiheit bei uns nicht als die feinste Blüte der politischen Freiheit
zu Tage tritt, sondern den festen Grund bildet, auf welchem ein
freier nationaler Staat sich erheben wird. Und wessen leiden=
schaftlicher Ungeduld der verschlungene Werdegang dieses Volkes
gar zu langsam scheinen will, der soll sich erinnern, daß wir das
jugendlichste der europäischen Völker sind, der soll sich des Glau=
bens getrösten: kommen wird die Stunde, da mit größerem
Rechte als Virgil von seinen Römern ein deutscher Dichter von
seinem Volke singen wird: tantae molis erat Germanam condere
gentem. Es mag heute vielen wie Prahlerei klingen, aber die
Zukunft ist nicht fern, da ein Deutscher den Schriften Mills und
Laboulayes ein Buch entgegenstellen wird, welches das Wesen
der Freiheit, der politischen und der persönlichen, tiefer, lebens=
voller darstellt als jene beiden.

Betrachten wir noch einige Lebensfragen der persönlichen
Freiheit, deren Lösung zumeist der Sittlichkeit jedes einzelnen
in die Hand gegeben ist. Mills Grundsatz: „in allen Dingen,
die nur des einzelnen Heil berühren, soll jeder nach seiner eigenen

Willkür handeln dürfen", ist eben wegen seiner Einfachheit und
Dehnbarkeit unanfechtbar. Einzig auf dem religiösen Gebiete hat
er sich uneingeschränkte theoretische Anerkennung erobert, weil
hier nicht bloß keine Partei einen vollständigen Sieg erfochten
hat, sondern in Wahrheit unversöhnliche Gegensätze einander
gegenüberstehen. Aber wie weit sind wir stolzen Kulturvölker
selbst auf diesem einen Felde noch von echter Duldsamkeit ent=
fernt! Welch schwere Anklagen muß Mill hier gegen seine Lands=
leute erheben! Nicht genug, daß das Gesetz jeden ehrlichen
Ungläubigen, der den christlichen Eid nicht leisten will, des gericht=
lichen Schutzes beraubt. Wo das Gesetz milder geworden, erhebt
sich der finstere Fanatismus der Gesellschaft, besteht mit jüdischer
Härte auf der puritanischen Feier des Sabbats, drückt dem
ehrlichen Freidenker das soziale Brandmal auf die Stirn, welches
tiefer schmerzt als alle Strafen des Staates, macht ihn brotlos
und ächtet ihn aus den Kreisen der Bildung und der feinen Sitte.
Und wie vieles ließe sich noch sagen gegen jene Engherzigkeit,
welche die freie Bewegung des Menschengeistes in Ewigkeit ein=
zwängen will in den beschränkten Gedankenkreis der standard
works of theology!

Und haben wir Deutschen ein Recht, bloß mit pharisäischem
Behagen dieser Schilderung englischer Unfreiheit zu lauschen?
Auch unser Staat ist aus seiner theokratischen Epoche noch nicht
gänzlich herausgetreten; noch sehr vielen unserer Gesetze steht auf
der Stirn geschrieben, wie unendlich mühsam die Ideen der Tole=
ranz dem unduldsamen Staate und der noch unduldsameren Macht
geschlossener Kirchen abgerungen werden mußten. Auch in der
Gesellschaft lebt noch weit mehr Unduldsamkeit und — was des=
selben Dinges Kehrseite ist — weit mehr religiöse Feigheit, als
dem Volke Herders und Lessings geziemt. Wer irgendeinen Be=
griff davon hat, in welcher ungeheuren Ausdehnung der Glaube
an die Dogmen der christlichen Offenbarung dem jüngeren Ge=
schlechte geschwunden ist, der kann nur mit schwerer Sorge be=
obachten, wie gedankenlos, wie träge, ja wie verlogen Tausende
einem Lippenglauben huldigen, der ihren Herzen fremd geworden.

Nur die wenigsten haben nachgedacht über die grobe Unwahrheit
der juristischen Fiktion, in welcher Staat und Kirche bei uns
dahinleben, der Annahme: jeder bekennt sich zu dem Glauben,
worin er geboren ist. Wie jedes staatliche Übel die Sitten der
Bürger berührt, so hat auch die lange unselige Gewohnheit, vor
dem Staate zu schweigen und sich zu beugen, entsittlichend ein-
gewirkt auf das religiöse Verhalten des Volkes. Die Furcht vor
einer streng gläubigen Behörde, ja die Furcht vor dem Nasen-
rümpfen der sogenannten guten Gesellschaft reicht hin, unzählige
zum Verleugnen ihres Glaubens zu bewegen. In den vornehmen
Klassen ist man stillschweigend übereingekommen, gewisse hoch-
wichtige religiöse Fragen nie zu berühren, und so träumen der
Gebildeten viele dahin, welche mit Absicht den Kreis ihrer Gedanken verengern, sich grundsätzlich ihres Rechtes begeben, über
religiöse Dinge zu denken. In erschreckender Stärke wuchert auf
dem religiösen Gebiete der Geist der Unwahrhaftigkeit. Geheime
Worterklärungen, Mentalreservationen allerart zwingt man dem
widerstrebenden Denken auf; damit gepanzert, geht man hin,
teilzunehmen an kirchlichen Gebräuchen, deren eigentlichen Sinn
man verwirft. Ganze Richtungen der Theologie, mächtige Zweige
des vulgären Rationalismus hängen mit diesem Triebe zusammen: man leugnet die Dogmen der Offenbarung, aber man
leiht den alten Worten einen fremden Sinn, statt mannhaft dem
Widerwillen der trägen Welt zu trotzen und offen ein Band zu
lösen, das für die Seelen nicht mehr besteht.

Doch wie? Ist dies Geschlecht wirklich so tief gesunken?
Steht es so gar jämmerlich um die innere Freiheit der Menschen,
wie es nach diesen bedenklichen und unleugbaren Erscheinungen
der Gegenwart scheinen sollte? Man muß sehr unerfahren sein
in den Geheimnissen der Menschenbrust, um auf einem Gebiete,
das der unberechenbaren Macht der Selbsttäuschung einen unermeßlichen Spielraum gewährt, einfach mit den Vorwürfen der
Lüge und der Gleisnerei hervorzutreten. Und noch weniger wird
ein besonnener Kenner der Geschichte die schlichtfriedliche Anhänglichkeit an die Gebräuche der Väter kurzerhand als Trägheit

verdammen. Denn die ganze Bewegung der Geschichte besteht
in einer fortwährenden Ausgleichung und Versöhnung zwischen
den gleichberechtigten Mächten des Beharrens und der fortschrei=
tenden Geistesfreiheit.

Wirklich erklärt aber wird die befremdende Tatsache, daß
in diesen hellen Tagen der Kritik der große Mittelschlag der
Menschen am Leben der Kirche mit offenbar geringerer geistiger
Regsamkeit teilnimmt, als vor dreihundert Jahren, nur durch
die andere Tatsache, daß die helleren Köpfe unseres Volkes dem
religiösen Meinungsstreite bereits entwachsen sind. Und dies
gerade verbürgt uns den schließlichen unvermeidlichen Sieg der
Ideen der Duldung, der inneren Freiheit. Nur wenige unserer
Denker sind erfüllt von Verbitterung gegen das, was sie den
falschen Idealismus der Theologen nennen. Die meisten leben
der klaren, ruhigen Meinung: wie gebrechlich immer die Ein=
richtung der Welt, so gebrechlich ist sie nicht, daß der sittliche Wert
des Menschen von Dingen abhängen sollte, die ein fester Wille,
ein besonnenes Denken nicht bemeistern kann. Sie haben er=
fahren, daß von allen Meinungskämpfen allein der Streit über
religiöse Fragen notwendig zur Verbitterung und Gehässigkeit
führt. So sind sie zu jener Auffassung der Religion emporgehoben
worden, welche allein eines freien Mannes würdig ist. Sie er=
kennen: religiöse Wahrheiten sind Gemütswahrheiten, für den
Gläubigen ebenso sicher, ja noch sicherer, als was sich messen und
greifen läßt, doch für den Ungläubigen gar nicht vorhanden; die
Religion ist ein subjektives Bedürfnis des schwachen Menschen=
herzens und eben darum kein Gegenstand des Meinungskampfes.
Denn über des Menschen sittliche Würde entscheidet nicht, was er
glaubt, sondern wie er glaubt. Allzuoft haben wir erlebt, wie
ein und derselbe Glaube den einen zum Größten begeisterte, den
anderen in widrige Gemeinheit stürzte.

Über diese Fragen denken die kühneren Geister der Gegenwart
radikaler, als das achtzehnte Jahrhundert. Die Philosophen jener
Epoche meinten zumeist, ohne Glauben an Gott und Unsterb=
lichkeit bestehe echte Tugend nicht. Die Gegenwart bestreitet dies,

sie erklärt rund und nett: die Sittlichkeit ist unabhängig vom
Dogma. Wir haben inzwischen gelernt, wie grundverschiedene
Dinge unter dem Namen der Unsterblichkeit begriffen werden.
Daß, wie wir das Schaffen großer Männer und ganzer Völker
handgreiflich fortwirken sehen von Geschlecht zu Geschlecht, so auch
der schwächste Sterbliche ein notwendiges Glied ist in der großen
Kette der Geschichte, daß darum keine unserer Taten ganz verloren
geht, keine wieder zu vertilgen ist durch äußerliche Buße — dieser
Gedanke ist allerdings die Grundlage jeder streng gewissenhaften
Sittlichkeit. Diese Unsterblichkeit soll der Mensch — nicht glauben,
denn wer darf beim Glauben von einem Sollen reden? —
sondern ernst und klar erkennen. Wer den Mut dazu nicht findet,
wird durch die Unsicherheit seines sittlichen Verhaltens die Buße
zahlen. Wie anders der Glaube an ein bewußtes Dasein nach
dem Tode! Unser Wissen über diese Frage bleibt bisher noch
unzureichend, sie fällt noch nicht in das Gebiet des Erkennens,
und ebendeshalb hat die Überzeugung von einer Fortdauer nach
dem Tode mit unserem Glücke, unserer Tugend an sich nicht das
mindeste gemein. Für schwache oder gemeine Naturen kann der
Glaube an ein Jenseits ebensowohl eine Quelle der Unsittlichkeit
werden wie das Leugnen derselben. Wenn es Menschen gibt,
welche zugleich mit dem Glauben an die Unsterblichkeit der christ=
lichen Dogmatik jede Lebensfreude, jeden sittlichen Halt verlieren
würden, so leben auch unsittliche Asketen, welche über den ent=
nervenden Träumen von der besseren Welt des Menschen erste
Pflicht, die werktätige Liebe gegen den Nächsten, verabsäumen.
Nein, unser Urteil über den Menschen und seinen Glauben hängt
allein ab von der Frage, ob sein Glaube harmonisch und not=
wendig aus seinem innersten Wesen heraus sich gebildet habe,
ob er in der Tat und in Wahrheit sagen dürfe: „das ist mein
Glaube." Jede Überredung kann wohl auf die Erkenntnis, doch
schwerlich auf den Willen wirken, kann zwar den Inhalt des
Glaubens ändern, aber selten oder nie das Wesentliche, die
Form der Überzeugung.

Von dieser Erkenntnis werden sich die freieren Köpfe der

Gegenwart auch durch die scheinbarsten Gegengründe nicht ab=
bringen lassen. Man sagt wohl: was ein Mensch glaubt, übt
doch unmittelbaren Einfluß auf seine Tugend; wer sich das Jen=
seits mit rohem, begehrlichem Sinne ausmalt und für jede Liebes=
tat hier unten ein noch reicheres Geschenk droben erwartet, der
kann unmöglich, wenn er folgerichtig handelt, ein wahrhaft sitt=
licher Mensch sein. Gewiß, wenn er folgerichtig handelt! Aber
nur die wenigsten sind dazu im stande; und wer nicht Herzen und
Nieren prüfen kann, der soll diese geheimen Tiefen der Herzen
seiner Nebenmenschen nicht ergründen wollen, sondern ruhig er=
klären: dies Gebiet des Glaubens ist ein Reich absoluter Freiheit.
Solcher Einsicht voll hat sich ein großer Teil der Denkenden
von jedem religiösen Meinungsstreite zurückgezogen. Und es
zählt diese Ansicht, welche sich mit jedem religiösen Bekenntnisse
sehr wohl verträgt, ihre stillen Anhänger bereits nach Tausenden.
Denn wer unter unseren Freidenkern ist so roh, daß er lachen
sollte, weil ein Geist wie Stein an den geschmacklosen Verslein
des alten Gleim sich erbauen konnte? Wer, wie verwegen oder
bescheiden seine religiösen Begriffe seien, sollte nicht vielmehr
seine bewundernde Lust haben an einem Glauben, der den Gläu=
bigen mit so unerschütterlicher Festigkeit des Gemütes segnete? —
Diese humane Auffassung der Religion entbehrt offenbar des
Triebes, neue kirchliche Genossenschaften zu gründen, sie sieht in
dem Christentume das unvergleichlich wichtigste Element der
modernen Kultur, aber doch nur ein Kulturelement, das mit
anderen des antiken Heidentums sich vermischen und ver=
tragen muß.

Täuschen wir uns nicht, die Kultur der Gegenwart ist durch
und durch weltlich. Die Kirche, weiland der Bannerträger der
Gesittung, ist heute unzweifelhaft ärmer an geistigen Kräften
als der Staat, die Wissenschaft, die Volkswirtschaft. Durch jahr=
hundertelange Arbeit ist ein Schatz weltlicher Kenntnis und Er=
kenntnis aufgestapelt worden, welcher alle Denkenden in schönem
Frieden verbindet und sicherlich weit bedeutsamer ist als jene
Dogmen, welche die Menschen trennen. Der deutsche Katholik —

wenn er nicht zu dem kleinen herrschsüchtigen Kreise derer zählt,
welche sich als „römische Bürger" gebärden — unser Katholik
steht dem deutschen Protestanten auch in seinen religiösen Vorstellungen näher als dem spanischen Katholiken. Die ungeheure
Mehrzahl der Menschen lebt heute unbefangen ihren endlichen
Zwecken, und sie hat darum nichts an Sittlichkeit verloren, denn
im irdischen Wirken erprobt sich die echte Tugend. Dieser Weltsinn der modernen Welt bricht endlich jedem konfessionellen Fanatismus die Spitze ab. Wie oft haben eifrige Protestanten
versichert, es sei unmöglich eine Kirche im Staate zu dulden,
welche sich für die alleinseligmachende ausgibt; und wie wenig
hat die Erfahrung dies bestätigt! Wohl zeigt das kirchliche Leben
der Gegenwart so ungeheure Gegensätze, daß sorgenvolle Gemüter
verzweifelnd fragen, wie so grundverschiedene Bestrebungen sich
je versöhnen sollen. Abermals träumt der Stuhl von Rom von
den Tagen, da die weite Erde römisch sein wird, er gründet von
neuem jene Bistümer, welche die Reformation beseitigt hat, er
verkündet ungescheut die ungeheuerlichen Grundsätze heidnischen
Gewissenszwanges. Und zur selben Zeit schreitet eine mächtige
Richtung des Protestantismus bereits weit über Luther und
Calvin hinaus, sie stellt die verhängnisvolle Frage, wie es denn
mit jenen heiligen Schriften stehe, welche von den Reformatoren
als eine Offenbarung anerkannt wurden. Wer tiefer blickt, wird
trotzdem auf eine Versöhnung hoffen. Sie ist möglich, aber
nicht auf kirchlichem Boden. Schon heute ist von dem unvergänglichen Kerne des Christentums bei den Weltlichen mehr zu finden
als in der Kirche. Die christliche Liebe vornehmlich lebt unter
den vielgescholtenen Ungläubigen häufiger als unter den Geistlichen. An dem großen Werke der jüngsten hundert Jahre, an
der Befreiung des Menschen von tausend Schranken unchristlicher
Willkür, hat die Kirche gar keinen Anteil genommen. Die Verteidiger der Kirche beanspruchen das Vorrecht, auch die beste Sache
durch die unvergleichbare Gemeinheit ihrer Verteidigungsmittel
zu verderben. Und diese Erscheinung wird nach menschlichem
Ermessen fortdauern. Mehr und mehr wird der sittliche Gehalt

des Christentums von weltlichen Händen ergründet und aus=
gebildet werden, und mehr und mehr wird sich herausstellen, daß
geschlossene Kirchen den geistigen Bedürfnissen reifer Völker nicht
genügen.

So besteht außerhalb der Kirche ein hochwichtiges, tief=
bewegtes religiöses Leben, welches voraussichtlich nie zu einer
neuen Kirche sich zusammenschließen wird. Und weil von den
fortschreitenden regsamen Geistern, welche allein Bewegung
bringen in das geistige Leben, eine große Zahl die Hallen der
Kirchen nicht mehr betritt, eben deshalb treibt in der Kirche die
gedankenlose Trägheit, die beschränkte Unduldsamkeit ein so arges
Wesen, ebendeshalb gehen Staat und Kirche dahin in dem behag=
lichen Wahne, daß unser Volk noch immer aus lauter gläubigen
Katholiken, Protestanten, Juden bestehe. Eine lange Frist mag
noch verfließen, bis die humane Auffassung der Religion so
allgemein und unwiderstehlich geworden, daß die Fiktion, der
sittliche Mensch müsse einer Kirche angehören, aus unseren Gesetzen
verbannt werden kann. Bis dahin bleibt uns noch ein unermeß=
liches Feld der Arbeit offen, des Kampfes gegen die unduldsame
Herrschaft der Gesellschaft und gegen die theokratischen Über=
lieferungen der Staaten, auf daß endlich die persönliche Freiheit
des Menschen zu ihrem unveräußerlichen Rechte gelange.

Die völlige Ungebundenheit, welche hier für die religiösen
Anschauungen gefordert ward, ist nicht minder unerläßlich für
alle anderen menschlichen Meinungen als solche. Denn unter
jeder, politischen oder sozialen, Unterdrückung des Denkens leidet
nicht bloß der einzelne von dem Banne der Gesellschaft Betroffene,
sondern das gesamte Menschengeschlecht. Eine entscheidende Ge=
walt steht der Mehrheit der Gesellschaft überhaupt nur da zu,
wo der Drang der Not einen Entschluß, eine Tat verlangt, also
in allen politischen Geschäften. Die Wahrheit aber darf sich
Zeit nehmen auf ihrem erhabenen Gange, sie dient nicht dem
Augenblicke: darum unterliegt sie nicht dem Belieben der Gesell=
schaft. Keine Kunst der Rede hat je vermocht, den ketzerrichter=
lichen Geist zu bemänteln, der aus der Behauptung redet, die

Gesellschaft habe das Recht, zwar nicht die Wahrheit, wohl aber die Gefährlichkeit der Meinungen zu prüfen. Ist einmal der Staat den rohen Formen der Theokratie, der Massen-Aristokratie entwachsen, hat er einmal die persönliche Freiheit des Bürgers im Grundsatze anerkannt, so hilft kein Sträuben mehr, so muß er auch ganz und mit allen Folgerungen das Recht des freien Denkens gewähren, das den Menschen erst zum Menschen macht. Denn bei der grenzenlosen Macht der Trägheit in der Welt ist die Gefahr, daß eine vor der Zeit verkündete Wahrheit die Ruhe der Gesellschaft störe, verschwindend klein gegen die andere Gefahr, daß auch nur Ein wahrer Gedanke infolge von Gewalt wieder verschwinde.

Wir prahlen so gern mit dem reißend schnellen Fortschreiten der Gesittung. Dies Lob ist berechtigt, wenn wir die Gegenwart mit anderen Epochen vergleichen. Wer aber die Menschengeschichte im ganzen überschlägt, kommt zu der schwermütigen Betrachtung, wie schwer das Leben ist, wie unendlich langsam die Welt vor- wärts schreitet. Schaut sie an, die hessische Bäuerin, wie sie dahingeht im selbstgewebten Linnenkleide, ihr Kind auf den Rücken gebunden, das Haar auf dem Wirbel in einen Knoten geflochten. Wie weniges von dem, was dieses Weib umgibt und ihr Hirn beschäftigt, ist wirklich neu, und wie viel mehr davon war schon ebenso vor tausend Jahren! Oder man blicke auf die Entwicklung der Wissenschaften: alle die einfachsten Grundgesetze, welche den Nachlebenden selbstverständlich erscheinen, sind erst nach langer Mühsal gefunden. Wie viele Millionen Äpfel mußten zur Erde fallen, bevor Newton das Gesetz der Schwere entdeckte! Und in welchen künstlichen Irrlehren hat die Volkswirtschaftslehre sich abgemüht, indem sie bald das Metallgeld, bald die Grundstücke für den einzigen Bestandteil des Volkswohlstandes erklärte, bis endlich die neueste Zeit den trivialen Satz fand, daß jede Tätigkeit, welche neue Werte erzeugt, das Volksvermögen vermehrt! Wer solches erwägt, kann nur mit Lächeln der Besorgnis gedenken, es könnte je zu hell werden unter uns blöden Sterblichen!

Und ist es denn wahr, daß die freie Forschung jemals die

Ruhe der Gesellschaft gewaltsam erschüttert habe? Nein, wo
immer die Menschen um Meinungen sich zerfleischten, da geschah
es, weil das unterdrückte Denken mit leidenschaftlicher Wildheit
das alte Joch zerbrach. Lassen wir uns ja nicht einwiegen in
trügerische Sicherheit von der immer wieder nachgebeteten Lehre,
daß der Wahrheit eine Allmacht innewohne, welche ihr aller
Verfolgung zum Trotz immer wieder zum Siege verhelfe. Das
ist, in solcher Allgemeinheit hingestellt, ein gefährlicher Irrtum.
Nicht sie freilich irrten, die Sokrates, Hus, Hutten und wie sie
sonst heißen, die gewaltigen Dulder, welche noch in letzter Qual
die Unsterblichkeit der Wahrheit verkündeten. Denn es gibt eine
vornehme Höhe des Geistes, von welcher herab dem Sterblichen
vergönnt ist, die Schranken der Zeit lächelnd zu überblicken.
Gewiß, eine Wahrheit, welche heute erst einen einsamen verachteten Denker in seinem Kämmerlein mit seliger Freude durch-
schauert, irgendwo und irgendwann wird sie dereinst von den
Dächern gepredigt werden, auch wenn er sie schweigend in sein
Grab nahm. Dies leugnen hieße an der göttlichen Natur der
Menschheit verzweifeln. Wir aber, die wir in der Zeit leben,
sollen ernsthaft dem rechten Sinne des zweideutigen Wortes nach-
forschen, daß jedes Volk seine geistigen und leiblichen Bedürfnisse
auf die Dauer wirklich befriedige. Das sagt in Wahrheit nur:
von den unvergänglichen menschlichen Gütern, an Freiheit, Wahrheit, Schönheit, Liebe erwirbt jedes Volk genau so viel, als es
durch eigene Kraft zu erringen und zu bewahren weiß. Ganze
Jahrhunderte, ganze Völker kamen und gingen, welche große,
fruchtbare Wahrheiten fanden, aber nicht zu bewahren wußten in
dem harten Kampfe mit den Mächten der Trägheit und der Lüge.
Wandelt es nicht noch unter uns, jenes Haus Habsburg, dessen
gesamte Geschichte mit unvergeßlichen Zügen verkündet, wie die
Macht der rohen Gewalt ein Herr werden kann über den Geist?
Darum sollen wir wachen und streiten, daß die Wahrheit, welche
nur für die ganze Menschheit unverlierbar ist, jetzt und hier, in
dieser Spanne Zeit, unter dieser Handvoll Menschen, die wir
unser nennen, zur Geltung gelange und ihrer Freiheit genieße.

Aber warum in unseren aufgeklärten Tagen solche Gemein=
plätze? Ist nicht ein uraltes Kleinod unseres Volkes, sind nicht
die deutschen Hochschulen recht eigentlich auf dieser Freiheit der
Meinung begründet, für das Platzen der Geister aufeinander
geschaffen? So höre ich manchen erwidern. Mich aber gemahnt
es an ein böses Wort, das ein geistvoller deutscher Gelehrter einst
zu mir sprach — und er meinte, etwas sehr Freisinniges zu
sagen —: „ich achte und dulde jede Meinung, nur nicht die
verderbliche Lehre eines Moleschott." Nun, solange wir noch
nicht gelernt haben, all die Phrasen von „gottloser Meinung" aus
unserem Wörterbuche zu streichen und auf jenes unselige „nur
diese Meinung nicht" gänzlich zu verzichten, so lange lebt in uns
noch, ob auch in milderer Form, der fanatische Geist jener alten
Eiferer, welche fremde Meinungen nur deshalb erwähnten, um
zu beweisen, daß ihre Urheber sich gerechte Ansprüche auf den
Höllenpfuhl erworben hätten. Gereicht es etwa dem Lande
Lessings zur Ehre, daß keine deutsche Hochschule sich getraut, einen
David Strauß in ihren Hallen zu dulden? Auch in Deutschland
gibt es (obwohl gottlob weniger als in England) sittliche Fragen
von höchster Bedeutung, über denen „der tiefe Schlummer einer
fertigen Meinung" — das will sagen: einer verblaßten, gehalt=
losen, leblosen Meinung — brütet, welche die gute Gesellschaft
niemanden laut besprechen läßt. Hat aber einmal die schleichende
Macht der sozialen Unduldsamkeit Boden gewonnen, so erweitert
sich unter der Hand der Kreis der Dinge, worüber nicht mehr
geredet wird! — Solange Menschen leben, werden jene kühnen
Denker nicht aussterben, deren bitteres Los es ist, daß ihre Lehren
derweil sie leben verkannt, bald nach ihrem Tode trivial gescholten
werden. Vor dem einen aber kann und soll die reifende Gesittung
der Menschheit ihre bahnbrechenden Geister bewahren: vor der
Schmach, daß als Gotteslästerer und unsittliche Menschen ge=
schmäht werden, die von der Lust des Denkens nicht lassen wollen.

Wie leicht läßt sie sich aufstellen, wie unwiderleglich ver=
teidigen, diese Forderung einer vollkommenen Duldsamkeit der
Gesellschaft gegen jegliche Meinung, und doch wie unendlich schwer

ist sie durchzuführen! Die Besten gerade sind ihre Gegner. Denn jedes Wirken eines starken Mannes ist seiner Natur nach einseitig, ist undenkbar ohne rechtschaffenen Haß und tiefen Ekel. Und wir am wenigsten wollen jene windelweichen Narren verherrlichen, welche heutzutage nur allzuoft einem ehrlichen Manne mit dem haut-goût ihrer Bildung die Luft verpesten, welche vor lauter Duldung gegen fremde Ansichten nie zu einer eigenen Meinung, vor lauter Anerkennung fremden Rechtes nie zu entschlossener Tat gelangen. Aber es ist eine höchste Blüte seiner und dennoch kräftiger Bildung möglich, welche mit dem raschen Mute der Tat die überlegene Milde des Historikers verbindet. Es ist möglich, festzustehen und um sich zu schlagen in dem schweren Kampfe der Männer, und dennoch das Geschehende wie ein Geschehenes zu betrachten, jede Erscheinung der Zeit in ihrer Notwendigkeit zu begreifen und mit liebevollem Blicke auch unter der wunder=lichsten Hülle der Torheit das liebe, traute Menschenangesicht aufzusuchen. Diese zugleich tätige und betrachtende Stimmung des Geistes, welche in jedem Augenblicke reif und bereit ist, ab=zuschließen mit dem Leben, soll einem geistreichen Volke immer als ein Ideal vor Augen stehen. Inzwischen wird menschliche Leidenschaft und Beschränktheit dafür sorgen, daß die Bäume nicht in den Himmel wachsen.

So gelangen wir von selbst zu der letzten und höchsten Forde=rung der persönlichen Freiheit: daß der Staat und die öffentliche Meinung dem einzelnen die Ausbildung eines eigenartigen Cha=rakters im Denken und Handeln gestatten müsse. Längst ward in Deutschland ein Gemeingut aller, was Mill seinen Lands=leuten als ein Neues verkündigt, jene Humboldtsche Lehre von der „Eigentümlichkeit der Kraft und der Bildung", von der „höchsten und verhältnismäßigen Ausbildung aller Kräfte", welche durch Freiheit und Mannigfaltigkeit der Situationen ge=deiht, jene einzige Verbindung platonischen Schönheitssinnes und kantischer Sittenstrenge, welche den Höhepunkt des Zeitalters der deutschen Humanität bezeichnet. Aber da diese Lehre, welche ihrer Natur nach nur von vornehmen Geistern begriffen werden kann,

bereits von den mittelmäßigsten der mittelmäßigen Köpfe gepredigt
wird, so hat sie unmerklich sehr vieles von ihrem großen Sinne
verloren. Man strebt nach einem gewissen Durchschnittsmaße
vielseitiger Bildung und verliert darüber das Köstlichste, die
Eigentümlichkeit der Bildung; man bemüht sich, seine Neigungen
auf ein Mittelmaß des Anständigen, des „Menschlichen" herab=
zustimmen, und vergißt darüber, welche herrliche Gabe starke, aber
durch ein reges Gewissen gezügelte Leidenschaften sind.

Jede gereifte Sittlichkeit beginnt mit ehrlicher Selbsterkennt=
nis. So gewiß es aber verkrüppelte Leiber gibt, so gewiß gibt
es Seelen, welche dieses oder jenes Organes gänzlich entbehren.
Und Heil jedem, der dies bescheiden zu erkennen weiß, Heil jenen
starken einseitigen Naturen, welche willig an der Breite ihrer
Bildung opfern, was sie an Kraft und Tiefe tausendfältig wieder=
gewinnen! Das sind doch Menschen, welche den Haß oder die
Liebe gebieterisch herausfordern. Mag ihr Sinn immerhin ver=
schlossen bleiben für manches große Gut der Menschheit, sie sind
doch harmonische Charaktere, denn ein schönes Gleichmaß besteht
zwischen ihrer Kraft und ihrem Streben. Wie hoch ragen sie
empor über die unerträglichen Durchschnittsmenschen, deren Zahl
heute so erschrecklich anschwillt, welche jetzt eine Bemerkung über
die sixtinische Madonna, dann ein Urteil über den Bonapartismus,
dann wieder eine Betrachtung über die Dampfmaschinen zu sagen
wissen, selten eine Dummheit, aber noch seltener etwas Gescheites,
und sicherlich niemals eines jener derben urkräftigen Worte, wobei
dem Freunde des Menschlichen das Herz im Leibe lacht, wobei
der Hörer im stillen aufjubelt: das war er, so, gerade so konnte
nur er sprechen. — Die Gegenwart rühmt sich mit vollem Rechte,
daß zu keiner Zeit Wohlstand und Bildung über so weite Kreise
der Menschen verbreitet gewesen. Dafür lebt in der heutigen
Gesellschaft ein starker Trieb, nichts zu dulden, was über ein,
allerdings liberales, Maß der Empfindung und des Denkens
hinausgeht, und von jener großen Lehre Humboldts nur die
Schale — die Vielseitigkeit der Bildung — zu bewahren, nicht
aber den Kern, die Eigentümlichkeit der Bildung und der Kraft.

Gab es vordem eine Zeit, wo die Willkür, die schrankenlose
Unbändigkeit der Personen den Bestand der Gesellschaft gefährdete,
boten spätere Tage das immerhin noch bunt bewegte Schauspiel
mannigfaltiger Standessitten, so hat die Gegenwart zu fürchten,
daß mit langsamem, unwiderstehlichem Drucke die Sitten und
Begriffe der Einen guten Gesellschaft die Eigenart persönlicher
Neigungen und Gedanken ersticken.

Wir reden hier nicht von irgendwelchem gewaltsamen Zwange.
Die natürlichsten vielmehr, die großartigsten Errungenschaften der
modernen Kultur verstärken von selbst diesen Drang der Gesell=
schaft, die einzelnen nach einem gleichmäßigen Muster zu bilden.
Wir pochen auf unseren vielseitigen Geist, unser Gemüt ist von
einer erstaunlichen Reizbarkeit, wir haben gelernt, uns über die
mannigfaltigen Geheimnisse der Menschenbrust mit einer Offen=
heit Rechenschaft zu geben, welche jedem Hellenen schamlos scheinen
würde. Aber sind wir empfänglicher, reizbarer geworden, so
leben wir auch sehr rasch. Eine Fülle von äußeren Eindrücken
stürmt auf uns ein, wovon viele an einem minder gebildeten
Geschlechte unbemerkt vorüberrauschen würden, doch nur sehr
wenige berühren uns tief und gewaltig, und die meisten Menschen
leben dahin halb bewußtlos unter dem unaufhörlichen Andrang
innerer und äußerer Erlebnisse. Auf Zeitersparnis ist alles in
dieser geschäftigen Welt berechnet, sogar unsere Kleidung. Selbst
zur Erholung hat man keine Zeit; man will zugleich sich bilden,
man liest „historische Romane" und schmeichelt sich neben der
Erheiterung zugleich ein Stück Weltgeschichte gratis in die Tasche
zu stecken. Aus tausend und tausend Erscheinungen des täglichen
Lebens klingen uns Goethes tiefernste Worte entgegen:

> Daß in ewiger Erneuung
> Jeder täglich Neues höre,
> Und zugleich auch die Zerstreuung
> Jeden in sich selbst zerstöre.

In diesem atemlosen Treiben geht den meisten der Sinn für
das Große gänzlich verloren. Noch am häufigsten finden wir

das Verständnis für echte Größe unter den Frauen, denn sie sind
weniger beschäftigt und bewähren die schöne Sicherheit des natür=
lichen Gefühls. Auch tüchtige Männer sehen heute die Dinge
allein darauf an, ob sie nützlich oder auffällig und interessant sind.

Endlich, die wenigen Eindrücke, welche bestimmend auf uns
einwirken, sind leider für die Mehrzahl der Menschen die gleichen.
Denn unsere Bildung ist so uralt und überschwenglich reich; wir
haben, ehe wir selbst an dem Fortbau der Welt mitarbeiten
können, eine solche Masse Stoffes — und wie vieles leider auf
Treu und Glauben — in uns aufzunehmen, daß gar mancher
über der harten Arbeit des Empfangens nie zu einem selbständigen
Urteile gelangt. Mit jedem Fortschritte der Kultur wird die
Erziehung zwar humaner, aber auch gleichmäßiger, wird eine
immer anwachsende Anzahl von Menschen mit den gleichen Kennt=
nissen, den gleichen Anschauungen erfüllt und gewöhnt, über
gewisse Fragen eifrig nachzudenken, andere zur Seite liegen zu
lassen. Mit dem Steigen des Wohlstandes verbreitet sich die
Gewöhnung an die gleichen Genüsse über immer weitere Kreise,
und seit das Reisen ein so demokratisches Vergnügen geworden,
wird es bald erlaubt sein zu sagen, daß ziemlich jeder gebildete
Mann dasselbe von der Welt gesehen habe. Trotz aller ver=
einzelter Rückschläge wird uns die Zukunft eine fortschreitende
Erweiterung der politischen Rechte bringen; immer mehr Menschen
werden also künftig die gleichen politischen Funktionen ausüben.
Überhaupt sind die politischen Ideale, wovon unsere Zeit nicht
lassen darf noch wird, nur durch Massenbewegungen zu erreichen;
sie sind nur zu verwirklichen durch geschlossene große Parteien.
Und welche ungewöhnliche Selbständigkeit des Charakters ist not=
wendig, um nach Bürgerpflicht Partei zu ergreifen und dennoch
die innere Freiheit sich zu bewahren! Schon heute schöpft die
ungeheure Mehrzahl des Volkes ihre politische Bildung aus Zei=
tungen, welche die Ertötung des Individuums grundsätzlich ver=
langen, welche von Namenlosen geschrieben werden und zumeist
nur in etwas klarerer Form dieselben Ansichten aussprechen, die
von der Mehrzahl der Leser bereits gehegt werden. Und so

gewaltig hat dies notwendige Übel des Zeitungslesens, diese
Gewöhnung an eine, im ganzen ehrenwerte, im einzelnen sehr
mittelmäßige, populäre Literatur bereits auf die Menschen gewirkt,
daß man schon beginnt, jeden für einen Narren zu halten, der
sich zu keiner Zeitungsmeinung bekennt. Ja, sogar die Form
dieser mittelmäßigen Tagesliteratur, diese breit dahinfließende,
wasserklare, jedes wahrhaften Lebens ermangelnde Darstellung
gilt bereits als ein Muster. Auch bei einem ernsten Buche will
man sich nicht mehr die dankbare Mühe nehmen, sich einzuleben
in das Weben und Wesen des Schriftstellers. Man schmäht über
unklaren Vortrag, sobald einer die Dinge so darzustellen wagt,
wie sie in seinem Auge sich widerspiegeln, sobald jemand noch
den Mut hat, einen individuellen Stil zu schreiben. Wer je an
einem Hauptsitze des Buchhandels gelebt, der weiß, welche Menge
köstlicher Gaben und Neigungen erst zu Grunde gehen muß, bevor
die Bildung eines „zeitgemäßen" Schriftstellers vollendet ist.
Nirgends tritt uns die furchtbare Gewalt, welche die Gesellschaft
über die persönliche Freiheit ausübt, unheimlicher entgegen, als
wenn wir uns fragen, wie wir aussehen, wie wir uns kleiden?
Wir sind in diesem Punkte die unbedingten Sklaven der Mode,
und welcher Mode! Ist es etwa natürlich, daß wir allesamt freiwillig verzichtet haben auf ein Urrecht des Menschen, auf das
Recht, uns zu kleiden nach unserem Belieben, und nun vergnüglich
als eine gleichförmige schwarzgraue Herde einhertraben? „Nicht
auffallen, nirgends anstoßen" — dieser Grundsatz unfreier Moral
steht hoch in Ehren, und gewaltig herrscht die Neigung der Gesellschaft, zwar sich selbst als ein Ganzes fortzubilden und rüstig
vorwärts zu bringen, aber jedem einzelnen zu verbieten, daß er
sich absondere von der Bewegung der Masse.

Trübe, ernste Fragen in der Tat. Aber ist denn wirklich
die gewaltige Bewegung massenhafter Kräfte, worauf die Größe
dieser Zeit beruht, nur möglich auf Kosten der Ursprünglichkeit
und Selbständigkeit der einzelnen? Wer darf es wagen, eine
so radikale, so tief einschneidende Anklage gegen einen ganzen
Zeitraum zu erheben? Eine Zeit, welche mit so starker Vorliebe

den historischen Wissenschaften sich hingibt, deren Sprache neben
einer Fülle von Reminiszenzen und Anspielungen nur selten die
wuchtige Entschiedenheit des schöpferischen Gedankens zeigt, eine
solche Zeit ist keine Epoche fertiger Bildung, ist eine Periode
des Übergangs. Sie gleicht einem Menschen, der zurückblickt auf
sein Tun und Treiben und sich sammelt, gelassen lauschend auf
die Stimme in seinem Innern; ihr ist auferlegt, die probehaltigen
Ergebnisse eines Zeitraumes geistiger Kämpfe in die Wirklichkeit
besonnen einzufügen. Und ist nicht schon dieser Übergang zu
reinerer Menschenbildung ein großer Segen? Sollen wir uns
etwa zurücksehnen nach dem Zeitalter der Originale, nach der
erst halb überwundenen falschen persönlichen Freiheit des staat=
losen Philistertums? Allerdings haben wir gelernt, der poli=
tischen Freiheit manches Opfer persönlicher Freiheit zu bringen.
Es ist dem treuen Sohne dieser Zeit nicht mehr gestattet, sich
ein Staatsideal aufzubauen nach seinem souveränen persönlichen
Belieben. Je mehr uns ein freieres Staatswesen an die tägliche
Erfüllung politischer Pflichten gewöhnt, je mehr wir unsere poli=
tischen Forderungen an den wirklichen Staat anknüpfen, desto
uneigennütziger verzichten wir auf persönliches Besserwissen. Und
wahrlich, es gereicht der Gegenwart nicht zur Schande, daß wir
endlich die uns gemeinsamen Angelegenheiten auch durch gemein=
sames Denken und Handeln fördern, daß wir willig unser Belieben
dahin geben, wo es sich handelt, um unser Volk oder die Partei,
von der wir das Heil des Staates erwarten.

Dabei bleibt dem hervorragenden Talente noch immer ein
weiter Spielraum; wir sind noch nicht so bettelhaft arm an
begabten Menschen, wie das gedankenlose Gerede über unser
Epigonentum behauptet. Denn daß die moderne Gesellschaft
als ein Ganzes fortwährend erstaunlich fortschreite, wird nur
ein Verblendeter leugnen; jeder Antrieb aber zu einer wirklichen
Verbesserung geht nicht aus von der Masse, sondern entspringt
aus einem einzelnen lichten Haupte. Sehr wenig dankbar freilich
ist diese rastlose moderne Welt; denn wo immer ein heller Kopf
einen guten, der Zeit gemäßen Gedanken gebiert, da bemächtigt

sich seiner die gebildete Gesellschaft, verarbeitet ihn als ihr Eigen=
tum, und rasch ist der Urheber vergessen. Darum soll, wer heute
die Kraft in sich fühlt, emporzuragen über den Durchschnitt der
Menschen, seine Seele frei halten von dem unmännlichen Gefühle
der Verbitterung und Verkennung und sich fest stützen auf den
freudigen Glauben edler Geister, auf den Glauben an die Unsterb=
lichkeit nicht des Namens, sondern der Idee. — Ganz arm an
eigenartigen Naturen ist diese Zeit noch nicht. Auf weiten Ge=
bieten der Wissenschaft und der Kunst tummelt sich noch ein
wahrhaft ursprüngliches Schaffen, das den Stempel der modernen
Gesittung auf der Stirn trägt. Und auch die Masse des Volkes
ist noch keineswegs geneigt, als eine unterschiedslose, gleichdenkende
und gleichgesittete Menge dahinzuleben. Wenn der Chinese und
der Europäer des vergangenen Jahrhunderts sich mit altklugem
Wohlgefallen an seiner geschmacklosen einförmigen Tracht weidete,
so regt sich heute, seit dem Wiedererstarken des germanischen
Geistes, in immer weiteren Kreisen der Widerwille gegen das
gleichmäßig langweilige, farblose Leben unserer guten Gesellschaft.
Auch die zunehmende Mannigfaltigkeit der Beschäftigungen, die
Arbeitsteilung wirkt in dieser Richtung. Und wer mit seinem
Ohre die Naturlaute des Volkslebens zu belauschen weiß, wird
in der Geschichte aller modernen Volksbewegungen an zahlreichen
Erscheinungen erkennen, welcher starke Sinn für persönliche Selbst=
behauptung, für individuelle Sitten noch in unserem Volke lebt.
Nicht als eine abgeschlossene Vergangenheit liegt die Geschichte
vor uns. Sie ist nicht tot, nicht für immer verschwunden, die
Herrlichkeit des alten deutschen Bürgertums, das einst in farben=
reichem, wogendem Gewimmel durch die geschmückten Straßen
türmestolzer Städte sich drängte. Die Mode freilich wird ihre
Herrschaft behaupten, solange unsere Kultur dauert; sie entsteht
von selber in jedem Volke, sobald der Trotz des einzelnen sich
dem Staate gebeugt hat und ein lebendiges Gemeingefühl sich
bildet. Es ist damit wie mit den Namen. Wohl war es eine
poetische Sitte, daß in der Jugendzeit der Völker die Eigen=
namen etwas bedeuteten, den Träger bezeichneten; überwiegend

ist doch der praktische Vorteil, daß unsere leb= und sinnlosen
Namen unveränderlich feststehen. Desgleichen wird die phantasie=
lose Mode bleiben; aber das öffentliche Leben eines freien Volkes
bietet auch in nüchternen Epochen einige Gelegenheit, die Schön=
heit und Mannigfaltigkeit persönlicher Sitten zu entfalten. Weil
wir ohne phantastische Sehnsucht, mit klarer, bewußter Bewunde=
rung auf die Tage Pirkheimers und Peter Vischers schauen, eben
deshalb ist die Hoffnung unverloren, daß die Pracht und Lust
der alten Bürgerfeste der deutschen Zukunft nicht gänzlich fehlen
werde.

Soweit aber die Gefahr doch vorhanden ist, daß der die Zeit
beherrschende Mittelstand die Freiheit der persönlichen Ausbildung
auf ein Mittelmaß des Denkens und Empfindens beschränke, so
liegt das Heilmittel dagegen, wie bei allen sozialen Fragen, in
der reiferen Gesittung der einzelnen. Lernen wir wieder in
allen Dingen, die nur uns selbst angehen, recht trotzig uns selbst
zu behaupten. Will ein Mensch einmal gedankenlos handeln, so
ist ihm besser, er läßt sich leiten von einem unklaren Einfalle
seines eigenen Kopfes, als daß er sich, nach der heutigen unfreien
Weise, die jämmerliche Frage vorlege: was tut man, was tuen
die anderen in solchem Falle? Eine Gesellschaft aber, deren
Beste in selbständigem Geiste handeln, wird notwendig duldsam
gegen das Salz der Erde, die starken, eigentümlichen, ganz auf
sich selbst stehenden Menschen, gewährt die Freiheit der persön=
lichen Selbstbehauptung. —

Überall erwächst der Mensch in einer natürlichen Gebunden=
heit, befangen in fertigen Begriffen, welche ihm das Haus, die
Landschaft, der Stand, worin er geboren ward, in die Wiege
legten; und überall beginnt die Arbeit der persönlichen Freiheit
damit, daß er solche Vorurteile nicht geradezu abschüttelt, aber
vergeistigt und in Einklang bringt mit der humanen Duldung
gegen alles Menschliche. Denn ein freier Geist erträgt nichts in
sich, was ihm bloß von außen zugeflogen, was nicht durch seine
eigene Arbeit zu seinem Eigentume geworden ist. Gleichwie die
Bildung von uns verlangt, daß wir die Eigenheiten des Dialektes

ablegen, soweit er nur eine verderbte Schriftsprache ist, aber nicht,
daß wir unsere Worte setzen wie der Bettelmann die Krücken,
sondern vielmehr, daß wir auch unserer gebildeten Sprache die
Naturkraft des Dialekts und seiner anschaulichen Redeweise er=
halten: — ebenso fordern wir nicht mit den Radikalen des letzten
Jahrhunderts, daß ein freier Mann seine ständischen und
landschaftlichen Neigungen gänzlich aufgebe, sondern nur, daß
er sie zu läutern wisse durch die Ideen der Freiheit und
Duldung.

Insbesondere von Standesvorurteilen zu reden ist noch
immer sehr wohl an der Zeit. Ein niederschlagender Gedanke,
fürwahr, daß dieses große Kulturvolk noch den barbarischen Rechts=
begriff der Mißheirat kennt, welchen die Alten schon zu Anfang
ihres Kulturlebens über Bord warfen. Von jenem rohen Junker=
tume freilich, welchem die Stallkarriere anständiger scheint als
ein wissenschaftlicher Beruf, das Faustrecht adliger als der gesetz=
liche Sinn des freien Bürgers — von ihm reden wir nicht: dies
Zerrbild des Adels hat seinen Lohn dahin. Aber auch die bunt=
scheckige Masse der sogenannten gebildeten wohlhabenden Stände
hegt und pflegt eine Fülle unfreier unduldsamer Standesbegriffe.
Welche lieblose Härte des Urteils über die schändlicherweise so=
genannten gefährlichen Klassen! Welch herzloses Absprechen über
den „Luxus" der niederen Stände, während ein freier und vor=
nehmer Mann sich daran freuen sollte, daß auch der Arme beginnt,
etwas auf sich selbst und den Anstand seiner Erscheinung zu halten!
Welche gemeine Angst bei jeder Regung des Trotzes und des
Selbstgefühls unter dem niederen Volke! Deutsche Herzensgüte
hat uns zwar davor bewahrt, daß diese Gesinnungen der Gebil=
deten bei uns eine so rohe Form annähmen wie bei den schrofferen
Briten; aber solange die aristokratischen Neigungen, wovon
wohl noch nie ein feiner Kopf gänzlich frei gewesen, in
solcher Gestalt auftreten, steht es gar traurig um unsere innere
Freiheit.

Vollends ein Gebiet, auf welchem Unfreiheit und Unduld=
samkeit in Fülle wuchern, betreten wir, wenn wir fragen nach

den Standesbegriffen des mächtigsten und geschlossensten der
„Stände" — oder wie sonst wir diese natürliche Aristokratie
nennen wollen — des männlichen Geschlechts. Unglaublich weit
verzweigt besteht unter uns Herren des Erdkreises eine stille
Verschwörung, den Frauen einen Teil der menschlich harmonischen
Bildung grundsätzlich zu versagen. Denn einen Teil ihrer Bil=
dung erlangen die Frauen nur durch uns. Unter uns aber
versteht sich von selbst, daß religiöse Aufklärung für den gebildeten
Mann eine Pflicht, für den Pöbel und die Frauen ein Verderben
sei, und wie viele finden eine Frau ganz absonderlich „poetisch",
wenn sie den plumpsten Aberglauben zur Schau trägt. Nun
gar „politisierende Weiber" sind ein Greuel, darüber verlieren
wir kein Wort mehr. Ist das unser mannhafter Glaube an die
göttliche Natur der Freiheit? Ist die religiöse Aufklärung wirklich
nur eine Sache des nüchternen Verstandes und nicht weit mehr
ein Bedürfnis des Gemütes? Und doch meinen wir, die Herzens=
wärme der Frauen werde leiden, wenn wir sie in ihrer Weise
sich erfreuen lassen an der großen Geistesarbeit der jüngsten
hundert Jahre. Kennen wir die deutschen Frauen wirklich so
wenig, daß wir meinen, sie würden jemals „politisieren", jemals
sich den Kopf zerbrechen über Grundsteuern und Handelsverträge?
Und doch bietet das politische Elend dieses Volkes eine rein
menschliche Seite, welche von den Frauen vielleicht tiefer, feiner,
inniger verstanden werden kann als von uns. Soll denn von
dieser Fülle des Enthusiasmus und der Liebe, vor der wir so oft
kalt und bettelarm und herzlos dastehen, nicht ein ärmliches
Bruchteil dem Vaterlande gelten? Muß erst die Schande der
Franzosenzeit sich erneuern, wenn unsere Frauen wieder, wie
längst schon alle ihre Nachbarinnen in Ost und West, sich empfinden
sollen als die Töchter eines großen Volkes? Wir aber haben in
unsrer Engherzigkeit allzulange vor ihnen geschwiegen von dem,
was uns das Innerste bewegte, wir hielten sie gerade gut genug,
um ihnen von dem Nichtigen das Nichtigste zu sagen, und weil
wir zu klein dachten, ihnen die Freiheit der Bildung zu gönnen,
ist heute nur eine Minderzahl der deutschen Frauen im stande,

den schweren Ernst dieser bedeutungsvollen Zeit zu ver=
stehen. —

Gewaltsam müssen wir unserer Feder ein Ziel setzen, denn
unzählig sind die natürlichen und konventionellen Schranken,
welche die Gesinnung bald einzelner Klassen, bald der gesamten
Gesellschaft verengern und dem Gedanken der persönlichen Freiheit
entfremden. Mögen diese Andeutungen daran erinnern, wie
Großes ein jeder in seinem Innern zu wirken hat, ehe er sich
einen freien Mann nennen darf, und wie unendlich vieles ent=
halten ist in der aristotelischen Forderung der persönlichen Frei=
heit, in jenem „Leben nach eigenem Belieben". Nicht bloß die
Zwangsgewalt des Staates soll dem Bürger die Ausbildung
eines eigenartigen Charakters unverkümmert vergönnen. Die
Gesellschaft soll hinausgehen über diese wohlfeile theoretische An=
erkennung, soll praktisch duldsam werden gegen das Tun und
Meinen der einzelnen. So verwandelt sich jenes politische Ver=
langen unter der Hand in eine sittliche Anforderung an die
Humanität jedes einzelnen.

Wenn wir aber heute noch die Worte Humboldts von der
allseitigen Ausbildung der Persönlichkeit zur Eigentümlichkeit
der Kraft und Bildung freudig wiederholen, so liegt doch heut
ein anderer Sinn in der alten Rede; denn diese Zeit ist eine neue,
sie zehrt nicht bloß von der Weisheit der Altvorderen. Sie
genügt uns nicht mehr, jene innere Freiheit, welche leiblos und
freudlos sich abwandte von dem notwendigen Übel des unfreien
Staates; wir wollen die Freiheit des Menschen im freien Staate.
Wie die persönliche Freiheit, welche wir meinen, nur gedeihen
kann unter der Segnung der politischen Freiheit; wie die all=
seitige Ausbildung der Persönlichkeit, welche wir erstreben, nur
da wahrhaft möglich ist, wo die selbsttätige Ausübung mannig=
faltiger Bürgerpflichten den Sinn des Menschen erweitert und
adelt: so führt uns heute jedes Nachdenken über sittliche Fragen
auf das Gebiet des Staates. Seit die jammervolle Lage dieses
Landes in gar so lächerlichem Widerspruche steht mit den gereiften
Ideen seines Volkes, seit wir edle Herzen brechen sahen unter

der unerträglichen Bürde der öffentlichen Leiden, seitdem ist in
die Herzen der besseren Deutschen etwas eingezogen von antikem
Bürgersinne. Die Erinnerung an das Vaterland tritt warnend
und weisend mitten hinein in unsere persönlichsten Angelegenheiten. Gibt es irgendeinen Gedanken, der heute einen rechten
Deutschen lauter noch als das Gebot der allgemein-menschlichen
Pflicht zu sittlichem Mute mahnen kann, so ist es dieser Gedanke:
was du auch tun magst, um reiner, reifer, freier zu werden, du
tust es für dein Volk.

Das deutsche Ordensland Preußen.

(Leipzig 1863.)

Nicht die Jahre der Geschichte zähle, wer eines Volkes Alter messen will; sicherer zum Ziele führt ihn die tiefere Frage, welcher Teil der Vergangenheit noch als Geschichte in der Seele des Volkes lebendig ist. Wer aus dem Kampfe der Gegenwart um den Grundbau des deutschen Staates noch nicht die Einsicht gewonnen hat, dies alte Land komme jetzt zum zweiten Male zu seinen Tagen: der mag die Jugend unseres Volkes erkennen an der vergeblich geleugneten Tatsache, daß unser Mittelalter dem Bewußtsein der heutigen Deutschen unendlich fern steht. Nicht bloß der Masse ist nahezu alles aus dem Gedächtnis geschwunden, was über die Tage der Schwedennot und der Reformation hinaus liegt. Auch das Urteil der Gebildeten ist nur über sehr wenige Erscheinungen jener reichen Zeit zu einem festen Schlusse gelangt. Der heute mit neuem Eifer entfachte Streit über das Kaisertum, wäre er möglich in einem Volke von einfacher, ungebrochener Entwicklung? Noch mehr, sogar das durchschnittliche Maß unserer Kenntnisse von dem deutschen Mittelalter ist erstaunlich dürftig für ein so gelehrtes Volk und nach so emsiger Arbeit der historischen Wissenschaft. Was anders lehren in der Regel unsere gelehrten Schulen, als ein willkürliches Gemisch gleichgültiger Tatsachen, das man Geschichte des engeren Vaterlandes zu taufen liebt, und jene Kaisergeschichte, welche dahinging wie der Traum einer Sommernacht und mit all ihrem Glanze die Deutschen doch nur als die Lernenden zeigt? Kaum daß eine hingeworfene Notiz dem süddeutschen Knaben eine Ahnung gibt von der größten,

folgenreichsten Tat des späteren Mittelalters, von dem reißenden
Hinausströmen deutschen Geistes über den Norden und Osten,
dem gewaltigen Schaffen unseres Volkes als Bezwinger, Lehrer,
Zuchtmeister unserer Nachbarn.

Ein glücklicheres Geschlecht, emporgewachsen auf den Werken
unserer Tage, wird vielleicht dereinst als einen köstlichen Segen
preisen, was wir an der Unfertigkeit unseres Gemeinwesens noch
schmerzlich empfinden: daß die Deutschen so eigen zu ihrer
Geschichte stehen, daß wir so alt sind und so jung zugleich, daß
unsere uralte Vorzeit nicht als eine Last auf unseren Seelen liegt,
wie vormals die Größe Roms auf den romanischen Völkern.
Preußen insbesondere mag mit Stolz den Namen führen, womit
seine Neider es schmähend ehren, den Namen des Emporkömm-
lings unter den Mächten. Dennoch sollten wir öfter, als es
namentlich bei uns in Süd= und Mitteldeutschland zu geschehen
pflegt, den Blick verweilen lassen auf jener kraus verschlungenen
Entwicklung, welche den kurzen zwei Jahrhunderten der modernen
preußischen Geschichte voranging. Ein kräftiges Gefühl der Sicherheit bringt uns zu Herzen, wenn wir das so plötzlich zur Reise
gediehene Werk durch die harte Arbeit langer Jahrhunderte vorbereitet sehen. Wir lachen des hämischen Geredes über die will-
kürliche Entstehung des preußischen Staates, wenn wir die deutsche
Großmacht der modernen Welt auf demselben Boden gefestet
schauen, wo einst das neue Deutschland unserer Altvordern, die
baltische Großmacht des Mittelalters sich erhob. Und wer mag
das innerste Wesen von Preußens Volk und Staat verstehen,
der sich nicht versenkt hat in jene schonungslosen Rassenkämpfe,
deren Spuren, bewußt und unbewußt, noch in den Lebensgewohn-
heiten des Volkes geheimnisvoll fortleben? Es webt ein Zauber
über jenem Boden, den das edelste deutsche Blut gedüngt hat
im Kampfe für den deutschen Namen und die reinsten Güter der
Menschheit.

Gelehrte Bearbeiter haben dem reizvollsten Teile dieser Vor-
geschichte, der Geschichte des Ordenslandes Preußen, nie gefehlt.
Wie hätte es nicht jede lautere und jede lüsterne Phantasie locken

sollen, den Geschicken der geheimnisvollen Ordensburgen mit der
morgenhellen Pracht ihrer Remter und dem Spuk ihrer unter=
irdischen Gänge nachzuspüren? Diese rätselhaften Menschen zu
verstehen, die zugleich rauflustige Soldaten waren und streng
rechnende Verwalter, zugleich entsagende Mönche und waghalsige
Kaufleute und, mehr als all dies, kühne, weitschauende Staats=
männer? Den Staatsmann vornehmlich mußte sie reizen, diese
Geschichte einer schroffen Aristokratie, deren beste Kraft in ihrem
Bunde mit dem Bürgertume gelegen war — einer geistlichen Ge=
nossenschaft, welche der Kirche so herrisch wie nur je ein weltlicher
Despot den Fuß auf den Nacken setzte — eines Staates, der uns
bald traumhaft fremd erscheint, wie eine versunkene Welt, ein
Anachronismus selbst in seiner Zeit, bald die rationalistische
Nüchternheit moderner Staatskunst vorbildet — einer Kolonie,
die keiner Theorie des Kolonialwesens sich einfügen will und
dennoch die Lebensgesetze der Pflanzungsstaaten typisch veran=
schaulicht in ihrem atemlosen Steigen, ihrem jähen Falle. Eine
Geschichte tut sich hier auf, welche uns bald heimisch anmutet
durch die trauliche Enge provinzialen Sonderlebens, bald die Seele
erhebt durch den weiten Ausblick auf welthistorische Verwicklungen:
eine Geschichte so wirrenreich und verschlungen wie nur die Schick=
sale unseres alten Reichswappens, jenes einköpfigen Adlers, der
von dem Stauferkaiser dem Hochmeister in sein Schild geschenkt
ward und in der fernen Pflanzung sich erhielt, derweil er dem
Reiche selber verloren ging, bis ihn endlich der deutsche Großstaat
der neuen Zeit zu seinem verheißenden Zeichen wählte. Doch
was uns Bewohner der Kleinstaaten zu dieser Geschichte mehr
noch hinzieht als ihr romantischer Reiz, das ist die tiefsinnige
Lehre von dem Segen des Staates, der bürgerlichen Unter=
ordnung, welche sie lauter vielleicht predigt als irgendein anderer
Teil unserer Vergangenheit.

Das Bild des alten Ordensstaates war in der Epoche des
evangelischen Glaubenseifers in Altpreußen selber fast vergessen,
und wurde dann im Wetteifer verzerrt und entstellt bald von
dem nationalen Hasse polnischer Geistlichen, bald von dem Bürger=

stolze gelehrter Danziger Stadtschreiber, bald endlich von der
selbstgefälligen Aufklärung der Kotzebue und Genossen. Auch
läppischer Fabelsucht war Tür und Tor geöffnet. Denn des
Ordens alte Chronisten ermangeln nicht nur, nach der Weise
epischer Zeiten, der Gabe Charaktere zu schildern; sie verschmähen
es sogar grundsätzlich, gemäß dem hocharistokratischen Geiste des
Ordens, die großen Männer des Staates in den Vordergrund
zu stellen. Wie mußte da nicht in den modernen Schriftstellern
das echtmenschliche Bedürfnis sich regen, gewaltige Taten zu
personifizieren? Erst Johannes Voigt hat die wissenschaftliche
Geschichtforschung in Alt=Preußen begründet, als er vor nahezu
fünfzig Jahren seine „Geschichte von Preußen" aus den Archiven
des Ordens zu schöpfen begann. Leicht mögen wir heute die
Mängel des Werkes tadeln: die reizlose Darstellung, die oft
stumpfe Kritik der Quellen, den Mangel großer staatsmännischer
Gesichtspunkte und vor allem jene sanguinische Schönseherei,
welche sich aus der Freude des ersten Entdeckers und aus dem
dünnen Idealismus der Tage der alten Romantik vollauf er=
klärt. Uns jüngeren Skeptikern wird oft gar lustig zu Mute unter
all diesen edlen und biederen Rittern, deren Taten doch so laut
verkünden: ein guter Teil ihrer Größe bestand in dem gänzlichen
Mangel jener Gutmütigkeit, die man fälschlich als eine deutsche
Tugend preist. Trotz alledem bleibt dem ehrwürdigen Verfasser
ein unvergängliches Verdienst. Dafür zeugt am lautesten der
lebhafte Eifer, den alle Stände der Provinz seit dem Erscheinen
des Voigtschen Werkes auf die Erforschung ihrer alten Geschichte
verwenden; die rührende Liebe zur Heimat, die in Altpreußen
vielleicht kräftiger lebt als in irgendeiner anderen deutschen Land=
schaft, betätigte sich gern in historischer Forschung. Diese stille
Arbeit ging Hand in Hand mit dem Wiederaufbau der Marien=
burg; ihre Ergebnisse liegen vor in zahllosen Einzelschriften und
Sammelwerken, die freilich gründliche historische Kritik oft ver=
missen lassen. Erst neuerdings, seit Töppen in seiner Geschichte
der preußischen Historiographie (1853) die alten Chroniken des
Landes einer eingehenden Prüfung unterwarf, ist abermals ein

vollständiger Umschwung eingetreten in der Auffassung der preu=
ßischen Vorzeit; die von Hirsch, Töppen und Strehlke heraus=
gegebene musterhafte Sammlung der preußischen Geschichtsquellen
(Scriptores rerum Prussicarum) hat den Weg gebahnt für eine der
strengeren Methode der heutigen Wissenschaft genügende Dar=
stellung der altpreußischen Geschichte. Ein solches Werk ist noch
zu schreiben. Wir versuchen in den raschen starken Strichen einer
anspruchslosen Skizze die Entwicklung des Ordenslandes zu=
sammenzufassen. —

Der helle Tag des alten deutschen Rittertums ging zur
Rüste. Noch einmal, glänzender denn je zuvor, war die Blüte
des abligen Deutschlands, an vierzigtausend Ritter, um ihren
Helden versammelt, als der alte Kaiser Rotbart auf dem Reichs=
hoftage zu Mainz seinen Söhnen „den ehrenreichen Schlag schlug"
und selber noch mit der Lanze im abligen Spiele sich tummelte
(1184). Drei Jahre noch — so nahe berühren sich Glanz und
Fäulnis auf diesem steilen Gipfel altritterlicher Zeit — und der
ritterfreundliche Kaiser legte dem deutschen Adel selber die Axt
an die Wurzel, gab ihm das selbstmörderische Recht der Fehde.
Nach abermals drei Jahren hatte der ruhmreichste Vertreter
deutscher Ritterherrlichkeit im Morgenlande sein Grab gefunden.
In diesen verhängnisvollen Tagen, auf demselben Kreuzzuge,
der dem Kaiser den Tod gab, entstand der deutsche Orden von
Sankt Marien, ein nachgeborenes Kind des älteren deutschen
Rittertums. Als die Lateiner die Feste Akkon belagerten, er=
barmten sich reiche Kaufleute aus Lübeck und Bremen der siechen
Landsleute und nahmen sie auf in ihre Segelzelte. Deutsche
Ritter boten den Verwundeten fromme Pflege, wie der Welsche
sie längst schon bei seinen Templern und Johannitern fand.
Nach der Eroberung der Stadt ward die ritterliche Brüderschaft
für die Dauer gestiftet, vereinigte mit sich ein älteres Hospital
der Deutschen zu Jerusalem und gründete in Akkon ihren Haupt=
sitz (1190—1191). So standen bedeutsam deutsche Bürger an
der Wiege des Ritterordens in Zeiten, da bereits abliger Über=
mut dem Bürger das Recht der Waffen zu bestreiten versuchte;

und solange seine Größe währte, hatte der Orden alltäglich für seine frommen Mitstifter von Lübeck und Bremen gebetet. Wie unser Volk während der Kreuzzüge in dem großen Ideenaustausche der lateinischen Christenheit immer mehr empfing als gab, so ward auch der Orden nach dem Vorbilde der Welschen gestiftet. Seine kriegerische Ordnung entlehnte er den Templern, die Regeln für Siechenpflege und geistliche Zucht den Johannitern. Aber während die Templer bald in sittlicher Entartung verkamen, die Johanniter als Markmannen der Lateiner wider die Türken ein unsicheres Dasein führten, sollte der deutsche Orden beide überflügeln. Später gegründet, blieb er eine lange Zeit hindurch reiner als beide von der sittlichen Fäulnis des Orientes. Von Anbeginn nahm er, mit schrofferem Nationalstolze als jene, nur Söhne deutscher Zunge in seinen Kreis, und bald entsprang seines Meisters lichtem Haupte der große Gedanke der Staatengründung.

Während eines Menschenalters schien es, als sollte der Orden, der noch kaum mehr als zweihundert Mitglieder zählen mochte, abenteuernd dahinleben auf den Grenzgebieten abendländischer und morgenländischer Bildung. Er drillte und führte das neu gebildete Fußvolk der Kreuzfahrer, erwarb mit dem Schwerte und durch fromme Stiftung manch schönes Gut im heiligen Lande und in Griechenland, das meiste in Sizilien und einiges in Deutschland. In solchem heimatlosen Treiben blieb er klüglich dem heiligen Stuhle ergeben, und die Kurie schützte „ihre geliebtesten Söhne“, wenn eifersüchtige Fürsten mit den trotzigen unbequemen Untertanen haderten, befahl dem murrenden Klerus, auf jede Gerichtsbarkeit über den Orden zu verzichten, und mahnte die Templer, den weißen Mantel der deutschen Herren zu dulden: unterschied sie doch das schwarze Kreuz genugsam von den Templern. — Ein Zug der Größe kommt in des Ordens Geschichte erst mit dem Hochmeister Hermann von Salza. In Thüringen erwachsen, als dort am sängerfreundlichen Hofe der Wartburg die Blüte christlich-deutscher Dichtung sich entfaltete, hatte er später am Kaiserhofe zu Palermo eine weltlichere Bildung

genossen. Dort ward er von seinem Freunde Friedrich II. ein=
geweiht in die weltumspannenden Pläne kaiserlicher Staatskunst.
Er lernte die verständigen Grundsätze jenes nahezu modernen
Absolutismus kennen, welchen der Staufer zum guten Teile den
Sarazenen abgesehen hatte und in seiner sizilianischen Heimat
durchführte. Der Staat übte hier eine vielseitige Tätigkeit, wovon
die germanische Welt vordem nichts ahnte, ein zahlreiches wohl=
geschultes Beamtentum entfaltete alle Mittel fiskalischer Politik,
eine kodifizierte Gesetzgebung hielt das Ganze in strenger Regel.
Aber neben diesem welschen Kaiser, inmitten sarazenischer Leib=
wächter und leichtfertiger südländischer Sänger blieb Salza ein
Deutscher. Und während der geistvolle Kaiser mit seinen skep=
tischen Gelehrten gern der christlichen Glaubenssätze spottete, und
die Welt sich von den süßen Sünden des kaiserlichen Harems zu
Lucretia erzählte: der kirchliche Glaube des Hochmeisters blieb
unerschüttert, sein Wandel unsträflich. Der kluge überlegene Kopf
verstand, sich zwischen den streitenden Mächten des Kaisertums
und der Kirche hindurchzuwinden, beide für seines Ordens Größe
zu benutzen. Bald ward der besonnene maßvolle Mann der
gesuchte glückliche Vermittler in den Kämpfen der Weltmächte.
So bereiste er Deutschland, um den Dänenkönig Waldemar zu
bewegen, daß er seinen Ansprüchen auf Holstein entsage, und
beschwichtigte die aufsässigen Städte der Lombardei. Noch in
späteren Jahren betrieb er den Friedensschluß zwischen Papst
und Kaiser: er war allein zugegen, als zu Anagni die beiden
im Zwiegespräche sich verständigten.

　　Für solche Dienste überhäufte der Kaiser den Unentbehrlichen
mit Gnaden und schenkte ihm den schwarzen Reichsadler in das
Herzschild des Hochmeisterkreuzes. Wie hätte dem klarblickenden
Staatsmanne bei seinem wiederholten Verweilen zu Akkon ent=
gehen sollen, daß des Ordens Besitz im Oriente schwer gefährdet,
der Sinn der Christenheit der „lieben Reise" in das heilige Land
entfremdet sei? Bereits trug er sich mit dem Plane, dem Orden
im Abendlande eine gesicherte Heimat zu gründen — denn so=
lange nicht ein anderes erwiesen wird, muß es bei der Dürftigkeit

der Quellen gestattet sein, den Ruhm dieses Gedankens dem Hoch=
meister zuzuweisen — und gern schickte er eine Schar seiner
Ritter, als König Andreas von Ungarn wider die heidnischen
Kumanen der starken Hand des Ordens bedurfte und ihm als
Kampfpreis Siebenbürgens schönes Burzenland zu Lehen gab.
Die Ritter kamen, und Hermann bewog den Papst, das ungarische
Lehen für ein Eigentum St. Petri zu erklären — in jenem
Geiste kraftbewußter, rücksichtsloser Selbstsucht, der von da an
des Ordens Staatskunst erfüllt. Doch der Ungarkönig eilte, die
gefährlichen Freunde aus dem Lande zu treiben. Noch war das
Fehlschlagen dieses kecken Anschlags nicht verschmerzt: da erschien
bei dem Hochmeister — er verhandelte gerade in Sachen des
Kaisers mit den Kommunen der Lombardei — die Gesandtschaft
eines polnischen Kleinfürsten, seine Hilfe erflehend gegen die
heidnischen Preußen (1226). Und es geschah, daß der Orden
seinen großen christlich=deutschen Kreuzzug begann, eifrig gefördert
von einem Kaiser, der weder christlichen noch deutschen Sinnes
war. So stoßen wir schon an seiner Schwelle auf die geheimste
Unwahrheit des Ordensstaates: sein Werk kriegerischer Heiden=
bekehrung ward begonnen in Tagen, die dem naiven Glauben der
alten Zeit bereits entwuchsen.

Sehr wenig günstige Zeichen fürwahr bot dies dreizehnte
Jahrhundert dem Beginne eines Ritterstaates. Überall im Welt=
teil wankte das alte Rittertum in seinen Fugen. Wieder und
wieder versagte unser Adel den Dienst zur Romfahrt; er begann
bereits die romantische Staatskunst seiner großen Kaiser als eine
Last zu empfinden. Stumm lagen die Hallen der Wartburg, und
bald, mit dem Aussterben der Babenberger, sollte auch aus Öster=
reich der ritterliche Sang entweichen. Noch eine kurze Frist, und
in der Verwilderung der kaiserlosen Zeit schwanden die letzten
Trümmer der zierlichen Bildung alter Rittersitte, und teilnahm=
los hörte der Adel die Frage des welschen Sängers, wie Deutsche
leben könnten, derweil Konradin ungerächt sei. Auch der feine
französische Adel war entartet unter den Greueln der Albigenser=
kriege. Noch einmal erstand ihm in dem heiligen Ludwig ein

glänzender Vertreter der alten Zeit, der ein Ritter war und
doch ein König; aber alsbald eröffnete der kalte Rechner Philipp
der Schöne eine rauhere, modernere Epoche. Um dieselbe Zeit
ward in England unter schweren Wehen das Unterhaus geboren.
Darauf begann das Jahrhundert der drei Eduards, welches trotz
seines romantischen Glanzes in seinem Kerne schon die Keime
des modernen englischen Staatslebens zeigt. Mit der alten Ritter=
sitte schwand auch die Kunstform, die ihr Wesen aussprach, die
edle Anmut des spätromanischen Stiles. Aber aus dem üppigen
Boden dieses reichbegabten Geschlechts wucherten rasch neue Gestal=
tungen empor. In Rom erstand die unheimliche Größe der In=
quisition und der Bettelorden. Und in unserem Norden hatte
bereits um das Ende des zwölften Jahrhunderts eine neue Ent=
wicklung eingesetzt, minder glänzend vielleicht als die Politik der
Staufer, aber dauernder, stetiger, die große Lehrzeit für die
aggressiven Kräfte unseres Volks. Wenn einst die Franken
deutschen Geist mit der antiken und christlichen Gesittung ver=
schmolzen: jetzt trug der Stamm der Sachsen die Werke der
Franken nach Osten. Als Heinrich der Löwe und Albrecht der
Bär die Wenden vernichteten, als Arkonas alte Tempelfeste von
den Dänen erstürmt und das geheimnisvolle Heiligtum des
Suantevit durch die Christen zerstört ward, da drängten sich
deutsche Bürger und Bauern in die verödeten Lande, wie der
Kampf für gemeine Freiheit, die Not der Übervölkerung, die
Wut des Meeres oder kecke Wagelust sie ostwärts trieb.

Ohne Verständnis, vertieft in die italienischen Händel,
schauten die Kaiser dieser großen Fügung zu. Ja, auf Weih=
nachten 1214 schenkte Friedrich II. alle Lande jenseits der Elbe
und Elbe dem dänischen Könige. So ward unserem Norden
jene Politik aufgezwungen, welche er seitdem getreu behauptet
hat: ohne Hilfe vom Reiche, oftmals gegen das Gebot des Reichs,
mußte er durch eigene Kraft handeln als ein Mehrer des Reichs.
Das Bürgertum von Niederdeutschland regte sich, machte die
dänische Macht zuschanden bei Bornhöved, und Lübeck erfocht
(1234) bei Warnemünde seinen ersten Seesieg. Nun, in raschem

Steigen, ohne jede Gunst der Natur an der hafenarmen Küste,
erhebt sich die bürgerliche Macht. Die massiven Gaben deutscher
Gesittung, das Schwert, der schwere Pflug, der Steinbau und
die „freie Luft" der Städte, die strenge Zucht der Kirche verbreiten
sich über die leichtlebigen Völker des Ostens. Die Handelsplätze
Skandinaviens werden deutsch, alle merkantilen Kräfte des Nordens herrisch ausgebeutet durch die deutschen Bürger, die sich,
alle anderen Völker ausschließend, „reinen Weg" in die Fremde
erkämpfen. Der deutsche Kaufmann allein darf das ungastliche
Rußland durchstreifen und begleitet, im schweren Eigenhandel
dieser unsicheren Zeiten, selber seine Warenzüge nach dem deutschen
Hofe von St. Peter in der Handelsrepublik Nowgorod, dem
Markte der köstlichen „Peltereien" des Nordens. Der deutsche
Bürger tritt das Erbe der Wenden an, die Herrschaft auf der
Ostsee; und mit der Hanse entfaltet sich die bürgerliche Kunst der
Gotik. Im Laufe des Jahrhunderts werden selbst die Gebiete
der slawischen Kleinfürsten in Pommern und Schlesien von deutscher Bildung überherrscht. Ja sogar Polen, das einst die Ansprüche seiner Lehnsherrlichkeit bis an den Harz getragen, läßt
jetzt, rasch gesunken durch innere Kriege, diesen grandiosen Sieges-
zug deutscher Gesittung auf sich wirken. Bis Sendomir und
Krakau verbreitet sich der Einfluß deutschen Gemeindewesens,
überall auf kirchlichem und landesherrlichem Boden erheben sich
deutsche Städte. Bloß der Adel Polens wendet sich in sicherem
Instinkte von diesen unheimischen Gewalten ab und benutzt das
eindringende deutsche Immunitätswesen, lediglich um die königliche
Gerichtsbarkeit abzuschütteln und die Herrschaft polnischer Adelsfreiheit über der Masse mißhandelter gemeindeloser Bauern zu
gründen. Noch weiter gen Osten drang der deutsche Kolonist.
Niederdeutsche Kaufleute, die nach der verwegenen Weise der Zeit
auf kleinen Flußschiffen die Küste befuhren, wurden vom Sturm
in den Meerbusen der Düna verschlagen. Daraus unterwarf der
große Bischof Albert von Burhövden, im Bunde mit deutschen
Bürgern und dem ritterlichen Schwertorden, das ferne Livland,
und bald erstanden als deutsche Städte die geliebten „Täuflinge"

der Hanse, Reval, Dorpat und vor allen Riga (1201), das die
Wappen von Hamburg und Bremen in seinem Schilde vereinte.

　　In dieser gewaltigen, die Ostsee umspannenden Kette deutscher
Kolonien fehlte noch ein Glied, — das Land Preußen östlich der
Weichsel. Durch das unendliche Gebiet der Sümpfe am Dnjepr,
Dnjestr und Pripecz vor slawischen und byzantinisch-christlichen
Einwirkungen gesichert, hatte dort ein vermutlich mit anderen
Völkertrümmern vermischter Stamm des Litauervolkes durch
Jahrtausende ein harmloses Sonderdasein geführt. Wie noch
heute die Ostsee minder tief als andere Meere in das Binnenland
einwirkt, so blieb vollends dort, wo Nehrungen und das süße
Wasser der Haffe den Verkehr mit der hohen See erschweren,
der mäßige Tauschhandel des städtelosen Volkes mit einigen west-
lichen Häfen ohne Einfluß auf die Sitten. Eine geheimnisvolle
Priesterschaft, selten dem Heimischen, dem Fremden niemals sichtbar, hütete in heiligen Eichenwäldern die geweihten Schlangen
und entzündete auf den Opfersteinen das duftende Bernsteinfeuer
vor den Göttern eines Glaubens, der von den Greueln aller
Naturreligionen, Blutdurst und Wollust, nur weniges offenbarte.
Die den deutschen Spartanern den Namen geben sollten, lebten
dahin als ein still friedliches Volk von Hirten und bequemen
Ackerbauern, die langen Winternächte mit dem Zauber einer
milben elegischen Dichtung verkürzend, zersplittert in Kleinstaaten
und ohne jeden Trieb, den Partikularismus ursprünglicher
Menschheit in harter staatlicher Arbeit zu überwinden — aber
ein Volk von Freien, eingesessen seit uralten Tagen, geschützt gegen
Westen durch das Sumpftal der Weichsel, gegen Süden durch
gewaltige Verhaue, Seen und Waldungen, und darum furchtbar
jedem fremden Dränger. Das hatten wiederholt die Polen erfahren: ihre Grenzprovinz gegen Preußen, das Kulmerland,
ward von dem gereizten Heidenvolke oftmals mit blutiger Plünderung heimgesucht. Hartnäckig wahrten die Preußen ihren heimischen Glauben. Schon im zehnten Jahrhundert ward der
kühne Heidenbekehrer, der Tscheche Adalbert von Prag, der später
in christlicher Zeit als Preußens Schutzheiliger galt, von den

Erbitterten erschlagen, da er frevelnd den heiligen Wald von
Romove betrat. Bald darauf fiel auch der Sachsenfürst Bruno,
der erste deutsche Mann, der dies ungastliche Gestade betrat, als
ein Blutzeuge des christlichen Glaubens. Jetzt, im Anfang des
dreizehnten Jahrhunderts, nahm der Zisterzienfermönch Christian
von Oliva diese Versuche wieder auf, er gründete die ersten christ=
lichen Kirchen jenseits der Weichsel und wurde vom Papste zum
Bischof von Preußen erhoben; die heilige Jungfrau, die weithin
am fischreichen Straube der Ostsee als die Schirmerin der Küsten
galt, sollte auch das Land am frischen Haff beherrschen. Die
Kurie nahm das Heidenland als eine Stätte der Bekehrung in
ihren besonderen Schutz, nach jenem notwendigen Rechte, das
von den Kulturvölkern jederzeit wider die Barbaren behauptet
wird und damals nach dem Glauben der Christenheit unzweifel=
haft dem heiligen Stuhle zustand. Aber kaum hatte der Bischof
im Bunde mit dem Herrn des Kulmerlandes, dem Herzoge Kon=
rad von Masovien, ein Kreuzheer in das Heidenland geführt, so
erhoben sich die Preußen, vernichteten jede Spur christlicher
Niederlassungen und trugen Mord und Brand in das Gebiet
des polnischen Herzogs. Der Herzog — ohne Rückhalt an der
Anarchie und dem unreisen Christentum der Polen — rief endlich
den Todfeind Polens, den Deutschen zu Hilse.

Hermann von Salza gewährte seinen Beistand, aber nicht
als Hilfstruppen sollten die Kreuzheere der deutschen Herren
auftreten. Der Plan, dem Orben einen Staat zu gründen, gedieh
jetzt zur Reise. Leicht war der Kaiser beredet, dem Orben das
Kulmerland und alle künftigen Eroberungen in Preußen mit
aller Gerichtsbarkeit und Herrlichkeit eines Reichsfürsten zu ver=
leihen (1226). Sodann ward Konrad von Masovien veranlaßt,
sein Kulmerland dem Orben abzutreten (1230). Endlich (1234)
bewog der Hochmeister den Papst, das Land für ein Eigentum
St. Petri zu erklären und dem Orben gegen einen mäßigen
Kammerzins an die Kurie zu überlassen. So entschied sich als=
bald jene zweifelhafte Stellung Preußens zum deutschen Reiche,
die sich später bitterlich rächte. Doch entschieden war auch, daß

ein deutscher Staat sich zwischen Polen und das Meer drängen sollte, entschieden damit die ewige Feindschaft zwischen Polen und dem Ordensstaate. Allerdings bieten die Urkunden keinen Anhalt für die neuerdings von Watterich und andern gewagte Behauptung, durch die Gründung des Ordensstaates seien die Rechte des Bischofs Christian und des Herzogs Konrad verletzt worden. Aber gewiß bleibt, daß die Interessen der beiden mit den hochstrebenden Plänen des Ordens keineswegs zusammen= fielen. Der Bischof durfte nicht wünschen, unter die Oberherrlich= keit des Ritterstaates zu geraten; war doch in dem benachbarten Livland der Schwertorden abhängig von dem Erzbischof von Riga! Noch weniger konnte der polnische Herzog die Gründung eines deutschen Staats an der Ostsee erstreben. Nur zögernd — wie die Urkunden zeigen — in äußerster Bedrängnis entschloß er sich, das Kulmerland aufzugeben, das jetzt der Ausgangspunkt ward für die deutsche Eroberungspolitik. Mit dem Jahre jener päpstlichen Schenkung endet die anfängliche Unterstützung des Ordens von seiten der Polen. Sie beginnen zu begreifen, daß der politisch=nationale Gegensatz stärker sei als die religiöse Ge= meinschaft; nur die eigene Zerrissenheit und die Unsicherheit barbarischer Politik hindert sie, schon jetzt den natürlichen Weg offenen Kampfes gegen den Orden zu betreten.

Alle Hebel geistlicher Gewalt setzte die Kurie in Bewegung, um dem Orden von St. Marien die Eroberung des Heidenlandes für seine Schutzheilige zu sichern. Das Kreuz ward gepredigt im Reiche. Wer teilnahm an der Kreuzfahrt — sogar die der Brandstiftung und der Mißhandlung von Geistlichen Schuldigen, ja selbst die Ghibellinen —, war jeder Buße ledig, und gern willigte der Papst in die Ehescheidung der Gatten, die unter die „neuen Makkabäer in der Zeit des Heils" treten wollten. Es war die Zeit, da das Papsttum den Höhepunkt seiner welt= lichen Macht erreicht hatte, da der römische Stuhl in Portugal widerstandslos einen König stürzen, in Island der Republik ein Ende setzen, in Deutschland die Königswahl ohne päpstliche Be= stätigung für ungültig erklären konnte. War an sich schon jeder

Kreuzzug ein Vorteil für die geistliche Gewalt, so durfte Rom
hoffen, in dem neugewonnenen Gebiete dieser von Feinden rings
bedrohten geistlichen Brüderschaft durch seine Legaten eine
schrankenlose Macht zu üben. Im Jahre 1231 setzt der von Salza
gesendete Landmeister Hermann Balke mit seinem Kreuzheere und
sieben Ordensbrüdern über die Weichsel, und nun beginnt ein
Vorschreiten, sicher und stetig, nach festem Plane, einzig in dieser
Zeit regelloser Kriegführung. Kaum ist ein Stück Landes von
den Deutschen durchstürmt, so führen deutsche Schiffe Balken und
Steine die Weichsel herab, und an den äußersten Grenzen des
Eroberten entstehen jene Burgen, deren strategisch glückliche Lage
Kriegskundige noch heute bewundern — zuerst Thorn, Kulm,
Marienwerder. Diese vorgeschobenen Posten sind im kleinen,
was das Ordensland dem Reiche ist: ein fester Hafendamm,
verwegen hinausgebaut vom deutschen Ufer in die wilde See
der östlichen Völker. So werden neue Stützpunkte gewonnen für
das weitere Vordringen, das Auge der Barbaren abgelenkt von
dem bereits eroberten Lande, und indem man die Preußen zwingt,
sich in hellen Haufen gegen diese Burgen zu scharen, entgeht der
berittene Deutsche der Gefahr des kleinen Krieges, der in diesem
Lande der Wälder und Sümpfe unrettbar ins Verderben führen
muß.

Mit jener Unfähigkeit, der Zukunft zu denken, welche den
Barbaren bezeichnet, lassen die Preußen das erste fremdartige
Beginnen des Burgenbaues geschehen, bis allmählich das Ver=
ständnis der Lage erwacht, die lange schlummernde Wildheit des
Volkes furchtbar ausbricht und ein Krieg sich entspinnt von
unmenschlicher Grausamkeit. Alle Härte unseres eigenen Volks=
geistes entfaltet sich hier, wo der Eroberer dem Heiden gegen=
übertritt mit dem dreifachen Stolze des Christen, des Ritters,
des Deutschen. Die wild feierliche Poesie des hohen Nordens
erhöht den romantischen Reiz dieser Kämpfe. Willkommen ist
der Frost, der die Straße bahnt durch die unwegsamen Wälder,
gefürchtet der weiche Winter. Oftmals erhebt sich das Würgen
bei grellem Nordlichtschein auf dem Eise der Flüsse und Sümpfe,

bis unter der Wucht der Streiter die Decke bricht und die Wellen
Freund und Feind begraben. Die politisch und militärisch zer=
splitterte Macht der Preußen muß endlich der fest organisierten
Minderzahl der Deutschen weichen, und nach dem ersten großen
Siege an der Sirguna (1234) hallt wieder und wieder durch
das Land das übermütige Lied der Eroberer: „wir wollen alle
fröhlich sein, die Heiden sind in großer Pein." Sechs Jahre
darauf wird ein erster großer Aufstand der Unterjochten blutig
niedergeschlagen. Immer häufiger wird durch den Ruf solcher
Siege waglustiger deutscher Adel zur Kriegsreise nach Preußen
gelockt. Auch Otakar der Böhmenkönig unternimmt eine Preußen=
fahrt, die von der Sage mit einer bunten Fülle abenteuerlicher
Züge ausgeschmückt wird. Nachdem die Wasserstraße der Weichsel
und des frischen Haffs gewonnen und durch die Feste Elbing
gesichert ist, rüstet sich der Orden, den Kern der Heidenmacht,
das Samland zu erobern. Das uralte Heiligtum, der Wald
von Romove, wird genommen, die Götter=Eiche fällt unter den
Axtschlägen christlicher Priester, und der erste samländische Edle
wird auf den Namen des Böhmen getauft, der mit slawischer
Wahrheitsliebe sich rühmt, das gesamte Volk Samlands getauft
und das Böhmer=Reich von der Adria bis zur baltischen See
vergrößert zu haben. Doch unter diesem phantastischen Gebaren
bleibt des Ordens nüchterne militärische Staatskunst unverändert,
das System der vorgeschobenen Posten wird stetig erweitert. Noch
ehe Samland erobert worden, schickt er Truppen und frönende
Bauern ostwärts über die kurische Nehrung, gründet die Memel=
burg. Dem königlichen Gaste zu Ehren wird eine Feste in
Samland errichtet, empfängt den Namen Königsberg und einen
Ritter mit gekröntem Helm in ihr Wappen (1255), und Otakars
Kampfgenosse, der Askanier Markgraf Otto III. schenkt der neuen
Feste Brandenburg am Haff seinen roten Adler in ihr Wappen.

Noch höher, bis zu dem verwegenen Plane der Herrlichkeit
über die Ostsee, erhoben sich die Gedanken des jungen Militär=
staats. Schon im Jahre 1237 ward der livländische Schwert=
Orden mit dem deutschen Orden vereinigt. Also sah Hermann

von Salza zwei Jahre vor seinem Tode seinen jüngst noch heimatlosen Orden als den Herrn einer Staatsgewalt, welche ihren
Besitz und Anspruch über einen Küstensaum von hundert Meilen
erstreckte. Was aber diesen Eroberungszug der deutschen Herren
von Grund aus unterscheidet von der trivialen Rauflust gemeiner
ritterlicher Abenteurer und ihn in Wahrheit zur besten Tat des
deutschen Adels erhebt, das ist die treue Verbindung der Kreuziger
mit unserm Bürgertume. War der Plan des Ordens ursprünglich vermutlich bloß dahin gegangen, das Land zu behandeln
gleich den der Christenheit unterworfenen Ländern des Orients,
d. h. es lediglich zu erobern und für des Siegers politische und
kirchliche Zwecke auszunutzen, war die Mehrzahl der Kreuzfahrer
bisher nach einjähriger Kriegsreise wieder heimgekehrt, so ergab
sich bald aus dem zähen Widerstande der erbitterten Preußen
die Notwendigkeit, deutsche Kraft in vollerem Strome in das
Land zu leiten. Die Bürger Niederdeutschlands wurden nach
Preußen gerufen, eine Stadt gegründet neben jeder Hauptburg
der Ritter, und nun erklang auch in Preußen, wie in Schlesien,
das Lied der einziehenden deutschen Ansiedler: „in Gottes Namen
fahren wir." In der Kulmischen Handfeste (1233) gewährte
der Orden den neuen Ansiedlern großherzig die Freiheit des
Magdeburger Rechtes, das seitdem für die Mehrzahl der preußischen Städte den Rechtsboden bildete. Ja, er gestattete den
Bürgern Lübecks, ihre Pflanzstadt Elbing nach i h r e m Rechte zu
ordnen. Auf solche Gunst verweisend durfte er später in den
Tagen der Not getrost sich wenden an die Bürger der Hanse,
die „dieses Feld des Glaubens so oft mit ihrem Blute benetzt".
Von diesem Kerne deutscher Gesittung in Städten und Ordensburgen schien das flache Land leicht zu bändigen. Es genügte,
mochte man meinen, wenn überall im Lande Kirchen erstanden,
jedes Dorf erbarmungslos verbrannt ward, das nach der Taufe
noch den alten Göttern geopfert, und die Kinder der preußischen
Edlen in deutschen Klosterschulen erzogen wurden. Sehr rasch
verstanden die slawisch-lettischen Nachbarn in Ost und West die
drohende Bedeutung der deutschen Pflanzung. Zu wiederholten

Malen erschien der Herr des linken Weichselufers, der christliche
Herzog Suantepolk von Pommern, im Bunde mit den heidnischen Preußen, Kuren und Litauern. Bald ward es ein seiner
Grundsatz der litauischen Staatskunst, dem nahenden Verderben
durch die Taufe zu entgehen und alsbald nach entschwundener
Gefahr zu den alten Göttern zurückzukehren. Trotz dieser ruhe-
losen Kämpfe schien ums Jahr 1260 der Besitz Preußens ziemlich
gesichert.

Aber noch einmal muß der Orden um die Eroberung, ja
um sein Dasein kämpfen. Murrend ertragen die Besiegten den
Übermut der fremden Kinderräuber, die jede Vermischung mit
undeutschem Blute herrisch verschmähen. Nicht einmal der Klerus
lernt die Sprache der neuen Christen; von dem Treiben der
deutschen Priester ist dem Preußen nichts verständlich, als der
Hohn wider die alten Heiligtümer. Und wie der Deutsche selber
nicht wagt, in den unheimlichen Stätten böser Geister, den heidnischen Götterhainen, seinen Wohnsitz aufzuschlagen, so ist kein
Samländer zu bewegen, den Pflug zu führen durch den heiligen
Wald von Romove. Durch die Fremden erst lernt das staat-
lose Volk die schweren Opfer und Lasten wirklichen politischen
Lebens kennen, die Preußen müssen Burgen bauen, Landwehr-
dienste leisten wider die Stammgenossen. Aus dem schleichenden
Grolle der Knechtschaft bilden sich neue, unholde Züge in dem
harmlosen Volkscharakter. „Ein Preuß seinen Herrn verriet",
sagt das deutsche Sprichwort. Kein Preuße darf dem Deutschen
einen Humpen reichen, er habe denn selbst zuvor daraus gekostet.
In den Sommernächten des Jahres 1261 geht ein geheimnis-
volles Leben durch die preußischen Wälder, ein Oberpriester erscheint unter den verschworenen Heiden, aus den Kronen der
Eichen verkündet die Stimme der alten Götter, daß die Stunde
der Rache geschlagen. An der Spitze der Bewegung stehen preußische Edle, gebildet in deutschen Klosterschulen, deutscher Mannszucht gewohnt und bereit, den Herrn mit seinen eigenen Waffen
zu schlagen. Da ladet der wilde Ordensvogt auf Lenzenberg am
frischen Haff eine Schar verdächtiger preußischer Edlen zu sich,
zündet die Burg über ihren Häuptern an. Die erbitternde Kunde

fliegt durch die Lande, im September steht das gesamte Volk in
Waffen, verbrennt die Ordensburgen, erschlägt die Bauleute.
Eine ungeheure Gefahr, furchtbarer als jene der Vernichtung durch
die Tataren, welcher das Land zwanzig Jahre zuvor durch ein
glückliches Ungefähr entrann! Soeben erst ist der livländische
Meister von den Litauern aufs Haupt geschlagen, Kurland hat
sich befreit, und die wendischen Fürsten im Westen senden bereit-
willig Hilfe wider die verhaßten Deutschen. Alle Greuel der
vergangenen Kriege verschwinden gegen das Entsetzen dieses
Kampfes. Es geschieht, daß der gefangene deutsche Herr in
dreifacher Eisenrüstung dem Donnergotte zum Opfer verbrannt
wird, oder daß die Heiden ihm den Nabel an einen Baum nageln
und ihn dann mit Peitschenhieben um den Stamm treiben, bis
der ausgeweidete Leib zusammenbricht.

Nach zehn Jahren, da die deutsche Herrschaft nahezu vernichtet
ist, kommen dem Orden wieder Tage des Siegs durch den ent-
schlossenen Landmarschall Konrad von Thierberg, von dem wir
leider nur den Namen kennen, und nach abermals zehn Jahren
ist unter Mordbrand und Verwüstung die Herrlichkeit der Deutschen hergestellt. Denn zwar Zucht und Waffengewandtheit haben
die gelehrigen Barbaren von dem überlegenen Sieger gelernt,
doch nicht das eine, Entscheidende — die einheitliche Leitung des
Krieges in allen Gauen. Am längsten währt der Kampf in der
südöstlichen Landschaft Subanen, wo an Seen und in ungeheuren
Wäldern ein wohlhabendes Volk gesessen war, mit zahlreichem
berittenem Adel, abgehärtet in der Jagd auf Auerochs, Bär und
Elen. Endlich (1283) verheert der letzte Sudauerhäuptling
Skurdo mit den Getreuen seine Heimat und zieht hinüber zu
den Heiden nach Litauen. Sein Fluch ist der Stätte geblieben:
die große Wildnis von Johannisburg erstreckt sich heute, wo einst
die reichen Dörfer des Heidenvolkes standen. So, nach einem
halben Jahrhundert, mit dem Chronisten zu reden, beugen die
letzten der Preußen „ihren harten Nacken dem Glauben und den
Brüdern", um dieselbe Zeit, da auch Kurland dem Orden wiedergewonnen wird.

v. Treitschke, Ausgewählte Schriften. I.

Belehrt durch diese furchtbare Erfahrung beginnt der Orden nunmehr eine neue, härtere Politik gegen die Unterjochten. War er bisher gepriesen als „des Christenglaubens Mehrung, Mauer und starker Friedensschild", so verdient sich jetzt Preußen den Namen des neuen Deutschlands. Durch zahlreiche neue Burgen wird die Eroberung gedeckt, vornehmlich das Samland, das wichtige Verbindungsglied zwischen den Nord- und Südprovinzen. Das gesamte Recht der Preußen ist verwirkt durch die Empörung. Keine Friedensschlüsse mehr, wie sonst, mit den Besiegten, sondern Unterwerfung und Begnadigung, deren Bedingungen sich lediglich richten nach dem Grade der Schuld und nach militärischen Gesichtspunkten. Der größte Teil des preußischen Adels wird in den Stand der Unfreien hinabgestoßen, die deutschen Bauern dagegen und die treu gebliebenen Preußen, auch die unfreien, mit reichen Vorrechten bedacht. Ganze Dorfschaften versetzt der Orden in Gegenden, wo sie minder gefährlich scheinen. Die letzten der Sudauer müssen den Götterwald Romove im Samlande roden, den kein Samländer zu berühren wagt, und die Stätte heißt noch heute der sudauische Winkel. So wird aller Zusammenhang der alten Stäube und Landschaften zerschnitten, und wenige vereinzelte Aufstände lassen sich leicht ersticken. Wie der gesamte Ordensstaat uns erscheint als eine verspätete Mark, nach karolingischer Weise auf Eroberung gerichtet, so dienen auch die Pflichten, welche er den Unterworfenen auferlegt, diesem höchsten Zwecke des Staats. Nicht gar schwer sind die bäuerlichen Lasten, allgemein aber die drückende Pflicht, dem Orden zur Landwehr und auf seinen Reisen Heerfolge zu leisten. Nur die deutschen „Kölmer" und sehr wenige getreue Preußen werden von dem verhaßten Kriegsdienste außer Landes, dem Reisen, entbunden, aber auch sie müssen aufstehen für das „Vaterland", müssen „zujagen", wenn das „Kriegsgeschrei" durch das Land geht und den Einfall des Feindes verkündet. Nach der streng zentralisierenden Art militärischer Staaten werden diese Pflichten des Landvolks gleichmäßig geordnet über das ganze Land. Kein deutscher Grundherr darf seine Hintersassen mit anderen Rechten beschenken als jenen,

beren die Lente des Ordens genießen. Damit das Bewußtsein
unbedingter Abhängigkeit rege bleibe, stellt der Orden, der allei-
nige Eigentümer des Landes durch jene Schenkung des Papstes,
den Preußen fast niemals Urkunden aus über ihren Landbesitz.
Doch diese feste Ordnung allein konnte nicht genügen. Es bedurfte
neuer, stärkerer Einwanderung deutscher Bauern, die nun erst
in ausgedehntem Maße begann. Jetzt erst verlieren die jungen
Städte den dörflichen Charakter, neue Städte entstehen. Zur
selben Zeit, da im Reiche Kaiser und Fürsten verblendet die
Freiheiten der rheinischen Bürger bekämpfen, gewährt der Orden
seinen Städten freie Bewegung. Er darf es, denn das Recht des
Staates bleibt gewahrt, die Autonomie wird nicht gestattet, jede
Änderung der städtischen Ordnungen muß der Ordensvogt bestätigen.

Nicht minder herrisch stellte sich der Orden zu der Macht der
Kirche. Als eine geistliche Genossenschaft gebot er nicht nur
über jene Fülle von geistiger Kraft und politischer Erfahrung,
welche die Kirche zur ersten Kulturmacht des Mittelalters erhob.
Ihm blieb auch der aufreibende Kampf mit der Kirche erspart.
Überall sonst war sie der Herr oder der feindliche Nachbar, in
Preußen allein ein Glied des Staats; überall sonst vermittelte
der Klerus die Verhandlungen der Staatsgewalt mit dem römischen Stuhle, der preußische Geistliche verkehrte nur durch den
Orden mit dem Papste. Auch hier gereichte dem Ordenslande
zum Segen, daß in diesem Staate nichts zu spüren ist von jener
mit Unrecht gepriesenen organischen Entwicklung des mittelalterlichen Lebens. Ein durchgreifender Wille vielmehr ordnete die
Dinge gleichsam aus wilder Wurzel. Ein Dritteil des Landes
ward den vier Bistümern als Eigentum gegeben, doch auch für
dieses galten die Landesgesetze über das Recht der Bauern und
der Städte, sowie die allgemeine Landwehrpflicht. Jede weitere
Erwerbung von Grund und Boden war der Kirche untersagt.
Das Erzbistum der Ordenslande blieb in Riga, man hielt diese
gefährliche Macht, die an der Düna noch Herrschaftsrechte beanspruchte, weislich aus Preußen entfernt. Wie der Orden in

seinem Innern alle kirchlichen Funktionen durch seine eigenen
Brüder vollzog, so war er auch oberster Patron in seinen Landes-
teilen und übte selbst in dem bischöflichen Dritteil das Visitations-
recht. Noch mehr: außer in Ermeland wurden alle Bistümer
und Domkapitel mit den geistlichen Brüdern des Ordens selbst
besetzt. Daher die geschlossene Einheit dieses Staates, daher die
Treue des Klerus gegen den Orden selbst in dessen Kämpfen
wider Rom. Denn, natürlich, sobald der Orden, in Preußen
wahrhaft heimisch geworden, die steilen Bahnen weltlicher Staatskunst ging, entschwand ihm sofort die alte Gunst der Kurie. Der
römische Stuhl begegnete der zum weltlichen Landesherrn gewordenen geistlichen Genossenschaft nunmehr mit jener vollkommenen, frivolen Freiheit des Gemüts, worauf überhaupt
Roms Stärke allen weltlichen Gewalten gegenüber beruht: der
Ordensstaat war dem Papste fortan, wie jeder andere Staat, nur
ein gleichgültiges Mittel in den wechselnden Kombinationen geistlicher Politik.

Freilich war mit dieser unerhörten geistlichen Machtfülle
des Ordens zugleich die Unmöglichkeit einfacher Weiterbildung
seines Staates gegeben; denn wo Staat und Kirche beinahe zu-
sammenfielen, war jede Besserung des Staates undenkbar ohne
gänzliche Umwandlung des religiösen Lebens. Vorderhand
aber vollendeten die kraftvolle Einheit der Staatsgewalt und
die Wucht der deutschen Einwanderung die rasche Germanisierung
des Landes. Nicht eine Vermischung der Deutschen mit den
Preußen vollzog sich, vielmehr eine Verwandlung der Urein-
wohner. In der Fülle des rings aufsprießenden deutschen Lebens
erstickten die letzten Triebe preußischer Sprache und Sitte. Schon
zu Anfang des vierzehnten Jahrhunderts herrschte die Sprache
des Eroberers, dem Deutschen war verboten, mit seinem Gesinde
preußisch zu reden. Fünfzig Jahre darauf, da ein preußischer
Sänger auf einem Hoftage zu Marienburg unter die Spielleute
der Deutschen trat, schenkten ihm die lachenden Ritter hundert
falsche Nüsse, denn „Niemand hat verstanden den armen Prüsse".
Noch im sechzehnten Jahrhundert mußten in einzelnen Kirchen

Tolken, Dolmetscher, der Gemeinde die deutsche Predigt erklären:
ja, in tiefgeheimer nächtlicher Versammlung schlachtete da und
dort noch ein Heidenpriester den Bock zu Ehren der alten Götter,
und Matthäus Prätorius fand sogar zweihundert Jahre später
einzelne kirchenfeindliche, an altem Wunderglauben hangende
Fischer, die ihm als „rechte alte preußische Heiden" erschienen.
Doch seit Luthers Tagen verhallten allmählich die letzten Laute
der preußischen Sprache. Nur das zähere Volkstum der Litauer
in Schalauen und Nadrauen hat sich noch heute sein heimisches
Wesen bewahrt: noch heute lebt die schöne liederreiche Sprache,
die Männer tragen noch den Bastschuh, die Mädchen die reich=
geschmückte blaue Kasawaika.

So ward das Weichseltal in die Geschichte eingeführt und das
neue Deutschland gegründet — trotz aller politischen und mili=
tärischen Gemeinschaft im schroffsten Gegensatze zu der Eroberung
der Länder am Dünabusen. Fassen wir in wenigen Sätzen die
Charakterzüge der Kolonisation Preußens und der heutigen russi=
schen Ostseeprovinzen zusammen, welche allein schon den Abstand
ihrer späteren Geschichte erklären. Preußen ward germanisiert,
doch in Kurland, Livland, Estland lagerte sich bloß eine dünne
Schicht deutscher Elemente über die Masse der Urbewohner. Zur
See, in geringen Scharen, kommen die Deutschen ins Land,
finden ein litauisch=finnisches Mischvolk, das den Fürsten von
Polozk Zins zahlt, treten an die Stelle dieser fremden Herren
und verteilen den Boden an den Orden, die Kirche, eine geringe
Zahl von Kreuzfahrern und an das Patriziat der wenigen Städte.
— So trug diese Pflanzung von vornherein einen einseitig aristo=
kratischen Charakter. Von deutschem Bauerntum nur geringe
Spuren, um so schwächer, je weiter nach Osten. Eigentümliches
bürgerliches Leben entwickelte sich allein in Riga, Dorpat, Reval;
die anderen Städte blieben stille Landstädte, ganz Kurland besaß
keine einzige Stadt von selbständiger Bedeutung.

Noch ein anderes hochwichtiges Verhältnis lag günstiger im
Westen. Preußen war eine Kolonie des gesamten Deutschlands.
Seine Städte sind Pflanzungen der Osterlinge, daher, wie überall

in der Hanse, die Sprache ihrer Gemeindebücher und Handels=
briefe niederdeutsch, die Silberwährung Nordeuropas allein=
herrschend, der Handel streng beschränkt auf die den Nieder=
deutschen vorbehaltenen nordischen Gebiete, der ganze Zug des
bürgerlichen Lebens kühner zugleich und roher als in den ober=
deutschen Städten, die mit den köstlichen Waren der Mittelmeer=
lande auch die Wissenschaften und Kunstsitten des Südens, die
Lust an Wandgemälden und zierlichen Brunnen über die Alpen
bringen. Auch die bäuerlichen Einwanderer kommen vornehmlich
aus dem Norden, finden in Preußen die Marschen und Deiche
der Heimat wieder. In dem herrschenden Stande jedoch, im
Orden, überwiegen die Oberdeutschen; denn die Einwanderung
geht über Land und der süddeutsche Ritter verzichtet gern auf
weitere Fahrt gen Osten, da er in Preußen schon kriegerische Arbeit
in Fülle findet. Daher ist die Amtssprache des Ordens in Preußen
ein allen verständliches Mitteldeutsch. Livland dagegen war
wesentlich norddeutsche Pflanzung; der deutsche Eroberer wird
noch heute von den Letten als Sachse bezeichnet. Dorthin ge=
langen die Niederdeutschen, namentlich Westfalen, auf den Schiffen
der Hanse, zumeist über Lübeck. Im fünfzehnten Jahrhundert
wird der Eintritt in den livländischen Zweig des Ordens den
Norddeutschen allein vorbehalten, und seitdem begegnen uns un=
ablässig in den Reihen der Ordensgebietiger die westfälischen
Geschlechter der Plettenberg, Kettler, Mallinkrodt. Die platt=
deutsche Sprache beherrscht das Land ausschließlich, bis Luthers
Bibel dem Hochdeutschen auch hier die Bahn bricht; noch am
Ende des sechzehnten Jahrhunderts schreibt Balthasar Rüssow
von Reval seine Chronik niederdeutsch. — Dazu tritt ein vierter
einschneidender Unterschied. Während in Preußen der Orden auf
eine beinah moderne landesherrliche Machtfülle sich stützt, werden
die östlichen Länder von mittelalterlicher Anarchie zerrissen. Der
provisus des Ordens, der Erzbischof von Riga, beansprucht das
Gericht über die deutschen Herren, ruft zuweilen selbst die
litauischen Heiden zu Hilfe, beschützt die mißhandelten Letten
wider die Deutschen. Nicht minder trotzig gebärden sich die drei

großen Städte; oftmals tobt blutiger Kampf um die Wälle des
Wittensteen, der Feste, die der Orden zur Bändigung Rigas
erbaute. Nachher erwacht das Selbstgefühl der ländlichen Vasallen; Erzbischof und Orden, Stiftsadel und Ordensadel, Bürgertum und Ritterschaft schwächen einander in sozialen Kämpfen.

Also hat unser Volk auf enger Stätte jene beiden Haupt-
richtungen kolonialer Politik vorgebildet, welche später Briten
und Spanier in den ungeheuren Räumen Amerikas mit ähnlichem Erfolge durchführten. Bei dem unseligen Zusammen-
prallen tödlich verfeindeter Rassen ist die blutige Wildheit eines
raschen Vernichtungskrieges menschlicher, minder empörend als
jene falsche Milde der Trägheit, welche die Unterworfenen im
Zustande der Tierheit zurückhält, die Sieger entweder im Herzen
verhärtet oder sie hinabdrückt zu der Stumpfheit der Besiegten.
Ein Verschmelzen der Eindringlinge und der Urbewohner war
in Preußen unmöglich, wo weder das Klima des Landes noch
die Kultur der Bewohner dem Deutschen irgendeine Lockung bot,
und die Unfähigkeit des Volkes zu nationalem Staatsleben, sogar
den Slawen gegenüber, klar am Tage lag. Ein menschliches
Geschenk daher, daß nach der Unterjochung der Herr dem Diener
seine Sprache gab, ihm so den Weg eröffnete zu höherer Gesittung.
Weit tiefer als die Preußen standen das Lettenvolk und die
finsteren finnischen Esten — zerstückt in Kleinstaaten, mit wenig
entwickeltem Gemeindeleben, in der eintönigen Öde ihrer Wiesen
und Sümpfe und Nadelwälder nicht mehr vertrant mit dem
üppigen Wuchse der Eiche und der freudigen königlichen Jagd
auf den Hirsch, die Preußens milderes Klima noch kennt. Diese
wenig bildungsfähigen Völker mit deutscher Sprache und Bildung
zu befreunden, war bei den anarchischen Zuständen des Landes,
bei der geringen Zahl der Deutschen unmöglich. Der Sieger
hält die Unterworfenen dem deutschen Wesen fern; ihm genügt
es, wenn der Este den harten Frondienst, den Gehorch leistet.
Der undeutsche „Wirt", dem der deutsche Grundherr ein dienst-
pflichtiges Bauerngut, ein „Gesinde", zuweist, ist leibeigen;
Läuflingseinungen unter den Herren verhindern das Entweichen

der Mißhandelten. So erhält sich hier zähe das unberechtigte Volkstum eines Volks von Knechten, während der preußische Bauer mit der deutschen Sprache allmählich auch die Freiheit des Deutschen gewinnt. In den großen Städten entstehen einzelne stattliche Unterrichtsanstalten, so schon ums Jahr 1300 die ehrwürdige Domschule von Reval; doch das undeutsche Volk wird den Quellen der Bildung fern gehalten. Unter tausend Bauern, klagt Balthasar Rüssow, kann kaum einer das Vaterunser hersagen. Die Kinder schreien, die Hunde verkriechen sich, wenn ein Deutscher die raucherfüllte Hütte des Esten betritt. In den hellen Nächten des kurzen hitzigen Sommers sitzen dann die Unseligen unter der Birke, dem Lieblingsbaume ihrer matten Dichtung, und singen hinterrücks ein Lied des Hasses wider den deutschen Schafsdieb: „bläht euch auf, ihr Deutschen, vor allen Völkern der Welt; nichts behagt euch bei dem armen Estenvolke; darum hinunter mit euch zur tiefsten Hölle." Jahrhundertelang hat solcher Haß der Knechte, solche Härte der Herren angehalten; erst in der Zeit der russischen Herrschaft entschloß sich der deutsche Adel, den Bauern von der Schollenpflichtigkeit zu befreien. — An diesem Gegenbilde ermessen wir, was die Germanisierung von Altpreußen bedeutet.

Kaum war Preußens Unterwerfung vollendet, so richtete der Orden seine Pläne auf das Land westlich der Weichsel, das von polnischen Vasallen beherrschte Pomerellen. Nicht bloß die ruhelose Natur des Militärstaats, sondern ein ernsteres politisches Bedürfnis trieb den Orden in diese Bahn. Mit der zunehmenden Bebauung des Landes hörte die Weichsel auf, eine natürliche Grenze zu sein, und ohne unmittelbare Verbindung mit der starken Wurzel ihrer Macht, mit Deutschland, konnte die junge Kolonie nicht bestehen. Am glücklichsten freilich für Deutschland, wenn der Orden es verstanden hätte, in stetigem Bunde mit der anderen Nordost-Mark des Reichs, mit Brandenburg, das Werk der Germanisierung hinauszuführen. Aber einen so weiten Horizont umfaßt der politische Blick eines mittelalterlichen Territoriums nicht. Schon damals allerdings griffen die

Geschicke dieser beiden, durch mächtige Interessen natürlich ver=
bundenen Marken ineinander ein, doch nur insofern, als sie
sich ablösten im Vorkampfe gegen die Völker des Ostens. So=
bald die Macht der Askanier in der Mark zerfällt, tritt der
Orden gewaltig vor die Bresche der deutschen Kultur, und wieder
nach dem Siege der Polen in Preußen erhebt sich das Haus
Hohenzollern und ordnet das zerrüttete Brandenburg. Zunächst
begegneten sich die Askanier und die deutschen Herren sogar in
offener Feindschaft. Schon längst nämlich hatte der Orden mit
jener Feinheit diplomatischer Kunst, welche die Aristokratien aller
Zeiten auszeichnet, kleine Landstriche Pomerellens friedlich er=
worben. Gleich Rom mußte er die geistlichen Nöte der Menschen
als Hebel seiner weltlichen Macht zu nutzen. Manch geängstetes
Christenherz erkaufte sich das Heil der Seele durch Schenkungen
an die Gottesritter. Als König Waldemar der Däne die gelobte
Kreuzfahrt in das heilige Land unterlassen mußte, sühnte er
die Schuld durch ein reiches Geldgeschenk an die deutschen Herren.
Anderwärts förderte den Orden die wirtschaftliche Überlegenheit
der Deutschen inmitten des sorglosen Leichtsinns der Slaweu.
Seine treffliche Verwaltung, geleitet nach jenen Grundsätzen
orientalischer Finanzkunst, welche auch Venedig und Neapel mit
Glück anwendeten, bot ihm Schätze baren Geldes — eine furcht=
bare Macht in diesen Tagen der Naturalwirtschaft. Bald löst
er einen wendischen Fürsten aus der Kriegsgefangenschaft, bald
bezahlt er einem Wedell seine Schulden oder schenkt einem Bonin
einen Streithengst und 50 Mark Pfennige — und erhält in
reichem Landbesitz den Lohn der guten Tat. Endlich naht die
willkommene Stunde, diese zerstreuten Güter westlich der Weichsel
zu einer stattlichen Provinz abzurunden.

Nach dem Aussterben der pomerellischen Herzöge bestreiten
die Polen das unzweifelhafte Recht der Markgrafen von Branden=
burg auf das verwaiste Herzogtum. König Wladislaw von Polen
ruft den Orden zu Hilfe, um die Askanier aus Danzig zu ver=
treiben. Der Orden wiederholt die alten kühnen Ränke, verjagt
die Brandenburger (1308) — aber auch die Polen, und verlangt

von Polen für dies Werk der Befreiung eine unerschwingliche
Entschädigung. Als Polen sie zu zahlen verweigert, kauft der
Orden den Brandenburgern ihre Ansprüche auf Pomerellen ab
(1311), vertreibt alle polnisch Gesinnten, organisiert das Herzog=
tum zwischen Weichsel und Leba als Ordensland und gewinnt
die Gunst der Bauern, indem er die unmenschlichen slawischen
Frondienste erleichtert. So tritt zu den längst blühenden
Städten, der alten Landeshauptstadt Kulm, der festen Elbing
und der schönen Thorn, die reiche Danzig hinzu. Diese alte
slawisch=dänische Ansiedlung, erst seit kaum hundert Jahren von
einigen Deutschen bewohnt, wächst unter der Ordensherrschaft
mit wunderbarer Lebenskraft empor. Eine Ordensburg erhebt
sich an der Stelle des slawischen Herzogsschlosses, und neben
der Altstadt und dem slawischen Fischerviertel, dem Hakelwerke,
entsteht, beide rasch überflügelnd, die deutsche Jung=Stadt Danzig,
reich begnadigt von dem neuen Landesherrn.

Durch diese verwegene Erwerbung mußte der oft gereizte
Haß der Polen endlich zum Losschlagen gedrängt werden. Und
schon hatte sich dem Orden im Osten ein zweiter, schrecklicherer
Feind erhoben, das wilde Litauervolk, das damals, auf dem
Gipfel seiner Macht, die Lande bis Kiew und Wladimir be=
herrschte. Ein ruheloses Grenzerleben war das Los der Deutschen
ostwärts von Königsberg. Wartleute des Ordens, unterhalten
durch das schwere Wartgeld der Umwohner, stehen in den kleinen
Festen und Wachthäusern der weiten Grenzwildnis, die das
Ordensland gegen die Barbaren deckt. Mehrmals im Jahre
ertönen die warnenden Signale der Ordensleute. Dann retten
sich Weiber und Kinder in die Fliehhäuser des Ordens und die
Landwehr rückt aus. Lärmend sprengen die Feinde heran auf
ihren kleinen Gäulen, sengen und verwüsten, führen alles Leben=
dige hinweg in die Eigenschaft, als willkommene Ackerknechte
in ihre entvölkerte Heimat. Dies die unwandelbare Kriegs=
kunst der Barbaren des Ostens, die noch Peter der Große gegen
die Deutschen geübt hat. — Auch diese Feindschaft war eine
notwendige. Denn nimmermehr konnten die Heiden einen Nach=

barn dulden, dem das Gesetz die Pflicht des ewigen Heiden=
kampfes auferlegte; und noch minder durfte der Orden von diesem
Gesetze lassen, solange die litauische Provinz Samaiten sich als
ein trennender Keil zwischen Ostpreußen und Kurland einschob,
ja sogar den deutschen Küstensaum zerriß. —

Also von Feinden umringt sah der Orden zu Anfang des
vierzehnten Jahrhunderts ein neues Unheil nahen. Verlassen
standen die Ritterorden in der zur monarchischen Ordnung heran=
reifenden Zeit. Als ein Satrap der neuen Monarchie von
Frankreich betrieb Papst Clemens V. zu Avignon die Vernichtung
der Templer. Die Johanniter, von ähnlichen Anschlägen bedroht,
verstärkten sorglich ihre Macht durch die Eroberung von Rhodus.
Auf die Klage des aufsässigen Erzbischofs von Riga schleuderte
jetzt der Papst den Bann wider die deutschen Herren, drohte
„die Dornen des Lasters auszureuten aus dem Weinberge des
Herrn".

Ein staatsmännischer Gedanke rettete den Orden aus dieser
Gefahr. Er beschloß — was seit langem die Eifersucht der
Ritter verhindert — den Schwerpunkt seiner Macht, den Hoch=
meistersitz, nach Preußen zu verlegen. Denn bereits hundert
Jahre nach seiner Gründung war, vornehmlich durch die Zucht=
losigkeit der beiden andern Ritterorden, die letzte Feste der Lateiner
im Oriente, das Ordenshaupthaus Akkon, in die Hände der
Ägypter gefallen (1291). Seitdem hatten die Hochmeister, in
Hoffnung auf einen neuen Kreuzzug, zu Venedig Hof gehalten.
Aber wie konnte Eine Stadt die Häupter zweier mißtrauischer
hochstrebender Aristokratien auf die Dauer beherbergen? Von
den sieben Säulen, welche, nach dem alten Ordensbuche, das
Hospital von St. Marien stützten, waren gefallen oder ins
Wanken gekommen Armenien, Apulien und Romanien. In Ale=
mannien und Österreich war der Orden nur ein reicher Grund=
besitzer, bot den nachgeborenen Söhnen des Adels eine warme
Herberge; und schon verspottete der Volkswitz das träge Zere=
monienwesen am Hofe des Deutschmeisters: „Kleider aus, Kleider
an, Essen, Trinken, Schlafen gahn, ist die Arbeit, so die deutschen

Herren han." Der Landmeister von Livland endlich teilte seine
Macht mit der Kirche. Nur in Preußen besaß der Orden un=
beschränkte Staatsgewalt. Marienburg also sollte der neue Hoch=
meistersitz werden — eine glücklich gewählte Hauptstadt, im Westen
das noch ungesicherte Pomerellen beherrschend, in leichter Ver=
bindung mit Deutschland und der See, etwa gleich weit entfernt
von Thorn und Königsberg. Als der Hochmeister Siegfried von
Feuchtwangen in Marienburg einzog (1309) und die Pflichten
des Landmeisters in Preußen selber übernahm, da war entschieden,
daß der Orden der verlebten Romantik orientalischer Kreuz=
fahrt den Rücken wandte und allein dem Ernste seines zukunft=
reichen staatlichen Berufes leben wollte.

Und alsbald bewährte sich, welche nachhaltige Kraft dem
Orden aus seiner weltlichen Gewalt erwuchs. Trefflich unter=
richtet durch die ganz moderne Einrichtung einer ständigen
Gesandtschaft bei der Kurie, den Ordensprokurator, wußte der
Hochmeister, daß Rom seine Schafe nicht ohne die Wolle weide,
beschwichtigte eine Weile den päpstlichen Zorn durch das bewährte
Mittel der Handsalbe und zog endlich selbst gen Avignon, wo
er bald erfuhr, daß der Staat der deutschen Herren sicherer
stehe als die staatlosen Templer. Als später der Orden nach
seiner keck zugreifenden Art über die polnischen Bischöfe in
Pomerellen dieselben gestrengen Rechte in Anspruch nahm, deren
er in Preußen genoß, als er gar der Kurie den Fischzug des
Peterspfennigs verbot, da war bereits das preußische Volk selbst
erfüllt von dem Rationalismus kolonialer Völker und dem Troße
der deutschen Herren. Die Stände des Kulmerlandes verwei=
gerten den Peterspfennig, und das mit dem Interdikte belegte
Land „ließ sich sein Brot und Bier darum nicht schlechter
schmecken".

Nicht minder glücklich verfuhr der Orden gegen Polen. Alle
Lebensbedingungen beider Staaten, die innerste Natur beider
Völker drängten zum Kriege. Eben setzt erwachte in Polen
wieder ein starkes nationales Bewußtsein. Der Erbe der pol=
nischen Krone freite die Erbtochter von Litauen, und das werdende

große Oſtreich ſtiftete, als ein Symbol ſeiner verwegenen An=
ſprüche, den Orden vom weißen Adler. So drohte zum erſten
Male die — vorderhand noch durch ein freundliches Geſchick
beſeitigte — Gefahr der polniſch=litauiſchen Union, welche hundert
Jahre ſpäter ſich vollziehen und den Orden in das Verderben
reißen ſollte. König Kaſimir der Große war perſönlich den
Deutſchen wohl geneigt, er förderte ihre Einwanderung in ſeine
Städte, aber der nationalen Leidenſchaft ſeines Adels vermochte
er auf die Dauer nicht zu widerſtehen: er verbot den Städten
den Rechtsgang nach Magdeburg, gründete einen polniſchen Ge=
richtshof zu Krakau. Unaufhörlich mahnte der polniſche Adel
die Krone zum Kriege gegen die deutſchen Herren. Wie ſollte
er dulden, daß die Deutſchen ſeinem Reiche zu der Weichſelſtraße
auch noch das letzte Stück der Küſte raubten? Wie ſollte der
polniſche Woiwode ertragen, daß jetzt auf altpolniſchem Boden
der Ordensvogt den Staroſten die Karbatſche aus der Hand
nahm, die ſie gewohnt waren, über ihren Frönern zu ſchwingen?
daß der deutſche Herr als einen plumpen Bauer den polniſchen
Edlen verlachte, der es doch ſo trefflich verſtand, den Schuh
vom Fuße ſeiner Schönen zu ziehen, ihn mit Met zu füllen
und in einem Zuge zu leeren? daß, mit einem Worte, der ſtrenge
Staat, die milde Sitte der Deutſchen die zuchtloſe Roheit des
Slawentums verdrängten? — An dreißig Jahre währte der
oft unterbrochene Krieg, oftmals ſchwankte die Entſcheidung. In
dem blutigen Kampfe bei Plowcze war das Ordensheer der Auf=
löſung nahe, als der Vogt von Pomeſanien, Heinrich von Plauen,
die Schlacht wiederherſtellte. Der Kaliſcher Frieden (1343)
brachte endlich den Deutſchen vollſtändigen Sieg: Polen ver=
zichtete auf Pomerellen und einige Grenzlande — darunter ein
guter Teil des weitgerühmten Weizenlandes Kujavien zwiſchen
Weichſel und Netze. Während des ganzen Kampfes ſtand Rom
mit ſeinen geiſtlichen Waffen den Polen zur Seite. Um ſo feſter
ſchloß ſich der Orden an das Reich, deſſen er in ſeinen frohen
Tagen nur zu oft vergaß. Eben jetzt unter Kaiſer Ludwig dem
Bayer lebte der alte Streit zwiſchen Staat und Kirche als ein

Prinzipienkrieg wieder auf. Ghibellinische Schriftsteller eröff=
neten den Federkrieg wider Rom, unsere Kurfürsten behaupteten
wider Frankreich und seinen Knecht, den Papst, mannhaft die
Freiheit der Kaiserwahl, und, zum ersten Male im Schoße der
Kirche, ward von den Minoriten der Satz verfochten: das Konzil
steht über dem Papste. In diesem großen Kampfe nahm der
Hochmeister offen Partei für den Kaiser als „sein Fürst und
Geliebtester des Reichs".

So hatte die weltliche Staatskunst der geistlichen Genossen=
schaft ihrem Gebiete eine gesicherte Abrundung erobert. Die=
selbe weltliche Politik bewog den Hochmeister Werner von Orselen,
in diesen Tagen (1329) die alten Statuten der bescheidenen
Hospitalbrüderschaft nach den kühneren Gesichtspunkten der bal=
tischen Großmacht abzuändern — soweit die zähe Bedachtsamkeit
kirchlicher Sitten dies zulassen mochte. Nach dem Siege über
Polen wird auch das Drohen der Litauer minder gefährlich.
Als Angreifer tritt nun der Orden den Völkern des Ostens
gegenüber und steigt in wenigen Jahrzehnten zur Sonnenhöhe
seines Ruhms empor. Nach Orselen besteigt eine Reihe begabter
Männer den Meisterstuhl, so der sangeskundige Luther von
Braunschweig, Dietrich von Altenburg und — vor allen —
Winrich von Kniprode. Vom Niederrhein gebürtig, ein freu=
diger Rittersmann von Grund aus und doch ein kalt erwägen=
der Staatsmann, war er den Ideen seiner Zeit insoweit unter=
tan, als es nötig ist, um groß in der Zeit zu wirken, doch
weltlich heiterer, freier im Gemüte als die meisten der Zeit=
genossen — mit einem Worte, gleich Frankreichs viertem Heinrich,
eine jener frohen, prachtliebenden, siegreichen Fürstengestalten,
an deren Namen die Völker die Erinnerung ihrer goldenen Zeiten
zu knüpfen lieben. Unter ihm — in den Jahren 1351 bis 1382 —
wird der Ordensstaat in Wahrheit eine Großmacht, zugleich,
wie ein Jahrhundert später Spanien, der Mittelpunkt und die
hohe Schule der lateinischen Ritterschaft.

In der Tat, nur durch die Strenge einer heiligen Genossen=
schaft, durch den Ernst großer staatlicher Aufgaben konnte das
verfallene Rittertum der Zeit wieder geadelt werden. Längst
verflogen waren in diesen Tagen kirchlichen Haders die reli=
giöse Wärme des früheren Mittelalters; nicht die Begeisterung
des Christen, nur phantastische Abenteuerlust führte jetzt noch
Reisige in die Heere der Kreuziger. Auch jene naive, derbe
Rauflust suchen wir vergeblich, die, nach dem hochgemuten Reiter=
spruche, „kühn und munter, fromm mitunter" sich durch eine
Welt von Feinden schlägt. Nein, einen künstlich verfeinerten,
einen epigonenhaften Charakter trägt jenes vielgerühmte zweite
Rittertum, das nach der wüsten Verwilderung der kaiserlosen
Zeit im vierzehnten Jahrhundert sich wieder erhebt. Schon be=
ginnt das Volk seine politischen Ideale sehnsüchtig in der Ver=
gangenheit, in der Stauferzeit zu suchen, und bescheiden gesteht
der Dichter: „die weisen meister habent v o r den wald der
kunst durchhauwen." Fällt es der Harmonie und Tiefe der
modernen Empfindung ohnehin gar schwer, warmen Anteil zu
nehmen an den jähen Sprüngen, ja — sagen wir nur das
allein zutreffende Wort — an der zerfahrenen Liederlichkeit des
Seelenlebens mittelalterlicher Menschen: so erschrecken wir ge=
radezu vor der Herzenskälte und Armut dieses zweiten Rittertums.
In bewußter Nachahmung vergangener Zeiten werden die Frauen
wieder schwärmerisch verehrt von Rittern, deren schamlose Tracht
und wüstes Leben häßlich absticht von den zierlich gesetzten Worten.
An den Abenteuern der alten Heldenbücher erhitzen sich die Köpfe,
während der kindliche Wunderglaube längst entschwunden ist. War
der Adel einst begeistert in den Kampf gezogen für die erhabenen
Pläne kaiserlicher Staatskunst, so irrt jetzt der deutsche Ritter
planlos, würdelos umher, prahlerisch nach Abenteuern suchend
von Ungarn bis zum spanischen Maurenlande. Dem deutschen
Adel am mindesten wollte dies phantastische Treiben zu Gesicht
stehen. Freilich auch in der guten Zeit des echten Rittertums
war unser Volk in die Schule gegangen bei den Welschen, doch
bald hatte es seine Stauferkaiser, seinen Walther von der Vogel=

weide den größten Helden und Sängern der Romanen kühnlich
an die Seite gestellt. In der furchtbaren Verwirrung aber des
vierzehnten und fünfzehnten Jahrhunderts bot Deutschland nur
Raum für nüchterne prosaische Fürsten, die mit dem Bürgertum
zu rechnen mußten. Fremd, fast schwächlich erscheint die adlige
Gestalt Friedrichs des Schönen von Österreich neben dem schwarzen
Prinzen, roh und krämerhaft neben den Helden der englisch=
französischen Kriege jene österreichische Ritterschaft, die ihrem
Könige gewissenhaft jedes auf der Kriegsfahrt verlorene Hufeisen
in Rechnung stellt.

Preußen allein von allen deutschen Landen darf sich in dieser
Zeit an ritterlichem Glanze dem Westen vergleichen. Denn nicht
lediglich leere Schlaglust, das innerste Lebensgesetz des Militär=
staats vielmehr trieb den Orden in die Litauerkriege. Meisterhaft
verstanden die besseren seiner Meister, dem Orden selbst die
Strenge der geistlichen Zucht zu bewahren, die Wappenspielerei
der neuen Zeit ihm fern zu halten, und dennoch die phantastischen
Neigungen des neuen Rittertums für seine Zwecke zu benutzen.
„In Preußen da ward er zu Ritter", war lange der beste
Ruhm des christlichen Edlen, und stolz trug der Preußenfahrer
sein Lebtag das schwarze Kreuz. Auch Könige rechneten sich's
zur Ehre, wenn der Orden sie aufnahm unter seine Halbbrüder,
und kein höheres Lob weiß der alte Chaucer von seinem ritter=
lichen Pilger zu sagen als dieses: in Littowe hadde he reysed
and in Ruce. Es war der Ehrgeiz jener Tage, dort im Osten
mit dem Kriegsruhm der Eroberer des heiligen Grabes zu wett=
eifern; der flandrische Ritter Gilbert de Lannoy, der uns in
einem treuherzigen Tagebuche la reyse de Prusse geschildert hat,
nennt die mécréans de Lettau zuweilen geradezu „Sarazenen".
„Durch Gott, durch er, durch ritterschaft" zogen aus allen Län=
dern Europas junge Degen herbei, auf der Kriegsreise in Litauen
die goldenen Sporen sich zu verdienen. Vom Morgen bis zum
Mittag wehte dann vor einer feindlichen Burg die Ordensfahne
im Christenlager, und fand sich keiner, auf des Herolds Ruf, den
Neulingen den Ritternamen im Zweikampf zu bestreiten, so gab

ihnen der Meister Sankt Görgens Segen. Aber auch bewährte
Ritter fuhren gen Preußen zum Dienste unserer Frauen. Wir
finden unter den Gästen nicht nur den Donquijote dieser don-
quijotischen Zeit, den Franzosen Boucicaut, sondern auch den
kalten Rechner, Graf Heinrich von Derby-Bolingbroke, der später
im verschlagenen Ränkespiel den Thron der Lancaster gründete.
Einmal weilten zwei Könige zugleich am Hofe des Hochmeisters:
Ludwig von Ungarn und jener ritterliche Johann von Böhmen,
der in den Sümpfen Litauens ein Auge verlor. Kamen so namhafte Gäste, dann ward „zu Ehren dem von Österreich und auch
der Maget tugendleich, die Gottes Mutter wird genannt", sofort eine Heidenfahrt begonnen. In bringender Not versuchte
der Meister die stärkste Lockung: er schrieb den „Ehrentisch" aus
unter den lateinischen Rittern, und durch alle Lande erklangen
dann die Namen jener Zehn, die nach erfochtenem Siege der
Orden als die Würdigsten erfand und unter prunkvollem Zelte,
gleich den Degen von Artus' Tafelrunde, bei Zitherklang und
Pfeifenspiel mit einem feierlichen Ehrenmahle bewirtete. Sehr
ernsthaft und planvoll, offenbar, waren diese Kämpfe selten, und
bald sanken sie herab zu einer leeren und rohen Spielerei. Die
meisten ritterlichen Kriege des Mittelalters waren tumultuarisch
und von kurzer Dauer, schon weil die Rosse nicht leicht Unterhalt
fanden. Pfadfinder des Ordens, „Leitsleute", führten das Heer
in das Heidenland hinüber; die Fahne der Grenzburg Ragnit
hatte den Vorkampf. Einige Nächte lang ward „in der Wild"
geheert — „heid ein, busch ein, unverzagt, recht als der fuchs
und hasen jagt" — alle Habe zerstört nach dem einfachen Grundsatze, „was in tet we, das tet uns wol", und sodann nach
lauter Feier des großen Sieges die Rückkehr angetreten und
ein Hanse Litauer „gleich den jagenden Hunden" gekoppelt gen
Preußen geführt — wenn es nicht dem Feinde noch gelang, die
siegreichen Ritter in die Sümpfe und Moore zu locken, oder sie
einzuschließen zwischen den Hagen, jenen mächtigen Verhauen,
die das Barbarenland durchschnitten. Überall zeigen die Ritter
seltsame Züge prahlerischer Tapferkeit, so jener Komtur Her-

mann von Oppen, der beim Anzug des Feindes die Tore von
Schönsee öffnen ließ und also die Feste verteidigte. Die wüsten
Sitten der Gäste begannen dem Orden selber verderblich zu
werden, und schlimmer noch als die Heere hauste das ungeordnete
leichte Kriegsvolk der Struter (latrunculi heißen sie in den lateinischen Chroniken), das in dichtem Gewölk den Heeren beider
Teile folgte.

Und doch erkennen wir leicht auch in solchem verworrenen
Kriegsgetümmel den Grundcharakter des Ordens, seinen Janus-
kopf, der mit dem einen Gesichte hinausschaut in den hellen
Bereich moderner politischer Gedanken, mit dem anderen zurückblickt in die verschwommene Traumwelt des Mittelalters. Ab-
geschwächt freilich war längst der unversöhnliche Gegensatz christlichen und heidnischen Wesens. Schon unter Winrich von Kniprode schloß der Orden, was sein Gesetz streng verbot, zum ersten
Male einen Frieden mit den Heiden. Doch um so zäher hielt
der Ordensstaat an dem politischen Gedanken seiner Kriege, an
dem Plane, das Litauerreich zu brechen, das die Provinzen der
Düna und der Weichsel trennte. Im Jahre 1398 erfüllte sich
ein guter Teil dieser Absichten, da das Samaitenland dem Orden
abgetreten ward und nun die gesamte baltische Südküste den
Deutschen gehorchte. Keineswegs ward dies Ziel erreicht allein
durch jene räuberischen Kriegsreisen adliger Gäste. Oftmals rückte
die gesamte organisierte Wehrkraft des Militärstaats ins Feld —
so in dem glorreichsten Jahre der Ordensgeschichte 1370. Damals fiel des großen Winrich Ordensmarschall mit dem harten
Herzen und dem harten Namen, Henning Schindekopf, als Sieger
in jener gräßlichen Rudauschlacht, die noch heute im Gedächtnis
der Altpreußen lebt. Diesen Sieg entschieden die Maien der
Bürger — waffenkundige Genossenschaften von Patriziern und
Zünftlern, die in guten Zeiten jeden Frühling in festlichem Auf-
marsch aus den Toren zogen, den König Lenz nach alter Sitte
einzuholen, aber wenn das Kriegsgeschrei erscholl, unter der
Führung ihres Ordenskomturs zu den Fahnen des Ordens stießen.
In ernstfröhlicher Weise verstand Winrich die Wehrbarkeit der

Bürger zu kräftigen: er ordnete den gewohnten Brauch des
Vogelschießens in allen Städten des Landes nach fester Satzung
und ermutigte die gewandten Armbrustschützen durch Staats=
preise. Gleicherweise leisteten auch die Grundherren und Bauern
ihren Komturen Heerfolge, nach strenger Regel, auf bedeckten
Hengsten vollgerüstet, oder in der leichteren Plattenrüstung, je
nach der Größe des Hufenbesitzes. Auch die modischen fremden
Gäste standen unter den Befehlen der Ordensritter, die noch den
altritterlichen Schmuck des Vollbartes und des langen würdigen
Mantels bewahrten. Alle Fahnen mußten sich senken — hier
in dieser deutschen Grenzerwelt, wo das herrschende kaiserliche
Banner nie geweht hat — wenn die große Ordensfahne mit dem
Bilde der gnadenreichen Jungfrau dem Ordensmarschall voran=
getragen ward. Unbedingt — wenn nicht der Hochmeister selber
das Kommando übernahm — verbanden die Befehle des Mar=
schalls, der in friedlicher Zeit in dem gefährdeten Osten, zu
Königsberg, hauste, im Kriege sich mit dem Generalstab seiner
Kumpane umgab. Der harte Spruch des Reisegerichts traf die
Widersetzlichen — Gäste, Preußen und deutsche Herren — vor=
nehmlich jeden, der die strenge Marschordnung störte. Auch im
Lager mahnte der Altar, der inmitten des Heeres von den
Fahnen umweht sich erhob, an den geistlichen Ernst des Kampfes.
— Also verstand sich hier der Stolz der schweren adligen Reiterei
zum Zusammenwirken mit dem Fußvolke der Landwehr. Sogar
leichte Reiter, die Turkopolen, mußte der Orden zu verwenden.
Und wohl nirgendwo ist das schwere Geschütz der Arkolei so früh
und so häufig benutzt worden, als hier — schon zu Anfang des
vierzehnten Jahrhunderts — von dem Ritterbunde, welcher der
Erfindungslust seiner kriegskundigen Städte immer ein williges
Ohr lieh. Die alte Mönchspflicht der Krankenpflege diente jetzt
weltlichen Zwecken, ein großes Invalidenhaus wurde zu Marien=
burg eingerichtet, worin der Orden für die alten Tage seiner
wunden Brüder sorgte. — Noch lebt ungeschwächt in den Herzen
der Litauer und Slawen der alte Volkshaß wider die Deutschen.
Als eine Burg am Niemen von den Unsern erstürmt wird, da

6*

bieten Hunderte der Heiden ihren Nacken dem Beile einer greisen
Priesterin, also daß keiner in der Deutschen Hände fällt. Aber
schon begegnen uns dann und wann Züge menschlicher Annähe=
rung. Scharen mißhandelter Leibeigener fliehen aus Litauen
hinüber unter das mildere Recht des Ordens; und gern nimmt
er sie auf — unter der bezeichnenden Bedingung, daß sie zurück=
geführt werden sollen in die Heimat, sobald ganz Litauen dem
Orden gehorche.

Sehen wir in den Kriegen des Ordens, wie billig, eine
streng monarchische Ordnung walten, so herrscht in seiner poli=
tischen Verwaltung der aristokratische Geist des Mißtrauens. „Da
ist viel Heil, wo viel Rat ist," dies Wort erhärtet an dem
Beispiele Christi, der auch mit den Aposteln frommen Rates pflog
— bezeichnet den kirchlich=aristokratischen Grundgedanken seiner
Verfassung. Wohl schmückte sich das Land mit königlichem Pomp,
wenn der Statthalter des gestorbenen Hochmeisters alle Gebietiger
des Ordens mit den Landmeistern von Deutschland und Livland
gen Marienburg berief und dann das Glockengeläute der Schloß=
kirche verkündete, daß die auserwählten Dreizehn im tiefgeheimen
Wahlkapitel einen neuen Fürsten erkoren, Christi Statt im Orden
zu halten. Aber den die mächtigsten Könige der Christenheit
„lieber Bruder" nannten, er durfte nur über das Kleinste und
Alltägliche frei verfügen. Die fünf obersten Gebietiger, der Groß=
komtur, der Oberstmarschall, der Oberstspittler, der Obersttrappier,
der Obersttreßler mußten zu jedem wichtigen Beschlusse ihre Zu=
stimmung geben; jede Verfügung über Land und Leute war
gebunden an das Ja der beiden Landmeister; und wiederholt
geschah, daß der Deutschmeister mit dem großen Ordenskapitel
die Absetzung eines hoffärtigen Hochmeisters verfügte. Als die
Macht des Ordens reißend anschwoll, der persönliche Verkehr
mit fremden Fürsten sich vermehrte, befreite sich der Hochmeister
allmählich von den kleinlichen Regeln mönchischer Zucht und
bildete sich einen glänzenden Hofstaat. Aber auch dann noch
erhielt der Herr der Ostseelande, wenn er teilnahm an den Mahl=
zeiten des Ordens, seine vier Portionen zugeteilt, damit er

ſpende an die Armen und Büßenden. Nur in dringender Not mochte der Hochmeiſter auf eigene Hand verfahren und durch einen Machtbrief unbedingten Gehorſam befehlen. Immerhin ließ dieſe beſchränkte Macht von geſchickter Hand ſich wirkſam nutzen, was der Orden ſelber in ſeiner guten Zeit durch die Wahl faſt ausnahmslos tüchtiger Männer anerkannte. Wie der Hochmeiſter dem geſamten Orden, ſo ſtand der Komtur in jeder größeren Ordensburg „mehr als Diener denn als Herr" den zwölf Brüdern gegenüber, die nach dem Vorbilde der Apoſtel ſeinen Konvent ausmachten.

Die furchtbare Härte der genoſſenſchaftlichen Zucht allein hielt dieſe Ariſtokratie zuſammen. Die „Regeln, Geſetze und Gewohnheiten" des Ordens zeigen uns noch heute, wie hoch hier die Kunſt, Menſchen zu beherrſchen und zu benutzen, ausgebildet war. Ein begebener Menſch war geworden, wer die drei Gelübde der Armut, der Keuſchheit und des Gehorſams geſchworen, „ſo die Grundfeſte ſind eines jeglichen geiſtlichen Lebens," und dafür von dem Orden empfangen hatte ein Schwert, ein Stück Brot und ein altes Kleid. Ihm war verboten, ſeines Hauſes Wappen zu führen, zu herbergen bei den Weltlichen, zu verkehren in den üppigen Städten, allein auszureiten, Briefe zu leſen und zu ſchreiben. Viermal in der Nacht wurden die Brüder, wenn ſie halb bekleidet mit dem Schwerte zur Seite ſchliefen, von der Glocke zu den „Gezeiten" gerufen, viermal zu den Gebeten des Tagamts; an jedem Freitag unterlagen ſie der mönchiſchen Kaſteiung, der Juſte. Wem der Orden ein Amt befiehlt, zu Riga oder zu Venedig, übernimmt es unweigerlich und legt es nieder am nächſten Kreuzerhöhungstage vor dem Kapitel ſeiner Provinz; ſeine Rechnungen bewahrt das Archiv. Iſt einer in Schuld verfallen, ſo tagt das geheime Kapitel, das mit einer Meſſe beginnt und mit Gebet endigt, und verweiſt den Schuldigen an den Tiſch der Knechte oder läßt die Juſte an ihm vollziehen, denn „nachdem die Schuld iſt, ſoll man die Schläge meſſen". Doch darf der Meiſter Milde üben, der in der einen Hand die Rute der Züchtigung führt, in der anderen den Stab des Mit=

leibs. Nur die „allerschwerste Schuld" — die Fahnenflucht,
den Verkehr mit Heiden und die „vormeinsamten Sünden" der
Sodomie — kann auch des Meisters Gnade nicht sühnen; sie
geht dem Sünder an sein Kreuz, er hat den Orden verloren
ewiglich. Noch über das Grab hinaus verfolgt der Orden die
ungetreuen Brüder. Wird in dem Nachlasse eines deutschen Herrn
mehr gefunden als jene kümmerliche Habe, die das Gesetz erlaubt, so verscharrt man die Leiche auf dem Felde. Derselben
mönchischen Zucht unterlagen auch die zahlreichen nicht-ritterlichen
Ordensbrüder, die das schwarze Kreuz auf grauem Mantel trugen
und in mannigfachen Berufen, namentlich in der leichten Reiterei
des Ordens, Verwendung fanden. Außerdem umgab den Hochmeister eine mit der Macht des Staates wachsende Schar von
weltlichen Dienern und Hofleuten; preußische Landedelleute, die
der Orden in politischen Geschäften brauchte, Gelehrte und Künstler,
Bediente und Subalterne. — In dieser furchtbaren Zucht, in
einer Welt, die den Orden immer groß und prächtig, den einzelnen klein und arm zeigte, erwuchs jener Geist selbstloser Hingebung, der den Hochmeister Konrad von Jungingen auf dem
Totenbette die Gebietiger beschwören hieß, sie sollten nimmermehr seinen Bruder zum Nachfolger in seinem Amte wählen.
Freilich, eine nahe Zukunft sollte zeigen, daß bei so unmenschlicher Ertötung aller niederen Triebe weder die Freiheit des
Geistes noch stetige politische Entwicklung gedeihen kann.

Noch redete das Gesetz von dem „Golde der Minne, womit der Arme reich ist, der sie hat, und der Reiche arm, der
sie nicht hat." Noch erinnerten einige große Siechenhäuser, unter
der Aufsicht des Ordensspittlers, und die reichversorgte Herren-
firmarie zu Marienburg an die Zeit, da der Orden, der nun
drei Fürstenthrone besetzte, unter den Zelten von Akkon die
Wunden pflegte; noch ward jedes zehnte Brot aus den Ordensvorräten den Armen gespendet. Aber ausschließlicher immer
drängte sich des Ordens staatlich-kriegerischer Zweck hervor. Das
kirchliche Wesen erscheint oft nur als Mittel, jene schweigende
militärische Unterwerfung zu erzwingen, die in diesen Tagen

ungebundener persönlicher Willkür allein durch den schrecklichen
Ernst religiöser Gelübde sich erhalten ließ. Wenn mittags an
der schweigenden Tafelrunde der Priesterbruder ein Kapitel der
Bibel vorlas, wählte man gern die kriegerischen Mären von
den „Rittern zu Josuas und Moses' Zeiten". Immer wieder
ward den jungen Brüdern das Makkabäerwort eingeschärft:
„Darum, liebe Söhne, eifert um das Gesetz und waget euer
Leben für den Bund unserer Väter." Es war ein endloser
Vorpostendienst. Tag und Nacht standen die Briefschweifen im
Stalle gesattelt, um die Boten mit den Befehlen des Meisters
oder mit dem Sterbebriefe, der den Tod eines Bruders kündete,
von Burg zu Burg zu tragen — ein geregelter Botenlauf durch
das gesamte Mittel= und Südeuropa. Alltäglich konnte ein
Visitierer des Ordens erscheinen, alle Schlüssel und Rechnungen
der Burg abzufordern, und sämtliche Brüder waren verpflichtet,
ihm anzuzeigen, ob das Gesetz verletzt worden, das jede Tages=
stunde in jeder Burg des weiten Reiches nach gleicher Regel
leitete.

Bei so unbarmherziger Aufsicht mußten die Finanzen des
Ordens glänzend gedeihen. „Zu Marienburg," läßt der Dichter
den Pfennig sagen, „da bin ich Wirt und wohl behaust." Bis
zum fünfzehnten Jahrhundert findet sich in den peinlich genauen
Rechnungen, die das Königsberger Archiv noch heute bewahrt,
keine Spur eines Unterschleifs. Ja, ein ganz moderner Gedanke
der Finanzwissenschaft ist in dem Orden bereits verwirklicht:
der Staatshaushalt war scharf geschieden von dem Haushalte
des Fürsten, der seinen Kammerzins von bestimmten Gütern
bezog. Überhaupt mußte Wohlstand und Bildung erstaunlich
rasch emporschießen, wo die Kapitalien und die eingeübte Arbeits=
kraft eines gesitteten und dennoch jugendlichen Volkes, vereint
mit den durchgearbeiteten Gedanken der päpstlichen, orientalischen
und hansischen Staatskunst, auf die üppigen Naturschätze eines
unberührten Bodens befruchtend einströmten. Wo der Adel selber,
durch ein heiliges Gesetz gebändigt, herrschte, konnte der unselige
Schaden des mittelalterlichen Staats, die Störung des Land=

friedens durch räuberisches Junkertum nicht aufkommen. Hier
war die Stätte nicht für das trutzige Liedlein, das der Adel
im Reiche sang: „ruten, roven, dat is kein schande, dat bohut
die besten im lande.“ Die Ritter und Knechte des Landes, reich
begütert zumal im Westen und im Oberlande, vermochten vorerst dem mächtigen Orden nicht zu trotzen. Sie erfreuten sich
der Gunst des großen Winrich, der aus diesen Grundherren den
Kern der berittenen Landwehr bildete. Sie blieben der Gerichtsbarkeit des Ordens unterworfen und standen mit den Städten
in friedlichem Verkehr durch den schwunghaften Getreidehandel.
Die übrige freie Landbevölkerung verschmilzt allmählich zu einer
Masse; die große Mehrzahl der alten preußischen Freien erwirbt das freie kulmische Recht der deutschen Kölmer. Auch die
Pflichten der Grundholden werden leichter, seit der Orden die
Bedeutung der rasch eindringenden Geldwirtschaft erkennt und
die Verwandlung der Dienste in Geldzinsen gestattet. Der den
Hansebürgern abgesehene Grundsatz unbedingter Freizügigkeit befördert den Anbau und sichert die Freiheit, ohne doch, bei dem
festen Erbrechte der Bauernhöfe, ein allzurasches Hin- und Wieder-
fluten der Bevölkerung zu bewirken. Und wie sollte des Land-
manns Lage d a auf die Dauer eine gedrückte bleiben, wo der
rastlose Kampf mit der Flut des Meeres und der Ströme fortwährend die persönliche Kraft des Bauern herausfordert? Den
Mahnruf des Dichters an die Monarchie des Mittelalters: „Dir
ist befohlen der arme Mann“, befolgt die Aristokratie der deutschen Herren um so eifriger, je gefährlicher die Macht des
städtischen und des Landadels emporwächst. Dem großen Winrich
hat das Volkslied das edelste Fürstenlob, daß er ein Bauern-
freund gewesen, nachgesungen.

  Die Kirche bleibt in der alten Abhängigkeit. Die Klöster
vornehmlich unterliegen der strengen Aufsicht des Ordens, und
allein kraft eines Terminierbriefes der Landesherrschaft darf
der Bettelmönch fromme Gaben heischen. Nur in Ermeland,
wo es nicht gelungen war, das Domkapitel mit deutschen Herren
zu besetzen, begannen schon jetzt unheilvolle Händel zwischen dem

Bistum und dem Orden. Solche Erscheinungen heben die preis=
würdige Tatsache nicht auf, daß die Ordensherrschaft das aus=
gedehnteste Gebiet einheitlichen Rechtes im deutschen Mittelalter
umfaßt. Jeder Komtur einer Ordensburg ist zugleich Bezirks=
hauptmann für die Landesverwaltung, führt den Vorsitz im
Landthing, und selbst die mächtigen Städte müssen sich ihm beugen.
Das Recht der Städte hat der Hochmeister durch eine allgemeine
städtische Willkür geregelt, die nicht ohne seinen Willen geändert
werden darf. Er allein entscheidet über die Freiheit des Handels
und die Zulassung der Fremden, er bestimmt die Willkür für
die Weichselschiffahrt. Ihm dankt das Land gleiches Maß und
Gewicht; nur seiner Landesmünze zu Thorn ist der Münzenschlag
vorbehalten.

Und doch war die Stellung der großen Städte des Landes,
die früh der Hansa Deutschlands beitraten, zu ihrer Landes=
herrschaft nach modernen Staatsbegriffen ebenso unbegreiflich,
wie die Lage aller anderen landsässigen Hansestädte. Die „unter
beiden Meistern sitzenden" Hansestädte (in Preußen die Sechs=
städte Danzig, Elbing, Thorn, Kulm, Königsberg und das kleine
Braunsberg, — denn das reiche Memel blieb butenhansisch) —
sie beschlossen auf den gemeinen Hansetagen oder gar auf ihren
preußischen Städtetagen zu Marienburg und Danzig den Krieg
gegen Könige, die mit dem Orden in Frieden lebten. Sie spielten
— ein Staat unter Staaten — die Rolle des Vermittlers in
den Händeln des Ordens mit Litauen, oder baten den Hochmeister
um seine Verwendung in hansischer Sache bei der Königin von
Dänemark. Die bittere Not, der Ernst der politischen Arbeit
und das nicht eingestandene, doch unzweifelhaft bereits lebendige
Bewußtsein, auf wie schwachen Füßen die glänzende Ordens=
herrschaft stehe — das alles zwang den Orden, die ritterlichen
Vorurteile zu verschmähen, den Eifer der Herrschsucht zu mäßigen
und als treuer Bundesgenoß zu den Städten Niederdeutschlands
zu halten. Waren doch beide im Innersten verwandt als Aristo=
kratien von Deutschen inmitten halbbarbarischer Völker, als
trotzige Eroberer unter fremden Zungen, verwandt sogar in ihrer

inneren Einrichtung. Auch die Hansa konnte in der Fremde ihre
Herrschaft nur erhalten durch die strenge klösterliche Zucht mön=
chischer Faktoreien. Auch das Gewerbe des Kaufmanns war in
tiefes Geheimnis gehüllt gleichwie das Leben der geistlichen Ge=
nossenschaft. Der Blick der Osterlinge beherrschte einen weiteren
Gesichtskreis als die Binnenstädte Oberdeutschlands; sie allein
unter unseren Kommunen trieben große Politik gleich dem Orden,
und sie begegneten sich mit ihm vornehmlich in dem Bestreben,
den friedlosen Verkehr zur See endlich zu sichern. Diese Verbin=
dung war so natürlich, daß das Anwachsen beider Mächte auch
in der Zeit genau den gleichen Schritt einhielt und beide von
dem Augenblicke an dem Verfalle entgegeneilten, da sie sich mit=
einander entzweiten. Das glorreiche Jahr des Ordens (1370)
war auch der Höhepunkt der hansischen Macht. Als Meister
Winrich die Kunde empfing von dem großen Litauermorden auf
dem Rudaufelde, da weilte an seinem Hofe als ein Bettler, des
Ordens Vermittlung erflehend, Waldemar Atterdag der Däne,
verjagt aus seinem Erbe durch die Bürgermacht der Sieben=
undsiebzig Hansestädte; im selben Jahre unterschrieb der König
den Stralsunder Frieden und versprach, daß fürderhin keiner
den Thron von Dänemark besteigen solle, als mit dem Willen
der gemeinen Hansa. Wenige Jahrzehnte später traten drei
preußische Städte als Bürgen ein für das königliche Wort
Albrechts von Schweden.

Hat auch keine der Ordensstädte die unvergleichliche Lübeck
völlig erreicht und das Wort des deutschen Liedes zu Schanden
gemacht: „Lübeck aller stede schone, van richer ere dragestu die
krone" — so stand doch von allen Gemeinwesen der Osterlinge
Danzig der Travestadt am nächsten. Ein hochgefährliches Ele=
ment in dem jungen Staate, fürwahr — diese überkräftige
Kommune mit dem stolzen Adel, den leidenschaftlich bewegten
Zünftlern und dem heute noch berüchtigten wilden Hafenvolke
polnischer Weichselschiffer. Sie war die Erbin jener Handels=
herrschaft im Osten des baltischen Meeres, welche dereinst dem
alten Wisby auf Gotland gehörte. Wohl hielt die Stadt noch

so streng wie nur der Orden selber auf deutsches Wesen, wehrte allem undeutschen Blute den Eintritt in die Zünfte. Rechtspflege und Verwaltung waren nach moderner Weise getrennt, jene geübt von dem Stadtschultheißen und seinen Schöppen, diese in den Händen von Bürgermeister und Rat; die Verfassung aristokratisch, doch so, daß für wichtige Entschlüsse die Zustimmung der Zünftler eingeholt ward. Aber schon geschah, daß die Zünftler in jähem Aufruhr aus ihrem Gemeindegarten lärmend vor den prächtigen Artushof der Stadtjunker zogen, und schon jetzt ward in dem Junkerhofe dann und wann der kecke Plan besprochen, die Stadt von dem gestrengen Orden loszureißen. Denn hatte der Orden auch ein einheitliches Handelsgebiet geschaffen und niemals Binnenzölle aufgelegt, so erhob er doch ein Pfundgeld von der Einfuhr. Ja, er ward jetzt selber ein großer Kaufherr und verfeindete sich also den monopolsüchtigen Geist der Hansa: er begann, gestützt auf päpstliche Dispense, einen ausgedehnten Eigenhandel, vornehmlich mit dem Bernstein, den außer den Dienern des Ordens niemand aufsammeln durfte. Er beanspruchte oft ein Vorkaufsrecht auf die Einfuhren seiner Städte, band sich selber nicht an die Getreideausfuhrverbote, die er zuweilen für sein Land erließ, und trieb den Kornhandel so schwunghaft, daß einmal 6000 Last Roggen allein auf sieben Ordensburgen aufgespeichert lagen. Seine Handelsagenten residierten in Brügge, in den preußischen Städten und in dem Mittelpunkte des polnischen Verkehres, Lemberg.

Nur im Zusammenhange mit diesen hansischen Verhältnissen läßt sich des Ordens baltische Politik begreifen. Auch Estland, dessen Ritterschaft der Orden schon längst durch einen Bund an sich gekettet hatte, wurde endlich ganz für den Ordensstaat gewonnen (1346), als der Meister von Livland dem Däuenkönige beistand gegen einen gefährlichen Aufstand der estischen Bauern und dann — nach der alten geistlichen Politik — eine unerschwingliche Entschädigung für die Hilfe forderte. So war dem Orden die Küste vom Peipussee bis zur Leba dienstbar, und alsbald begann er die Befriedung der See, schuf sich eine See

macht als der Schirmherr des gemeinen Kaufmanns. Schon
längst war der deutsche Kaufherr gewohnt, seine Koggen nur
in starken Flotten auf die friedlose See zu senden. Vollends in
den wüsten Kriegen zur Zeit der kalmarischen Union hatten die
streitenden Mächte des Nordens das alte Unwesen der Seeräuber
ermutigt durch ihre Stehlbriefe. Seitdem war der Piratenbund
der Vitalienbrüder, geführt von adligen Abenteurern, den Sture,
den Manteuffel, herrschend im baltischen Meere, hatte Gotland
besetzt und das verfallene altehrwürdige Wisby in ein festes
Raubnest verwandelt; seine Auslieger lauerten in allen Winkeln
der buchtenreichen See versteckt. Was die skandinavischen Kronen
nicht wagen, gelingt endlich der jungen Flotte des Ordens (1398):
unterstützt von den Schiffen seiner Städte erobert er Gotland,
verhängt ein furchtbares Strafgericht über die Räuber und läßt
seine Friedensschiffe in der Ostsee kreuzen. Bald darauf setzen
sich, kraft alter Herrschaftsrechte, die Däuen auf der Insel fest;
der Orden aber rüstet eine neue Flotte, bringt an zweihundert
dänische Schiffe auf, landet ein Heer von 15 000 Mann auf
Gotland und pflanzt die Kreuzfahne wieder auf den Wällen
von Wisby auf (1404).

Auch tief in das Binnenland hinein reichen die Fäden der
Ordenspolitik. Solange die baltische Welt noch nicht den
russischen Ehrgeiz lockt, steht der Orden oft im Bunde mit dem
weißen Zaren als dem alten Feinde der Litauer; und doch sendet
der Hochmeister vorsichtig zugleich Gesandte an die Beherrscher
von Kasan und Astrachan, findet an ihnen eine starke Rücken=
lehne wider die Moskowiter. — Den Polen und Litauern gegen=
über weiß der Orden teilend zu herrschen; er schürt emsig den
Bruderstreit, der das Großfürstenhaus von Litauen zerfleischt;
seine Burgen sind die bereite Zufluchtsstätte aller Unzufriedenen
der Nachbarländer. Und schon am Ausgang des vierzehnten
Jahrhunderts legt der verschlagene Piaste, Herzog Wladislaw
von Oppeln, dem Orden einen europäischen Plan vor, der seit=
dem nie wieder aus der großen Politik verschwunden ist — den
Plan der Teilung Polens. — Von so umfassenden Kombina=

tionen jedoch kehrte die Staatskunst des Ordens immer wieder
zurück zu ihren einfachsten Aufgaben. Die Verbindung mit
Deutschland blieb ungesichert, solange der launische Wille der
pommerschen Wendenfürsten sie jederzeit abschneiden konnte. Der
Erwerb von Stolp und Bütow und anderen Grenzstrichen vermochte nicht dies zu ändern. Endlich gelang es, den alten Übel-
stand zu heben und eine sichere Straße in das Reich zu erwerben:
der Orden benutzte (1402) die Geldnot der märkischen Lützel-
burger zum Ankaufe der Neumark. Bürger und Bauern des
neugewonnenen Landes fügten sich willig der Herrschaft der Aristokratie; nur der meisterlose Adel widerstrebte hartnäckig, er fürchtete
den Landfrieden der Ordenslande. Nicht bloß für die Staatskunst, auch für die Wirtschaft des Ordens ward die neue Straße
in das Reich hochwichtig; denn sein Besitz in Deutschland war
allmählich stattlich angewachsen, umfaßte zwölf Balleien, darunter
zwei von unerschöpflichem Reichtum, Österreich und Koblenz.

Wenn der Orden die Völker des Ostens vor seiner Landwehr
erzittern ließ: vergessen wir nicht, welches wetterfeste, in ewigen
Kämpfen gestählte Bauernvolk ihm gehorchte. In altpreußischer
Zeit hatten dereinst reiche Dörfer und Wälder geprangt, wo nun
der Spiegel des Frischen Haffs sich dehnte. Aber auch noch
unter der Ordensherrschaft verwandelten Einbrüche des Meeres
die Gestalt der Küste. Die alte Einfahrt in das Frische Haff, das
Tief von Withlandsort, kaum erst durch eine Feste geschützt,
versandete; die See brach sich ein neues Tief, und der Orden ließ
die Bauern fronden zu den starken Dammbauten bei Rosenberg.
Gewaltiger noch war das Ringen mit dem tückischen Weichsel-
strome. Undurchdringliches Gehölz hob sich aus dem Röhricht
der weiten Sümpfe zwischen den Armen der Weichsel und Nogat,
bis alljährlich im Frühjahr der Schrecken des Landes, der Eis-
gang, herankam, Fußboten das unheimlich langsame Nahen des
Feindes verkündeten und endlich die weiten Wälder in der großen
Wasserwüste verschwanden. Hat auch die moderne Kritik den
vielgefeierten Namen des Landmeisters Meinhard von Querfurt
erbarmungslos seines Glanzes entkleidet: zu den Fabelgestalten

zählen wir darum doch nicht jenen Ordensritter mit dem Wasser=
rade, der heute unter den Steinbildern der Dirschauer Brücke
prangt. Der Orden war es, der, nicht durch Eines Mannes
Kraft, nein, durch die nachhaltige Arbeit mehrerer Geschlechter,
die Wut des Stromes bändigte. Der güldne Ring der Deiche
ward um das Land gezogen, gesichert durch ein strenges Deich=
recht, durch die Bauernämter der Deichgrafen und Deich=
geschworenen, die noch heute alterprobt bestehen. Also geschützt,
ward das Sumpfland der Werder, u n t e r dem Wasserspiegel der
Ströme gelegen, von holländischen Kolonisten in die Kornkammer
des Nordens verwandelt, und bald blähte sich hier die Üppig=
keit, der unbändige Trotz der überreichen Werderbauern.

Auch anderer Orten im Lande blühte die Landwirtschaft. Die
Schafzucht arbeitete dem Tuchhandel von Thorn in die Hände,
und Preußens Falkenschulen versorgten den Weidmann aller
Länder mit dem unentbehrlichen Federspiele. Die Beutener in
den Wäldern von Masuren versandten das Wachs ihrer Bienen=
körbe weithin an den Klerus, und selbst der Landwein von
Altpreußen hat den unverdorbenen Kehlen unserer Altvordern
gemundet. Wichtiger noch war die Ausfuhr des Holzes, das
von den Baumbesteigern der Danziger und Rigaer Kaufhäuser in
den Forsten von Polen, Litauen, Wolhynien ausgesucht und dann
auf mächtigen Flößen, die dichtgedrängt oftmals den Flußverkehr
sperrten, die Weichsel und Düna hinabgefahren ward — wenn
anders die heilige Barbara in dem Bergkirchlein zu Sartowitz
das Gebet des Weichselschiffers um gesegnete Fahrt erhörte. Des=
selben Weges kam der Flachs, den die Braker im Hafen prüften
und stempelten. Der Handel über Land mit Polen und den
Nachbarländern war Preußens Vorrecht; und seit der Orden
das Kurische Haff mit dem Pregel durch einen Kanal verbunden,
ward auch der Wasserweg auf dem Niemen bis in das Herz
von Litauen seinem Kaufmann erschlossen. Das rührige Danzig
gründete dort das hansische Kontor von Kowno. Dies Monopol
des überländischen Verkehrs hinderte die Sechsstädte des Hoch=
meisters nicht, auch den anderen Handelszügen der Hansa zu

folgen: sie nahmen teil an dem großartigen Verkehre des Welt=
marktes zu Brügge und sendeten ihre Schiffe auf die Baienfahrt,
um an der Loiremündung Salz zu kaufen. Indes dankten alle
Städte der Osterlinge den Wohlstand ihrer Zünftler vornehmlich
dem Aktivhandel nach den Ländern des Nordens und Ostens,
welche der Produkte unsers Landbaues und Gewerbes nicht ent=
raten konnten. Die Fischerei im großen, jederzeit das natürliche
Vorrecht des seeherrschenden Volkes, ward in den nordischen
Gewässern von der Hansa ausschließlich ausgebeutet. Allsommer=
lich bezogen die Hansen bei Falsterbo auf Schonen ihre Hütten,
um des Heringsfangs zu pflegen, und durch die Gnade des
bedrängten Waldemar Atterdag durfte dort Danzig sein Fisch=
lager neben der Vitte des gebietenden Lübeck aufschlagen. —
Der Kredit ward gefördert durch die vom Orden erlassene gemeine
preußische Bankrottordnung und durch ein verständiges Wechsel=
recht, das in den Städten zur Regelung des Überkaufs sich
gebildet hatte. Vor allem sorgte der Landesherr für die Sicher=
heit des Verkehrs. Jeder Komtur hielt in seinem Bezirke das
strenge Straßengericht. Von den Stettiner Fürsten erlangte der
Orden das Versprechen, ihm alle Verbrecher auszuliefern, und
von den Herzogen von Oppeln ertrotzte er sich das Recht, die
Räuber des preußischen Kaufguts noch auf schlesischem Boden
niederzuwerfen. Dem verderblichen Grundsatze des mittelalter=
lichen Handels, daß jedermann sich seines Schadens erholen
solle bei den Volksgenossen, suchte der Orden entgegenzuwirken
durch Handelsverträge, zumal mit England, das bereits ein Kon=
sulat in Danzig errichtete.

Mit diesem gewaltigen Aufschwunge materieller Wohlfahrt
hielt die geistige Bildung nicht gleichen Schritt. Ein banau=
sisches Wesen geht durch die mittelalterliche Geschichte unseres
Nordens, der Hansa wie der deutschen Herren. Von der schreck=
lichen Eintönigkeit des mönchischen Garnisonlebens mochte der
deutsche Herr sich erholen in ritterlichen Spielen, obwohl das
eigentliche Turnier ihm verboten blieb, oder in schwerer Jagd
auf Bären, Wölfe, Luchse, „nicht durch kurze weile, sunder durch

gemeinen vrumen". Auf Hochmeiſters Tag oder zu Ehren fürſt=
licher Gäſte feierte man glänzende Gelage und Gaſſenſpiele;
dann floſſen ſtatt des Bieres der Oſterwein von Chios, die welſchen
Weine und der köſtliche Rainſal aus Iſtrien. Zu Oſtern zogen
die Dirnen von Marienburg mit Maizweigen auf das Hochſchloß,
um den Fürſten nach gut preußiſchem Brauche einzuſchließen,
bis er mit einer Gabe ſich löſte. Meiſters welſcher Garten und
Karpfenteich boten manche heitere Stunde, bald war der Lärm
und Prunk fürſtlicher Beſuche zur Regel geworden an dem geiſt=
lichen Hofe. Edlerer geiſtiger Luxus aber ſchien dem rauhen
Militärſtaate bedenklich. Noch im fünfzehnten Jahrhundert be=
gegnet uns ein Hochmeiſter, der „kein Doktor" iſt, weder leſen
noch ſchreiben kann. Wenn Meiſter Winrich befahl, daß in
jedem Konvente zwei gelehrte Brüder, ein Theolog und ein
Juriſt, verweilen ſollten, ſo hatte er nur kirchlich=politiſche Zwecke
im Auge. Seine Schöpfung, die Rechtsſchule von Marienburg,
ging raſch zu Grunde, und die Univerſität von Kulm, die der
Orden in jenen Tagen zu gründen gedachte, iſt nie zuſtande
gekommen. Die gelehrten Brüder haben Urlaub, das Gelernte
zu üben, die ungelehrten aber ſollen nicht lernen; genug, wenn
ſie das Paternoſter und den Glauben auswendig wiſſen.

Vollends von einem tiefern Nachdenken über göttliche Dinge
meinte der Orden wie das frühere Mittelalter: „o weh dir
armen Zweifeler, wie biſt du gar verloren, du möchteſt kieſen,
daß du wäreſt ungeboren." Ein Graf von Naſſau ward nach
tiefgeheimer Verhandlung zu ewigem Kerker verurteilt, „weil
er ein Czwifeler was". Im Bewußtſein ſolcher Schwäche bewies
der Orden dem gelehrten Mönchstume offene Mißgunſt. Die
geiſtige Ariſtokratie der Mönche, die Benediktiner, duldete er
gar nicht, die Ziſterzienſerklöſter zu Oliva und Pelplin nur,
weil ſie von den pommerſchen Fürſten bereits früher gegründet
waren; allein den unwiſſenden Bettelmönchen blieb er gewogen.
Unter allen Wiſſenſchaften hat nur eine in dieſer durchaus poli=
tiſchen Welt eine eigentümliche Ausbildung empfangen, die Ge=
ſchichtſchreibung. Die Chroniſten des Ordenslandes ſtellen ſich

den besten des deutschen Mittelalters an die Seite: von Peter
von Dusburg an, der am Anfang des vierzehnten Jahrhunderts
die Preußenkämpfe des Ordens mit der frommen Begeisterung
des Kreuzfahrers schilderte, bis herab auf Johann von Pusilge,
der hundert Jahre später mit freierem Weltsinn und weitum=
fassendem politischem Blick seine Jahrbücher schrieb. Solche Be=
richte von den Taten des Ordens wurden zuweilen in den Remtern
den Brüdern vorgelesen. Eine regelmäßige Annalistik freilich
konnte in dem stürmischen Grenzerleben nicht aufkommen.

Gleich der Wissenschaft schwieg auch die Dichtung fast gänzlich
im Ordenslande. Gar seltsam hebt von solcher Herzenshärtigkeit
der Glanz der bildenden Künste sich ab, welche allerdings nicht
so unmittelbar auf die Veredelung der Gemüter wirken. Ihre
Blüte in Preußen fällt in der Zeit genau zusammen mit dem
politischen Ruhme der Tage Winrichs von Kniprode. Das edelste
weltliche Bauwerk des deutschen Mittelalters ist unter dem großen
Hochmeister vollendet worden — die Marienburg, die nach dem
Glauben des Volks ihre Wurzeln, die mächtigen Kellergeschosse,
so tief in die Erde streckt, wie ihre Zinnen hoch in die Lüfte
streben —, bei Nacht mit dem Lichtglanze ihrer Remterfenster
wie eine Leuchte ob den Landen hangend, weithin sichtbar an
dem Weichselflusse, dem die Kulturarbeit des Ordens den lieb=
lichsten Unterlauf von allen deutschen Strömen bereitet hat. Schon
längst stand auf den Nogathöhen hinter den Ställen und Vor=
ratshäusern der Vorburg, beschützt durch eine Kette von Basteien
und Gräben, das Hochschloß mit dem Kapitelsaale und der Schloß=
kirche. Das kolossale Mosaikbild der heiligen Jungfrau mit dem
Lilienstabe verkündete, daß hier des geistlichen Staates Haupt=
burg rage; auf dem Rundgang um die Burg ruheten des Ordens
Tote. Neben diesem düster=feierlichen Bau erstand in Meister
Winrichs Tagen das prächtige Mittelschloß, die weltlich heitere
Residenz des Fürsten, mit der lichten Fensterfronte von Meisters
morgenhellem Gemach und dem wunderbar kühnen Gewölbe in
Meisters großem Remter, das gleich dem Gezweige der Palme
aus Einem mächtigen Pfeiler emporsteigt. Aber selbst dies freu=

dige Bauwerk verleugnet nicht den strengen Geist des Militär=
staates. Nicht nur weisen unterirdische Gänge und der Rundgang
um das Dach auf den Zweck der Verteidigung; aus der wahr=
haftigen Keuschheit des erst von der Gegenwart wieder verstan=
denen Ziegelrohbaues redet ein spröder Ernst, der den meisten
gotischen Bauten fremd ist. Geradlinig schließen sich die Fenster
ab, der Reichtum der vegetativen Ornamente der Gotik fehlt;
nur der leise Farbenwechsel des Ziegelmusters mildert die Ein=
förmigkeit der schmucklosen Mauerflächen. Den gleichen Charakter
massenhafter Gediegenheit tragen die Nebenbauten bis herab zu
den schweren Türmen, die in die Gräben hinausragen — den
unaussprechlichen Danzks. Wir mögen dieses spröde Wesen nicht
allein der Dürftigkeit des Backsteins zuschreiben; zeigt sich doch
an einem edlen Bruchsteinbau des Ordens, an der Marburger
Elisabethkirche, dieselbe Bescheidenheit des vegetativen Schmucks.
Dagegen mahnen ornamentale Inschriften und manche Eigen=
heiten des Stils an des Ordens Verkehr mit Sizilien und dem
Morgenlande. Wie das Meisterschloß das Vorbild ward für
alle Ordensburgen und sogar dasselbe Ziegelmuster mit militä=
rischer Regelmäßigkeit sich in vielen Burgen wiederholte, so wirkte
der strenge Charakter der Ordensbauten auch auf die Bauwerke
der Städte. Wer kennt sie nicht, die aufstrebende Kühnheit, den
würdigen Ernst der Giebelhäuser mit den weit vorspringenden
Beischlägen in der Danziger Langgasse? Wie eine Festung ragt
der Dom von Marienwerder über die Weichselebene und ist auch
als eine Feste wiederholt von reisigen Bürgern verteidigt worden.

Erscheint es blendend, einzig, dies kühne Emporsteigen der
Ordensmacht zu schwindelnder Höhe: wie sollten wir doch die
Einsicht abweisen, daß solche glänzende Frühreife die Gewähr
der Dauer nicht in sich trug? Selten läßt sich — nach dem
ernsten, unser Geschlecht beherrschenden welthistorischen Gesetze —
in dem Kerne menschlicher Größe selber die Notwendigkeit ihres
Verfalls so schneidend nachweisen, wie an diesem widerspruchs=
vollen Staate. Nur weil der Orden aus den Reihen des deutschen
Adels sich fortwährend neu ergänzte, gebot er über eine Fülle

großer Talente. Alle die meisterlosen Degen strömten ihm
zu, denen die anschwellende Macht der Fürsten und Städte den
Raum beengte, die tieferen Gemüter von religiöser Inbrunst
wie die Männer von wagendem Ehrgeiz, welche hier allein noch
hoffen durften, aus dem niederen Adel zum Fürstenthron sich
emporzuheben. Aber ebendeshalb ward des Ordens Zukunft
bestimmt von der augenblicklichen Lage des Adels im Reiche,
die er nicht beherrschen konnte. Nur der Heiligkeit kirchlicher
Zucht dankte der Orden die Spannkraft, in staatloser Zeit die
Majestät des Staates zu wahren. Doch je klarer der also ge=
festete Staat seiner weltlichen Zwecke sich bewußt ward, um so
drückender erschienen die kirchlichen Formen, die sein mütterlicher
Boden waren. An sich bietet die Herrschaft des Ritterbundes
nichts Unnatürliches in Zeiten, welche gewohnt waren, alle großen
politischen Ziele durch die gesammelte Kraft von Genossenschaften
zu erreichen. Aber rühmten wir ihm nach, daß er in seinem
Lande nichts der organischen Entwicklung überließ, alles durch
scharf eingreifenden Willen ordnete, so blieb er selber doch starr
und unverändert, derweil in seinem Volke alles sich wandelte,
mußte jedem Versuche innerer Reform sein theokratisches non
possumus entgegenstellen. Eine furchtbare Kluft tat sich auf
zwischen der Landesherrschaft und ihrem Volke, seit in den Enkeln
der ersten Ansiedler allmählich ein preußisches Vaterlandsgefühl
erwuchs, und das Volk murrend erkannte, daß eine schroff ab=
geschlossene Kaste von Fremden, Heimatlosen Preußens Geschicke
lenkte. Einwanderer und Einwohner standen sich hier bald ebenso
feindselig gegenüber wie im spanischen Amerika die Chapetons
und Kreolen, ja, noch feindseliger; denn der ehelose deutsche
Herr ward durch kein häusliches Band an das unterworfene
Land gekettet. Wohl bot der Orden jeder reichen Kraft freie
Bahn, doch nur wenn sie seine Gelübde auf sich nahm. Die
unabhängigen Köpfe des Landadels sahen sich ausgeschlossen von
jeder selbständigen staatlichen Tätigkeit; derselbe Orden, der willig
die Bürger von Lübeck und Bremen unter seine Brüder aufnahm,
erschwerte mit theokratischem Mißtrauen dem Adel seines Landes

den Eintritt. Mochte der Orden mit kühlem Rationalismus
jede neue politische Idee, so die Zeit gebar, sich aneignen: die
Grundlage seiner Verfassung blieb unwandelbar. Der monarchische Gedanke, der einzige, der die Völker des Mittelalters zu
dauernder Gesittung emporführen konnte, der soeben noch zu
Beginn des fünfzehnten Jahrhunderts in Frankreich seine rettende
Kraft erprobte — im Ordenslande fand er keine Statt, solange
der Plan einer Säkularisation geistlicher Staaten dem Glauben
der Völker noch als ein Verbrechen erschien.

Erschüttert freilich war dieser Glaube schon längst. Denn
allgemeinen Anklang hat die unmenschliche Lehre von der Ertötung des Fleisches unter unserem lebensfrohen Volke zu keiner
Zeit gefunden. Nicht bloß die rohe Sinnlichkeit, auch die unbefangen weltliche Anschauung des geschlechtlichen Lebens lehnte
sich schon im frühen Mittelalter dawider auf. „Daz schoeniu wip
betwinget man, und ist da sünde bi, son' ist da doch nicht wunders
an," sagt ein freudiges Dichterwort. Jetzt vollends war der
deutsche Herr, dem verboten war, seine leibliche Mutter zu küssen,
verderbt im Verkehre mit den Heidenfahrern. Die alte Satzung
ward mit Füßen getreten, manch unheimliches Geheimnis aus
den verschwiegenen Zellen der Burgen drang in das Volk, der
weiße Mantel ward oft gesehen in den „Ketzerhainen" der lebenslustigen Städte, und das Sprichwort mahnte den Hausvater,
seine Hintertür zu schließen vor den Kreuzigern. Da offenbarte
sich an dem steigenden Spotte des Volks wider seine unheiligen
Herrscher, daß das Possenspiel der Theokratie auf die Dauer nur
solche Völker ertragen, deren Gemüt ein geistloser Glaube ein-
wiegt in waches Traumleben. Als im Reiche Fürstentum und
Bürgertum an Macht und sittlicher Kraft den Adel weit zu über-
treffen begann: wie hätte solcher Verfall des Standes nicht
zurückwirken sollen auf seine ferne Pflanzung? Je tiefer der
Adel sank, um so herrischer trat der Ritterbruder im weißen
Mantel den Graumänteln gegenüber. Durch die geweihten
Remter schritt die Lust, schamlos und freudlos. Die Ritter, seit
der Rudauschlacht des ernsten Krieges entwöhnt, kürzten sich die

Weile mit leerem Prahlen von der unbesiegbaren Stärke der
Ordenswaffen. Junkerhafter Übermut verhöhnte die besonnenen
Meister, welche, die Gefahren der Zeit erwägend, die alte Eroberungspolitik mäßigten. Als dann endlich — nach einer tragischen Notwendigkeit, die keines Menschen Witz abwenden konnte
— diese Eroberungspolitik, das Lebensgesetz des Staates, noch
einmal hervorbrach, da erlebte der deutsche Adel seinen jammer-
vollsten Fall auf demselben Boden, wo er sein Höchstes geleistet.

Inzwischen reiste die Treibhaushitze der kolonialen Luft in
dem jungen, der Pietät ungewohnten Volke den Haß wider die
fremden Herrscher. Denn fremd mußten den Preußen die Oberdeutschen erscheinen in Tagen, da die Abneigung der Stämme
in unseliger Blüte stand. Zwei neue Aristokratien waren emporgewachsen unter der herrschenden Kaste, durch festere Bande,
als der Orden, mit dem Lande verkettet. Die städtischen Geschlechter, zumal die mächtigen Ferber, Letzkau, Hecht in Danzig,
murrten längst wider das harte Regiment. Und hier abermals
stoßen wir auf den tragischen Widerspruch im Wesen des Ordens.
Nur weil der Orden zugleich ein großer Kaufherr war, konnte
er den Gedanken einer Handelspolitik im großen Stile fassen;
und doch hat dieser selbige Eigenhandel ihm die Gemüter der
Bürger verfeindet. Unter dem Landadel, den reichen Geschlechtern
der Renys und Kynthenau im Kulmerlande, tat sich der ritterliche Eidechsenbund zusammen. Alle Eidechsenritter waren verschworen, einander beizustehen mit Leib und Gut in nothafter
ehrlicher Sache wider jedermann — freilich „mit Ausnahme
der Landesherrschaft"; aber wer hatte Kunde von den tiefgeheimen
Bundestagen? Auch auf den Hort der monarchischen Gewalt,
auf die Treue der niederen Stände, durfte der Orden nicht mit
Sicherheit zählen — am wenigsten um die Wende des vierzehnten und fünfzehnten Jahrhunderts, in diesem schrecklichen
Morgensturme, der dem Lichte der modernen Gesittung voraus-
ging. Alles Heilige sah dies unselige Geschlecht geschändet und
entweiht. Gräßlich erfüllte sich das strenge Seherwort, das
Dante hundert Jahre zuvor gesprochen: „Der Stuhl von Rom,

weil er in sich vereinigt zwei Gewalten, fällt in den Kot."
Zwei Päpste haderten um die dreifache Krone, zwei Kaiser um
den Zepter der Welt, und frech spottete der Heide: „nun haben
die Christen zwei Götter; will ihnen der eine ihre Sünde nicht
vergeben, so gehen sie zu dem andern." Auf den Stellvertreter
Christi ward gefahndet auf der Heerstraße, und der Söldner von
Neapel band sein Roß an den Altar von St. Peter. Vor kurzer
Frist erst war der schwarze Tod und der Judenbrand durch die
Städte gerast; der Kyrieleis-Gesang der Geißler, der Angstruf
der schuldbeladenen Menschheit, war gellend in den Straßen
erklungen. Mit schneidendem Hohne wandte sich das empörte
Gewissen der Masse wider das Sündenleben der Reichen. Die
Dirnen, spottete das Volk, kommen aus den gemiedenen Gassen
zu dem Rate der Stadt und klagen wider des Rates Töchter:
sie verderben uns das Handwerk. Während die Häupter der
Christenheit sich rüsteten, durch eine Reform der Kirche an Haupt
und Gliedern wieder Frieden zu bringen in die geängsteten Gemüter, ging auch der Staatsbau der alten Welt aus seinen Fugen.

Dahin war die Ehrfurcht des armen Mannes vor der alten
Ordnung. In Frankreich, in den Niederlanden wie in Ober-
deutschland rotteten sich die Bauern zusammen, und von England
herüber tönte aus den wilden Haufen Walters des Ziegeldeckers
zum ersten Male die lockende Weise, welche erklang und erklingen
wird, so oft die rauhe Naturkraft der mißhandelten Menge auf-
steht wider den kunstvollen Bau einer alten Kultur: — „als
Adam grub und Eva spann, wer war denn da der Edelmann?"
In Preußen auch schritt ein unruhiger Geist durch die Massen:
schon mußte der Orden „Sammlungen" und bewaffnetes Um-
herziehen verbieten. Auch auf dem Schlachtfelde hatten die neuen
popularen Mächte ihre Überlegenheit gezeigt. Seit hundert
Jahren schon hingen 8000 Paar goldene Sporen in der Kirche
von Kortryk, prahlerische Trophäen, die der Weberkönig von
Flandern mit seinem Bürgerheere von Frankreichs Adel erbeutet.
Vor dem Morgensterne des Schweizers, dem langen Spieße des
ditmarscher Bauern war die ritterliche Kriegskunst zu Schanden

geworden, und prahlend sang der Eidgenosse von seiner Laupen=
schlacht: „den Grafen thet die Ruthen weh." Eben jetzt, um
die Wende des Jahrhunderts, kehrte, geschlagen von den Söldnern
der Welschen, Kaiser Ruprechts ritterliches Reichsheer „halb
wieder her in Armut, Schand und Spott". In der Tat —
schon längst empfand es schmerzlich der Orden — ein neuer
Kriegerstand war erstanden. Mehr und mehr entfremdete sich
die bürgerliche Gesittung der Zeit den ritterlichen Kreuzfahrten;
schon spotteten die Lieder des Teichners über den Preußenfahrer,
der von weiter Reise nichts heimbringe als das unverständige
Lob des Haufens: „hei, wie der gevaren hat!" Bereits begnügten
sich die Frommen im Reich, Söldner gen Preußen zu schicken zu
ihrer Seelen Heil. Bald hörte auch dies auf, und der Orden
war gleich anderen Staaten gezwungen, mit ungeheurem Geld=
aufwande den Kern der neuen Heere, das besoldete, gedrillte
Fußvolk und die reichbezahlten Bogenschützen von Genua zu
werben. Diese Wandlung der Kriegsweise war auf die Dauer
der Wirtschaft der Völker heilsamer als die verzehrend kost=
spielige Kriegführung der Vorzeit; für den Augenblick aber ward
dadurch selbst der Geldreichtum des Ordens erschöpft, mancher
minder mächtige Staat ausgestrichen aus der Reihe der Mächte
und der Staatengesellschaft eine mehr aristokratische Gestalt ge=
geben. Und vor allem, es war ein widersinniges, auf die Dauer
unhaltbares Verhältnis, daß ein Ritterbund mit Söldnern seine
Schlachten schlagen mußte.

Während so aus dem heiligen Reiche wieder einmal Walthers
altes Klagelied erscholl: „mein Dach ist faul, es sinken meine
Wände," sammelte sich drohend die zersplitterte Volkskraft der
Slawen und erhob sich in tödlicher Feindschaft wider die Deutschen.
Schon begann in dem genialsten der Slawenvölker die hussitische
Bewegung. Vertrieben von dem nationalen Fanatismus der
Tschechen entwich die deutsche Studentenschaft von Prag nach
Leipzig, und die böhmische Hauptstadt ward für eine lange Zeit
die große Bildungsstätte aller Westslawen. Um dieselbe Zeit
hatte ein gewandter schlauer Fürst voll ausgreifender Ehrsucht

den polnischen Thron bestiegen — Großfürst Jagiel von Litauen.
In breien Tagen führte er wider den Orben zwei furchtbare
Schläge, da er getauft ward und die Erbin von Polen freite
(1386). Als der Großfürst im Schlosse zu Wilna das heilige
Feuer des Heidengottes löschen und die geweihten Schlangen
töten ließ, da war entschieden, daß alle „bösen Christen" seines
Volkes zu Christen wurden. Wo die wollenen Röcke, die des
Fürsten neue Priester boten, nicht lockten, trieb man die Bauern
zu Tausenden mit Gewalt in den Fluß zur Taufe. So zog der
Schlaue der Eroberungspolitik des Ordens den Boden unter den
Füßen hinweg. Wie mochte der Orben noch auf den Zuzug
ritterlicher Kriegsgäste zählen, seit alle seine Nachbarn Christen,
seine Kreuzzüge weltliche Kriege geworden? Dann bestieg
„Jagiel, anders Wladislaw" den polnischen Thron, erweiterte
die Libertät des Adels durch reiche Privilegien, schmeichelte dem
Deutschenhaß der unbändigen Junker burch das Versprechen, daß
er die entfremdeten Lande, Pomerellen vornehmlich, der Krone
zurückbringen werde. Die unseligen Händel im litauischen
Fürstenhause verstummten, seit Wladislaw seinen Vetter Witowd
zum Großfürsten von Litauen erhob (1392).

So war der enge Bund Litauens und Polens, der oft
versuchte, endlich vollzogen; dem Orden der Heidenbekehrer stand
jetzt eine feindliche Macht gegenüber, beren herrschende Stände
nicht minder starr katholisch waren als er selber, und dies Doppel-
reich erweiterte bald seine Grenzen bis tief nach Podolien hinein,
bis nahe an die Küsten des Schwarzen Meeres. Zu derselben
Zeit haderten die Hansestädte untereinander wegen der Vorrechte Lübecks; sie waren im Innern geschwächt durch den Zank
der Junker und der Zünftler und schauten träge zu, wie ihre
alten Feinde, die brei nordischen Kronen, zu Kalmar unter der
starken Hand der Dänenkönigin Margareta sich einten (1397).
Alsbald sollte der Orben das erhöhte Selbstgefühl der Nachbar-
völker empfinden. Die kaum von Litauen abgetretenen Samaiten
standen auf „wie die jungen Wölfe, wenn sie satt, desto grimmiger
werden gegen die, welche sie hegen". Sogar Memel ward von

den Barbaren erstürmt, und erst nach Jahren (1406) befestigte
der Orben wieder seine Herrschaft. In so bedrängter Lage deckte
sich der Orben den Rücken, trat Gotland ab an die Königin
des Nordens (1408). Man mochte erkennen, daß der Gedanke
einer selbständigen maritimen Politik, wie großartig immer, doch
unhaltbar blieb, solange man nicht vermochte, die Verfassung
des Bundes schwerer Reiter durch entschlossene Aufnahme beweg-
licher demokratischer Elemente von Grund aus umzugestalten.
Aber diese Sicherung gegen Skandinavien frommte wenig, seit
die Macht des Königs Wladislaw immer bedrohlicher anwuchs.
Der hatte den Deutschen die Kunst, teilend zu herrschen, welche
der Orben bisher gegen Polen und Litauen geübt, abgesehen und
wandte sie jetzt gegen den Orben selber. Der Klerus von Livland,
der ewig aufsässige, bat offen um den Beistand des Polen wider
die Landesherrschaft; und auch in Preußen ging die Rede, daß
geheime Boten aus Krakau oftmals mit den Eidechsenrittern
des Kulmerlandes verkehrten. Die kleinen Wendenfürsten von
Pommern huldigten der neuen Größe des Slawenkönigs. Weit
über die Grenzen der Christenheit hinaus schweiften Wladislaws
herrschsüchtige Pläne; er schloß ein Bündnis mit den heidnischen
Tataren und Walachen. Ein ruchloser Frevel nach den Begriffen
der Deutschen, aber eine sehr begreisliche Politik für einen Polenkönig; denn ein buntes Völkergemisch von Ruthenen und Sarazenen, Armeniern und Tataren hauste in dem Südosten dieses
Grenzlandes der Christenheit — ein Gewirr von Völkertrümmern,
das die Nähe des Orients ankündigte. Seit den Tagen Kasimirs
des Großen waren auch noch Massen der aus Deutschland vertriebenen Juden hinzugekommen, und in diesem Durcheinander
von Christen und Heiden, Juden und Schismatikern konnte selbst
der strengkatholische Wladislaw die Hilfe der Heiden nicht verschmähen.

———————

Also waren in derselben Epoche, welche die Grenzen der
Ordenslande zum größten Umfang erweiterte, die sittlichen Grundlagen der Ordensherrschaft untergraben, die Macht unversöhn-

licher Feinde angeschwollen und für den bedrohten Ritterstaat
keine Hilfe zu erwarten aus dem wankenden Reiche. Fast un=
abweislich drängt sich bei diesem Anblick der Vergleich auf mit
der Lage des neuen preußischen Militärstaats in den zwei Jahr=
zehnten nach dem Tode Friedrichs des Großen. Seit langem
drohte der Krieg: die Pommerfürsten, aufgereizt von den Polen,
verlegten den Kriegsvölkern, die gen Preußen zogen, die Straße;
König Wladislaw verbot seinem Kaufmann den Handelsweg durch
Preußen. Zum Schlagen endlich kam es, als der Orden den
wichtigen Netzepaß Driesen zur Sicherung der Verbindung mit
der Neumark erworben hatte. Im Jahre 1410 rückte der Hoch=
meister Ulrich von Jungingen, so recht ein Spätling des alten
Rittertums, mit dem größten Heere, das der Orden je um seine
Fahnen geschart, gen Süden. Nach tollkühner Ritterweise war
alles auf diesen einen Wurf gesetzt. Unter 65 Bannern zogen wohl
an fünfzigtausend Mann hinaus, ein Dritteil zu Roß, sogar das
schwere Festungsgeschütz der Marienburg ward ins Feld geführt.
Am Tage der Apostelteilung, 15. Juli, traf das Heer auf der
Heide von Tannenberg den zweifach stärkeren Feind, die ge=
sammelte Macht des Ostens. In ritterlichem Übermute ver=
schmähte man die überraschten Polen zu überfallen und forderte
sie heraus zu offener Feldschlacht. Schon waren die Litauer
geschlagen, schon hallte das Siegeslied „Christ ist erstanden" aus
den Reihen der Kreuziger. Da erfaßte Wladislaws Feldherr,
der kleine Zyndram, den günstigen Augenblick, wo des Ordens
linker Flügel im zügellosen Ungestüm der Verfolgung sich zer=
streute. Er warf sich auf die Mitte des deutschen Heeres, mit
ihm die böhmischen Söldner unter der Führung jenes Johann
Ziska, der seinen Namen hier zum ersten Male dem deutschen
Todfeind furchtbar machte. Und als nun die Eidechsenritter des
Kulmerlandes verräterisch ihre Banner unterdrückten, da entschied
sich der erste große Sieg, den die Slawen über unser Volk er=
fochten. Es war ein Schlachten, unerhört in der Geschichte des
Nordens. Zahllose Leichen — mehr denn hunderttausend, sagt
die Überlieferung — bedeckten das Feld, die Blüte des deutschen

Adels war gesunken, von den obersten Gebietigern nur einer
entkommen, und mit der Leiche des Hochmeisters trieb der Tatar
und Kosak sein scheußliches Spiel. Einundfünfzig deutsche Banner
ließ der König nach dem Kriege in dem Krakauer Dome auf=
hängen, der gelehrte Johann Dlugosz beschrieb die Trophäen
in einer eigenen Schrift, und nach Jahrhunderten noch priesen
die Lieder der Slawen den glänzendsten Tag der polnischen
Waffen.

Aber derweil der behutsame greise König mit seinem ge=
schwächten Heer tagelang auf der Walstatt verweilte, die Häupter
der gefangenen Großen unter dem Beile seiner Henker fielen,
und der Wein aus den zerschlagenen Ordensvorräten in Strömen
durch das polnische Lager floß und mit dem Blute der Gebliebenen
sich mischte, da hob sich aus dem grenzenlosen Verderben der
andere große Mann des Ordens, Heinrich von Plauen. Sie
sahen sich alle gleich, wie ihre Namen und die springenden
Löwen in ihren Schildern — diese Heinrich Plauen, aus dem
vogtländischen Hause der heutigen Fürsten von Reuß, ein Ge=
schlecht schroffer herrischer Menschen, einer königlichen Ehrsucht
voll, hart und lieblos, mit dem kalten Blicke für das Notwendige.
Seit langem war dies große Haus gewohnt, seine tapfersten
Söhne in den Orden zu schicken; schon einmal, in der Schlacht
von Plowcze, hatte ein Plauen des Ordens wankendes Kriegs=
glück wieder gefestigt. Kaum war die Kunde von dem Taunen=
berger Tage zu dem jungen Komtur von Schwez gedrungen,
der an der Westgrenze die Pommerfürsten beobachtete, so begriff
er, daß die Zukunft des zentralisierten Staates an den Geschicken
der Hauptburg hing. Er warf sich mit seinen 3000 Mann in
die Marienburg, rüstete die Festung und verbrannte die reiche
Stadt zu ihren Füßen, daß sie dem Polen nicht zum Lager biene.
Aber ehrlos und zuchtlos huldigte binnen einem Monat das
gesamte Land dem Könige, der endlich gen Norden zog und alles
verlockte durch das Versprechen der polnischen Libertät, „recht
sam der Antichrist tun wirb, der ihm auch untertenigen wirb die
Leute in sulchir weise, die her nicht kan betwingen". Die Bischöfe,

froh, der strengen Aufsicht sich zu entledigen, gingen mit bösem
Beispiel voran, und die kopflose Feigheit der Befehlshaber der
Ordensburgen trieb auch manchen treuen Mann in das polnische
Lager. Vernichtet schien der Orden, sein Heer lag erschlagen, seine
Schätze führte der Verrat der Entflohenen ins Reich. Mit Trom=
peten und Pauken, in feierlichem Zug, holte der Rat von Danzig
den polnischen Hauptmann ein, und dem Verteidiger der Marien=
burg sandte die Ritterschaft des Kulmerlandes wütende Fehde=
briefe. „Das Gott nimmer an ihnen lasse ungerochen," flucht
der Chronist; denn ein Abfall war es, unheimlich, ungeheuerlich
selbst für jene Zeiten, welche die jähe Wandlung der Gemüter
oftmals gesehen. Wohl durfte das Volk sich flüsternd erzählen,
daß die Hochgebenedeite selber, den Polen blendend, in den Reihen
der deutschen Herren gestanden, als das Unbegreifliche geschah und
gegen solche Übermacht, gegen das eigene Festungsgeschütz der
Meisterburg, in diesem Pfuhle der Gemeinheit die Marienburg
sich hielt. Die Ruhr wütete im Lager des Königs; „je länger
er lag, je minder er schuf." Nach vergeblich wiederholtem Sturm=
angriff brach der alte meisterlose Sarmatengeist wieder aus,
die beschränkte Gewalt des Königtums vermochte nicht den un=
steten polnischen Adel bei den Fahnen zu halten. Die Litauer
verweigerten die Kriegsfolge — so erzählen wenigstens die Polen,
um die Schuld des Mißlingens von sich selber abzuwälzen —
und Wladislaw zog ab nach zweimonatlicher Belagerung. Dieser
ungeahnte Erfolg erfüllte die Getreuen im Lande mit neuer
Hoffnung; Burg auf Burg ergab sich dem neuen Hochmeister.
Als gegen Ende des Jahres König Sigmund von Ungarn mit
einem Einfall in Polen drohte, schloß Wladislaw in verzagter
Übereilung den Thorner Frieden (Anfang 1411), der alles wieder
auf den Stand vor dem Kriege zurückführte. Nur Samaiten=
land ward für die Lebenszeit des Großfürsten an Litauen zurück=
gegeben.

Vor wenigen Monden noch hatte Plauen sein Knie gebeugt
im Zelte des Königs, Frieden erbittend von dem Übermütigen.
Jetzt gebot er wieder über ein größeres Reich als jenes, das einst

dem Meister Winrich gehorcht. Aber wie anders waren den
beiden die Lose gefallen! Der eine leicht und freundlich dahin
getragen von den Wellen des Glücks, sein finsterer Nachfahr
rastlos und fruchtlos ankämpfend wider ein ungeheures Ver=
hängnis. Wie sollte seinem klaren Auge entgehen, daß er dem
Zufall die Gunst des Friedens verdankte? Die Kapelle, die
er auf dem Tannenberger Felde erbauen ließ, mahnte den Orden
an den Tag der Schmach, an die Notwendigkeit neuer Kämpfe.
Eine unerschwingliche Schuld, das Lösegeld für die Gefangenen,
lastete auf dem Lande, das die hunnische Wut des Feindes von
Grund aus verwüstet hatte. Ein zäher Wille, der zu vergessen
nicht verstand, sollte herrschen über einem Volke, das in kurzen
Wochen zweimal den Eid gebrochen. Zornmutig brach der Meister
selbst den Eid, den er beim Friedensschluß dem König zuge=
schworen, daß das Vergangene vergeben sei, ließ die entflohenen
Brüder in Fesseln aus dem Reiche zurückführen. Und wenn
er sie musterte, die Elenden, die noch übrig waren von dem
weiland großen Orden, eine zuchtlos trotzige Jugend, die des
Ordens schöne Tage nicht gesehen, und eine Handvoll verlebter
Greise, die alltäglich baten um Erlösung von der Bürde ihres
Amtes: dann erwachte in dem Freunde des ersten Hohenzollerschen
Kurfürsten, dem stolzen Manne, der die Gnade Gottes sichtbarlich
zu seinen Häupten gesehen, der verwegene Gedanke, daß des
Ordens alte Satzung verwirkt sei durch den ungeheuren Frevel,
daß des Erretters Wille allein herrschen solle unter den Un=
getreuen.

　　Mißachtete er also das Recht des verfallenden Ordens, so
erkannte der Blick des Staatsmannes, daß der frischeren Kraft
des Adels und der Städte die Teilnahme an der Leitung des
Staats sich fortan nicht mehr versagen ließ. Darum errichtete
er (1412) den Landesrat von Abgeordneten der Städte und des
Landadels mit dem Rechte der Steuerbewilligung und der Zu=
stimmung in allen wichtigen Landesfragen: — ein Schritt ver=
messener Willkür, denn das Gesetz verbot dem Orden strenge
den Beirat weltlicher Leute, aber eine Notwendigkeit, denn furcht=

bare Leistungen mußte der Orden jetzt von dem Lande heischen.
Während das Glück dem finsteren Herrscher den Rücken wandte
und Seuchen und Mißernten zerstörten, was der Kosak zu vernichten vergessen hatte, mußte zweimal ein Schoß ausgeschrieben
werden von jedermann bis herab zu den Mägden und Mönchen.
Der harte Herr erschien dem Volke als ein verwegener Neuerer;
auch die unsichere Überlieferung, die ihn einen Freund hussitischer
Ketzereien nennt, gibt davon ein Zeugnis. Mehrmals schon
war offener Aufruhr blutig niedergeschlagen worden. Eidechsenritter und deutsche Herren hatten sich verschworen wider das
Leben des Meisters und hart gebüßt. Das reiche Danzig, in
den letzten bewegten Jahren zum Bewußtsein seiner Macht gelangt, verweigerte den Schoß, vermauerte den Zugang zur
Ordensburg, baute daneben einen festen Turm, den Kiek in de
Kuk, um zu schauen, was man braue in des Ordens Küche. Endlich
ließ der gewalttätige Komtur, des Meisters Bruder, einige Vornehme des Rats ungehört erschlagen — ein Verbrechen, das
lange fortlebte im Gedächtnis der erbitterten Bürger. Der Hochmeister aber ließ die Bluttat unbestraft, bildete einen neuen
Stadtrat aus Anhängern des Ordens. Dazwischen spielten
widrige Händel mit den vertriebenen Bischöfen, den Häuptern
des großen Landesverrates, die gemäß dem Frieden Wieder-
einsetzung verlangten; Plauen jedoch verweigerte „die Natter
im Busen und das Feuer im Gehren zu hüten".

So vergingen dem Meister zwei sorgenvolle Jahre. König
Wladislaw erkannte an der jammervollen Zerrüttung des Ordenslandes die Torheit des übereilten Friedensschlusses. In der
Tat, was auch überkluge Gelehrte dawider sagen, die alte Tradi-
tion der Schulen ist im vollen Rechte, wenn sie den Untergang
des Ordens von der Schlacht von Tannenberg datiert: von
jenem Tage an hörten die Deutschen auf, die Herrscher zu sein
unter den Westslawen, und der Orden verlor, was einem Militär-
staate die Hälfte seiner Macht bedeutet, den Ruf der Unbesiegbarkeit. Das Ordensland war, seit es von katholischen Feinden
umringt stand, nichts Besseres mehr als die anderen deutschen

Territorien; die Gäste, die jetzt noch nach Preußen zogen, wußten allein noch die Widerstandskraft der festen Ordensburgen zu rühmen, und diese defensive Kraft des ausgesogenen Landes konnte zuletzt doch nur durch die Geldmittel, die der Orden aus seinen deutschen Gütern zog, erhalten werden. Des Sieges gewiß, begann daher Wladislaw ein System frechster Gewalttätigkeit wider den Orden. Seine Hauptleute fielen plündernd ein in das preußische Grenzland, der preußische Kaufmann ward auf polnischer Heerstraße niedergeworfen; ja, der Litauerfürst erbaute auf dem Gebiete des Ordens die Feste Welun und gab den Klagenden die bedeutende Antwort, ganz Preußen habe dereinst seinem Volke gehört. Noch ging der Meister friedliche Wege. Er bat den Ungarnkönig Sigmund um seine Vermittlung. Der aber vergaß seiner Pflicht gegen das Reich. Gleichwie er später, dem Dänen zulieb, den deutschen Schauenburgern ihr Erbrecht auf Schleswig absprach, so sah er jetzt in dem Kampfe der Deutschen mit den Polen nur die willkommene Gelegenheit sich zu bereichern. Die Vermittlung mißlang.

Nun erst entschloß sich Plauen, kraft eigenen Willens, ohne Rat der Gebietiger wie des Landes, den friedlosen Frieden zu brechen (Herbst 1413). Doch wenn der Plauen wagte, das Ungeheure zu tun, im Orden war einer, der Marschall Küchmeister von Sternberg, der wußte noch sicherer, dies Geschlecht werde das Ungeheure nicht ertragen. Der starke behäbige Mann, ein feiner Diplomat des gemeinen Schlages, berechnete in diesem welthistorischen Kampfe nur die niedere Leidenschaft des kleinen Menschen. Die Rechnung trog ihn nicht. Schon waren die Polen ins Land gefallen und der Kampf begonnen um die durch Plauens Eifer wohl gerüsteten Grenzburgen; da verbot der Marschall dem Bruder des Meisters vorzurücken, die Mannschaft folgte dem Rebellen, und der Kriegszug ward abgebrochen. Nun berief Plauen auf St. Burkhardstag (14. Oktober 1413) das Kapitel, den meuterischen Marschall zu bestrafen. Dort tagten zusammen alle die Neidischen, über deren Schultern der junge Held zum Meistersitze sich emporgeschwungen, die geängsteten

Friedensseligen und die Tiefgekränkten, die seine zornige Herrscher-
hand gefühlt, und Sternbergs überlegene Nüchternheit wußte
sie also zu leiten, daß von unreinsten Händen die Strenge des
Gesetzes geübt und Heinrich Plauen des Meisteramtes entsetzt
ward, weil er den Orden gerettet hatte, um — seine Satzung
mit Füßen zut reten. Aber — zu so flauem Endschluß gelangten
in dem kläglichen Kapitel der grimme Haß der Jungen und
der Alten kurzsichtiges Mitleid — dem unerhört beleidigten
gefährlichen Manne gab man die bescheidene Komturei von
Engelsburg. Dort saß der Entthronte, in der Kraft seiner Jahre,
im öden Einerlei eines subalternen Amtes. Er sah das Meisteramt in Sternbergs Händen; die Mörder, die einst sich gegen
ihn verschworen, waren begnadigt, das Land, geleitet von dem
Stumpfsinn der Feigheit, eilte haltlos dem Verderben entgegen.
Aus dem Reiche herüber klangen die wütenden Klagen seiner
Freunde wider die „meyneyden verretters selbwachsen kotzen kotzen
sone", aber nur scharfe Worte konnte das Reich ihm bieten.
Da befreundete sich endlich, so scheint es, die verbitterte Seele
des Mißhandelten mit dem Plane, abermals, wie einst im Lager
vor Marienburg, das Knie zu beugen vor dem Polenkönige und
unter dem Schutze polnischer Waffen zurückzukehren in das
Meisterschloß. Ein tragisches Geschick hat ihm versagt, durch
Taten zu beweisen, wie groß oder wie gemein er diesen Plan
verstand. Der Verkehr seines Bruders mit Polen ward entdeckt,
er selbst der Mitschuld geziehen und in festen Gewahrsam gebracht (1414). In häßlicher Prosa endet nun dies dämonische
Heldenleben. Sechzehn Jahre lang hatte er den Tod bei leben-
digem Leibe ertragen; noch besitzen wir die Briefe, worin der
„Aldemeister" den neuen Gewalthabern klagt, daß seine Hüter
Met und Brot ihm allzu spärlich reichen; erst am späten Abend
seines Lebens ward ihm abermals ein bescheidenes Amt, das
Pflegeramt zu Lochstedt, zugewiesen. Den Orden aber beherrschte
fortan eine solche Wildheit blinder Parteiwut, daß die späteren
amtlichen Darsteller der Ordensgeschichte über die unvergänglichen Verdienste des großen Mannes gänzlich schwiegen, nur

von seiner Härte, seinem Verrate zu erzählen wußten. Die Geschichte seines letzten Sturzes liegt noch heute in tiefem Dunkel. Unzweifelhaft erwiesen ist nur, daß sein Bruder als Landesver= räter nach Polen entwich; für die Teilnahme des Hochmeisters selber an den Zettelungen seiner Freunde spricht kein anderer Be= weis als die Anklagen der Anhänger Küchmeisters. Die Aussagen dieser leidenschaftlich erbitterten, gewissenlosen Gegner verdienen wenig Glauben; sie lassen sich aber auch nicht kurzerhand besei= tigen durch die gutmütige Behauptung, ein solcher Mann sei des Verrates nicht fähig gewesen. Wie die triviale Theologie sich die Idee der Gottheit nur aus lauter Negationen aufzubauen weiß, so spukt in der historischen Wissenschaft noch vielfach eine moralisierende Nüchternheit, welche Menschengröße nur als das Gegenteil des Frevels zu begreifen vermag, uneingedenk der tiefen Wahrheit, daß jeder große Mensch reich begabt ist zur Sünde wie zum Segen.

Seit jenem St. Burkhardstage schwindet die letzte Spur der Größe aus dem entarteten Staate. Kaum daß dann und wann ein tapferer Kriegsmann auftauchte aus der Gemeinheit des verachteten Ordens, der nicht mehr auf des Reiches frische Kräfte zählen durfte, sondern in Wahrheit wurde „der deutschen Geburt Spital, Zuflucht und Behältnis". In denselben Oktobertagen des Jahres 1413, da des Ordens sittliche Kraft zerbrach, hatte der Reichstag von Horodlo den Bund zwischen Polen und Litauen fester geschlossen, die litauischen Bojaren in die Sippen des pol= nischen Adels aufgenommen, den katholischen Charakter des Doppelreiches noch bestimmter ausgesprochen. In ewig neuen Einfällen berennt nun dies zum Bewußtsein seiner Überlegen= heit erwachte Reich den Ordensstaat. Samaiten, Subanen, Nessau werden in unwürdigen Friedensschlüssen abgetreten. Ge= schmäht von dem Deutschmeister, daß er „also gar weichlich und liederlich dem Feinde widerstanden", beteuert der Militärstaat dem Kaiser, dem Papste, dem Konzilium seine Friedensliebe. Wer durfte sie bezweifeln, seit der Orden den alten Feind, den Litauerfürsten, unter seine Halbbrüder aufgenommen? Aber nie=

mand mochte vermitteln in dem ungleichen Kampfe. Ganz offen
vielmehr ward an den Höfen die Ansicht ausgesprochen, daß
der Orden keine Stätte mehr habe in der monarchischen Welt;
ihm wäre besser, daß er auf Zypern oder an der türkischen Grenze
das Markgrafenamt wider die Heiden von neuem übernähme.
Es waren Kämpfe von prinzipieller, nationaler Bedeutung.
Fester schloß sich das fanatische Bündnis der Slawenstämme.
Mit den Hussiten und den Pommerfürsten, als „den Verwandten
ihres Blutes", standen Polens Könige im Bunde. Schon wird
von polnischen Unterhändlern unter den Preußen die slawische
Lehre gepredigt, daß Preußen polnisch Land sei, wie seine Orts=
namen beweisen. Ja, als bei Tauß und Tachau des Reiches
Adel den Dreschflegeln der hussitischen Bauern erlegen war und
weithin durch des Reiches Niederlande der Klang der böhmischen
Trommeln Verderben kündete allem, was deutsch war und Sporen
trug: da brach auch eine Schar der Ketzer mit ihrer Wagen=
burg in die Ordenslande, plünderte das Kloster von Oliva, grüßte
das Meer mit dem wilden Tschechensang: „die ihr Gottes Krieger
seid" und füllte die Feldflaschen mit dem salzigen Wasser, zum
Zeichen, daß die baltische See den Slawen wiederum gehorche,
wie weiland in den Tagen Otakars des Böhmen.

Aber so wenig, wie des Reiches Adel, wird der Orden
durch dies verderbliche Anwachsen der Macht des Erbfeindes zu
sittlicher Erstarkung begeistert. Von neuem entbrennt der innere
Zwist. Drei Konvente zugleich sagen dem Marschall den Gehor=
sam auf, insgeheim unterstützt von Land und Städten; Hoch=
meister und Deutschmeister entsetzen sich gegenseitig. Endlich ver=
liert der Orden sogar seinen reindeutschen Charakter. Schon
Heinrich von Plauen wird von den Danziger Chronisten beschul=
digt, er habe, das Gott erbarm, die Hochzungen zur Herrschaft
gebracht. Seitdem trat im Orden selber der Haß der Nieder=
deutschen gegen die Bayern, Schwaben und Fränkelein widrig
hervor, und nach langem häßlichem Zwist mußte der Hochmeister
versprechen, die gleiche Zahl aus jeder Landschaft des Reichs in
seinen Rat zu berufen. In dieser Anarchie festigt sich die Libertät

des Landes. Schon stellen die Städte bestimmte Forderungen,
bevor sie dem Hochmeister huldigen, das Land vermittelt in den
Spänen der deutschen Herren. Der von Plauen gegründete Landesrat umfaßt in seiner neuen Gestalt (1430) unter 24 Mitgliedern
nur 6 deutsche Herren — so gänzlich hatte sich der Schwerpunkt
der Macht verschoben. Die endlosen Kriege fraßen das Mark des
Landes, hohe Zölle und der Eigenhandel des Ordens erbitterten
den Bürger. Dazu traten unverschuldete Unglücksfälle: wiederholte Mißernten und das rätselhafte Ausbleiben des Herings vom
hansischen Fischplatze auf Schonen (seit 1425). Recht und Friede
waren den Preußen verloren, seit die Landstreifen der Ordensritter
sich machtlos zeigten wider das räuberische Gesindel, das der
Krieg auf die Heerstraße geworfen. Rüstig schürten die Polen den
Unmut unter dem Adel im Oberlande und in Pomerellen, dessen
Väter vor hundert Jahren noch der polnischen Adelsfreiheit genossen.

Aus solcher Verbitterung erwuchs der vermessene Gedanke
des preußischen Bundes, der am 14. März 1440 auf dem Tage zu
Marienwerder von einem Teile der Ritterschaft und der Städte
beschworen ward. Ein Staat im Staate, sollte er anfangs nur
einen jeden bei seinem Rechte schützen, bald aber bestellte er einen
stehenden geheimen Rat und schrieb Steuern aus unter den Bündischen. Des Bundes Seele waren die Stadtjunker von Danzig
und ein oberländischer Ritter Hans von Baisen, ein verschlagener
ehrgeiziger Herr, der als Knabe schon am Hofe des großen Heinrich
Plauen die Schwäche des Ordens durchschaut hatte, und jetzt von
weiten Kriegsfahrten eine ausschreitende Kraft heimbrachte, die
unter der Ordensherrschaft den notwendigen Raum nicht fand.
„Der vorgifte lame trache und basiliscus, aller vorreter der ergeste"
heißt er in den Chroniken der Ordensleute. Die treulose Staatskunst unfähiger Hochmeister, welche den Bund zuerst bestätigte, um
ihn bald nachher vor dem Kaiser zu verklagen, trieb neue Genossen
in die Reihen der Bündischen und den Bund selber vorwärts auf
seiner abschüssigen Bahn. Zwei Beweggründe vermischten sich
seltsam in dieser Erhebung: die zu ihren Jahren gekommene

8*

Kolonie verlangte, wie billig, Selbständigkeit, Befreiung von
einer altersschwachen Staatsgewalt, und das unruhige Volk sehnte
sich nach der meisterlosen Anarchie der Polen. Als nun auf
des Ordens Klage Kaiser Friedrich III. den Bund „von Un=
würben, Unkräften, ab und vernichtet" erklärte und so der sinkende
Ritterstaat sich an das Reich anklammerte, das er kalt vergessen
hatte in seinem Glücke, da wagte der Trotz der Libertät den
letzten Frevel. Am 4. Februar 1454 unterschrieben Land und
Städte den Absagebrief an den Orben; ein Stadtknecht des Rates
von Thorn überbrachte das Schreiben auf die Meisterburg. Ihr
habt uns für eigen angesprochen, meinten die Bündischen, und die
Natur selbst lehrt jeden die Gewalt abzutreiben, den Missetäter
mit der Faust zu strafen. Die Burg zu Thorn, die erste, die
vor zwei Jahrhunderten der deutsche Eroberer im Heidenlande
gebaut, ward erstürmt von dem wütenden Pöbel. Auf das Feuer=
zeichen von den Thorner Türmen erhob sich das Land, in wenigen
Wochen waren 56 Burgen in des Bundes Händen. Und schon
war der Baisen auf dem Wege nach Krakau, dem König Kasi=
mir IV. die Herrschaft anzubieten über Preußenland, „das einst
ausgegangen von der Krone Polen".

Der König kam, und widriger wiederholte sich der Abfall
des Tannenberger Jahres. Selbst einige der deutschen Herren
huldigten; so gnadenreich war das Privilegium des Polen, das
freien Handel und Teilnahme an der Königswahl in Polen verhieß
und den Baisen zum Statthalter einsetzte. Nun tobt der gräß=
liche Bürgerkrieg: die deutschen Herren wüten wider die „bün=
dischen Hunde", die „das Eidechsengift" verderbt, Polen und
Bündische wider die geistlichen Zwingherren und die „meineiden
Schälke" in den Städten des Ostens, die nach langem Schwanken
sich dem Orben wieder zuwenden. Jedermanns Hand wider
die andere. Inmitten der Gassen, im Pregelhafen, kämpfen die
Bürger der brei Städte Königsbergs ihre wilbe Flußschlacht.
In Danzig erheben sich die Zünfte wieder und wieder für den
Orben, bis endlich die Stadtjunker obsiegen, die Gefangenen
an die Ruberbänke im Hafen schmieden. Als der polnischen Frei=

heit erste Segnung ersteht hier ein herrisches Adelsregiment; des Ordens blühende Schöpfung, die Jungstadt Danzig, wird vernichtet durch den Handelsneid der altstädtischen Patrizier. So schmachvollen Gewinn zu sichern, halten die Junker des Artushofes am zähesten zu dem Könige. Zumeist von Danzigs Gelde, von dem Geschmeide seiner Patrizierfrauen, bestreiten die Polen die Kosten des Krieges.

Arm an Taten, überreich an allen Greueln eines verwilderten Geschlechts wälzt sich der Krieg durch dreizehn Jahre: ein vollendetes Bild wüster Gemeinheit — stünde nicht neben dem schwachen Hochmeister Ludwig von Erlichshausen die stolze Heldengestalt des Ordensspittlers Heinrich Reuß von Plauen, der, herrisch wie sein Ahn, auf dem Felde von Konitz das Glück noch einmal an des Ordens Fahnen fesselt. Ein neuer Feind ersteht dem Orden in seinen eigenen Söldnern. Die ungeheure Soldrechnung zu tilgen, versetzt der Meister mehr als zwanzig seiner Städte und Schlösser, darunter die Hauptburg selbst, an das Kriegsvolk. Als der letzte Termin verstreicht, rücken die Söldner, zumeist ketzerische Böhmen, in das Meisterschloß. Lärmend hebt an, inmitten dieser großen Tragödie, der Taumel des höhnischen Satyrspiels. Durch den Kreuzgang, wo des Ordens Helden ruhen, jagt der Peitschenschlag der hussitischen Söldner die Gebietiger; in die Zellen brechen die Rohen, binden die Ritter, scheren ihnen den Vollbart. Endlich, am Pfingsttag 1457, wird der Meister aus der geschändeten Burg vertrieben. Auf einem Kahne entkommt er die Nogat hinab nach Königsberg, und der mitleidige Rat der Stadt sendet ihm ein Faß Bier durch einen Stadtknecht. Das Meisterschloß indes war nebst den anderen Burgen längst von den Söldnern an den Polenkönig verkauft. Bald nach Pfingsten hielt der neue Herr seinen Einzug. Aber noch einmal hebt sich aus der scheußlichen Entehrung ein tapferer Mann. Der Bürgermeister Bartholomäus Blome öffnet die Tore seiner Stadt Marienburg dem Reuß von Plauen. Drei Jahre lang haben diese beiden letzten Helden des Ordensstaates die Stadt gehalten wider die Polen auf der Burg und im Lager.

Dann erlagen sie der Übermacht, und der gefangene Bürger=
meister ward von den Polen enthauptet.

„Soweit das Auge reichte, war kein Baum und Gesträuch,
daran man eine Kuh festbinden kann.“ An 16 Millionen un=
garischer Gulden hatten allein der Orden und der König an
diesen jammervollen Krieg gewendet. Selbst die „Ungetreuen
unserer lieben Frau“ begannen dem Könige zu klagen, „wie
jämmerlich wir von Euch und Euern Räten verleitet worden
sind.“ Nur die Söldnerhauptleute hatten reiches Gut erworben,
sie wurden die Ahnherren von einem Teile des heutigen preußi=
schen Adels. Aus dieser Erschöpfung beider Teile erklärt sich
des Kampfes faules, unmögliches Ende: der ewige Friede von
Thorn (19. Oktober 1466). Alles Land westlich der Weichsel
und Nogat fiel an Polen, dazu das Kulmerland, Marienburg,
Elbing und das ermeländische Bistum, das wie ein Keil in das
ostpreußische Land hineinreichte. Die Weichsel war wieder ein
slawischer Strom. Den Osten des Landes empfing der Meister
zurück als ein polnisches Lehen; es sollen „der Meister und der
Orden und alle ihre Lande für immer so mit dem Reiche Polen
verbunden sein, daß sie zusammen einen einzigen Körper, ein
Geschlecht und Volk in Freundschaft, Liebe und Eintracht bilden.“
Zur linken Hand des Königs wird fortan im polnischen Reichs=
tage der Hochmeister sitzen als „Fürst und Rat des Reiches zu
Polen“, und die Hälfte der ritterlichen deutschen Herren wird
aus Polen jeglichen Standes bestehen! Weinend, in zerrissenem
Kleide, schwor der elende Hochmeister in der Gildehalle zu Thorn
dem Polen den Eid der Treue. Nie hat eine Großmacht kläg=
licher geendet. Der Vorgang war eine unauslöschliche Schmach
nicht nur, sondern eine Unmöglichkeit, denn der polnische Vasall
sollte nach wie vor zwei unabhängigen deutschen Fürsten, den
Meistern von Deutschland und Livland, gebieten.

Teilnahmslos ließ Kaiser und Reich geschehen, daß die Ohn=
macht einer unbeweglichen Theokratie und der anarchische Über=
mut der Patrizier und Landjunker „das neue Deutschland“ an
den Polen verrieten. „Sehet an die Beleidigung Eurer deutschen

Nation und die Pflanzung Eurer Voreltern," schrieb der
Meister an den deutschen Adel. Der aber hatte soeben seine
beste Kraft vergeudet in dem ruchlosen Kriege wider die Städte.
Zucht und Gemeingeist schien diesem entarteten Geschlechte ganz
entschwunden, ständischer Haß seine einzige Leidenschaft, blutiger
Haß, wie er redet aus dem gräßlichen Hohnliede der Fürstlichen wider die Bürger: „sie sollen fürbaß Wollsäck binden! Gott
wöll, daß sie mit ihren Kinden Land und Leut' verlieren!"
Schnöde Selbstsucht überall: dem Landmeister von Deutschland
kam nicht in den Sinn, seine reichen Güter zur Rettung des
Kernes der Ordensmacht zu opfern. Der livländische Zweig des
Ordens, verstimmt über die steigenden Anforderungen der
Marienburger Brüder, ging längst seines eigenen Weges; er
wählte jetzt seinen Landmeister allein, hatte vom Hochmeister
ganz Estland zu ausschließlicher Beherrschung erhalten und
kämpfte dort wie an der Düna mit den Landtagen seiner un-
botmäßigen Vasallen. Kurz zuvor hatte der transalbingische
Adel, verlockt von Dänemarks Gold und Freiheitsversprechen,
das deutsche Erbrecht seines Fürstenhauses preisgegeben und den
Dänenkönig zum Herzog der Lande Schleswig-Holstein gekürt.
Und nicht lange, so traf des Ordens alten Schicksalsgenossen, die
Hansa, ein tödlicher Schlag. Der Moskowiter zog siegend ein
in Nowgorod, die Bürgerglocke des deutschen Freistaats ver-
stummte, und als dem deutschen Narwa gegenüber das mos-
kowitische Iwangorod sich erhob (1491), war eine neue Macht,
Rußland, in die baltische Politik eingetreten. Ein einziger Mann
im Reiche, Kurfürst Friedrich II. von Brandenburg, folgte mit
dem Blicke des Staatsmannes diesem Niedergange des deutschen
Wesens im Norden und Osten. Der hielt die Mark mit harter
Faust zusammen und plante, die gesamte Ostseeküste als einen
Wall des Reiches seinem Hause zu erwerben. Durch Heiraten
und Erbverträge mit Lauenburg, Pommern, Mecklenburg bereitete er die Ereignisse einer großen Zukunft vor. Er erbot
sich die Dänen vom Boden des Reichs zu vertreiben, wenn der
Kaiser ihn mit Holstein belehne; doch in Wien gönnte man

das Reichsland dem Fremden lieber denn dem Hohenzollern.
Auch Preußen faßte Friedrichs hoher Ehrgeiz ins Auge. Er
durchschaute die Fäulnis der Ordensherrschaft und hoffte dem
Lande ein deutscher Erbfürst zu werden. Aber seine Macht reichte
nicht aus für so weite Ziele; er mußte sich begnügen, dem Orden
in seiner Geldnot die Neumark abzukaufen (1454) und dies
alte Erbland der Marken mindestens vor den Slawen zu sichern.
        „Brecht nur den alten Sündenkasten ab, aber Kindeskind
wird es beweinen," so rief der Reuß von Plauen, als er die
Bündischen eine Ordensburg zerstören sah. Das Wort erfüllte
sich, in unseligem Elend schleppte der verstümmelte Staat sich
weiter. Undenkbar blieb der Neubau des Ordens, schon weil
die Meister von Deutschland und Livland jetzt mit vollem Recht
dem polnischen Vasallen den Gehorsam weigerten und der
Deutschmeister sogar förmlich als ein Fürst des Reichs investiert
wurde. Unnütze Gesellen trugen den weißen Mantel, seit der
ohnmächtige Orden keinen von dem Kaiser oder einem Fürsten
Empfohlenen abzuweisen wagte. Die ganze Summe seiner
Staatsweisheit beschränkte sich nun auf den armseligen Plan,
die versprochene Aufnahme polnischer Ritter in den Orden zu
hintertreiben und das Meisteramt so lange als möglich unbesetzt
zu halten, auf daß der Lehnseid vor der Krone Polen vermieden
werde. Umsonst. Man kannte in Krakau des Ordens Schwäche,
man verstieg sich bis zu dem Gedanken, das Hochmeisteramt für
immer mit der Krone Polen zu vereinigen. Auf alle Fälle war
der instinktive Panslawismus der Zeit entschlossen, lieber alle
Forderungen Rußlands zu bewilligen, als die Oberherrschaft
über Preußen aufzugeben. Gegen diesen starken Willen blieb der
Orden angewiesen auf die Hilfe Roms, das treulos zwischen dem
Orden und seinen Feinden schwankte, und auf die großen Worte
des Kaisers, der sich in der ärmlichen Prahlerei gefiel, „der
alte ehrliche Orden müsse bei dem heiligen Reich und der
deutschen Nation verbleiben."
        Da brach sich endlich der Gedanke der Monarchie seinen
Weg. Die deutschen Herren wählten Herzog Friedrich von

Sachsen zum Meister (1498), damit die Macht des Wettiner
Hauses den Orden stütze. Und das Aussehen der Monarchie
allerdings hatte man gewonnen. Ein weltlicher Hof prunkte
zu Königsberg; herrisch, nach Fürstenweise, klang des neuen
Meisters Sprache. Ganze Komtureien zog man ein für den
Unterhalt des Hofes; fürstliche Räte und Kanzler, die nicht
des Ordens Glieder waren, leiteten das Land. Die Landesverwaltung ward die einzige Sorge der Komture, und kaum
war noch die Rede von ihrem geistlichen Berufe. Kurz, die
Trümmer des Ordensstaates waren auf dem Wege sich zu verwandeln in ein bescheidenes monarchisches Territorium wie
andere auch im Reiche. Aber noch fehlte der königliche Wille
eines Monarchen. Wie später in den großen Fragen der deutschen
Staatskunst, so sollten hier in kleinen Verhältnissen die Hohenzollern das Spiel gewinnen, das die Wettiner schwach verloren.
Nach Friedrichs Tode ward, in gleicher Absicht, Markgraf
Albrecht von Brandenburg-Ansbach gewählt (1511), ein Fürst
von mäßigen Gaben, doch beseelt von dem begehrenden Ehrgeize
seines Hauses. Er war entschlossen, den Lehnsverband zu
brechen, und Kaiser Max befahl ihm streng, den ewigen Frieden
nicht zu beschwören. Aber da weder das Reich noch die beiden
nächsten Nachbarn Sachsen und Brandenburg den Krieg gegen
Polen wagen wollten, so opferte der Kaiser schließlich die be-
drängte deutsche Kolonie dem Vorteil seines Hauses und schloß
(1515) den Vertrag zu Wien mit den Königen von Ungarn
und Polen, welcher den Habsburgern die Nachfolge in den
Kronen von Böhmen und Ungarn zusprach und dafür Preußen
wieder auf Grund des ewigen Friedens der polnischen Lehnsherrlichkeit unterwarf! Danzig und Thorn wurden eximiert von
der Gewalt des neugegründeten Reichskammergerichts und polnischen Gerichten untergeben. Als dann zu Augsburg Gesandte
des Ordens und der Polen vor Kaiser und Reich erschienen,
ihre Späne zu vertragen, hörte der Kaiser den Polen gnädig
an und verbot dem Gesandten der deutschen Herren den Mund!
Alle die stolzen Reden des Kaisers, daß der Orden in der Welt-

lichkeit allein zu kaiserlicher Majestät sich halten, dürfe — sie
hatten allein bezweckt, den Polenkönig so lange einzuschüchtern,
bis er seine Zustimmung gab zu dem Vertrage, der das Erbe
der Jagellonen an das Haus Habsburg brachte.

So vom Reiche verlassen, wagt der Hochmeister dennoch
den ungleichen Kampf (1519), und zum letzten Male flackert unter
dem deutschen Adel der Geist des alten Rittertums empor, den
die Gewalten der neuen Zeit alsbald ersticken sollten. Franz
von Sickingen, in Wahrheit der letzte Ritter der Deutschen, wirbt
ein Heer und schickt seinen Sohn Hans dem Orben zu Hilfe,
dazu „manche gute Vögel, die Nachtigall und die Singerin und
anderes gute Feldgeschütz." Aber des Meisters unsichere Hand
weiß, der ungeheuren Übermacht gegenüber, das Heer nicht zu
leiten. Geschlagen, schließt er einen Beifrieden und geht Hilfe
suchend ins Reich.

Jetzt endlich waren die Geister soweit gereift, um den
anberen Gedanken zu verstehen, der allein die Monarchie in
Preußen verwirklichen konnte, den Gedanken der Säkularisation.
Was soll die müßige, oft wiederholte Klage, daß das Geschick
dem Ordenslande nicht vergönnte, als ein mächtiger geistlicher
Staat in die hellen Tage der Reformation einzutreten und dann
sogleich in ein starkes weltliches Reich sich zu verwandeln? Gerade so, so verfault und tief verachtet mußten die politischen Ge-
bilde der alten Kirche stehen, wenn der vermessene Plan das
Heilige zu verweltlichen Fuß fassen sollte in den Gemütern.
Längst durchschaut hatten die Preußen des heiligen Ritterbundes
unheilige Weise; mit Leidenschaft also ergriffen sie den neuen
Glauben. Am Christtag 1523 verkündete im Dome von Königs-
berg der Bischof von Samland, Georg von Polenz, selber der
Gemeinde „die große Freube, daß der Herr seinem Volke zum
zweiten Male geboren sei." Er war der erste Kirchenfürst der
Christenheit, der die Lehre des Evangeliums bekannte. Ein
Jahr später entstand die erste Druckerei in Preußen. Mächtig
wirkte die geistige Bewegung der alten Heimat auf das ferne
Grenzland. Schon sah man deutsche Herren den Predigern

der neuen Lehre horchen. Schon war der weiße Mantel nicht sicher mehr vor dem Spotte der Buben auf den Gassen. Viele legten freiwillig das mönchische Kleid ab. Auch an den Meister, auf seiner Bittfahrt durch das Reich, trat die neue Zeit heran. Nikolaus Osiander redete ihm ins Gewissen; in Wittenberg mahnte ihn Luther, falsche Keuschheit zu meiden und zur rechten ehelichen Keuschheit zu greifen. Eine köstliche Flugschrift ging jetzt aus von dem Reformator an die deutschen Herren. Schonungslos enthüllte sein waches Gewissen die geheimste Lüge des Ordensstaates: „Ein seltsamer Orden zum Streitführen gegen die Ungläubigen, darum weltlich und mit dem weltlichen Schwert in Handen — und soll doch zugleich geistlich sein? wie reimt sich das zusammen? Ein groß trefflich stark Exempel soll der Meister geben, eine rechte ordentliche Herrschaft gründen, die ohne Gleißen und falschen Namen vor Gott und der Welt angenehm wäre."

Die lautere Wahrheit solcher Gründe kam des Meisters dynastischer Ehrsucht zu statten. Er trat über zu dem neuen Glauben seines Volkes und empfing kraft des Krakauer Vertrags (8. April 1525) das Land Preußen als ein weltliches Erbherzogtum von seinem Oheim König Sigismund zu Lehen, weil „aller Krieg und Zwiespalt zwischen Polen und Preußen aus dem Mangel eines rechten, regierenden, erblichen Fürsten des Landes Preußen entstanden". Die große Mehrheit der deutschen Herren begrüßte mit Freuden das neue Wesen; nur wenige blieben standhaft, allen voran — mit dem Starrsinn seines Hauses — ein Heinrich Reuß von Plauen. Die obersten Gebietiger des deutschen Ordens wurden die höchsten Beamten des neuen Herzogs. Das schwarze Kreuz verschwand aus Herzog Albrechts Schilde, aber des Landes schwarzer Adler blieb, nur daß er jetzt das S des Lehnsherrn auf seiner Brust tragen mußte. Der Staat des Ordens war vernichtet. Und dennoch war dies ruhmlose Ende der bescheidene Anfang einer gesunden Entwicklung. Als der Staat endlich ehrlich sein weltliches Wesen bekannte, gewann er die Kraft fortzuschreiten und sich umzubilden nach dem Wandel der weltlichen Dinge. Ein frischerer Strom deutscher Bildung ergoß sich wieder

über das Grenzland, seit der neue Herzog die Hochschule Königsberg, die Albertina, gegründet hatte, und dankbar schrieb Luther:
„siehe das Wunder, in vollem Laufe, mit vollen Segeln eilt das
Wort Gottes ins preußische Land!"

Die geistliche Hülle aber, die der preußische Staat kühnlich
abgestreift, fristete noch lange ein spukhaftes Dasein. Den Herzog
traf der Bannstrahl des Papstes und die Acht des Kaisers.
Die deutschen Herren in Deutschland entsetzten den treulosen
Meister, gaben den Überresten des Ordens neue Statuten. Im
Südwesten, dem klassischen Gebiete der verfaulten geistlichen
Herrschaften, hausten seitdem die neuen Hoch- und Deutschmeister. Die deutschen Herren führten das unnütze Dasein
vornehmer Mönche, sperrten sich ab von den gesunden Kräften
der Nation durch die peinliche Ahnenprobe, welche der Orden in
seinen großen Tagen nicht gekannt. Unversöhnt und unbelehrt,
nach theokratischer Weise, heischten sie jahrhundertelang das
Land Preußen von den unrechtmäßigen durchlauchtigen Deten-
tores. Vielmals trug sich der Hof zu Wien mit der Hoffnung,
die Herrlichkeit des Ordens in dem Ketzerlande von neuem anzu-
richten; noch der erste König in Preußen mußte die lärmenden
Proteste des Ordens und des Papstes wider die angemaßte
Würde belächeln. Die Stürme der Revolution haben auch den
trägen Hof von Mergentheim hinweggefegt, doch in dem ge-
lobten Lande der historischen Reliquien ist das Zerrbild alter
Größe wieder auferstanden. Hart am Fuße der sonnigen Wein-
gelände steht in Bozen das prächtige Deutschherrenhaus; auf
seinen Toren prangt das schwarze Kreuz inmitten des Wappens
der Habsburg-Lothringer. —

War Preußen den Polen erlegen, so sahen sich die deutschen
Lande im ferneren Osten den Angriffen der Moskowiter bloß-
gestellt. Welch unheilvolle Verwicklung! Rußland, der natürliche Bundesgenosse der Preußen gegen die Polen, war den
Deutschen Livlands der „Erbfiend"; ein Zusammenwirken des
preußischen Ordens mit den Brüdern an der Düna blieb für jetzt
unmöglich. Dazu die Zwietracht und Schwäche des heiligen

Reichs, die beschränkte Binnenlandspolitik der Habsburger, end=
lich der Handelsneid unserer wendischen Städte, die den Liv=
ländern den Verkehr durch den Sund untersagten, gegen Riga
und Reval dieselben Künste monopolsüchtiger Handelspolitik
anwendeten, welche später England mit dem gleichen Erfolge
gegen Nordamerika gebrauchte. Eine Zeitlang blühten die Städte
am Dünabusen noch fort als die lachenden Erben der Handels=
größe von Nowgorod. In seinen letzten Jahren schaute der liv=
ländische Orden noch seinen ersten Helden, jenen gefeierten Walter
von Plettenberg, der am See Smolin bei Pleskow (1502) —
nach harter Arbeit zusammengesunken und auf den Knien weiter=
fechtend, wie die Sage geht — die Moskowiter aufs Haupt
schlug und also seinem Lande einen fünfzigjährigen Frieden
sicherte.

Doch der altgläubige Meister fand den Entschluß nicht, zur
rechten Zeit den Spuren Albrechts von Brandenburg zu folgen.
Unterdessen hatten Knöpken und Tegetmeyer den Landen den
evangelischen Glauben und einige Kenntnis der oberdeutschen
Sprache gebracht. Dann, nach dieses Meisters Tode, mit den
verheerenden Einfällen des schrecklichen Iwan begann die große
Russennot, ein entsetzlich blutiges Ringen. Hier wie in Preußen
schwächten sich die Deutschen durch Verrat und Zwietracht also,
daß ein Tatarenfürst rufen konnte, der Deutsche habe sich selber
die Rute gebunden. Umsonst klagten die Meister dem Kaiser, „der
erschrecklich große und mächtige Moskowiter drohe der Ostsee
mächtig zu werden.“ Da endlich rettete der Landmeister Gott=
hard Ketteler Kurland vor dem sichern Verderben, nahm dies
Gottesländchen als weltliches Herzogtum von der Krone Polen=
Litauen zu Lehen (1561). Eine leidliche Zeit kam jetzt über
dies glücklichste der baltischen Länder; auch die Undeutschen wurden
durch Reymers lettische Passion, durch Übersetzungen des Psalters
und des Katechismus mit der lutherischen Lehre vertraut. Livland
aber und das klassische Land des Bauerndrucks, Estland, blieben
durch viele Menschenalter der Zankapfel der nordischen Mächte.
In diesen Jahrhunderten der Kriege gelangte der baltische Adel

zu seiner Selbständigkeit — ein Geschlecht, herrisch gegen die
Bauern, ausgestattet mit dem Rechte der „fliegenden Jagd" und
zahlreichen anderen adligen Vorrechten, zähe haftend an den
alten Sitten mittelalterlicher Gastfreundschaft gegen Gäste und
Krippenreiter — ein Geschlecht von Deutschen freilich, doch mit
einer Sprache, welche seit Luthers Tagen der Lebenskraft entbehrte, arm und ärmer ward, mit einem geistigen Leben, das
an Gustav Adolfs edler Schöpfung, der Hochschule Dorpat, nur
kümmerlich sich nährte.

Dann rief ein livländischer Edelmann, Patkul, ergrimmt
über schwedische Willkür, abermals die Russen ins Land. Peter
der Große und Katharina unterwarfen die deutsche Pflanzung
ihrem Zepter. Die neue Herrschaft brachte zwar einen, den
einzigen Segen, den lang entbehrten Frieden, aber auch neue
Gefährdung der deutschen Sitte durch die russische Propaganda.
Die Sünden der Väter bestraften sich an den Söhnen. Obgleich der Adel jetzt in milderer Zeit die Lasten der Bauern er-
leichterte, so hatte sich doch der alte Haß zu tief in die Herzen
der Unterworfenen eingegraben. Die Verführungskünste der
Popen fanden Anklang bei den Esten und Letten; immer
häufiger von Jahr zu Jahr sah der Wanderer aus dem eintönigen Nadelholze der Landschaft die glänzenden Kuppeln
neuer griechischer Kirchen emporragen. Nach wie vor besaßen
die Lande nur drei wahrhaft bedeutende Städte. Die Rechte
der ritterlichen Landtage bildeten nahezu das einzige Bollwerk
des Deutschtums in der Kolonie; und wenn der Übertritt zahl-
reicher baltischer Edelleute in den russischen Staatsdienst den
Fortbestand dieser adligen Landesverfassung sicherte, so ward
doch durch die enge Verbindung der deutschen Adelsgeschlechter
mit dem Petersburger Hofe die Verschmelzung der Provinzen
mit dem russischen Staate wesentlich gefördert. Selbst der Name
der Herzogtümer ging den Landen verloren, und unter dem
Zaren Nikolaus schien es in der Tat, als solle sich das knechtische Wort erfüllen, das damals aus Dorpat dem Kaiser zugerufen ward: „denn ewig ist des Schicksals Wille: wo Russen

kommen, wird es stille." Unter seinem milderen Nachfolger er=
schienen der deutschen Gesittung glücklichere Jahre. Das Volk
begann zurückzukehren zu der in Torheit verlassenen lutherischen
Landeskirche; auf der durch Alexander I. wiederhergestellten
Landesuniversität blühte die deutsche Wissenschaft kräftig und un=
gestört; das deutsche Schulwesen schritt langsam vor, das Ver=
hältnis zwischen Herren und Bauern gestaltete sich erträglicher.
Aber seitdem sind neue Zeiten der Bedrängnis gekommen: neue
dreiste Übergriffe einer verblendeten moskowitischen Partei, welche
geradeswegs darauf ausgeht, das alte baltische Landesrecht zu
vernichten und an dem Gleichheitsfanatismus dieser demokra=
tischen Tage, an dem wiedererwachten Nationalgefühl der Letten
und Esten mächtige Bundesgenossen findet. Jedenfalls bleiben
die russischen Ostseeprovinzen unter allen Kolonien unseres Volkes
die am meisten gefährdete: eine schwache Minderzahl von
Deutschen, etwa 200 000 Köpfe unter einer Gesamtbevölkerung
von nahezu zwei Millionen, erwehrt sich hier mühselig, unter
den schwierigsten Verhältnissen, übermächtiger fremder Gewalten,
und findet doch noch die Kraft, alljährlich Männer deutscher
Bildung in das innere Rußland zu senden. —

Im königlichen Preußen ward allein Danzig der neuen
Herrschaft froh. Im Alleinbesitze des polnischen Handels sah
der Stadtadel von den Woiwoden begünstigt seinen Reichtum
herrlich gedeihen. Weithin erklang der Ruhm der Stadt, als
ein Danziger, Johann von Kolno, die Hudsonstraße und die
Küste von Labrador entdeckte. Zur selben Zeit, in den Kriegen
der beiden Rosen, flammte der deutsche Nationalstolz der
Danziger noch einmal hoch auf; der preußische Held der Hansa,
Paul Beneke, trieb auf der See die Engländer zu Paaren und
brachte reiche Beute heim, darunter jenes köstliche Gemälde „Das
jüngste Gericht", welches noch heute als „das Danziger Bild"
in hohen Ehren bewahrt wird. Den Verrat an Deutschland
belohnte der Hof von Krakau anfangs durch reiche Gnade, er
schenkte der Stadt sogar seine Krone in ihr Wappen. Einmal
freilich büßte sie furchtbar für die alte Untat: durch ein hartes

Blutgericht des Polenkönigs (1526) ward das lutherische Be=
kenntnis heimgesucht. Aber bald erkannten die Polen, mit
welchem schweren Ernste die Deutschen sich der neuen Lehre zu=
wandten; sie wurden duldsamer, um ihre wichtigste Provinz nicht
zu verlieren. So behauptete sich Danzig, auch nachdem die Hansa
zerfallen, inmitten der polnischen Anarchie als eine reiche freie
Stadt, in einer ähnlichen selbständigen Stellung wie Straßburg
unter den Bourbonen.

Das übrige Land dagegen empfand schwer die Untreue,
die klägliche politische Unfähigkeit der Polen. Untergraben
wurden die Grundlagen reinerer Menschensitte, die deutscher
Fleiß gelegt; in Preußens Ober= und Unterständen ward das
Gebaren des polnischen Reichstags eifrig nachgeahmt. Ein Ziel
nur lockte die neuen Herrscher, die Vernichtung deutscher Sprache
und Sitte. Malborg hieß fortan die Meisterstadt, Chelmno das
alte Kulm, und die deutschen Adelsgeschlechter Oppen, Hutten,
Falken, Götzendorf dünkten sich abliger, seit sie sich Bronikowski,
Chapski, Plachecki, Grabowski nannten. Von den verbrieften
Landesrechten sank eines nach dem andern dahin. Schon Hans
von Baisen sah die Vergeltung hereinbrechen über den Verrat,
der die Freiheit bei dem Feinde gesucht, und starb gebrochenen
Herzens. Das Amt des königlichen Gubernators ging ein, pol=
nische Edelleute drängten sich in die Woiwodenstellen und auf
den Bischofssitz von Ermeland. Hundert Jahre nach dem
Thorner Frieden verkündigte der Reichstag von Lublin die voll=
ständige Vereinigung der Provinz mit dem Polenreiche; die
Stände Preußens sollten fortan auf den Reichstagen der Adels=
republik erscheinen. Zwei Jahrzehnte darauf herrschte auch in
den Landtagen des königlichen Preußens die polnische Sprache.

Und wahrlich, der widernatürliche Zustand, daß Slawen
über Deutsche herrschten, konnte dauern, das Werk der Slawi=
sierung konnte auch in den Städten des Weichseltales gelingen wie
auf dem flachen Lande, hätten nicht die Jesuiten ihr Lager in
Polen aufgeschlagen und das Reich als getreuesten Bundes=
genossen in die Händel der Habsburger verwickelt. Stanislaus

Hosius, der rührige Apostel der Jesuiten, der Leiter der Gegenreformation in Polen, begann auch in Preußen seine emsige
Arbeit; noch heute erinnert die Braunsberger Theologenakademie,
das Hosianum, an sein Wirken. Im gemeinsamen Kampfe wider
diese pfäffische Propaganda näherten sich einander die Städte
Preußens und ein Teil des Adels, der von der Habsucht der
Gesellschaft Jesu für seine Güter fürchtete. Weissagend rief
nach dem Lubliner Tage der deutsche Edelmann Achatius
von Zehmen den Polen zu: es werde dereinst ein Gewaltiger
über sie kommen und ebenso mit ihnen verfahren, wie sie heute
mit den Preußen.

So gereichte die Eroberung des königlichen Preußens auf
die Dauer den Polen selber nicht zum Segen; sie brachte nur
ein neues Element des Widerstandes zu so vielen anderen grollenden Volksstämmen, die unter der Fremdherrschaft des polnischen
Junkertums schmachteten. Halbwach erhielt sich in dem preußischen Bürgertume ein deutsch-protestantisches Gemeingefühl,
und aus der Dunkelheit dieser polnischen Zeit strahlt uns dann
und wann eine echteste Tat deutschen Geistes entgegen. Zu
Frauenburg sann und forschte ein deutscher Domherr in jeder
sternenhellen Nacht während eines Menschenalters, bis endlich
die ungeheure Wahrheit des kopernikanischen Weltsystems dem
Grübelnden sich erschloß, und sein großer Name der Stolz
zweier feindlicher Völker ward.

So recht den Kern des wüsten Regiments der Polen erfassen wir in den Schicksalen der Meisterburg. Geplündert und
geschädigt von der heiduckischen Besatzung fiel die Hochburg zuletzt an die Jesuiten, und was die Roheit der Heiducken nur
halb vollbracht, vollendete die Kulturbarbarei der frommen
Väter. Anbauten im Jesuitenstile schoben sich nun zwischen die
hehren Werke der Meister, die schmutzigen Hütten schottischer
Krämer umgaben die Burg, und in den Grüften der Anna-
kapelle räumten die Meisterleichen den Jesuiten die Stätte.
Zwischen den Pfeilern der Remter zog der Pole dünne Wände,
weil er der Kühnheit der deutschen Gewölbe nicht traute, und

die ernste Wahrhaftigkeit des Ziegelrohbaues ward bedeckt mit
der lügenhaften Hülle des Gipses. Es frommte nicht wider
das Werk der Zerstörung, daß der prächtige August der Starke
die Burg bezog, die er nicht verstand, und seine Gräfin Cosel
eine Weile ihre feilen Reize in dem Remter zeigte, den einst
der Sporentritt der deutschen Herren durchhallt. —

Bei dieser erdrückenden und zugleich verführerischen Nach=
barschaft des großen Slawenreiches, „wo alles adlig war," ver=
mochte das herzogliche Preußen, arm und entvölkert, nur durch
zwei Häfen dem Weltverkehre geöffnet, durchaus nicht, jene vor=
schreitende Staatskunst zu wagen, welche sein ketzerischer Ursprung
ihm vorschrieb. Unbändig vielmehr, beseelt von altem deutsch=
herrlichen Trotze und den Ideen polnischer Adelsfreiheit, wuchs
der preußische Adel den schwachen Herzögen und ihren Günst=
lingen über den Kopf, hielt in selbstgenügsamer Beschränktheit
die Fürsten von allen europäischen Händeln fern, und selten
nur griff er zu den Waffen — wenn es galt den wilden Auf=
ruhr der Bauern wider den Druck der Junker blutig niederzu=
werfen. Wie ein Mann hielten der Adel und das stolze Königs=
berg zusammen gegen die Bauerschaft und die Hinterstädte. Der
lebendige Protestantismus war erstarrt und verwandelt in be=
wegungslose lutherische Rechtgläubigkeit. Schwert und Acht
drohten den Anhängern Melanchthons, die der Hof begünstigte.
Wenn die Herzöge das Lästern auf den Kanzeln wider den Cal=
vinismus verboten, so ließ der Adel von dem polnischen Lehns=
herrn das Verbot vernichten und die Lehre Calvins für Teufels=
werk erklären. In die Fremde zog, wessen Herz noch erfüllt
war von dem streitbaren Geiste der Reformation: aus dem öden
Stilleben der Provinz eilte das heldenhafte Geschlecht der Dohna
hinaus in die Glaubenskriege der Hugenotten. Es war die ge=
lobte Zeit des lutherischen Junkertums; aber, gemeiner als in
den Marken, sank hier, in der alten Heimat des schroffsten
deutschen Nationalstolzes, der Trotz des Adels zu nacktem
Landesverrate herab. Fortwährend „polenzten" die Herren
Stäube, sie verkehrten unablässig mit dem polnischen Hofe und

nahmen die Jesuiten, als Helfer wider ihren Fürsten, gastlich in
Königsberg auf. Willig schützte auf ihren Ruf die Krone Polen
die ständischen Ansprüche gegen den Herzog und erwirkte sich
sogar das ungeheuerliche Recht, preußische Landtage zu berufen
ohne Willen des Herzogs.

Gehässiger, schonungsloser noch ward die Widersetzlichkeit
des Adels, als das Kurhaus Brandenburg zuerst die Vormund=
schaft über den letzten Ansbacher Herzog, dann die Herzogswürde
selbst erhielt (1618). Jetzt galt es im Geiste des starrsten Par=
tikularismus die „Politik des Vaterlandes" gegen den „märkischen
Despotismus" zu behaupten. Unverstanden ging an dem Stumpf=
sinne dieses Junkertums die verheißende Erscheinung Gustav
Adolfs vorüber, vergeblich mahnte er in seiner herzgewinnen=
den Weise, Extrema zu ergreifen, und rief dem Trotze der
Libertät die warnenden Worte zu: „dankt Gott, daß ihr nicht
Polens unmittelbare Untertanen seid." Man wußte, daß der
Hof von Wien damit umging, auch das herzogliche Preußen
der Krone Polen gänzlich zu unterwerfen; dennoch blieben die
Stäube neutral in dem Weltkampfe. Das Land sah den tiefsten
Fall der Monarchie, als Georg Wilhelm von Brandenburg,
flüchtig vor dem deutschen Kriege, in Königsberg seinen ärm=
lich würdelosen Hofstaat hielt.

Unter seinem Sohne endlich begann das alte Wort be=
sorgter Polen sich zu erfüllen, daß Preußen in den Händen von
Brandenburg der Untergang Polens sein werde. Wie mußte
der große Kurfürst sich drehen und winden, um aufzusteigen
aus dieser häßlichen Erniedrigung! Nur des Polenkönigs
Gnade hatte ihm gestattet, seinem eigenen Vater eine calvinische
Totenfeier zu halten. Seine Kommissarien wurden als „fremder
Potentaten Abgesandte" von den Stäuben Preußens zurück=
gewiesen, seinen Truppen schlossen die Städte die Tore. Doch
nach wenigen Jahren war der mißachtete Vasall der Krone
Polen das Zünglein in der Wage des polnisch = schwedischen
Kriegs. Alle Kunstgriffe verschlagener Diplomatie mußte er ge=
brauchen, bis endlich mit der Schlacht von Warschau Branden=

burg als eine neue Militärmacht in die Reihe der europäischen
Mächte trat und der Vertrag von Welau dem Kurfürsten die
Souveränität in Preußen gewährte (1658). Wieder kamen harte
Kriegszeiten; der ganze Süden des Landes ward also entvölkert,
daß späterhin in Subanen und Galindien eine massenhafte Ein=
wanderung polnisch=litauischer Arbeitskräfte erfolgen konnte, die
sich der genauen historischen Kenntnis gänzlich entzieht. Ganz
im Sinne dieser Zeit der Fürstenallmacht verstand der Herrscher
seine neue Würde. Noch gab es in Preußen steife Nacken, die
der neuen Größe sich nicht beugten; doch nach hartem Kampfe
siegte die bittere Notwendigkeit der reinen Monarchie. Preußen
und Cleve, Brandenburg und Minden waren fortan membra
unius capitis, eines deutschen Staates Glieder. Und siehe, als
der Kurfürst die Schweden in wilder Jagd über das Eis des
Frischen Haffs bis vor die Wälle von Riga trieb, da stand frei=
willig die Bauerschaft Preußens in Waffen, führte den kleinen
Krieg wider den Reichsfeind. Mochte man fluchen der eisernen
Zucht des Selbstherrschers; eine schönere Zeit war gekommen,
dies Volk hatte wieder ein Vaterland.

Selbst in den trübsten Tagen war in dem Grenzvolke ein
Hauch deutschen Geistes lebendig geblieben. Dem verwilderten
Geschlechte des großen Krieges hatte Simon Dach die herz=
erwärmende Weise reiner, rechtschaffener Liebe gesungen, und
ein Jahrhundert nachher, mit Hamann, Herber, Kant, stieg über
Preußen ein Tag geistigen Ruhmes empor, wie ihn die Zeit
des Ordens nie gesehen. Als über dem roten Adler von Branden=
burg der schwarze königliche Aar von Preußen sich erhob und
die entlegene Provinz fest und fester mit dem Hauptlande ver=
wuchs, da erlebte Preußen einen schönen Kreislauf der Geschichte,
ein wahrhaftes ritornar al segno, wie es Machiavelli als das
Heil der Staaten gepriesen. Denn wieder, wie in des Ordens
großen Tagen, stand jetzt die geschlossene Einheit des deutschen
Staats der staatlosen Anarchie der Polen gegenüber, und gebiete=
risch wahrten die Könige von Preußen die Rechte ihrer polnischen
Glaubensgenossen wider die Gewalttaten der Jesuiten.

Der große König hat endlich den alten Teilungsplan des Ordens verwirklicht und das geraubte Erbteil unserem Volke wieder zurückgebracht. Am 14. September 1772 stand General Thadden mit dem Regimente Sydow vor dem Tore von Marienburg, und von selber hob sich der Schlagbaum. Am 27. September tagten die Stäube des Landes im Konventsremter der Burg und huldigten dem deutschen Fürsten. Ein erhebender Gedanke fürwahr, könnten wir König Friedrich uns vorstellen, wie er über die Jahrhunderte hinweg den Plauen und Kniprode die Hände reicht als der Retter ihres deutschen Kulturwerkes. Und eine Ahnung allerdings von dem großen welthistorischen Sinne der Wiedereroberung Westpreußens schwebte vor dem Geiste des Königs. Denn schon in jungen Jahren erzählte er in den mémoires de Brandebourg mit scharfen Worten die Schmach des deutschen Ordens, und die Marienburger Huldigungsmedaille führte die vielsagende Inschrift: regno redintegrato praestata fides. Aber auch nur eine leise Ahnung war in dem Könige lebendig. Die Schriften seines Alters sagen unzweideutig, daß er in der neuen Provinz zunächst nur die Kornkammer des Nordens, die Wasserstraße der Weichsel, die notwendige Verbindung zwischen Pommern und Ostpreußen erblickte und die willkommene Beute auch dann nicht verschmäht hätte, wäre sie von jeher slawisches Land gewesen. Auch die amtliche Rechtfertigungsschrift erwähnt des Ordens nicht, redet nur von den vergessenen Erbansprüchen Brandenburgs auf Pomerellen. Wie wenig die aufgeklärte Zeit die romantische Größe des Ordensstaates verstand, das hat die fortgesetzte Mißhandlung der Meisterburg noch unter Friedrichs Herrschaft klärlich bewiesen. Hüten wir uns also, in seine Seele ein Bewußtsein des Volkstums zu legen, das seinem Jahrhundert fern stand. Freuen wir uns vielmehr, daß kraft einer segensreichen Notwendigkeit dieser Staat dann unfehlbar seinen deutschen Beruf erfüllt hat, wenn er in kalter Berechnung sein eigenes Wohl zu fördern verstand.

Längst verwischt ward die zweideutige Weise der Erwerbung durch die würdige Benutzung. Die halb erstickten Keime deutschen

Wesens sind unter preußischer Herrschaft fröhlich aufgegangen, und seitdem ist Westpreußen unser nach jedem heiligsten Rechte; denn was dort gedeiht von Recht und Wohlstand, von Bildung und guter Menschensitte, ist deutscher Hände Werk. Und abermals sah Königsberg den flüchtigen Hof eines bedrängten Hohen= zollern in seinen Mauern; und abermals, doch herrlicher als in den Tagen des großen Kurfürsten, erwuchs dem wankenden Staate frische Kraft aus der Liebe seines Volkes. Derselbe Königsberger Landtag, der vormals oft die Polen zu Hilfe ge= rufen wider seinen deutschen Fürsten, wagte jetzt die erste Tat unseres Freiheitskrieges, und das schwarze Kreuz des Landwehr= mannes zierten schönere Kränze als jene, die einst das schwarze Kreuz des deutschen Herrn geschmückt. Damals hat das neue Deutschland des Mittelalters dem Mutterlande die alte Wohltat dankbar heimgezahlt.

Als ein Nachklang jener hochaufgeregten Tage begann, ge= fördert von den Spenden des gesamten Landes, der Wiederaufbau der alten Meisterfeste: — ein bedeutsamer Wink für den Historiker, der die Herzensgeheimnisse einer Epoche am sichersten aus ihrer historischen Sehnsucht errät. Und — wie um den verzweifelten Trübsinn Lügen zu strafen, der unserer Zeit die Kraft des Schaffens abspricht — dem Meisterschlosse gegenüber spannen heute die Brücken von Dirschau und Marienburg ihr Joch über den gezähmten Strom, echte Werke der modernen Welt. Aller= dings ein neues Leben ist in dieser Grenzerwelt erwacht. Wohl zeigte sich zuweilen in dem Blute des schwer lenksamen, herb urteilenden Volkes noch ein Tropfen von dem alten Eidechsen= gifte; doch in den Parteikämpfen dieses Jahrhunderts hat der selbstbewußte Nationalismus der Altpreußen jederzeit ein not= wendiges Gegengewicht gebildet gegen die Mächte des Beharrens. Der erste Burggraf des neuerstandenen Meisterschlosses war Hein= rich Theodor von Schön, der liberale Kantianer.

Dem Preußen ziemt es nicht, sich selbstgefällig an dem Glücke der Gegenwart zu weiden. Denn noch sind die Schätze der Provinz nicht zur Hälfte gehoben; noch ist der Wohlstand,

der das Land vor dem Tannenberger Tage schmückte, bei weitem
nicht wieder erreicht; noch sind dem Handel die Abern unter-
bunden durch die Grenzsperre des Nachbarlandes. Doch bleibt
es erquickend, zu gedenken, wie die zähe Arbeit vieler Geschlechter
ein gutes Land gerettet hat aus dem großen Schiffbruche der
deutschen Kolonien. Alltäglich noch tragen Deutsche die Segnung
der Kultur gen Osten. Aber mürrisch wird im Slawenlande
der deutsche Lehrer empfangen als ein frecher Eindringling;
nur in Preußen blieb er Bürger und Herr des Bodens, den sein
Volk der Gesittung gewann. Nach Jahrhunderten wieder ist
das Grenzland eingetreten in den Staatsverband der deutschen
Nation, enger denn jemals mit dem großen Vaterlande verbunden. Wie einst die vereinte Kraft des deutschen Ordens und
der Osterlinge den Ruhm der Deutschen in den fernen Osten
trug, so prangen heute, ein glückverheißendes Zeichen, die ver-
einten Farben Preußens und der Hansa im Banner unseres
neuen Reiches. Die militärischen und die bürgerlichen Kräfte
deutscher Nation haben abermals einen festen Bund geschlossen,
der, so Gott will, nie wieder sich lösen wird; und jener Kaiseraar,
den die entlegene Mark in allen Stürmen der Zeit treu bewahrte,
breitet wieder herrschend seine Schwingen über das deutsche Land.
Ein Tor, wer nicht beim Anschauen dieses wirrenreichen und
dennoch stetigen Wandels einer großen Geschichte die vornehme
Sicherheit des Gemütes sich zu stärken vermag. Kräftigen wir
daran — was der Historie edelste Segnung bleibt — die Freiheit
des hellen Auges, das über den Zufällen, den Torheiten und
Sünden des Augenblicks das unabänderliche Walten weltbauender
Gesetze erkennt. —

Luther und die deutsche Nation.

Vortrag,
gehalten in Darmstadt am 7. November 1883. *)

————

Hochansehnliche Versammlung!

Mancher unter Ihnen hat vor einigen Wochen auf der
Höhe des Niederwaldes gestanden, als unser greiser Kaiser das
Bild der schwertumgürteten Germania enthüllen ließ, und dort
das Glück genossen, mit allen Landsleuten von nah und fern
das eine Gefühl dankbarer Freude zu teilen. Jahrhundertelang
ist uns Deutschen dieser Einmut froher, neidloser Erinnerung, der
zum Leben gesunder Völker gehört, versagt geblieben; denn jene
Siege, die uns die neue Einheit unseres Reiches schufen, waren
selber seit unvordenklicher Zeit die erste gemeinsame große Tat,
zu der sich die ganze Nation in schönem Wetteifer zusammenfand.
Wohl ist sie ruhmvoll, die Geschichte dieses Volkes, das so oft
schon dem Weltteil den ersten Mann des Jahrhunderts geschenkt,
so oft in den Kämpfen Europas das erweckende oder das ver=
söhnende Wort gesprochen hat; doch fast alle ihre großen Namen
waren in das Gewirr der Gegensätze, die unser inneres Leben
zerrütteten, so tief verflochten, daß sie noch heute breiten Schichten
des Volkes unverständlich bleiben und ihnen nur als die Vor=
kämpfer eines Stammes, einer Partei, eines Glaubensbekennt=
nisses, nicht schlechtweg als deutsche Helden erscheinen. Wir
haben im achtzehnten Jahrhundert den letzten und größten Ver=

————

*) [Preuß. Jahrb., Band 52 (Dezemberheft 1883). Auch besonders
erschienen: 1. und 2. Abdruck, Berlin, G. Reimer. 1883.]

treter des alten unbeschränkten Königtums unter uns walten
sehen, und seit seine Saat in Halme schoß, beginnen die Einsichtigen zu fühlen, daß er für Deutschland focht, als er gegen
Österreich und das heilige Reich seine Schlachten schlug; dennoch
wird König Friedrich, gleich seinem Ahnen, dem großen Kurfürsten, immer zunächst der Liebling seiner Preußen bleiben und
der Masse der Oberdeutschen niemals ganz vertraut werden. Wir
haben ein Jahrhundert zuvor durch einen greuelvollen Krieg der
europäischen Welt die kirchliche Duldung gesichert, aber der Sieg
ward um einen furchtbaren Preis, durch die Verwüstung unserer
alten Kultur, erkauft, und der Held, der sich von jener finsteren
Zeit als die beinahe einzige lichte Gestalt abhebt, Gustav Adolf,
war ein Fremder; selbst seine Bewunderer können nicht leugnen,
daß seine Siegeslaufbahn zu unserem Heile frühzeitig endete,
eben in dem Augenblicke, da seine Macht unserem Vaterlande
verderblich zu werden begann.

So ist denn auch die Gedächtnisfeier, zu der sich in dieser
Woche unser protestantisches Volk überall gehobenen Herzens
versammelt, leider nicht ein Fest aller Deutschen. Millionen
unserer Landsleute stehen teilnahmlos oder grollend abseits; sie
wollen, sie können nicht begreifen, daß der Reformator unserer
Kirche der gesamten deutschen Nation die Bahnen einer freieren
Gesittung gebrochen hat, daß wir in Staat und Gesellschaft,
in Haus und Wissenschaft, überall noch den Atem seines Geistes
spüren. Wer über ihn redet, der muß bekennen, wie er sich selber
zu den großen sittlichen Aufgaben der Gegenwart stellt. Leidenschaftlich, als stünde der Reformator noch mitten unter uns,
erklingen die Anklagen derer, die seine Größe nicht zu fassen
vermögen.

Schon bei seinen Lebzeiten ist Martin Luther dem tragischen
Geschick der Verkennung, das keinem großen Manne und am
wenigsten dem Kämpfer erspart bleibt, nicht entgangen. In den
hoffnungsreichen ersten Jahren seines öffentlichen Wirkens begrüßte ihn die Nation mit einer stürmischen Freude, wie sie
der deutsche Boden erst in unseren Tagen wieder erlebt hat. Da-

mals, als er zuerst der Katze die Schelle anband und dann kühn
und kühner, fortgerissen von der zwingenden Macht des freien
Gedankens und des wachen Gewissens, aus einem treuen Sohne
der alten Kirche zum erklärten Ketzer ward, als er die Bann=
bulle des Papstes in das Feuer warf und in dem flammenden
Aufruf „an den christlichen Adel deutscher Nation" seine Deutschen
aufforderte zur Reform der Kirche und des Reiches, an Haupt
und Gliedern: da stand er vor Kaiser und Reich als der Führer
der Nation, heldenhaft wie ihr Volksheiliger, der streitbare
Michael; da jubelte das Volkslied: „Zu Worms er sich erzeiget,
er stand wohl auf dem Plan, seine Feind' hat er geschweiget,
keiner durft' ihn wenden an"; da schien es wirklich, als sollten
alle die elementarischen Kräfte, die in der tief erregten Nation
arbeiteten, der Glaubensernst der frommen Gemüter, der Forscher=
mut der jungen Wissenschaft, der Nationalhaß des ritterlichen
Adels wider die welschen Prälaten, der Groll der mißhandelten
Bauern, sich zu einem mächtigen Strome vereinigen und gewaltig
aufwallend alles römische Wesen aus unserem Staate, unserer
Kirche hinwegschwemmen. Aber noch war unsere deutsche Königs=
krone fest verkettet mit der weltumspannenden Politik des römischen
Kaisertums. Einen Zufall dürfen wir es nicht nennen, daß in
jenem verhängnisvollen Augenblick ein Fremdling unsere Krone
trug, der unseres Herzens Schlag nicht hören konnte und,
während die Deutschen dem lauten Freimut ihres Landsmannes
zujauchzten, verächtlich lächelnd sprach: der soll mich nicht zum
Ketzer machen.

Sobald der Kaiser dem Rufe der Nation sich versagte, stand
nicht bloß die politische Macht des spanischen Weltreichs wider
den Reformator, sondern auch eine gewaltige sittliche Macht,
die feste Kaisertreue unseres Volkes. Und nun trat auch die
alte Todsünde unserer Geschichte, der Haß der Stände, wieder
hervor. Die Ritterschaft vergeudete ihren ungestümen Taten=
drang in einer ziellosen, unglücklichen Fehde. Die Bauern nahmen
die Lehre der evangelischen Freiheit fleischlich auf und erhoben
sich zu einem wütenden sozialen Kampfe. Luther aber meinte

seine heilige Sache geschändet und ließ die Gecken, die das Evan=
gelium mit Hammern und mit Zangen in den Kisten suchten,
die ganze Wucht seines Zornes empfinden. Als der gräßliche
Aufruhr durch die unbarmherzigen Herren gräßlicher bestraft war,
da sah sich der Mann, den sein Volk soeben auf den Schild
gehoben, mit den Verwünschungen der kleinen Leute beladen.
Mittlerweile hatte sich auch der erste Gelehrte des Jahrhunderts,
Erasmus, von den Wittenbergern abgewendet; auch Luthers
Lehrer, Staupitz, der sinnige Mystiker, auch die geistreichen Huma=
nisten Crotus Rubianus und Eobanus Hessus traten erschrocken
zurück. Mit ihrem Abfall war entschieden, daß die neue Lehre
selbst unter den Höchstgebildeten der Nation vorerst noch nicht
überall Anklang finden konnte, und da sie mit der Selbständigkeit
des Denkens auch den trotzigen Eigensinn des deutschen Charakters
entfesselte, so verfielen ihre Anhänger bald einer gefährlichen
Zersplitterung: zuchtlose Schwarmgeisterei und dogmatischer
Streit schwächten ihre Einheit.

Also von allen Seiten bedrängt und verlassen suchte Luther
seine Zuflucht bei dem deutschen Fürstenstande. Noch immer
reich an Erfolgen waren seine letzten Jahre, noch reicher an
schmerzlichen Enttäuschungen. Er hatte einst gehofft, in der
gesamten Christenheit oder mindestens in seiner deutschen Nation
das kirchliche Leben zu verjüngen. Nun mußte es ihm genügen,
daß nach und nach in den größeren weltlichen Fürstentümern
Deutschlands kleine evangelische Landeskirchen entstanden; und
wer in der Geschichte nur die Erscheinungen des Tages obenhin
betrachtet, mag es leicht eine glückliche Fügung nennen, daß
der durch übermenschliche Arbeit früh Gealterte aus diesem Leben
hinweggerufen wurde, unmittelbar bevor die deutschen Pro=
testanten im Schmalkaldischen Kriege durch Hader und planlose
Schwäche den Waffen der Fremdherrschaft schimpflich erlagen.
Ja während sonst das Bild der geschiedenen Helden sich im
Gedächtnis der Völker zu verklären pflegt, erschien Luther den
Nachlebenden kleiner, als er gewesen. In jenen müden Jahr=
zehnten der politischen Tatenscheu und des theologischen Gezänks,

welche den lichten Tagen der deutschen Reformation folgten,
formte sich ein kleines Geschlecht die Gestalt des Reformators nach
seinem eigenen Bilde, als wäre er auch nur ein bibelfester Prediger
und ehrsamer Hausvater gewesen, als hätte er wirklich nur eine
Sonderkirche, die sich nach dem Namen eines sündhaften Menschen
nannte, stiften wollen. Erst die historische Wissenschaft unseres
Jahrhunderts hat sich wieder das Herz gefaßt, den ganzen Luther
zu verstehen, den zentralen Menschen, in dessen Seele fast alle die
neuen Gedanken eines reichen Jahrhunderts mächtig wiedertönten;
sie steht ihm fern genug, um auch die mittelbaren Folgen seines
zerstörenden und aufbauenden Wirkens zu würdigen, um alle die
Keime einer neuen Kultur, die er ahnungslos, nach der Weise
des Genius, in den deutschen Boden senkte, wahrzunehmen und
dankbar zu erkennen, wie treu er sein Wort erfüllt hat: „für
meine Deutschen bin ich geboren, ihnen will ich dienen". —

Im deutschen Gemüte lag von jeher dicht neben der hellen
Weltlust ein beschaulicher Ernst, der die Vergänglichkeit aller
irdischen Dinge schmerzlich empfand, neben der wagenden Tapferkeit eine tiefe Sehnsucht nach Erlösung von dem Fluche der
Sünde. Die Germanen allein unter allen Völkern Westeuropas
haben schon in den Tagen ihres Heidentums etwas geahnt von
dem dereinstigen Untergange dieses frevelnden Geschlechts, von
einer neuen Welt der Reinheit und der Klarheit, die da kommen
solle. In einem solchen Volke mußte die frohe Botschaft aus Jerusalem bereite Herzen finden, und wie andächtig, wie innig die
Deutschen den neuen Glauben aufnahmen, das erzählen die
Wunderbauten unserer alten Dome. Gleichwohl hatte die christliche Lehre, als sie bei uns eindrang, bereits in Rom eine Gestalt
angenommen, welche dem deutschen Volke niemals ganz vertraut
werden konnte. Diesseits und Jenseits, alle Zeiten und alle Völker
erschienen eingeschlossen in der einen großen Gemeinschaft der Heiligen, welche die streitende Kirche hienieden mit der leidenden
Kirche der armen Seelen im Fegefeuer und der triumphieren-
den Kirche der Seligen droben im Himmel verband. Aus dem
Gnadenschatze der guten Werke der Heiligen spendete die Kirche

ihren Gläubigen die Vergebung der Sünden durch den Mund
eines herrschenden Priesterstandes, der durch die geistige Zeugung
der Weihe befähigt war, Brot und Wein in den Leib und das
Blut des Erlösers zu verwandeln. Außer ihr war kein Heil;
von der Wiege bis zur Bahre, von der Taufe bis zur letzten
Ölung umfing und heiligte sie das Leben jedes Christen. Es
war ein wunderbarer großer Gedankenbau; lange Jahrhunderte
hindurch hatten die Weisheit und die Andacht so vieler heiliger
Männer und eine seltene Kunst der Menschenbeherrschung daran
gebaut; festgefügt stand Stein auf Stein, die unerbittliche Folge=
richtigkeit dieser Lehre ließ dem Christen nur die Wahl zwischen
der Unterwerfung und der Ketzerei. Doch die scharfe Logik der
Romanen hat dem deutschen Geiste niemals ganz genügt; nicht
so von außen her, nicht allein durch die Gnadenmittel der Kirche
und durch vorgeschriebene gute Werke konnte das rege Gewissen
unseres Volkes seinen Frieden finden. Schon im vierzehnten
Jahrhundert erdröhnte das deutsche Land von den Kyrieleis=Rufen
der Geißler, und immer lauter, immer verzweifelter, fast so herz=
zerreißend wie in den Anfängen der christlichen Geschichte, er=
klang seitdem der Aufschrei der sündigen Kreatur nach Versöhnung
mit ihrem Schöpfer.

Zugleich ward auch der kampfmutige Weltsinn der Deutschen
an den Lehren der alten Kirche irr. So viele Kränze des Ruhmes,
so viele edle Freuden bot diese schöne Erde dem tatkräftigen
Manne; und das alles sollte nichts gelten neben der höheren
Heiligkeit der begebenen Menschen, der Priester und der Mönche,
die auf alles verzichteten, was Menschen menschlich aneinander
bindet, die mit dem holden Glück auch die heiligen Pflichten des
ehelichen Lebens verschmähten! Kummervoll sann der größte
Dichter unseres Mittelalters, Walther von der Vogelweide, diesem
dunklen Rätsel nach und klagte:

> Ach leider kann es nimmer sein,
> Daß Gottes Gnade kehre
> Mit Reichtum und mit Ehre
> Je wieder in dasselbe Herz.

Und dieser Priesterstand, der sich so unnahbar hoch über die
gehorchende Gemeinde erhob, der alle weltliche Arbeit so tief
verachtete, war selber längst einer schamlosen Weltlust verfallen,
die ihn den Weltlichen als ein Heuchlergezücht erscheinen ließ.
Er besaß das reichste Drittel Deutschlands, gab auf den Reichs=
tagen durch seine Überzahl den Ausschlag, und seine politische
Macht ward von den Deutschen als Fremdherrschaft empfunden;
denn in der Kirche regierte der Papst mit seinen italienischen
Prälaten, und alle die Fülle von Geist, Witz und Bildung, die
sich in dem Lügenstübchen des Vatikans gesellig zusammenfand,
alle die Meisterwerke des Meißels und des Pinsels, die in der
Sonne päpstlicher Gnade reisten, konnten unser Volk doch nicht
darüber trösten, daß die Herrscherin der Christenheit die ruch=
loseste Stadt der Erde war. Vergeblich hatten die Deutschen,
allen anderen Nationen voran, auf den Konzilien des fünfzehnten
Jahrhunderts die Schäden der Kirche zu bessern versucht. Als
Luther auftrat, war die Nation in unheimlicher Gärung, von
widersprechenden Gefühlen stürmisch bewegt: hier die Gewissens=
angst der Frommen, die über ihre Sünden und guten Werke
peinlich Buch führten und mit heiligem Schauer die volkstüm=
lichen Bilder des Totentanzes betrachteten; dort der kecke Über=
mut eines sinnenkräftigen, lebenslustigen Geschlechts, das der
derben Schwänke nicht satt ward und sich dreist spottend an
dem Zerrbild der verkehrten Welt erfreute; dazu allen Deutschen
gemein der Haß gegen das welsche Wesen.

Die Tat der Befreiung ging aus den Kämpfen des ehrlichen
deutschen Gewissens hervor; aus seiner Demut schöpfte Luther
die Kraft der höchsten Verwegenheit. Getrieben von einer leiden=
schaftlichen Angst um seine und seiner Brüder Seligkeit hatte er
einst Vater und Mutter verlassen und in seiner Klosterzelle durch
alle Qualen mönchischer Buße den Himmel stürmen wollen, doch
immer wieder klang es in seiner Seele: „o meine Sünde, Sünde,
Sünde!" — bis dann endlich das Wort des Apostels von der
Rechtfertigung durch den Glauben zündend in sein Herz schlug.
Und nun kam sie über ihn, die Wandelung des inneren Menschen,

die μετάνοια des Paulus; in demütiger Erkenntnis der Unzu=
länglichkeit alles menschlichen Verdienstes ergab er sich gläubig
der Gnade des lebendigen Gottes und er wagte, dieses seines
Glaubens zu leben. Der ganze Gegensatz romanischer und ger=
manischer Empfindung tritt uns vor die Augen, wenn wir diese
Seelenkämpfe Luthers vergleichen mit den inneren Anfechtungen,
welche späterhin der Rittersmann der wiederhergestellten alten
Kirche, Ignatius von Loyola, zu überwinden hatte. Der Spanier
entledigt sich seiner Pein durch den Entschluß, diese Wunden
seiner Seele nie mehr zu berühren; der Deutsche beruhigt sich
erst, sobald sein Gemüt überzeugt ist und alle Zweifel vor der
Gewißheit einer innerlich erlebten Wahrheit schwinden.

Ohne jede Ahnung von der unermeßlichen Wirkung seiner
Tat beginnt er nun den Kampf gegen den häßlichsten Mißbrauch
der verweltlichten Kirche, und dann führt ihn Gott weiter wie
einen Gaul, dem die Augen geblendet sind. Aus jenem ent=
scheidenden Gedanken ergibt sich ihm die Erkenntnis, daß Gott
keinen erzwungenen Dienst will und über die Gewissen niemand
richten kann denn Gott allein. Kaum drei Jahre nach dem
Beginne des Ablaßstreites sagt er sich schon los von der gebun=
denen Sittlichkeit des Mittelalters durch jenen mächtigen Hymnus
der evangelischen Freiheit, das Buch von der Freiheit des
Christenmenschen: der Christ ist niemand untertan in seinem
Glauben und eben darum jedermanns Knecht, dem geringsten
seiner Brüder zum Dienst der Liebe verpflichtet, gute Werke
machen nimmermehr einen guten Mann, sondern ein guter Mann
machet gute Werke. Eine zugleich freiere und strengere Auf=
fassung des sittlichen Lebens, die wieder anknüpft an die Kämpfe
Jesu wider die starre Gesetzlichkeit der Pharisäer und den Schwer=
punkt der sittlichen Welt im Gewissen des Menschen findet. An
diese Erkenntnis wieder schließt sich die Forderung des Priester=
tums der Laien und der Gedanke der freien Gemeindekirche,
die sich bescheidet, die äußeren Formen der Kirchengemeinschaft
wie alles Menschliche in den Fluß der Zeit zu stellen, und dem
mißdeuteten Worte „auf diesen Felsen will ich meine Kirche

bauen" das lebendig verstandene Wort entgegenhält: „wo zwei
oder drei von euch versammelt sind in meinem Namen, da bin
ich mitten unter ihnen".

Gewiß war Luthers Tat eine Revolution, und da der religiöse
Glaube im innersten Kerne des Volksgemüts wurzelt, so griff sie
in alles Bestehende tiefer ein, als irgendeine politische Um=
wälzung der neuen Geschichte. Es ist wahrlich kein Zeichen
evangelischen Mutes, wenn manche wohlmeinende Protestanten
dies zu leugnen oder zu verhüllen suchen. Nur ein Mann, in
dessen Adern die ungebändigte Naturgewalt deutschen Trotzes
kocht, konnte so Vermessenes wagen. Die ganze alte Ordnung
der sittlichen Welt, die einem Jahrtausend heilig gewesen, die
lange Kette der ehrwürdigen Traditionen, welche das Leben der
Christenheit gebunden hielten, brach mit einem Schlage zusammen,
und lebhaft können wir heute dem Gegner des Reformators,
dem Elsasser Murner nachempfinden, wenn er beim Anblick der
ungeheuren Zerstörung jammernd ausrief:

Alle Bücher sein erlogen,
Die je beschrieben sind,
Die Heilgen han betrogen,
Die Lehrer sein all blind!

Die Größe der historischen Helden besteht in der Verbin=
dung von Seelenkräften, die nach der Meinung des platten Ver=
standes einander ausschließen. So gewaltig die Kühnheit des
schlichten Mannes, der sich selber nur eine Gans unter den
Schwänen nannte und dennoch sich vermaß, gegen die stärksten
politischen und sittlichen Mächte der Zeit in die Schranken zu
treten, ebenso erstaunlich erscheint von Haus aus seine Mäßigung.
Nie war er kühner, als da er den Bilderstürmern von Witten=
berg die Mahnung der Liebe zurief: macht mir nicht aus dem
Frei sein ein Muß sein! Mit kindlichem Vertrauen baute er
auf die Macht des göttlichen Wortes allein. Und sein Glaube
trog ihn nicht; denn nachdem erst die wilden Zuckungen des
Bauernkrieges und der Wiedertäuferei überwunden waren, vollzog

sich der Sieg der Reformation in Deutschland fast überall fried=
lich, frei aus dem Volke heraus. Bei allem Häßlichen, das sich
mit ansetzte, trug die große Bewegung doch jenen Charakter
schlichter Treuherzigkeit und Kraft, der alle großen Epochen der
deutschen Geschichte auszeichnet; sie schenkte unserem Volke die
Form des Christentums, welche dem Wahrheitsdrange und der
unzähmbaren Selbständigkeit der deutschen Natur zusagt, gleich=
wie die römische Kirche der Logik und dem Schönheitssinne der
Romanen, die orthodoxe Kirche der halborientalischen Gebunden=
heit der gräko=slawischen Welt entspricht. Und weit hinaus über
den Kreis seiner Glaubensgenossen wirkte Luthers Wort; er war
im Rechte, wenn er den deutschen Bischöfen zurief: „Ihr habt
mein Evangelium verdammen lassen, habt es aber heimlich und
in vielen Stücken angenommen." Mit gutem Grunde nennen
wir ihn heute einen Wohltäter auch der alten Kirche. Denn
auch sie ward durch ihn gezwungen, ihre sittlichen Kräfte zu=
sammenzuraffen, auch sie blieb nicht unberührt von der innigen,
seelenvollen Auffassung des Glaubens, welche Luther der Christen=
heit wiedergab. Eine so sinnliche Ablaßlehre, wie sie Tetzel
einst predigte, wäre auf deutschem Boden jetzt unmöglich; und
sicherlich steht heutzutage der denkende deutsche Katholik dem
deutschen Protestanten in seiner ganzen Weltanschauung näher als
seinem spanischen Glaubensgenossen.

In allen den mächtigen Wandlungen unseres geistigen Lebens
seitdem ist der Grundgedanke der Reformation, die freie Hin=
gebung der Seele an Gott, unwandelbar das sittliche Ideal der
Deutschen geblieben. Er kehrt, ins Weltliche gewendet, wieder
in dem strengen Ausspruch Kants, daß überall auf der Welt
nichts für gut gehalten werden dürfe, als allein ein guter Wille;
er tönt uns entgegen aus dem milben Gesange der Engel, die
Fausts Unsterbliches gen Himmel tragen: „wer immer strebend
sich bemüht, den können wir erlösen". Wir danken der Refor=
mation das lebendige Nebeneinander der Glaubensbekenntnisse,
worauf die heutige deutsche Gesittung beruht, jene freie Duld=
samkeit, die weder der Furcht noch dem Kaltsinn entspringt,

sondern der Erkenntnis, daß das Licht der göttlichen Offenbarung, wie heute die Welt noch steht, nur gebrochen in vielen Strahlen dem Auge der Menschheit erkennbar ist; denn so gewiß kein Sohn des sechzehnten Jahrhunderts, auch Luther nicht, verstanden hätte, was wir heute Toleranz nennen, ebenso gewiß ist diese Duldung nur möglich geworden auf dem Boden des Protestantismus, der den hochmütigen Wahn einer alleinseligmachenden Kirche grundsätzlich verwirft. Wir danken ihr, daß der Deutsche zugleich fromm und frei empfinden kann, daß keiner unserer großen Denker, wie kühn sich auch die Flüge ihres Geistes erhoben, jemals in den lästernden Spott eines Voltaire verfiel, und die Todsünde der Heuchelei unter uns eine seltene Ausnahme ist.

Denn das ist die Größe des Protestantismus, daß er einen Widerspruch zwischen dem Denken und dem Wollen, zwischen dem religiösen und dem sittlichen Leben nicht dulden will, sondern gebieterisch fordert: was du erkannt hast, das bekenne und darnach handle! Zu Luthers Zeiten standen die Italiener unserem Volke in Kunst und Wissenschaft weit voran. Bereits im vierzehnten Jahrhundert war unter ihnen Petrarca aufgetreten, der erste moderne Mensch, der ganz auf eigenen Füßen stand und die Binde sich von den Augen gestreift hatte; und nun gerade in den Tagen des deutschen Ablaßstreites schrieb Machiavelli jene zwei Bücher vom Staate, die mit den überlieferten Vorstellungen des Mittelalters weit rücksichtsloser brachen als Luther. Jedoch den Romanen fehlte die Kraft, ihre eigenen Gedanken in vollem Ernst zu nehmen, sie brachten es über sich, ihr Gewissen zu teilen und einer Kirche, die sie verspotteten, zu gehorchen. Die Deutschen wagten das Leben nach der erkannten Wahrheit zu gestalten, und weil die historische Welt die Welt des Willens ist, weil nicht der Gedanke, sondern die Tat das Schicksal der Völker bestimmt, darum beginnt die Geschichte der modernen Menschheit nicht mit Petrarca, nicht mit den Künstlern des Quattrocento, sondern mit Martin Luther. Merkwürdig früh hat die europäische Welt dies erkannt. Nur hundertundvierzig

Jahre nach Luthers Tode stellte der deutsche Historiker Cellarius
die Behauptung auf, gegen den Ausgang des fünfzehnten Jahrhunderts sei eine alte, für uns abgeschlossene Zeit zum Ende
gelangt, das Mittelalter. Bei allen Völkern hat sich seitdem
Begriff und Name des Mittelalters eingebürgert, und dabei
wird es bleiben, obwohl die Selbstverliebtheit unserer Tage zuweilen, ganz vergeblich, versucht, die Geschichte der neuen Zeit
erst mit der französischen Revolution zu beginnen. —

Gleich allen echten Germanen hegte Luther ein tiefes Gefühl
historischer Pietät, und er liebte, die große Neuerung, die er
in der Kirche vollzog, sich nur als die Wiederherstellung der
ursprünglichen Zustände des Christentums zu denken. Dagegen
wußte er wohl, daß er das politische Leben der Völker mit
einem schlechthin neuen Gedanken befruchtet hatte. „So stund's
aber dazumal," — sagt er über die Zeiten seiner Jugend —
„es hatte niemand gelehret noch gehöret, wußte auch niemand
von der weltlichen Obrigkeit, woher sie käme, was ihr Amt
oder Werk wäre oder wie sie Gott dienen solle." In der Tat
war der Staat noch niemals zu seinem vollen Rechte gelangt,
seit die schwere, der heidnischen Welt unbekannte Frage nach
den Grenzen geistlicher und weltlicher Gewalt zuerst in der
Christenheit aufgeworfen wurde. In ihren ersten Jahrhunderten
hielt sich die Kirche scheu von dem Staate zurück, weil er heidnisch war, und als sie dann im Römerreiche die Oberhand gewann,
entstand nach und nach, eng verbunden mit der Verfassung und
dem Dogma der Kirche, das politische System der kirchlichen Weltherrschaft. Das ganze Leben der Christenheit erscheint als eine
fest geordnete Einheit; Staat und Volkswirtschaft, Wissenschaft
und Kunst, alle Berufe der Menschen empfangen ihre sittlichen
Gesetze aus den Händen der Kirche; die Kirche ist der Staat
Gottes, der weltliche Staat das Reich des Fleisches, ohne eigenen
sittlichen Zweck und nur dann vor Gott gerechtfertigt, wenn er
dem Schiedsrichter der Staatenwelt, dem Papste, seinen starken
Arm zum Dienste leiht. Kein kräftiger Staat des Mittelalters
hatte diese herrischen Ansprüche des Papsttums jemals vollständig

anerkannt. Seit Dante, ſeit Marſilius von Padua und den
tapferen ghibelliniſchen Schriftſtellern, die ſich um Kaiſer Ludwig
den Bayern ſcharten, war das Anſehen der kirchlichen Weltſtaats=
lehre auch in der Wiſſenſchaft bereits tief erſchüttert. Sie ganz
zu überwinden, konnte doch nur dann gelingen, wenn der Stier
bei den Hörnern gepackt und die Herrſchaft des Prieſterſtandes
in der Kirche ſelbſt verworfen wurde.

Erſt Luther warf den Satz „geiſtliche Gewalt iſt über der
weltlichen", dieſe ſtarke Mauer der Romaniſten, in Trümmer
und lehrte, daß der Staat ſelber eine Ordnung Gottes iſt, be=
rechtigt und verpflichtet, ſeinen eigenen ſittlichen Lebenszwecken,
unabhängig von der Kirche, nachzugehen. Damit ward der Staat
für mündig erklärt, und da er wirklich ſchon zu ſeinen Jahren
gekommen war, da die weltliche Gewalt überall an dem erſtarkten
Selbſtgefühl der Nationen eine ſichere Stütze fand, ſo wirkte
dieſe Tat der politiſchen Befreiung faſt noch gewaltiger, noch
weiter in die Welt hinaus, als die Reformation der Kirche. Alle
Kronen, ohne Ausnahme, katholiſche wie evangeliſche, ſagten ſich
los von der politiſchen Herrſchaft des gekrönten Prieſters. Von
einer Obedienzleiſtung, wie ſie der Papſt vordem den weltlichen
Gewalten zngemutet, war fortan keine Rede mehr, und noch
ehe Luthers Jahrhundert zu Ende ging, begründete Bodinus
den Gedanken der Souveränität des Staates zuerſt mit wiſſen=
ſchaftlicher Schärfe — eine neue Erkenntnis, die, einmal gefunden,
das gemeinſame Beſitztum der geſitteten Menſchheit geblieben iſt.
Mochte die Geſellſchaft Jeſu noch von der Weltherrſchaft des
Gottesſtaates träumen, unaufhaltſam verwuchſen die Staaten
Europas zu einer neuen freien Völkergeſellſchaft und bildeten
ſich ein weltliches Völkerrecht, das, gerechter als weiland die
Urteilsſprüche der Päpſte, in der Intereſſengemeinſchaft und dem
Rechtsbewußtſein der Nationen ſeine Wurzeln hat. Schritt für
Schritt drängte der moderne Staat die Kirche auf ihr geiſtliches
Gebiet zurück; er nahm ihr die Rechtspflege, die Schulverwal=
tung, das Armenweſen und bewies durch die Tat, daß er dieſen
politiſchen Pflichten beſſer als ſie zu genügen vermag. Nichts

zeugt so laut für die Gesundheit der politischen Gedanken der Reformation, wie die unleugbare Tatsache, daß die politische Entwicklung in den protestantischen Staaten fast durchweg friedlicher, minder gewaltsam verlaufen ist, als in der katholischen Welt.

Keinem Volke brachte die Befreiung des Staates von kirchlicher Herrschaft so reichen, so lang nachwirkenden Segen wie uns Deutschen, denn nirgends war die alte Kirche fester mit dem Staate verflochten, als in diesem römischen Reiche und allen den geistlichen Fürstentümern, welche seine Krone stützten. Unleugbar hat die Reformation den längst schon beginnenden Zerfall des alten Reichs gefördert, die längst schon vorhandenen politischen Gegensätze noch durch kirchlichen Haß verschärft. Doch wer Wunden zu heilen vermag, darf sie auch schlagen. Nur aus dem Borne des Protestantismus konnte dies sieche Reich den verjüngenden Trank schöpfen. Nur wenn unser Staat wieder wahr wurde wie seine Kirche, wenn er die zur Lüge gewordenen Ansprüche seines heiligen römischen Kaisertums aufgab und seine Krummstabslande einer weltlichen Obrigkeit unterwarf, nur dann vermochte er wieder zu wachsen mit der wachsenden Zeit.

Luther selbst hat diese letzten Schlüsse aus seinen Gedanken nie gezogen. Ihm graute vor den Schrecken eines Bürgerkrieges: „ehe man in Deutschland eine neue Weise des Reichs anrichtete, so wäre es dreimal verheeret". Er wußte, daß er kein Staatsmann war, und teilte mit seinem Volke die ehrfürchtige Scheu vor der kaiserlichen Majestät, vor dem jung eblen Blut von Österreich; wie viele Zweifel mußte er überwinden, bis er sich nur entschloß, den Widerstand gegen kaiserliche Übergriffe, der doch im alten Reiche Rechtens war, gutzuheißen. Die Natur der Dinge, die Vernunft der Geschichte, hat schließlich dennoch vollendet, was in dem Heimatlande der Reformation nicht ausbleiben konnte: unrettbar brachen die geistlichen Staaten Deutschlands nach und nach zusammen, bis endlich im Anfang unseres Jahrhunderts die letzten verfaulten Trümmer der römischen Theokratie verweltlicht und mit ihnen auch die römische Kaiser-

krone vernichtet wurde. Nun erst, seit unser Staat sich ehrlich
zu seinem weltlichen Wesen bekannte, ward die Stätte geebnet
für einen Neubau; und auch an dieser letzten heilvollen Wen=
dung unserer Geschicke hat der Reformator seinen Anteil durch
eine Tat, deren ferne Folgen ihm verhüllt blieben. Auf Luthers
Rat entschloß sich der Hochmeister des Deutschen Ordens, Albrecht
von Brandenburg, den weißen Mantel mit dem schwarzen Kreuze
abzulegen, die falsche Keuschheit des Mönches zu meiden und
„eine rechte ordentliche Herrschaft zu gründen, die ohne Gleißen
und falschen Namen vor Gott und der Welt angenehm wäre".
So ward das Ordensland Preußen, die Pflanzung des gesamten
Deutschlands, in ein weltliches Herzogtum verwandelt und vor
der Begehrlichkeit des polnischen Nachbarn gerettet. Luther aber
schrieb dankbar: „Siehe dies Wunder! In vollem Laufe, mit
vollen Segeln, eilt jetzt das Evangelium durch Preußen!" Er
ahnte nicht, welche größeren Wunder unser Volk noch an seiner
entlegenen Ostmark erleben sollte. Aus diesem, der alten Kirche
geraubten Lande, das mit dem Protestantismus stand und fiel,
ist in unvergeßlichen Kämpfen die streitbare Großmacht unserer
neuen Geschichte hervorgegangen und endlich, als die Zeiten sich
erfüllten, der neue Staat der Deutschen, der nicht heilig sein
will und nicht römisch, sondern, nach den Worten des Refor=
mators, ohne Gleißen und falschen Namen ein weltliches, ein
deutsches Reich. —

Wie die Einheit des deutschen Staates erst möglich ward, seit
die letzten Staatsgebilde der römischen Kirche von unserem Boden
verschwanden, so verdanken wir auch den Kämpfen der Refor=
mation das köstliche geistige Band, das uns in den Tagen deutscher
Zerrissenheit lange fast allein zusammenhielt, unsere neue Sprache.
Was selbst dem Zauber unserer ritterlichen Dichtung nicht ge=
lungen war, den deutschen Norden unter die Herrschaft der hoch=
deutschen Sprache zu beugen, das gelang erst, als die schöne
Lieblingsstätte des Minnesanges, die Wartburg, zum zweiten
Male unserem Volke teuer ward und von dort die ersten Bücher
der deutschen Bibel ausgingen — die heilige Schrift, übertragen

mit strenger Treue durch einen wahlverwandten religiösen Genius und doch so ganz verdeutscht, so ganz beseelt von dem Hauche deutschen Gemütes, daß wir uns heute das Bibelwort in anderer Fassung kaum noch denken können. Gleich den Italienern empfingen wir unsere Schriftsprache mit einem Male durch die Tat eines Mannes. Es liegt aber im Wesen des Genius, das Notwendige, das einfach Natürliche zu wollen. Wie Dante nicht willkürlich neuerte, sondern nur die Volkssprache seiner toskanischen Heimat adelte und durchgeistigte, so hegte auch Luther nur schlicht und recht die Absicht, von seinem ganzen Volke verstanden zu werden, damit Gott deutsch zu den Deutschen rede. Er benutzte daher das gemeinverständliche Mitteldeutsch, das schon überall, wo Ober= und Niederdeutsche unter einem Herrscher zusammensaßen, in dem Staate des deutschen Ordens, in den Kanzleien der lützelburgischen Kaiser und der sächsischen Kurfürsten von der Obrigkeit geredet wurde.

Also wirkten gebend und empfangend alle Stämme der Nation zu den Taten der Reformation zusammen. Im Norden fand der Protestantismus seinen festen politischen Rückhalt; die mächtige Sprache aber, welche fortan das evangelische Deutschland geistig beherrschte, kam aus dem Oberlande, aus jenen Gauen Süd= und Mitteldeutschlands, die zu allen Zeiten das warme Nest unserer Dichtung und also auch der Sprachbildung geblieben sind. Und dies Hochdeutsch war die Sprache von Luthers Heimat; seine Laute klangen ihm vertraut von Kindesbeinen an; so hatte er schon das Volk in den Mansfelder Bergwerken, seines lieben Vaters Schlegelgesellen, reden hören. Sprachgewaltig, wie seitdem nur einer noch, Goethe, ward er der volkstümlichste aller unserer Schriftsteller. In seinen Schriften vereinigt sich, was sonst unvereinbar scheint, der Tiefsinn, die gedrängte Gedankenfülle des Buchs und die fortreißende Macht, der sprudelnde Wörterreichtum der Rede, so daß der Leser immer die herzbewegende Stimme des Predigers zu hören meint; dem Einfältigen geben sie genug, und der Denkende findet des Nachsinnens kein Ende. In Kämpfen geboren, kann diese Sprache

des Freimuts und der Wahrhaftigkeit bis zum heutigen Tage
die Zeichen ihres Ursprungs nicht verleugnen. Gewaltig ver=
mag sie zu zürnen, übermütig zu spielen in toller Laune, zu
den Höhen des Gedankens steigt sie kühn empor, für jedes holde
Geheimnis des Herzens findet sie ein liebliches Wort; doch wer
sie zwingen will, ihre Meinung zu bemänteln oder tückisch unterm
Zaum hervor zu beißen oder gar den überbildeten Geschmack
durch das Pikante und Charmante zu reizen, dem schenkt sie
wenig, den läßt sie betteln gehen an den Tischen der Fremden.

Mehr denn hundert Jahre hat es noch gewährt, bis dies
neue Deutsch, das in der Predigt und dem Gemeindegesange der
evangelischen Kirche kräftig erklang, zum Gemeingut unseres
Volkes wurde, bis auch die Wissenschaft volkstümlich und weltlich
ward und das Wort sich ganz erfüllte, das Ulrich von Hutten
schon in den ersten Tagen überschwenglicher Hoffnung zuversicht=
lich in die Welt hinausgerufen hatte: „sonst waren nur die
Pfaffen gelehrt, jetzt hat uns Gott auch Kunst beschert, daß wir
die Bücher auch verstahn". Um die Mitte des sechzehnten Jahr=
hunderts kam über den lutherischen Zweig des deutschen Pro=
testantismus eine lange Zeit unheilvoller Erstarrung, da fast
allein die weihevollen Klänge des evangelischen Kirchenliedes
noch Kunde gaben von dem ursprünglichen Geiste der Refor=
mation und in der neuen wie in der alten Kirche herrschsüchtige
Theologen der weltlichen Wissenschaft Richtung und Grenze vor=
schrieben. Nur der Heldenmut seiner tatkräftigeren Schwesterkirche,
nur der Kampf der Calvinisten Niederlands wider die spanische
Krone, bewahrte damals das verkommene Luthertum vor dem
sicheren Untergange. Erst der Jammer des Dreißigjährigen
Krieges brachte auch uns die Selbstbesinnung. Die Pietisten
von Halle erweckten unserem Volke wieder den lebendigen evan=
gelischen Geist, den Geist der brüderlichen Liebe, der das Evan=
gelium leben wollte und über dem öden Buchstabenzänk der
letzten Jahrzehnte ganz vergessen schien; Pufendorf vertrieb die
Theologen aus den politischen Wissenschaften, Thomasius wagte
zuerst auf deutschem Lehrstuhl deutsch zu reden; und auf dem

also bereiteten Boden erhob sich sodann unsere neue Wissen=
schaft und Dichtung, ganz frei von konfessioneller Härte, weltlich
von Grund aus, weit kühner in ihren Gedanken, als Luther
selbst jemals gebilligt hätte, und dennoch protestantisch. Alle
ihre Führer gehörten dem Protestantismus an. Nur aus der
Autonomie des Gewissens, die uns Luther errungen, konnte das
neue Ideal der Humanität hervorgehen. Mit Entsetzen ver=
nahmen die bayrischen Jesuiten das „lutherische Deutsch" dieser
neuen Bildung; doch unhemmbar hielt sie ihren friedlichen Sieges=
zug auch durch das katholische Deutschland, bis sie schließlich alles,
was deutsch war, in den frischen Strom ihrer Gedanken hinein=
gezogen hatte; und heute sehen wir mit Freude, wie selbst die
Vorkämpfer Roms unter unseren Landsleuten längst lutherisch
deutsch gelernt haben, wie sie wider uns streiten mit Waffen,
die in unserer Schmiede gehämmert sind.

Seit die Kirche sich auf ihren geistlichen Beruf beschränkt
sah, erhielt alles redliche weltliche Schaffen erst seine sittliche
Rechtfertigung. Das Rätsel war gelöst, das jenem Dichter des
Mittelalters so ganz unlösbar schien: wie Reichtum und Ehre
sich mit der Gnade Gottes vertragen sollten. Die Ewigkeit
trat dem Gläubigen mitten in sein Leben hinein, und er fühlte,
daß er auch mit seiner Hände Arbeit bienen könne und solle.
Selbst den Kriegsleuten gab Luther die tröstliche Gewißheit, daß
sie auch in seligen Stand kommen würden, wenn sie ihres harten
Handwerks in Treue warteten. Seit eine Kirche ohne Klerisei
bestand, konnte auch in den rein katholischen Läubern der Klerus
sich nicht mehr auf die Dauer als der erste Stand behaupten.
In Deutschland aber wurden jene mittleren Schichten der Gesell=
schaft, zu denen Luther vornehmlich geredet hatte, mehr und mehr
zum Kerne der Nation. Auch die soziale Macht, welche die
gelehrte Bildung und mit ihr leider der Doktrinarismus im
deutschen Leben behauptet, hat ihren ersten Ursprung in der
Wirksamkeit des größten aller deutschen Professoren.

Der Protestantismus entstammt einem derben männischen
Jahrhundert, das nach den Frauen wenig fragte, und die nüch=

ternen Formen seines Kultus vermögen der frommen Sehnsucht
des weiblichen Herzens nicht immer zu genügen. Und doch hat
Luther die deutschen Frauen höher erhoben, als sie je vordem
gestanden hatten in den Zeiten, da noch die gnadenreiche Mutter
Gottes angerufen ward; er hat den Wirkungskreis des Weibes,
das Haus wieder zu Ehren gebracht vor Gott und Menschen.
Schwer mußte er kämpfen, ehe er sich das Herz faßte, um die
Hand seiner Käthe zu werben; was zuletzt den Ausschlag gab,
war doch nicht bloß die Sehnsucht nach häuslichem Glück, sondern das Gefühl einer heiligen Pflicht. Wie oft hatte er den
Klosterleuten zugerufen: „wer hat dich etwas geloben und
schwören heißen, was wider Gott und seine Ordnung ist, nämlich
daß du schwörest, du seiest kein Mann und kein Weib?“ War
er berechtigt also zu fragen, war die Ehe wirklich ein heiliger
Stand, Gott wohlgefälliger als die Gelübde der Beschorenen,
dann mußte er selber mit seinem Leib und Leben Zeugnis ablegen für seine Lehre. Er wußte, welch eine Schlammflut ekler
Verdächtigungen sich nun heranwälzen mußte gegen ihn, dessen
makelloser Name bisher einer großen Sache zum Schilde gedient
und allen Pfeilen der Verleumder widerstanden hatte. Freiwillig nahm er dies Kreuz auf sich; denn überzeugender, sieg-
reicher, konnte sich die sittliche Macht der evangelischen Freiheit
nicht erweisen, als wenn die Ehe des entlaufenen Mönches und
der entlaufenen Nonne zum Vorbild wurde für Tausende frommer
Menschen.

Und sie ward es. Dies mit allen Flüchen der römischen
Kirche beladene Haus lebt in unser aller Herzen. Wir denken
seiner, wenn am Weihnachtsabend vor dem Tannenbaume die
hellen Stimmen unserer Kinder die frohe Botschaft singen, „Vom
Himmel hoch da komm ich her“; wir sehen ihn vor Augen,
den alten Doktor, wie er, ein Gewissensrat seiner lieben Deutschen,
allen den Zweifelnden und Beladenen, die von nah und fern
zu ihm eilen, Lehre, Trost und Hilfe spendet und immer mit
seinem freien Gemüt Partei nimmt für das Recht des Herzens,
für die Stimme der Natur, für die Billigkeit und die Liebe; wir

hören sein herzliches Lachen, wenn er den zagenden Melanchthon
mit kräftigem Zuspruch aufrichtet oder in neidloser Freundschaft
die Größe seines kleinen Griechen preist; wir freuen uns seiner goldenen Laune, wenn er abends um seinen gastlichen Tisch den Becher
kreisen läßt und die deutscheste der Künste, Frau Musika, zu den
fröhlichen Zechern ladet: „hie kann nicht sein ein böser Mut, wo da
singen Gesellen gut"; wir klagen mit ihm, wenn er, überwältigt
vom menschlichsten Schmerze, an der Bahre seines Lenchens weint.
So war das erste evangelische Pfarrhaus; und wie viele Tränen
sind seitdem von den Frauen unserer Landpfarrer getrocknet,
wie viele gute und hochbegabte Männer in diesen friedlichen
Heimstätten einer gelehrten und doch der Natur nicht entfremdeten Bildung erzogen worden.

All unser Tun ist Stückwerk, und in der Geschichte dauert
der Name keines Mannes, der nicht größer war als seine Werke.
Das köstlichste Vermächtnis, das Luther unserem Volke hinterlassen hat, bleibt doch er selber und die lebendige Macht seines
gottbegeisterten Gemüts. Keine andere der neueren Nationen
hat je einen Mann gesehen, der so seinen Landsleuten jedes Wort
von den Lippen genommen, der so in Art und Unart das innerste
Wesen seines Volkes verkörpert hätte. Ein Ausländer mag wohl
ratlos fragen: wie nur so wunderbare Gegensätze in einer Seele
zusammen liegen mochten: diese Gewalt zermalmenden Zornes
und diese Innigkeit frommen Glaubens, so hohe Weisheit und
so kindliche Einfalt, so viel tiefsinnige Mystik und so viel Lebenslust, so ungeschlachte Grobheit und so zarte Herzensgüte, und
wie derselbe ungeheure Mensch, der einen Brief an Seine Fürstliche Ungnaden Herzog Georg von Sachsen kurzab unterzeichnete
„Von Gottes Gnaden Martin Luther, Evangelist zu Wittenberg", dann wieder zerknirscht vor Gott in den Staub sinken
konnte. Wir Deutschen finden in alledem kein Rätsel, wir sagen
einfach: das ist Blut von unserem Blute. Aus den tiefen Augen
dieses urwüchsigen deutschen Bauernsohnes blitzte der alte Heldenmut der Germanen, der die Welt nicht flieht, sondern sie zu
beherrschen sucht durch die Macht des sittlichen Willens; und

weil er heraussagte, was im Gemüte seines Volkes schon lebte,
nur deshalb konnte der arme Mönch, der soeben noch aus dem
stillen Augustinerkloster am Monte Pincio demütig hinüber=
gepilgert war nach den Hallen von St. Peter, in wenigen Jahren
wachsen und wachsen und schließlich der neuen römischen Weltmacht
ebenso furchtbar werden, wie einst die deutschen Kohortenstürmer
dem Reiche der Cäsaren. Ein Menschenalter nach Luthers Tode
bekannten sich schon vier Fünftel unserer Nation zum evange=
lischen Glauben. In den meisten der deutschen Landschaften,
welche die römische Kirche heute beherrscht, verdankt sie ihre
Herstellung der Macht des Schwertes, und fast überall, wo das
Evangelium gewaltsam ausgerottet ward, kränkelt der deutsche
Geist noch heute, als wäre ihm eine seiner Schwingen gelähmt.
Wo immer deutsches und fremdes Volkstum feindselig aufein=
ander stößt, da war der Protestantismus allezeit unser sicherster
Grenzhüter. In unseren Nordostmarken gilt deutsch und evan=
gelisch, polnisch und römisch=katholisch längst als gleichbedeutend,
und unter den deutschen Stämmen Österreichs bewahrt sich keiner
sein Volkstum so treu, wie das evangelische Sachsenvolk Sieben=
bürgens. —

Wohl ziemt es uns, in diesen Tagen der Feier, da die
Gestalt des Reformators lebendig in unsere Gegenwart hinein=
tritt, auch der Warnung zu gedenken, die er einst seinen Deutschen
zurief: „Gottes Wort und Gnade ist ein fahrender Platzregen,
der nicht wieder kommt, wo er einmal gewesen ist. Er ist bei
den Juden gewesen, aber hin ist hin, sie haben nu nichts. Paulus
bracht' ihn in Griechenland. Hin ist hin, nu haben sie den
Türken. Rom und latinisch Land hat ihn auch gehabt: hin ist
auch hin, sie haben nu den Papst. Und ihr Deutschen dürft nicht
denken, daß ihr ihn ewig haben werdet, denn der Undank und
Verachtung wird ihn nicht lassen bleiben. Darum greif zu und
halt zu, wer greifen und halten kann, faule Hände müssen ein
böses Jahr haben". Dieselben Mächte des Verderbens, welche
einst die Reformation in ihrem natürlichen Fortgang hemmten,
treiben in verwandelter Gestalt noch heute unter uns ihr Wesen:

der liebloſe Bruderzwiſt der Gläubigen, das fleiſchliche Evan=
gelium der Rottengeiſter und die dreiſte Selbſtgerechtigkeit der
Epikureer, wie Luther ſie nannte.

Mächtiger als dieſe dunklen, erſcheinen doch die lichten, die
troſtvollen Zeichen der Zeit. Das Gefühl einer tiefen inneren
Verwandtſchaft verbindet die Gegenwart mit den Zeiten Luthers,
zwingt den Künſtler unwillkürlich, die Bauformen des ſechzehnten
Jahrhunderts wieder aufzunehmen, den Gelehrten ſich forſchend
in jene Zeit des Sturmes zu verſenken. Vieles, was Luthers
Tage nur ahnen konnten, hat unſer Jahrhundert erſt geſtaltet
und vollendet. Die neue Welt, die damals entdeckte, tritt jetzt
erſt in die Weltgeſchichte ein, und ihre zukunftreichſten Lande
gehören dem evangeliſchen Glauben, fern am Stillen Ozean
denken in dieſen Tagen fromme Herzen des Landes, wo die
Wiege Martin Luthers ſtand; die Buchdruckerkunſt bewährt ſich
jetzt erſt als eine völkerverbindende Macht; die Einheit Deutſch=
lands und Italiens ſteht aufrecht, und nach unſeren deutſchen
Krummſtabslanden iſt auch der letzte und ſchlechteſte der geiſt=
lichen Staaten, der Kirchenſtaat des Papſtes, ins Grab geſunken;
die Freiheit des Denkens und des Glaubens iſt allen Völkern der
geſitteten Welt geſichert, und in der evangeliſchen Kirche arbeitet
noch immer die ungebrochene Kraft eines ſtarken Lebens. Der
Unfriede, der ſie erfüllt, beweiſt doch nur, daß die Religion in
unſeren Tagen die Herzen wieder tiefer und ſtärker ergreift, als
einſt im Zeitalter der Aufklärung. Und mitten im Haber ſind
ihr doch zwei Taten des Friedens gelungen: ſie hat die ge=
trennten Schweſterkirchen des Proteſtantismus zur evangeliſchen
Union verbunden, und eben jetzt iſt ſie überall am Werke, den
ſo lange verkümmerten Gedanken der Gemeindekirche in den
Formen ihrer Verfaſſung auszugeſtalten.

In ſo reicher Zeit ſoll kein guter Proteſtant die Hoffnung
aufgeben, daß dereinſt noch ſchönere Tage kommen werden, da
unſer geſamtes Volk in Martin Luther ſeinen Helden und Lehrer
verehrt. Wir wiſſen alle, vor Zeiten gereichte es unſerem Vater=
lande zum Heile, daß die Reformation nur einen halben Erfolg

errang; vollkommen siegreich, allein herrschend, hätte die evan=
gelische Kirche jenen Geist menschlicher weitherziger Duldung,
der heute im deutschen Leben überwiegt, schwerlich aufkommen
lassen. Doch die Tage, da die Kirchenspaltung Segen brachte,
gehen zu Ende. Seit die römische Kirche mit der Unfehlbarkeit
des Papstes ihr letztes Wort gesprochen hat, empfinden wir
schmerzlicher denn je, welche Kluft die Glieder unseres Volkes
trennt. Diese Kluft zu schließen, das evangelische Christentum
wieder also zu beleben, daß es fähig wird, unsere ganze Nation
zu beherrschen — das ist die Aufgabe, welche wir erkennen und
spätere Geschlechter dereinst lösen sollen. Nie kann dies Werk
gelingen, wenn wir feig den Berg wieder hinabsteigen, den unsere
tapferen Väter im Schweiße ihres Angesichts erklommen haben.
Denn nimmermehr wird eine Priesterkirche das Volk Martin
Luthers um ihre Altäre versammeln. Solches vermag nur eine
Kirche, welche die evangelische Freiheit des Christenmenschen,
die Selbständigkeit des gläubigen, bußfertigen Gewissens aner=
kennt und den sittlichen Mächten dieser Welt, vor allem dem
Staate, ihr gutes Recht gewährt. Schwerere Zeiten als die
unseren hat der Protestantismus schon siegreich überstanden: wie
viele sind unter uns, deren Ahnen am Weißen Berge oder bei
Lützen sich für das Evangelium schlugen oder das Brot der
Verbannung aßen um ihres Glaubens willen. Getrost und dank=
bar dürfen wir am Geburtstage des Reformators sein hoch=
gemutes Lied anstimmen:

> Und ob es währt bis in die Nacht
> Und wieder an den Morgen,
> Doch soll mein Herz an Gottes Macht
> Verzweifeln nicht noch sorgen!

Gustav Adolf und Deutschlands Freiheit.

Vortrag, gehalten am 9. Dezember 1894 in der Sing-Akademie zu Berlin.*)

Hochansehnliche Versammlung!

Überall, wo auf deutschem Boden das Lied erklingt „Eine feste Burg ist unser Gott", gedenken heute fromme Herzen des Tages, der einst unserer evangelischen Freiheit den Retter schenkte. Wohl empfinden wir schmerzlich als einen Nachhall alten deutschen Bruderzwistes, daß nur ein Teil der Nation an dieser Feier mitwirken kann, manche wackere Landsleute sie wohl gar wie einen Landesverrat verabscheuen. Wir aber wollen uns die Freude an dem nordischen Helden nicht darum stören lassen, weil er ein Fremder war und der Stern seines Ruhmes gerade in den dunkelsten Tagen unserer vaterländischen Vergangenheit hell aufleuchtete. In scharfem Gegensatze zu der nationalen Einseitigkeit des klassischen Altertums zeigt die christliche Völkergeschichte ein ewiges Geben und Empfangen, eine beständige Verkettung der allgemeinen europäischen Interessen, der Ideen der Menschheit mit den Sonderzwecken der Nationen. Ihr Reichtum und ihre Schönheit liegt in dem wechselreichen Schauspiele, wie diese freien verbrüderten Völker sich bald hassen und fliehen oder bekämpfen, bald sich finden und einander die Hände reichen zu gemeinsamer Arbeit. Selbst das britische Inselreich, das fremdes Wesen am leichtesten von sich abweisen konnte, verdankte zwei-

*) [Besonders erschienen: Leipzig, S. Hirzel. 1895.]

mal eine große Wendung seiner Geschicke der wohltätigen Hand
eines Fremdlings. Der Franzose Simon von Montfort schuf den
Briten ihr Unterhaus und erwarb sich zum ersten Male den
Ehrennamen eines Protektors des englischen Volkes; der Holländer Wilhelm von Oranien sicherte ihnen ihre heutige parlamentarische Verfassung.

Auch Gustav Adolfs Heimat hat den Segen wie den Un-
segen ausheimischer Gewalten von früh auf erfahren. Deutschland gewann einst diese unberührte nordische Heidenwelt für das
Christentum, für die Gemeinschaft der lateinischen Gesittung.
Deutschlands Hansa erschloß die Küsten Skandinaviens zuerst
dem Welthandel und hielt zugleich mit der Übermacht ihres
Kapitals die wirtschaftlichen Kräfte dieser jungen Völker so
herrisch darnieder, daß die drei alten Hauptstädte des Nordens,
Stockholm, Kopenhagen, Bergen, zu deutschen Häfen, und eine
Zeitlang selbst die drei Kronen des Nordens nur mit dem Willen
des gemeinen deutschen Kaufmanns vergeben wurden. Im sechzehnten Jahrhundert, als die Macht der Hansa zerfiel, begann
sodann der notwendige Rückschlag gegen die deutsche Fremdherrschaft. „Alles durch Gott und die schwedische Bauernschaft"
— unter diesem Schlachtrufe führte Gustav Adolfs Großvater,
Gustav Wasa, seine Dalkarle zum Aufstand; er befreite sein
Land von dem Joche der dänischen Unionskönige wie von der
Vormundschaft der deutschen Kaufherren und gründete ein neues,
nationales Königtum. Feurig, tatenfroh, hochgebildet, empfäng-
lich für jeden neuen Gedanken, so ist dann seine wilde Wasabrut
durchs Leben gestürmt, mancher sich selbst verzehrend in den
Flammen der eigenen Leidenschaft. Mit unendlicher Liebe hingen
die Schweden an dem Hause ihres Befreiers; sie wollten sich den
Namen der Wasas und das Ährenbündel ihres Wappenschildes
auch dann nicht nehmen lassen, als späterhin die Pfälzer und
andere weibliche Nachkommen dem ausgestorbenen alten Mannes-
stamme folgten.

Aber zur selben Zeit, da unsere Handelsherrschaft in Skandinavien zusammenbrach, drangen noch einmal Deutschlands

Gedanken siegreich in den Norden ein. Gustav Wasa bekehrte sich zu Luthers evangelischer Lehre und verteilte das überreiche Gut der alten Kirche also zwischen der Krone und dem Adel, daß der Staat der Wasas fortan mit der lutherischen Kirche stand und fiel. Der Protestantismus ging hier nicht wie in Deutschland frei aus dem Gewissen des Volkes hervor; er ward, wie in England, durch ein starkes Königtum der Nation aufs erlegt, die sich erst allmählich, dann aber mit aller Kraft ihrer Seele dem evangelischen Glauben zuwendete. Und so stand Deutschland, das kirchlich zerspaltene Vaterland der Reformation, fortan mitteninne zwischen der katholischen Welt der Romanen und dem strengen Luthertum des Nordens. Der Bund zwischen der schwedischen Krone und der lutherischen Kirche schloß sich noch fester, als Gustav Wasas Enkel, König Sigismund, zugleich erwählter König von Polen, sich zur römischen Kirche zurückwandte und deshalb nach einem verworrenen Bürgerkriege aus dem Lande vertrieben wurde. Nun bestieg Gustav Adolfs Vater, der jüngste Sohn Gustav Wasas, als König Karl IX. den gewaltsam erledigten Thron, ein strenger, harter Mann der Geschäfte, gleich seinem Vater ein König der armen Leute, ein Schirmherr des Protestantismus. Alsbald brach ein breisacher Krieg über dies arme Land herein, das auf einem ungeheueren Gebiete noch kaum eine Million Einwohner zählte, das seine wohlhabenden Südprovinzen Schonen und Blekingen noch in den Händen der feindlichen Dänen sah und nur aus einem einzigen Nordseehafen, unbelästigt vom dänischen Sundzoll, frei mit dem Westen verkehren konnte. Der vertriebene König in Krakau fordert seine geraubte Krone zurück; Polen, Rußland, Dänemark beginnen den großen Kampf um das Erbe der zerfallenen Hansamacht, um die Herrschaft auf der Ostsee. In solcher Bedrängnis sagte der alte König, da seine Tage sich zum Ende neigten, hinweisend auf den jungen Thronfolger: Ille faciet, der wird es tun!

Den Völkern wie den hochbegabten Männern kommen Stunden, da ihnen eine innere Stimme sagt: Jetzt oder niemals sollst

du dein Beſtes, dein Eigenſtes der Welt offenbaren. Von dem
erſten Augenblicke der Regierung Guſtav Adolfs an geht durch
das ſchwediſche Volk, mächtig anſchwellend, ein Gefühl heller,
froher Siegesgewißheit. Die tiefſinnige lutheriſche Lehre, die
ſonſt ihre Bekenner ſo oft zum leidenden Gehorſam, zur Abkehr
von den Kämpfen des Staatslebens führte, hier auf dieſem jungen
nordiſchen Boden ward ſie ſtreitbar, wie ihre tatkräftigere
Schweſter, der Calvinismus; und bald erklang von allen Kanzeln
die Weisſagung, dieſer Guſtavus ſolle der Auguſtus des pro=
teſtantiſchen Nordens werden. So recht als ein Mann nach des
Volkes Herzen erſchien der ſiebzehnjährige Jüngling, blond, mit
ſtrahlenden blauen Augen, die hochgewachſenen Nordländer um
eines halben Kopfes Länge überragend, heiter und lebensfroh,
von altnordiſcher Einfachheit — denn wie oft hat er in guter
Laune mit den Geſellen gewartet, bis der gefrorene Wein im
Faſſe auftaute — ein Meiſter in der Kunſt des Geſprächs, und
tat es not, dann kam auch die herzerſchütternde, volkstümliche
Beredſamkeit ſeines Großvaters über ihn. Eine ſorgfältige Er=
ziehung hatte den frühreifen, lernbegierigen Knaben in den ganzen
Umkreis der Bildung der Zeit eingeführt. Doch ſein Herz, das
ſah man bald, war bei den Waffen. Bilder von Kampf und
Sieg ſchritten durch ſeine Träume. Wie war er froh des reinen
gotiſchen Heldenbluts in ſeinen Adern. Unzertrennlich, ununter=
ſcheidbar für ſein eigenes Bewußtſein verflocht ſich mit dieſem
kriegeriſchen Nationalſtolze der Ernſt des evangeliſchen Glaubens.
Die großen Erinnerungen des Waſahauſes, die nahe Verwandt=
ſchaft mit den altproteſtantiſchen Geſchlechtern von Brandenburg,
Holſtein, Heſſen, Pfalz, der Kampf gegen den katholiſchen Vetter
in Polen, die geſamte Weltſtellung des Schwedenreichs drängten
ihn in das proteſtantiſche Lager; und mit königlichem Blicke die
religiöſen Kämpfe der Zeit überſchauend, forderte er nur, daß
die Kirchen, die einander nicht mehr bezwingen konnten, viel=
mehr lernen müßten ſich zu vertragen. Aber er ſah auch nicht,
wie Richelieu oder Wallenſtein, in der Kirche bloß ein Mittel
für politiſche Zwecke; er lebte im evangeliſchen Glauben, er

kannte die Kraft des Gebets, und aus vollem Herzen sang er
sein Lied: Verzage nicht, du Häuflein klein! Die Wärme und
Innigkeit seines religiösen Gefühls erinnert an die Männer einer
längst vergangenen Zeit, an die Führer des Schmalkaldener
Bundes, Johann Friedrich von Sachsen und Philipp von Hessen,
nur daß in ihm die Macht des Glaubens nicht den Duldermut
des Märtyrers, sondern den Tatenmut des Helden erweckte.

Unterstützt von seinem jugendlichen Kanzler Orenstierna, errichtete der König in seinem von Bürgerkriegen zerrütteten Staate
binnen wenigen Jahren die bestgeordnete ständische Monarchie
des Zeitalters. Lagerquist-Lorbeerzweig, Örnflycht-Adlerflug,
Erenrot-Ehrenwurzel, so lauteten die stolzen Namen der Adelsgeschlechter, die hier, wie überall in der hocharistokratischen Welt
der baltischen Gestade, ihren steifen Nacken nur ungern unter
die monarchische Gewalt beugten. Erstaunlich schnell ward diese
harthändige Aristokratie durch die lockende Aussicht auf Kriegsruhm und Beute für den Dienst der Krone gewonnen; jeder
Edelmann, der in Kriegszeiten daheim blieb, den Kehricht zu
hüten, verlor seine Kronlehen. Darum konnte auch der getreuen
Bauernschaft die harte Last der Wehrpflicht auferlegt werden;
alljährlich verlasen die Pfarrer von der Kanzel herab die Namen
der einberufenen jungen Mannschaften. Durch fünf große Zen-
tralbehörden leitete der König die gesamte Verwaltung. Die
vier Stände seines Reichstags ließ er frei beratschlagen; doch
sobald die königliche Entscheidung gefallen war, dann forderte er
unverbrüchlichen Gehorsam, denn „es grünt kein kriegerischer
Lorbeer unter diesem ewigen Zanken und Streiten". Also seines
Volkes sicher, unternimmt er die drei Kriege, die ihm sein Vater
hinterlassen, zu beendigen, und bildet sich in einer neunzehn-
jährigen Kriegsschule ein sieggewohntes Heer. Gegen die Dänen
vermag er nur mühsam seine Machtstellung zu behaupten. Dann
wendet er sich, den gefährlichsten Feind umgehend, wider die
Moskowiter; er vertreibt die Russen aus ihrem Raubnest an der
Ostsee, unterwirft Ingermanland und Karelien, alle Umlande
des finnischen Meerbusens, und in der Nähe des heutigen St.

11*

Petersburg errichtet er die Säule, die der Welt verkündet, daß
hier Guſtavus Adolfus die Grenzen ſeines Reiches geſetzt habe.
Darauf führt er ſeine Getreuen wider Polen und tritt hier zum
erſten Male den Heerſcharen der Gegenreformation gegenüber;
er bereitet dem ſiegesfrohen Polenreiche ſeit zweihundert Jahren
die erſte große Niederlage, er erobert Livland, ſichert der evangeliſchen Kirche ihren bedrohten Beſitzſtand und niſtet ſich dann
in den Häfen Preußens ein. Klarer und klarer enthüllte ſich
der leitende Gedanke ſeines Lebens: der Plan eines ſkandina-
viſchen Großreichs, das alle Lande der Oſtſee unter der Herrſchaft der blaugelben Flagge vereinigen ſollte.

Alle dieſe Erfolge hatte Guſtav Adolf errungen, ohne daß
die Mächte des Weſtens ſich einmiſchten. Denn es gab noch
kein Staatenſyſtem. Das Land der Mitte Europas, dies Deutſchland, das dereinſt berufen war, den Weſten und den Oſten Europas zu einer lebendigen Staatengeſellſchaft zu verbinden, lag
eben jetzt aus tauſend Wunden blutend darnieder, zerriſſen von
einem wütenden Parteikampfe; und erſt als Guſtav Adolf auf
ſeinem Siegeszuge den deutſchen Grenzen näher kam, ward auch
er in die Strudel des großen deutſchen Krieges hineingeriſſen.
Dreiundſechzig Jahre lang hatte Deutſchland wie träumend dahin-
gelebt unter dem Schutze des Augsburger Religionsfriedens, eines
unwahren Friedens, der die Herzen nicht verſöhnte und alle die
großen Streitfragen unſeres Reichsrechts ungelöſt ließ. Tat-
los, ganz hingenommen von dem wüſten Gezänk der lutheriſchen
und calviniſchen Theologen, hatten Deutſchlands Proteſtanten
mit angeſehen, wie die Jeſuiten mitten im Frieden burch Liſt
und Gewalt weite Landſtriche unſeres Südens und Weſtens zur
römiſchen Kirche zurückführten, wie im burgundiſchen Kreiſe des
Reichs, an den Mündungen des deutſchen Stromes, die Nieder-
länder den Verzweiflungskampf gegen die habsburgiſche Weltmonarchie wagten, und Wilhelm von Oranien mahnend rief:
Bleibt Deutſchland der träge Zuſchauer unſerer Trauerſpiele,
dann wird dereinſt auf ſeinem Boden ein Krieg entbrennen, der
alle anderen Kriege in ſich verſchlingt! Jetzt erfüllte ſich die

Warnung. Der gräßlichſte aller Kriege hob an, gräßlich nicht
bloß durch ſeine wilden Verheerungen, ſondern auch durch ſeine
Ideenloſigkeit; denn in dieſem zwiſchen vier Parteien hin und
her geſchleuderten Reiche verflochten ſich die religiöſen und poli=
tiſchen Gegenſätze zu einem unlösbaren Wirrſal, und von den
hohen Leidenſchaften der erſten Zeiten der Reformation blieb
faſt nichts mehr übrig als der finſtere, boshafte kirchliche
Haß.

Die beiden Linien des Hauſes Habsburg, Öſterreich und
Spanien, finden ſich zuſammen zur gemeinſamen Bekämpfung
der Ketzerei; ſie verbünden ſich mit Max von Bayern, dem Haupte
der katholiſchen Liga Deutſchlands, mit italieniſchen Fürſten,
mit der Krone Polen. Faſt das geſamte katholiſche Europa,
allein Frankreich ausgenommen, ſtellt ſeine Söldner in die Dienſte
dieſer kaiſerlichen Politik, die entſchloſſen, kühn, vom Glücke be=
günſtigt, ihren Zielen zuſchreitet, durch die rückſichtsloſe Kraft
ihres Willens ſelbſt Guſtav Adolfs Bewunderung erregt. Der
Kaiſer, ſagte er oft, iſt ein großer Politikus, er tut, was ihm
nützt. Schon ſind alle Erblande des Kaiſers, ſelbſt die alte
Ketzerheimat Böhmen und das evangeliſche Bauernvolk Ober=
öſterreichs zur Glaubenseinheit der römiſchen Kirche zurück=
gegangen. Schon iſt Süddeutſchland unterjocht, der Kurfürſt
von der Pfalz von Land und Leuten vertrieben; Spanien gebietet
über eine Kette feſter Plätze den Rhein entlang und kann alſo
ſeine Söldner ſicher von Mailand über Tirol durch Deutſchland
gegen die Niederlande ſenden. Dann werden auch die kleinen
Heere der proteſtantiſchen Parteigänger des Nordens zertrümmert,
zuletzt noch der däniſche Herzog von Holſtein zurückgeſchlagen.
Die Heerſcharen des Kaiſers bringen wie in den Tagen der
Ottonen bis nach Jütland vor. Seine Fahnen mit den Bildern
des Doppeladlers und der Jungfrau Maria wehen ſiegreich an
unſeren beiden Meeren, und ſein Oberfeldherr, der Tſcheche
Wallenſtein, arbeitet ſchon an dem Plane einer kaiſerlichen See=
macht; er will durch einen Kanal zwiſchen Wismar und der
Elbe Oſt= und Nordſee in eine Kette hängen und im Jahdebuſen,

da wo heute Wilhelmshaven steht, dicht vor der Türe der nieder-
ländischen Rebellen, einen kaiserlichen Kriegshafen gründen.

Im Jahre 1629 sprach die kaiserliche Politik ihr letztes
Wort. Das Restitutions-Edikt schloß die Reformierten von der
Duldung des Augsburger Religionsfriedens aus und gebot, daß
alle die geistlichen Stifter, die sich seit jenem Frieden der evangelischen Kirche zugewendet hatten, alle die großen reichsunmittel-
baren Bistümer der alten Germania sacra unseres Nordens,
Magdeburg, Halberstadt, Bremen, Lübeck, desgleichen die Landes-
bistümer Meißen, Brandenburg und unzählige andere der römischen Kirche ausgeliefert würden. Welch eine Aussicht, wenn
also die friedliche Entwicklung zweier Menschenalter durch einen
Gewaltstreich aufgehoben, wenn das durch und durch protestantische Volk dieser vormals geistlichen Gebiete wieder dem Krumm-
stab unterworfen wurde und ein Erzherzog als katholischer Erzbischof in Magdeburg einzog! Wenn das gelang, dann wurde
der kirchliche wie der politische Bestand des deutschen Protestantismus in seinen Wurzeln zerstört; und er ward vollends vernichtet, wenn auch noch die erlauchten reformierten Fürsten-
geschlechter des Reichs, die Brandenburger, die Hessen, die
Pfälzer, die anhaltischen Askanier als Rebellen und Ketzer ihre
Reichslehen verloren, wie ja schon die Mecklenburger, die Braun-
schweiger und viele andere protestantische Fürsten ins Elend
gezogen waren und ihre alten Stammlande der Gewaltherrschaft
der kaiserlichen Feldobersten überlassen hatten. Niemals war
unser Vaterland dem Einheitsstaate so nahe; wir brauchen
keine Fürsten und Kurfürsten mehr, sagte Wallenstein drohend.
Aber die Einheit, also geschaffen durch die spanischen Priester
der Gesellschaft Jesu, durch vaterlandslose Kondottieri und
Söldnerscharen, hätte alle Freiheit unseres Geistes, recht eigentlich
unser deutsches Ich vernichtet. Ein Schrei des Entsetzens ging
durch die protestantische Welt. Doch wo fand sich ein Helfer?
Die beiden einzigen Protestanten, die noch den Kurhut trugen,
der Brandenburger und der Sachse, sahen ihr Land von kaiser-
lichem Kriegsvolk überschwemmt; sie waren gelähmt durch ihre

Willensſchwäche, gelähmt durch die alte, auch in der Verirrung noch achtbare deutſche Kaiſertreue, gelähmt durch die Zuchtloſig= keit ihrer Landſtände, die jede ernſte Kriegsrüſtung verhinderte. Es ſtand nicht anders; dahin war es durch die Zwietracht und die Tatenſcheu der deutſchen Proteſtanten gekommen, daß nur eine fremde Macht noch retten konnte.

Dem Schwedenkönig blieb keine Wahl mehr. Er erkannte den großen Zuſammenhang der europäiſchen Dinge; er hatte ſich ſchon längſt vergeblich bemüht, die noch freien Mächte des proteſtantiſchen Nordeuropas, England, Niederland, Dänemark zu einem Bunde gegen die Habsburger zu bewegen, und ſchon einmal, während ſeines polniſchen Feldzuges, auf der Stuhmer Heide mit kaiſerlichen Scharen unglücklich gefochten. Wenn jetzt die Herrſchaft der kaiſerlichen Soldateska an der Oſtſee ſich noch weiter ausbreitete, dann war nicht nur ſeine erhoffte große ſeptentrionaliſche Monarchie vernichtet, ſondern auch ſein kleiner heimiſcher Thron gefährdet; denn unzweifelhaft mußten dann die mit Öſterreich verbündeten polniſchen Waſas die ſchwediſche Krone wiederzugewinnen ſuchen. Durch die Sicherheit unſerer Nachbarn, ſo ſagte er zu ſeinen getreuen Stäuben, müſſen wir unſere eigene Sicherheit erringen; und in feuriger Rede fügte er, der nie heucheln lernte, die Beteuerung hinzu: ich will die unterdrückten Religionsverwandten vom päpſtlichen Joche be= freien. Die politiſche und religiöſe Pflicht wieſen ihn beide auf dasſelbe Ziel. Den Ausſchlag gab doch, wie bei allen welt= geſchichtlichen Entſchlüſſen, der dunkle Drang des Genius, die geheime Ahnung ungeheurer Erfolge und einer göttlichen Be= rufung.

Im Juli 1630 landet er auf Rügen, gerade hundert Jahre, nachdem Deutſchlands Proteſtanten vor Kaiſer und Reich ihr Glaubensbekenntnis überreicht hatten. Die verwaiſte Wittib, die Augsburgiſche Konfeſſion hatte endlich ihren Tröſter gefunden. Aber noch währte es faſt ein Jahr, bis die Fürſten Norddeutſch= lands die Scheu vor dem Kaiſer, das Mißtrauen gegen die unberechenbaren Anſchläge des Fremdlings ganz überwanden.

Eine leuchtende Geſtalt, ganz durchglüht von heldenhafter Zu=
verſicht, tritt er unter die Zaudernden und Schwankenden. Ich
ſage euch, geht nicht den Mittelweg — ſo klingt es wieder in
allen ſeinen Reden — der Rubikon iſt überſchritten, der Würfel
iſt gefallen; hier ſtreiten Gott und der Teufel, es gibt kein
Drittes; was iſt das für ein Ding, Neutralität? Ich kenne es
nicht! Langſam bohrend, in einem mühſeligen Feldzuge, der
nachher von Napoleon beſonders hoch bewundert wurde, drang
er nun mit ſeinem kleinen Heere in Pommern und den Marken
vor, von Frankreich insgeheim mit Geld unterſtützt und doch
wachſam bemüht, dieſen gefährlichen Nachbarn dem deutſchen
Kriege fern zu halten. Eine diplomatiſche Wendung am kaiſer=
lichen Hofe brachte endlich Klarheit in die verworrene Lage.
Wallenſtein, der weltliche Held, der alle Teufel den Pfaffen ins
Gedärm wünſchte, wollte ſich mit den Schweden abfinden, die
deutſchen Proteſtanten gewinnen burch ſchonende Ausführung des
Reſtitutions=Edikts, und alsdann die geſammelte Macht Öſter=
reichs, Spaniens und des geeinten deutſchen Reichs gegen das
katholiſche Frankreich und die evangeliſchen Niederlande führen,
um alſo die habsburgiſche Weltmonarchie über dem geſamten
lateiniſchen Europa aufzurichten. Die katholiſche Liga dagegen
und die Prieſterpartei in der Wiener Hofburg forderten Aus=
rottung der norddeutſchen Ketzerei und Kampf gegen ihren ſchwe=
biſchen Bundesgenoſſen. Kaiſer Ferdinand ſtand zwiſchen ſeinem
Feldherrn und ſeinem Beichtvater. Er entſchied ſich, wie er
mußte, für den Prieſter. Wallenſtein ward geſtürzt, und in den
dritthalb Jahren, da Guſtav Adolf auf unſerem Boden weilte,
zeigte dieſer wirrenreiche Krieg, der ſo oft die Farbe wechſelte,
ganz und gar das Weſen eines Religionskrieges. Jetzt ward
wirklich gefochten um Sein oder Nichtſein des Proteſtantismus.
An die Spitze des kaiſerlichen Heeres trat der Wallone Tilly,
der, minder unbarmherzig als der grauſame Wallenſtein, doch
unſerem proteſtantiſchen Volke immer verhaßter blieb, weil ſich
der kirchliche Glaubenshaß der römiſchen Partei in ihm ver=
körperte. Dem Schlachtruf der Kaiſerlichen: Maria, Mutter

Gottes! antwortete das Heer Gustav Adolfs mit dem Rufe: Gott mit uns!

Erst als Magdeburg von den Kaiserlichen eingeäschert war und die papistische Welt den jammervollen Fall der treuen Märtyrerstadt des Protestantismus, die einst den Heeren Karls V. getrotzt, weithin mit lautem Hohnruf begrüßte, da erst entschloß sich Gustav Adolf, seinen immer noch zaudernden brandenburgischen Schwager zum Bündnis zu zwingen. Auch das geängstigte Kursachsen schloß sich an. Nun überschreitet der König die Elbe, und die Protestanten atmen auf, als er im Lager von Werben dem nie besiegten Tilly standhält. Darauf treibt ihn der Hilferuf Kursachsens südwärts, und dort auf dem Schlachtenboden Mitteldeutschlands, wo noch zweimal in diesem Kriege die eisernen Würfel rollen sollten, in der Leipziger Ebene bei Breitenfeld, fällt der entscheidende Schlag. Die kaiserlichen Reiter, die dem geschlagenen linken Flügel der Protestanten, den Sachsen, nachsetzen, sehen sich plötzlich von dem rasch einschwenkenden Zentrum des schwedischen Heeres selber in der linken Flanke gefaßt; Tillys unförmliche, dichtgedrängte Schlachthaufen erliegen den leicht beweglichen, schnell feuernden Linien der Schweden. Der Unbesiegliche ist aufs Haupt geschlagen, und mit einem Male birst die Rinde von den Herzen der verzweifelten Protestanten. Das treue Stralsund, die Besiegerin der Wallensteiner, sendet dem Helden den Heilruf zu:

> Der Leu aus Mitternacht, den Gottes Geist verheißen,
> Der Babels Stolz und Pracht soll brechen und zerreißen!
> Wo's Fahnen in der Luft, wo's Sturm und Schlachten gibt,
> Das ist ein Freudenspiel, das unser Leu beliebt.

Zum ersten Male seit Martin Luthers Auftreten ersteht unserem Volke wieder ein Mann, zu dem jeder in Haß oder Liebe aufblicken muß. Es war der Tag der Befreiung. Der deutsche Protestantismus war gerettet, die Parität der Bekenntnisse gesichert. Von einer Ausrottung und Beraubung der Protestanten, wie sie das Restitutions-Edikt geplant hatte, konnte fortan nicht

mehr die Rede sein; und bei dem Charakter dieses Krieges, der
in einem Lande ohne Hauptstadt, von kleinen Herren auf vielen
Schauplätzen zugleich, vor den Mauern unzähliger fester Plätze
geführt wurde, ließ sich ein vollständiger Umschwung des Waffen=
glücks kaum noch erwarten.

Seine treuesten Freunde fand Gustav Adolf unter den warm=
herzigen Protestanten Süddeutschlands, die schon fast zu hoffen
verlernt hatten. Sie jauchzten auf in überschwenglicher Dank=
barkeit, als er sich jetzt nach Franken wandte, um auch hier über=
all die blinden Pressuren der Papisten abzustellen. Wie drängte
sich das Volk in Nürnberg um den König und feierte seine
heroische Person in Lied, Bild und Rede; „Willst du ihn sehen
ganz, so schaue durch die Welt!" Eine Gefolgschaft deutscher
protestantischer Fürsten, voran der vertriebene Böhmenkönig
Friedrich von der Pfalz, sammelte sich jetzt um ihn; zu den
Schweden und Livländern, die er einst nach Rügen geführt, traten
neue in Deutschland geworbene Regimenter hinzu, beide Nationen
fügten sich seiner unerbittlichen Manneszucht. Dann ging der
Heerzug durch die schönen Weinlande der alten Pfaffengasse des
Reichs, den Main abwärts bis zum Rheinstrom, und den rauhen
Nordländern ward wohl beim edlen 1624er Weine. Inmitten
des Volksjubels, der ihn brausend umringte, verlor Gustav Adolf
doch nie das Gefühl, daß er unter Fremden stand, und sagte
einmal bei einem Zanke seiner deutschen Umgebungen: Ich will
lieber in meinem Lande die Säue hüten, als mit einer so törichten
Nation verkehren. Vom Rhein zog der König gegen Bayern,
die Hochburg der katholischen Liga. In einer blutigen Schlacht
am Lech verliert Tilly den Sieg und das Leben. Kurfürst Max
entflieht und überläßt sein München dem Eroberer. Die ewige
Lampe, die so lange vor dem Bilde der Patrona Bavariae, der
Mutter Gottes am Residenzschlosse, gebrannt hatte, mußte freilich
verlöschen; aber frei ward der Gottesdienst für jedermann, und
die Jesuiten zürnte der König an: Ihr seid die Sünder, ihr waret
gesendet, Frieden zu stiften und habt den Krieg gesät. Noch nie
hatte sich die Macht seiner Persönlichkeit so sieghaft gezeigt.

Selbst dies tief verfeindete bayrische Volk begann ihn lieb zu
gewinnen, wenn er allein im Reitermantel und Schlapphut durch
die Gassen schritt, Geld unter den Haufen warf und mit den
kleinen Leuten zutraulich verkehrte.

Er stand auf der Höhe seines Ruhmes und zugleich am
tragischen Wendepunkte. Auch an ihm mußte sich der Fluch
erfüllen, der auf jeder Fremdherrschaft lastet. Das Tagewerk
seines Lebens, soweit es uns Deutschen Heil bringen konnte,
war getan. Gewiß barg er cäsarische Gedanken in seinem Haupte,
und sie mußten mit seinen Siegen wachsen. Ein kleiner Preis
konnte dem heißen Wasablute nicht genügen, und nicht zufällig
prangten goldgestickte kaiserliche Doppeladler auf der Schabracke
seines Paraderosses. Doch wahrlich nicht die römische Kaiserkrone, nicht diese mit der katholischen Kirche unzertrennlich ver-
bundene und durch die katholische Mehrheit des Kurfürstenrates
verliehene Würde konnte seinen Ehrgeiz reizen, der bei aller
Verwegenheit sich doch immer den Sinn für das mögliche bewahrte. Er blieb König von Schweden. Wie hätte er also
Deutschlands Einheit wünschen können, in diesem Zeitalter der
harten Staatsräson, da jeder Nachbar den Nachbarn als Feind
beargwöhnte? Auf meinem Staate da unten ruhen alle meine
Erfolge hier oben, so sagte er oft; unwandelbar hielt er fest
an dem Gedanken seines skandinavischen Großreiches. Er wollte
Pommern und was sich sonst noch von deutschen Küstenländern
gewinnen ließ, an seine Krone bringen, seiner armen Heimat
den Unterhalt sichern aus der reichen vorpommerschen Kornkammer; er wollte also das deutsche Reich vom Meere absperren
und Dänemark dermaßen umklammern, daß früher oder später
alle Umlande des baltischen Meeres der Herrschaft der Wasas
anheimfallen mußten. Wenn er in den eroberten fränkischen
Bistümern sich, bis auf weitere Verfügung, huldigen ließ, so
beabsichtigte er nur, diese Stiftslande zum Teil an Bernhard
von Weimar und die Getreuen der protestantischen Fürstenpartei
als Lehen dahinzugeben, zum anderen Teile sie als Faustpfand
zurückzubehalten, um sie beim Friedensschlusse gegen deutsche

Küstenländer auszutauschen. Mit diesem großen baltischen Besitz=
tum dachte er als Reichsstand in den deutschen Reichstag ein=
zutreten, als Direktor eines Corpus Evangelicorum, das, ein Staat
im Staate, eine geordnete Opposition, die Parität der Bekennt=
nisse aufrecht halten sollte. Ein Teil dieser Entwürfe ist nach=
her durch die Hand seiner schwächeren Nachfolger im Westfälischen
Frieden verwirklicht worden; und wer kann heute noch bestreiten,
daß sie wohl den Religionsfrieden im Reiche sicherten, aber
unsere politische Macht schwer, verderblich bedrohten? Wir dürfen
es aussprechen: ein gnädiges Geschick rief den Retter des deutschen
Protestantismus hinweg gerade in dem Augenblicke, da er der
Feind unseres nationalen Staatswesens werden mußte.

Erschreckt durch die Siege dieses Goten entschloß sich der
Kaiser, dem abgesetzten Wallenstein mit unbeschränkter Vollmacht
wieder die Führung seiner Heere anzuvertrauen; und sobald die
Werbetrommeln des glückhaften Friedländers erklangen, strömten
in Massen die raub= und ruhmbegierigen Kriegsknechte herbei.
Gustav Adolf sollte bald erfahren, daß ihm endlich ein eben=
bürtiger Feind gegenübertrat. Er konnte die Vereinigung der
Kaiserlichen mit dem bayrischen Heere nicht hindern. Als sich
dann Wallenstein in dem Hungerlager auf der Alten Feste bei
Nürnberg tief in seine Schanzen vergrub, da stürmten und
stürmten die Schweden vergeblich. Der König mußte die ver=
wegenen Angriffe aufgeben, der Friedländer aber schrieb nach
seiner prahlerischen Weise: hier hätte sich der Schwede hazzardo=
samento die Hörner abgelaufen. Jetzt zieht Wallenstein norb=
wärts gegen Mitteldeutschland. Sengend und brennend wüten
seine Kroaten in Thüringen, die Holkischen Jäger im Erzgebirge.
Gustav Adolf folgt ihm, um seinem Vaterlande desto näher
zu sein; denn er sieht seine Rückzugslinie gen Norden bedroht.
Das ausgeplünderte thüringische Volk empfängt ihn frohlockend
und küßt ihm die Kniee. Er aber sagt beim Anblick der Nackten
und Elenden tief erschüttert: Gott wird mich strafen, diese
Menschen ehren mich wie einen Gott! Auf dem Felde von Lützen,
dicht neben der Stelle, wo er einst den herrlichsten seiner Siege

erfochten, befiehlt er die Schlacht. Beide Nationen, Deutsche und Schweden, begrüßen den anreitenden Feldherrn mit lautem Waffengetöse, und er betet: Jesu, Jesu, Jesu, laß uns heute in deinem heiligen Namen streiten! So mit einem Gebet auf den Lippen sprengt er in den dicken Herbstnebel hinein und findet den Heldentod.

Sein Wirken war das letzte Aufleuchten der Idee in diesem greuelvollen Kriege. Rasch verwildernd nach dem Tode des gestrengen Zuchtmeisters, kämpften die schwedischen Heere nur noch um die elende Frage, wie viele Fetzen deutschen Landes ihnen als Satisfaktion und Entschädigung zufallen sollten; mit ihnen vereint Frankreich, das jetzt erst, nach Gustav Adolfs Hinscheiden, freie Hand erhielt für seine deutschen Pläne. So furchtbar hauste das entartete Kriegsvolk, daß der niederdeutsche Bauer heute alles, was über die Zeiten der Götterdämmerung hinaus liegt, ganz vergessen hat und jedes Hünengrab eine Schwedenschanze nennt. Doch schon hob sich aus der unverwüstlichen Kraft unseres Volkes ein neues Staatsgebilde empor. Gustav Adolfs Neffe, der große Kurfürst von Brandenburg, ward sein Erbe zugleich und sein Feind. Er ward sein Erbe; denn Kurbrandenburg errang auf dem Westfälischen Friedenskongresse den kirchlichen Ideen Gustav Adolfs den vollen Sieg; Kurbrandenburg erwirkte den ehrlichen Religionsfrieden, die unbedingte Gleichheit der Bekenntnisse. Auch im Innern des jungen preußischen Staates wirkten die schwedischen Überlieferungen noch lange nach. An dem Vorbilde seines Oheims lernte Kurfürst Friedrich Wilhelm die Macht seiner Landstände zu beherrschen und eine starke, kriegerische monarchische Gewalt zu behaupten. Durch die alten Schweden, die unter den Fahnen des roten Adlers dienten, drang viel schwedischer Kriegsbrauch in dies junge Heer ein: die rasche Beweglichkeit und die Feuerkraft des Fußvolkes, auch der Kriegsruf Gustav Adolfs: Gott mit uns! Aber Friedrich Wilhelm hat auch — so zweischneidig sind alle historischen Dinge — zuerst die Zerstörung begonnen gegen das politische Werk seines Oheims. Einen furchtbar schweren Lohn ließen sich die

Schweden für ihre Hilfe zahlen. An allen unseren Küsten saßen
sie als Herren; Weser, Elbe, Oderstrom wurden fremder Nationen
Gefangene, wie Friedrich Wilhelm klagte. Gegen diese schwedische Fremdherrschaft mußte Preußen fast zweihundert Jahre
lang, seit dem ersten nordischen Kriege und dem Fehrbelliner
Siegestage, balb mit dem Schwerte, balb mit der Feder ringen,
bis endlich im Jahre 1815 ihre letzten Trümmer vom deutschen
Boden verschwanden und Norddeutschland wieder Herr ward im
eigenen Hause.

Von den brei Gewaltigen, welche damals die Welt mit dem
Schrecken ihres Namens erfüllten, erscheint Wallenstein als die
unheimlichste Gestalt: ein großer Kriegsfürst, gewiß, der Schöpfer
des österreichischen Heeres, und doch nur ein Heimatloser, der
sein Volkstum und Glauben gleichgültig der Ehrsucht opfert;
ein genialer Abenteurer, der bald einen italienischen, balb einen
deutschen Fürstenhut erhofft, balb von der habsburgischen Weltmonarchie träumt, balb von der heiligen Impresa gegen Kon-
stantinopel oder auch von einer neuen Plünderung Roms, und
bei allen biesen gigantischen Entwürfen immer nur an sein eigenes
großes Ich denkt. Gott im Himmel, ich auf Erben — so sagt er
frevelnd und stirbt den häßlichen Tod des Verräters. Glücklicher
war Richelieu. Denn dieser Bismarck Frankreichs stand auf
dem festen nationalen Boden, worin alle staatsmännische Größe
wurzelt. Er vollendete, was die Politik der französischen Könige
seit Jahrhunderten bedachtsam vorbereitet hatte, die Einheit
seines Vaterlandes. Durch Seelenadel und menschliche Hoheit
überragt Gustav Adolf alle beide. Ihm ward ein Los bereitet
wie jenem mazedonischen Alexander, dem sein Leben auch durch
die raschen Siege und das jähe Ende auffällig gleicht. Alexanders
Weltreich fiel mit seinem Schöpfer, aber auf Jahrhunderte hinaus
blieb, was er für die Gesittung der Menschheit geschaffen hatte.
Er zwang die Griechen, den nationalen Beruf mit dem welt-
bürgerlichen zu vertauschen, er verwandelte das Hellenentum in
Hellenismus, er erfüllte ganz Vorderasien dermaßen mit griechischer Bildung, daß nachher das Evangelium Christi in grie-

chischer Sprache den Völkern des Mittelmeeres verkündigt und
von ihnen verstanden werden konnte. So ist auch Gustav Adolfs
skandinavisches Großreich verschwunden. Die beiden künstlichen,
auf zu schwachem Grunde aufgebauten Großmächte des sieb=
zehnten Jahrhunderts, Niederlands Seemacht und Schwedens
Landmacht vermochten sich nicht zu halten; sie wurden verdrängt
durch England und das preußische Deutschland, die ihre Groß=
machtstellung mit ungleich stärkerer natürlicher Kraft behaupten
konnten. Aber geblieben ist, und so Gott will für alle Zukunft,
das freie evangelische Wort, das Gustav Adolf diesem Herzen
Europas sicherte, geblieben das lebendige, duldsame Nebenein=
ander der Glaubensbekenntnisse in Deutschland. Und darauf
beruht doch unser neues, kirchlich gemischtes und politisch einiges
Reich; darauf der ganze Charakter unserer heutigen Kultur;
darauf jene schöne Menschlichkeit, die dem Deutschen, dem Pro=
testanten wie dem Katholiken, erlaubt, zugleich frei und fromm
zu denken.

Darum wollen wir heute aus bewegter Seele dem stamm=
verwandten Nachbarvolke danken, das einst von uns den Segen
der Reformation empfing und uns dann den Löwen aus Mitter=
nacht als Retter sendete. Nirgends erklingt dieser Dank herz=
licher als hier in den jungen Koloniallanden des alten Deutsch=
lands, die ein wundervolles Geschick zur Vormacht des neuen
Reichs erhoben hat. Nur dreihundert Jahre lang haben diese
Marken der römischen Kirche angehört, und schon seit mehr
denn dreihundertfünfzig Jahren bekennen sie sich zur Freiheit
des Evangeliums. Wir leben und weben hier in freier pro=
testantischer Luft. Wahrhaftig nicht um alte Wunden aufzu=
reißen, sondern um Ehre zu geben, wem Ehre gebührt, hat das
protestantische Deutschland die edle Stiftung, welche den be=
drängten evangelischen Brüdern überall in der Welt Trost und
Hilfe bringt, auf den Namen des Schwedenkönigs genannt. Er
gehört nicht einem Volke allein, er gehört der gesamten evan=
gelischen Christenheit.

Milton.

(Königstein 1860.)

Die Lust zu scheinen und zu blenden ist eine ewig gleiche
Eigenheit unseres Geschlechts, zugleich ein Zeichen unserer vor=
nehmen Natur und ein Quell häßlicher Verirrungen. Seltsam
nur, in wie verschiedener Weise, je nach der Gesittung der Zeiten,
diese Neigung sich Luft macht. In alten Tagen, da ohne kriege=
rische Tüchtigkeit niemand sich durch das Leben schlug, war das
Prahlen mit erfundenen Heldentaten die üblichste Art der Lüge.
Heute, da die gute Gesellschaft einen gewissen Grad von Kenntnissen
und Belesenheit von jedermann als selbstverständlich erwartet,
ist es ein Gewohnheitslaster der höheren Stände geworden, sich
mit dem Scheine der Bildung zu schmücken; und der ehrliche Blick
erschrickt vor dem Wuste von Unwahrheiten, welcher durch solche
Unart in die Welt gekommen. Bemerkungen über die höchsten
Probleme des Denkens hören wir aus dem Munde der Kinder
und Narren, und ein gewiegtes Urteil über Platon oder Leibniz
scheint eine Spielerei für jeden, der sich im Vollgenusse des ersten
Frackes tummelt: also, daß ein gutmütiger Gesell über all dem
gebildeten Gerede zu dem Glauben gelangen mag, die Stunde
der Weltliteratur, von welcher Goethe träumte, habe bereits
geschlagen. Auch über den Dichter und Denker, welchem diese
Zeilen gelten, ist das allgemeine Urteil längst fertig: sein Name
gleicht einer Münze, deren Gepräge uns der Mühe überhebt,
ihren Goldgehalt zu prüfen. Und doch werden nur wenige der
gebildeten, ja sogar der gelehrten Deutschen unverwirrt stand=
halten vor der einfachen Frage: was kennst du von Milton?
Gewiß, ein solches Rechnen mit festen überlieferten Begriffen

läßt sich nicht gänzlich vermeiden in einer Zeit, für deren eigenes Schaffen die Ergebnisse einer uralten Kultur bloß die Voraussetzung bilden. Nur ein Pedant wird dem Laien zumuten, daß er aus ihren eigenen Schriften jene bahnbrechenden Geister kennen lerne, deren Gedanken uns längst in Fleisch und Blut gedrungen: wer Goethe, Schiller und ihre Nachfolger kennt, der hat das Unsterbliche der Werke Herders und Wielands genossen. Milton aber ist nicht der Vorläufer größerer Geister gewesen; er steht in der Geschichte der Kunst so einsam wie die Revolution, welcher er als ein gläubiger Kämpfer diente, in der Geschichte der Staaten; und noch immer lohnt es der Mühe, das Bild des Mannes uns vor die Seele zu führen, denn jene einzige Verbindung von künstlerischem Genie und Bürgertugend, die wir in ihm bewundern, hat noch keineswegs das rechte Verständnis in Deutschland gefunden.

John Milton ward am 9. Dezember 1608 zu London geboren, und der frühreise Knabe wuchs auf in einem strengen gottseligen Hause. Sein Vater, damals Notar, war in jungen Jahren von seinen katholischen Eltern verstoßen worden, als er zur protestantischen Lehre übergetreten, und erfüllte bald des Sohnes Herz mit Begeisterung für den neuen Glauben. Nur die feierlichen Klänge der Musik, welche der Vater mit vieler Begabung übte, unterbrachen dann und wann die gesammelte Stille dieses puritanischen Hauses, dem eine liebevolle und wohltätige Hausfrau mit gemessenem Ernste vorstand. Schon in London ward dem jungen John die Kenntnis des klassischen Altertums durch einige gediegene Gelehrte erschlossen; und denselben eisernen Fleiß wie bisher bewährte er auch, als er, sechzehn Jahre alt, in das Christchurch=College zu Cambridge eintrat. Die Freuden des Burschenlebens lockten ihn nicht. Wie oft, wenn der Schimmer seiner nächtlichen Lampe vor dem Lichte des jungen Tages verblich, wenn der frohe Schlag der Lerche sein stilles Denken störte, hat er damals jenen Zauber des Frühmorgens erlebt, welchen er später mit Vorliebe besungen hat. Doch er war mehr als ein guter Schüler. Der zartgebaute junge Mensch mit den sanften, mädchenhaften Zügen, den seine Kameraden neckend

die lady of Christchurch nannten, offenbarte früh einen freien
selbständigen Geist. Ihn empörte die Methode des englischen
gelehrten Unterrichts, die selbst in dem freieren Cambridge nicht
über mechanische Abrichtung hinausging; und als sein Vater
ihm vorschlug, Theolog zu werden, erklärte er, daß er sich nie
zu dem Sklavendienste herabwürdigen werde, die Artikel der
bischöflichen Kirche zu unterschreiben.

So hat an Milton sich ein Wort erfüllt, das er als Greis
gesprochen: „die Jugend zeigt den Mann, gleichwie der Morgen
den Tag verkündet." In diesem ganzen reichen Leben erscheinen
kaum leise Spuren innern Kampfes. Ernst und keusch und
tätig verbringt er seine Tage in puritanischer Strenge und doch
voll Bewunderung für die alte klassische Herrlichkeit. Eine feste
Selbstgewißheit, ein glückliches Gleichmaß der Stimmung hebt
ihn über Zweifel und Versuchung hinweg, „als ob das Auge
seines großen Lehrmeisters immer auf ihm ruhte". Sicher und
notwendig wie das allmähliche Anschießen der Zweige und Knospen
eines Baumes läßt dieser stetige Entwicklungsgang doch die
Grenzen von Miltons Begabung klar erkennen. Wir sind zwar
weit entfernt von jenem romantischen Wahne, der in dem
Schlammbade jugendlicher Ausschweifungen die notwendige Schule
großer Künstler sieht oder gar die leidenschaftlichen Schwächen
der Dichter als das untrügliche Kennzeichen ihrer genialen Natur
betrachtet. Aber wenn anders die Proteus=Natur, die Gabe mit
tausend Zungen zu reden, eine wesentliche Dichtertugend bleibt,
so muß ein junger Künstler das Liebliche, das Lockende der Sünde,
die Gebrechlichkeit der Welt und die Verzweiflung aller Kreatur
sehr tief und stark empfunden haben. Denn wie mag er das
Leben in der ganzen Fülle seiner Pracht und seiner Widersprüche
darstellen, wenn er nicht schrecklich im Innersten die gemeinen
Kämpfe der Menschheit durchgefochten hat? In der Tat, wie
Miltons Jugend in ihrem geradlinigen Fortgange sich von Grund
aus unterscheidet von den stürmischen Anfängen fast aller großen
Dichter und mehr an die ersten Tage einseitiger tatkräftiger
Naturen erinnert, so ist auch der gereiste Dichter Milton nur

groß in seiner Einseitigkeit. Und dieser Subjektivste der Poeten,
der nie imstande war, ein Bild des ganzen Lebens zu schaffen,
der nie etwas anderes schilderte, als seine eigene große Seele, —
er tritt dennoch ebenbürtig ein in den Kreis der vornehmsten
Dichter. Es ist nicht möglich, der lauteren Hoheit seines Charak=
ters ein größeres Lob zu spenden.

Von der hohen Schule kehrte Milton nach Hause zurück.
Auf dem freundlichen Landsitze seiner Eltern in der Grafschaft
Berk verbrachte er bis zu seinem dreißigsten Jahre eine lange
Zeit in stillen Studien und genoß in vollem Maße jenes un=
schätzbare Glück, das in dem atemlosen Treiben unserer Tage
so unendlich selten geworden, das Glück, sich auszuleben und
erst in voller gesättigter Reife hinauszutreten auf den Markt
des Lebens. Mit herzlichen Worten dankt er seinem Vater für
solchen Segen: „Du zwangst mich nicht, den breitgetretnen Pfad
zu wandeln, der zum Wohlstand führt; du nahmst mich weit hin=
weg vom Lärm der Stadt zur tiefen Einsamkeit und ließest
mich beseligt weilen an Apollos Seite." Es waren nicht bloß
Jahre gelehrter Muße. Er tummelte sich gern in Wald und
Feld, denn von seinen lieben Alten hatte er gelernt, die leibliche
Verkümmerung der Gelehrten zu verachten; er schlug eine gute
Klinge und verwarf nur die adligen Künste des Reitens und
Jagens. Seine kleinen Gedichte aus jenen glücklichen Tagen
lassen uns ahnen, daß auch er seinen aufrechten Gleichmut nicht
gänzlich ohne Selbstüberwindung errungen hat. Über die ge=
meinen Zweifel der Jünglingsjahre freilich schreitet er rasch hin=
weg. Wohl überkommt ihn einmal (in einem Sonette, geschrieben
am dreiundzwanzigsten Geburtstage) die Neigung dieses Alters,
die Frucht vom blühenden Baume zu verlangen, aber bald
schwindet die Reue über die Langsamkeit seiner Bildung, und
er ermannt sich in dem klaren Bewußtsein, daß seine Stunde
noch nicht gekommen sei. Weit bitterer empfand er, daß seine
reiche Dichterkraft zur ungünstigsten Zeit, zu spät, geboren sei.
„Jener glänzende Abendstern glückseligen Angedenkens, Königin
Elisabeth," liest der Brite noch heute dankbar in seinem Prayer-

book. Welch eine Zeit, da dies Gestirn noch glänzte über einem
reichen, befriedeten Lande, und dicht hinter Spenser, dem lieb=
lichen Sänger romantischer Ritterherrlichkeit, der junge Shake=
speare erstand! Noch schien die Welt nicht fähig, so viel Schön=
heit zu ertragen; der einzigen Größe folgte ein jäher Fall. Ent=
setzlich schnell verwilderte die Bühne nach Shakespeares Tode,
sie ward eine Zofe der Stuarts und unterhielt den Hof mit
unzüchtigen Späßen. Es war ein Treiben, von Grund aus frivol
wie nur das Königtum jener Stuarts selber, die ihren bibel=
festen Untertanen befahlen, am Sabbat wider ihr Gewissen
den Lärm weltlicher Lustbarkeit zu schauen. Inzwischen hatte
der Werkeltag des siebzehnten Jahrhunderts begonnen. Un=
geheure Kämpfe zerrütteten Staat und Kirche. Die Wissenschaft
stand im Vordergrunde des geistigen Lebens der Völker. „Die
Zeit will keine Verse," klagt Hugo Grotius in einem seiner latei=
nischen Gedichte, „sie fragt: warum freie Worte in unnötige
Fesseln schlagen?" Unselige Tage für einen ernsten Dichter=
geist, da die Poesie zuchtlos war und die Tugend prosaisch!

Sehr früh und mit hellem Bewußtsein nahm Milton eine feste
Stellung in dieser schweren Zeit. Sein Bürgerstolz verschmähte die
Lakaienrolle eines Bühnendichters, seine herbe Sittenstrenge ver=
warf den Schmutz des entarteten Theaters. Voll Bewunderung
allerdings schaute er auf zu dem Genius Shakespeares, vor dessen
Größe der Betrachter „zu Stein erstarre"; doch ein Muster für
sich wollte er in den „kunstlosen Waldliedern" dieser grandiosen
Naturkraft nimmermehr erkennen. Daß diese ursprüngliche Dich=
tung zugleich vollendete Kunst und an den Sünden ihrer Nach=
folger schuldlos war, hat er nie begriffen. Er war ein Gelehrter,
er hatte sich, wie Rubens und die italienischen Maler seines
Jahrhunderts, sorgfältig geschult an den großen Vorbildern ver=
gangener Kunstepochen. Köstliche Kräfte der Jugend hatte er
vergeudet, um mit bedachtsamem Fleiße die Treibhausgewächse der
lateinischen Poesie zu erzeugen. Nun gedachte er, der Mode=
dichtung des Tages eine hochgebildete, kunstgerechte Poesie ent=
gegenzustellen, die den Spuren der Alten und der biblischen

Sänger folgen sollte. Noch mehr, er tadelte jene echten Dichter,
welche, wie Shakespeare als „fröhliche Kinder der Phantasie"
das Schöne, nichts als das Schöne schufen. Er wußte sich berufen, zu schreiben „für die Ehre und Bildung seines Vaterlandes
und zum Ruhme Gottes". Mit unbefangener schöpferischer Lust
hatte Shakespeare den erhabenen Gestalten seiner Kunst allein
gelebt. Protestant durchaus, verschmähte er doch mit künstlerischer
Weisheit den dogmatischen Streit. Nur dann und wann wirft er
einen spöttischen Seitenblick auf die sauersehenden Puritaner, die
Hasser der Bühne; und so ganz verschwindet er hinter seinen Gestalten, daß wir eben nur erraten können, der royalistische Dichter
selber rede aus den zornigen Worten: „und soll das Bild von
Gottes Majestät, sein Hauptmann, Stellvertreter, Abgesandter
durch Untertanenwort gerichtet werden?" Diese Tage künstlerischer
Seligkeit waren dahin. Die Parteien begannen sich zu scheiden.
Jetzt galt es zu wählen zwischen dem weltverachtenden Ernste
der Puritaner und der vornehmen Leichtfertigkeit der Kavaliere;
mit nichten war Miltons Meinung, daß der Dichter solcher
Wahl sich entziehen dürfe.

Wie Milton sich in diesem Streite entschied, das mag ein
feines Ohr schon heraushören aus den berühmten Gedichten l'Allegro
und il Penseroso. In dem heiteren Gedichte besingt der Dichter
die lachende Schönheit der Erde, den Zauber des englischen Waldes,
die Freuden der Jagd und ländlicher Feste, das trauliche Treiben
am winterlichen Herde; deutlich vernehmen wir den gedämpften
Nachklang der herrlichen Frühlings- und Winterlieder in Shakespeares love's labour lost. Doch alsbald stellt er im Penseroso
diesen nichtigen Freuden, dieser Brut der Torheit ohne Vater
geboren, das höhere Glück des Denkers gegenüber, der im
Forschen die Welt vergißt, der seine Seele nährt an den großen
Geisteswerken alter Tage und endlich im härenen Kleide, in
moosiger Zelle die erhabene Weisheit des Propheten erlangt.
Beide Gedichte gehören wegen der Pracht und anschaulichen Wahrheit der Schilderung zu dem Schönsten, was die Zwittergattung
beschreibender Dichtung geschaffen; doch keines von beiden gibt

rein und unvermischt die Stimmung wieder, welche der Titel
andeutet. Weil aber jene schwankende, zweifelnde Verfassung
des Gemüts, welcher die Gedichte Ausdruck geben, mehr nach=
denklich als heiter erscheint, so hat das allgemeine, selbst von
Macaulay geteilte Urteil irrigerweise dem Penseroso den Preis
zuerkannt. Ungleich deutlicher spricht Miltons puritanische Ge=
sinnung aus der Hymne auf Christi Geburt, dem Gedichte, das
von seinen Jugendwerken den reinsten Eindruck hinterläßt, weil
nur hier die wunderbare lyrisch=musikalische Begabung des
Mannes zur freien Geltung gelangt. Wohl wirft er da einen
wehmütigen Blick auf den Untergang der reichen Welt heidnischer
Schönheit, aber ihr verführerischer Glanz verbleicht vor dem
reinen Lichte, das von der Wiege des Erlösers ausgeht; die locken=
den Gesänge der Nymphen müssen verstummen vor den feierlichen
Harfen=Chören der Seraphim.

Immer aufs neue drängt sich des Dichters puritanischer
Eifer hervor. Ein Freund stirbt ihm; er legt einem dorischen
Hirten ein Klagelied in den Mund, und selbst in diese Elegie
(den vielbewunderten Lycidas) mischt er Zornreden wider die
ungetreuen Hirten, welche „Gottes Herde verwahrlosen: er
droht, schon sei das zweischneidige Schwert erhoben, das die
Pfaffen treffen werde. In offenem Kampfe tritt er der un=
züchtigen Bühnendichtung entgegen mit dem Maskenspiele
„Comus" *). Wie oft hatten die Großen des Hofs den Triumph
des Verführers im frechen Mummenschanze dargestellt! Der
puritanische Poet feiert den Sieg der Keuschheit über die Ver=
suchung. Die ausgelassenen Geister der Nacht, Comus und sein
Gefolge, umschwärmen verlockend ein unschuldiges Mädchen, sie
preisen die Wonne süßer Sünden, sie rufen das köstliche Narren=
wort: „was hat die Nacht mit dem Schlaf zu tun?" Doch
der Dichter ist mit nichten gemeint, den zügellosen Geistern,
wie es ihnen gebührt, den kurzen Rausch eines selig=trunkenen
Daseins zu gönnen; sie müssen das ernst=moralische Lob der

---

*) Diese tendenziöse Bedeutung des Comus hat zuerst überzeugend nach=
gewiesen A. Schmidt, Miltons dramatische Dichtungen. Königsberg 1864.

Keuschheit aus dem Munde der Jungfrau hören und nehmen
ein Ende mit Schrecken wie in der Kinderfabel. Gewiß, diese
nüchterne Moral wirkt erkältend, sie ist das Gegenteil echter
Kunst, und wenn es erlaubt ist von genialen Pedanten zu reden,
so trifft dieser Name unsern Dichter. Doch diesem England
tat not, daß endlich einmal in das wiehernde Gelächter der
Lüsternheit die Stimme eines Sängers hineinklang, dem es
heiliger Ernst war mit jedem seiner Worte. Dies Maskenspiel
ward aufgeführt in dem Hause des Grafen von Bridgewater, und
Milton verstand sich anzueignen, was allein in jenen adligen
Kreisen der Nachahmung wert war: ein feines, weltmännisches
Betragen. Mit seinen Ansichten und seiner Liebe hing er nach
wie vor an den Mittelklassen. Wie alle reformatorischen Köpfe
Englands, von Wicliffe bis herab zu dem verwegenen Dema=
gogen des neunzehnten Jahrhunderts William Cobbet, fühlte er
sich mit Stolz als ein Angelsachse. Dem Volksglauben getreu,
verehrte er in dem guten Sachsenkönig Edward den Gründer
englischer Freiheit; von den Dichtern seines Landes liebte er
besonders den alten eifrigen Sachsen Chaucer, und nie hat er
sich zu dem Eingeständnis entschlossen, daß sein Sachsenvolk von
den Normannen unterworfen worden sei.

In allen diesen vielverheißenden kleinen Gedichten offenbarte
sich das Talent eines großen Hymnen= und Elegiendichters, dazu
ein Gedankenreichtum und eine plastische Kraft der Zeichnung,
die in der beschreibenden Poesie ihresgleichen nicht finden. Aber
noch hatte Miltons Genius sein heimisches Feld nicht betreten.
Immerhin genügten diese Werke, seinen Namen berühmt zu
machen, denn trostlos arm war die Zeit an echten Künstlern.
Damals gerade brach Deutschlands uralte Kultur zusammen, als
unser Volk für die religiöse Freiheit des ganzen Weltteils blutete;
mit Tasso war der letzte von Italiens Klassikern gestorben, und
noch hatten die großen Tage der französischen Dichtung nicht
begonnen. So war Milton ein berühmter Reisender, als er
im Jahre 1638, tief erschüttert durch den Tod seiner Mutter,
Italien besuchte, das noch immer wie in Shakespeares Tagen den

Briten als das goldne Land der Künste galt. Seine Aufnahme
war glänzend; denn man verehrte in ihm den Dichter und den
urbanen Gelehrten, und — als erkenne man in ihm eine den
Romanen verlorene Lauterkeit des Sinnes und der Sitten —
der geistige Adel des Landes kam dem jugendfrischen und jugendlich
reinen Inglese mit jener Innigkeit entgegen, welche noch heute
den Verkehr der feineren italienischen und germanischen Geister
belebt. Dort im Süden schaute Milton eine Farbenpracht und
festliche Freudigkeit des Daseins, die der finstre Ernst seiner
Heimat verwarf; an der Decke der Sixtinischen Kapelle sah er
das verlorene Paradies von Buonarottis Pinsel verherrlicht;
auf den zahlreichen Bühnen trat ihm eine kecke Lust an schönem
Spiel und freier formvollendeter Nachahmung entgegen, die
England selbst gekannt, aber längst wieder verloren hatte. In
den Akademien der vornehmen Welt atmete er den Zauber feinster
geselliger Unterhaltung. Er dichtete im eleganten poetischen Wett=
kampfe lateinische Elegien und italienische Sonette, ohne doch
über der kunstvollen Nachahmung die Kraft selbständigen Schaffens
zu verlieren, und ließ sich gefallen, daß seine zierlichen Freunde
sein Dichterlob mit romanischer Überschwenglichkeit sangen; ja
in Rom, so wird erzählt, war er nahe daran, sein Herz zu
verlieren an die schöne Sängerin Leonora Baroni. Dennoch
vermochte die Verführung epikureischen Genusses nicht seinen
fertigen Charakter zu biegen oder die durchdringende Schärfe
seines Blickes abzustumpfen. Als er in dem Hause des Marchese
Manso, eines Freundes Tassos, weilte, ward ihm klar, daß
dies Geschlecht von Epigonen, trotz aller Fruchtbarkeit seiner
Maler, in der Dichtkunst jeder schöpferischen Kraft entbehrte.
Durch solche Einsicht stählte er sich in seinem Lieblingsglauben,
daß staatliche Freiheit unentbehrlich sei auch für die geistige Größe
eines Volkes. Denn mit Erstaunen und Beschämung erfuhr er,
daß England — das England Karls I. — dieser unglücklichen
Nation, die unter dem Joche der Spanier seufzte, als ein be=
neidetes Reich der Freiheit galt. Und wie wertlos erschien dem
Puritaner alle künstlerische Herrlichkeit Italiens, als er die

römische Hure in ihrem eigenen Babel aufsuchte und den Pomp
des Papsttums, „dies schwerste aller Gerichte Gottes", vor Augen
sah! In der Stadt des „dreifachen Tyrannen" wappnete er
sich mit dem ganzen Stolze eines kühnen Ketzers; den Rat vor-
sichtiger Freunde verschmähend, gab er laut seinen Abscheu kund
über das Treiben der Jesuiten. Voll Ehrfurcht besuchte er den
greisen Galilei, das erlauchte Opfer pfäffischen Geisteszwanges.
Und mächtiger vielleicht denn alles, was ihm Italien bot, wirkte
auf Milton ein Gespräch zu Paris mit Hugo Grotius, dem
Dichter und Denker, dem Vorkämpfer religiöser und bürgerlicher
Freiheit.

So vollendete Milton während drei reicher Jahre in Italien
seine ästhetische Ausbildung. Aber noch immer suchte seine Dichterkraft unsicher tastend umher. Der Manu des Bürgertums trug
sich, angefeuert durch die Erinnerung an Tasso, bereits mit dem
Plane eines ritterlichen Heldengedichts von König Artur und
seiner Tafelrunde. Da riß ihn der Sturm des Völkerkampfes
aus seinen künstlerischen Träumen. Das englische Volk begann
jenen Streit, in welchem sich offenbaren sollte, daß der Protestantismus, nachdem er lange als ein von außen aufgedrungenes
Gut nur in den Institutionen des Landes bestanden, jetzt endlich
nach langer, stiller, geistiger Arbeit in den Herzen der Nation fest-
gewurzelt, ihr sittliches Eigentum geworden sei. Die große Kunde
traf den Dichter, da er eben nach Griechenland, dem teuersten
Lande seiner Sehnsucht, überzufahren gedachte. Alsbald kehrte
Milton in die Heimat zurück, denn ihm galt es für „schmählich,
fern zu weilen, derweil seine Mitbürger für die Freiheit stritten".
Ihm war, als sehe er seine „edle und mächtige Nation gleich
einem Riesen sich vom Schlummer erheben und ihre Simsons-
locken schütteln". Noch ein kurzer, herzstählender Aufenthalt in
Genf, der hohen Schule und dem Musterstaate der streitbaren
Jünger Calvins; dann betrat er die heimische Insel, die ihm
als die Wiege der Reformation galt und nun die letzten blutigen
Siege des Protestantismus schauen sollte. Jetzt erfuhr er, welch
ein Segen für den Poeten darin liegt, wenn er auch der un-

gebundenen Rede mächtig ist, damit er nicht nötig habe, die
Muse zu mißbrauchen für die endlichen Zwecke, zu deren Ver=
folgung die Härte des Lebens unerbittlich zwingt: Milton hat
kaum je einen satirischen Vers geschrieben, um die persönlichen
Händel auszufechten, in welche sein Wirken als Publizist ihn
verflocht. —

Wollen wir diesen Streitschriften gerecht werden, womit er
während eines Vierteljahrhunderts die drei Grundlagen jedes
menschenwürdigen öffentlichen Lebens, die religiöse, die häus=
liche und die politische Freiheit, verteidigte, so müssen wir uns
des gewaltigen Abstandes der Zeit lebhaft bewußt bleiben. Die
meisten der Beweisgründe, welche er damals allen zur Über=
raschung zuerst aussprach, sind im Verlaufe des langen Kampfes
um die Freiheit der Völker zu Gemeinplätzen, zu Vorurteilen
aller Gebildeten geworden. Eine Eigentümlichkeit der Epoche
ist die Form, eine Eigenheit des Volkes ist die Breite der Dar=
stellung, welche Milton mit allen Gliedern dieser Nation lako=
nischer Sprecher sonderbarerweise teilt. Auch sein Mangel an
historischem Sinne bei einer Fülle historischen Wissens wird uns
nicht befremden, wenn wir bedenken, daß das Verständnis für
die Geschichte, obwohl der Idee nach im Wesen des Protestantis=
mus enthalten, damals noch unentwickelt war. Die berufene,
gewaltige Heftigkeit seiner Polemik endlich, welcher es auf ein
pecus oder stultissimum caput nicht ankam, erklärt sich von selbst
aus den Sitten einer Zeit, deren göttliche Grobheit noch heute
in den Streitschriften der Theologen fortwirkt, aus dem natür=
lichen Ingrimm eines Kampfes gegen mächtige Gegner, welche
das Verbrennen durch Henkershand als die geeignete Antwort
auf mißliebige Schriften ansahen, und aus Miltons persönlichen
Erlebnissen. Denn ein hartes Geschick vereinigte in ihm wie in
einem Brennpunkte die Leiden, Hoffnungen und Kämpfe seines
Volkes. In seinem eigenen Hause sollte er die großen Schmerzen
der Zeit erfahren; darum redet eine dramatische Wahrheit aus
seinen Schriften. Der gemeinen Mittelmäßigkeit der Menschen
ist der Ausdruck einer Meinung wichtiger als die Meinung selber;

deshalb ist Milton, der gemäßigte Ansichten mit schonungsloser Ehrlichkeit aussprach, der törichten Nachrede verfallen, er zähle zu den Schwarm= und Rottengeistern, den Demagogen des Protestantismus.

Ausgerüstet für seine Aufgabe war Milton mit einer allseitigen Bildung und einer schöpferischen Gewalt über die Sprache, deren Prosa er mit einer Fülle altertümlich kräftiger Worte bereichert hat. Und was mehr sagen will: er war durchaus getränkt von dem echten Geiste protestantischer Freiheit. Daß, wer erlöst sein will, seinen eigenen persönlichen Glauben haben müsse, blieb seine erste Überzeugung, und er stritt für sie mit reinen Händen. Was auch seine erbosten Gegner über die unlauteren Beweggründe seines Handelns fabelten: jede neue historische Forschung beweist immer klarer, daß nie etwas Niedriges, Unreines, Schwächliches in seine Seele Eingang fand. Vielmehr liegen Miltons Fehler auf der entgegengesetzten Seite — es sind die Sünden kühner aufstrebender Menschen. Obwohl kein eigentlicher Parteimann, besaß er doch die ganze jüdische Starrheit der Puritaner, er war vollkommen unfähig, die relative Berechtigung seiner Feinde zu begreifen. Er sah in ihnen nur Götzendiener, Hurer, Despoten, Priester des Bauches; und nie begegnet uns in seinen Schriften jenes überlegene, objektive Lächeln, das wir von einem genialen Menschen selbst im Feuer des Parteikampfes dann und wann erwarten. Auch Milton hatte das Schmettern der Posaunen und die frohe Botschaft des Engels vernommen: „sie ist gefallen, sie ist gefallen, Babylon die große und eine Behausung der Teufel geworden"; auch ihn, wie die Verwegensten der Puritaner, trieb ein heiliger Eifer, das Volk Gottes zu mahnen zum Auszuge von Babel, „auf daß ihr nicht teilhaftig werdet ihrer Sünden, auf daß ihr nicht empfanget etwas von ihren Plagen." In jedem seiner Bücher liegt sein Innerstes ausgesprochen. Nur die Stimme seines wachen Gewissens hieß ihn die Waffen der Publizistik ergreifen — ihn, der sich immer bewußt blieb, daß er zu Höherem geboren sei und in dem kühlen Elemente der Prosa nur den Gebrauch seiner linken Hand behalte.

Doch gerade deshalb verfiel er in den alten Irrtum harmonischer, tief-gewissenhafter Naturen. Er fand einen objektiven Zusammenhang zwischen seinen politischen und religiösen, ästhetischen und sittlichen Meinungen, während dieser Zusammenhang doch nur subjektive Wahrheit haben konnte, nur für ihn, den ganzen einheitlichen Menschen bestand. „Religion und Freiheit hat Gott unzertrennlich in Eins verwebt, die christliche Religion befreit die Menschheit von den zwei schrecklichsten Übeln, Furcht und Knechtschaft." Auf diese Sätze gestützt, gebrauchte er dreist religiöse Argumente für politische Zwecke, und umgekehrt — eine Verirrung, die freilich einer Partei sehr natürlich zu Gesichte stand, welche für die Freiheit des Staats und der Kirche zugleich auftrat. Daher hat er das scharfe philosophische Scheiden der Begriffe nicht verstanden, und er so wenig wie irgendein Brite besitzt die Gabe der deutschen und hellenischen Philosophen, die Dinge auf ihre letzten Gründe zurückzuführen.

Der unvergängliche Wert seiner prosaischen Schriften liegt in der unermüdlichen Durchführung der ewigen Wahrheit, daß die sittliche Tüchtigkeit eines Volkes die Vorbedingung bleibt für seine staatliche Größe, die Blüte seiner Kunst und die Reinheit seines Glaubens. Auch darin zeigt sich der glaubenseifrige Puritaner, daß er nicht glänzen will durch einen großen Reichtum von Ideen, sondern überzeugen will durch fortwährende Vertiefung und Klärung weniger, aber mit ganzer Seele ergriffener Gedanken. Nur eines tritt als ein störender unharmonischer Zug in seinen Werken hervor. Selbst dieser freie Geist hat, wie alle seine Zeitgenossen und wie noch heute die ungeheure Mehrzahl der Briten, nicht gewagt, die letzten Konsequenzen der protestantischen Freiheit zu ziehen. Auch sein Denken ist theologisch gebunden, ist wesentlich scholastisch, obgleich er die alte scholastische Wissenschaft heftig bekämpft. Ihm gilt als selbstverständlich, daß die Forderungen der Vernunft mit den Aussprüchen der heiligen Schrift stets übereinstimmen müssen, und wird der Widerspruch gar zu handgreiflich, so hilft er sich mit dem verzweifelten Ausspruche: „so Unvernünftiges kann

die Bibel gar nicht behaupten wollen." Diese theologische Ver=
bildung und die jüdische Härte des puritanischen Wesens ent=
fremdet Miltons Werke gar oft uns Söhnen eines geistig freieren
Volkes. Wer den ungeheuren Abstand zwischen deutscher Frei=
heit und englischer Befangenheit des Geistes ermessen will, der
vergleiche Milton mit einem beliebigen Buche unseres Luther.
Welche milbe, menschenfreundliche Weisheit verbreitet sich in
Luthers Tischreden über alle Höhen und Tiefen des Lebens!
Wie herzlich weiß sich der Reformator das Leben der heiligen
Familie auszumalen, er sieht es vor Augen, wie die Mutter
Maria auf dem Zimmerplatze ängstlich auf ihren Knaben wartet
und ihn fragt: wo bist du denn so lang geblieben, Kleiner?
Wie pedantisch erscheint neben diesem traulichen Bilde der Jesus
Miltons, der die kindlichen Spiele kalt verschmäht und als Knabe
schon sich mit dem „öffentlichen Wohle" beschäftigt! Sicher, der
deutsche Theolog predigt eine reinere, weltlich freiere Mensch=
lichkeit, er redet uns auch heute noch lauter und freundlicher
zum Herzen als der weltlichste und kühnste Kopf der Puritaner,
der uns um anderthalb Jahrhunderte näher steht.

Der Protestantismus war gefährdet, seit die Kreaturen König
Karls versuchten, die anglikanische Kirche durch Verschärfung der
bischöflichen Verfassung dem Katholizismus wieder anzunähern.
Gegen diesen Grundschaden der englischen Reformation erhob
sich Milton in fünf Streitschriften, welche nach seiner Rückkehr
in die Heimat in den Jahren 1641 und 1642 erschienen. Mit
dem sicheren praktischen Blicke seines Volkes, den er bei all
seinem idealistischen Schwunge durchaus besaß, eiferte er zunächst
nur gegen die Verfassung der Kirche. Durch ihn ward zuerst
in vornehmer Sprache den Gebildeten der Nation bewiesen, was
die eifrigen Apostel der Puritaner schon längst auf den Gassen
gepredigt hatten, daß die bischöfliche Kirche — diese „ephesische
Göttin" der Götzendiener — nur eine neue, nicht minder un=
evangelische Hierarchie an die Stelle der gestürzten römischen
gesetzt habe. Abschaffung des Prälatentums, Beseitigung der
Häufung der Pfründen in Einer Hand, welche bereits eine „Ver=

teuerung der geiſtigen Speiſe" hervorgerufen, endlich Wahl der
Seelſorger durch die Gemeinden — in dieſen Forderungen gab
er den Wünſchen der Mittelſtände klaren Ausdruck. Wie alle
echten Jünger der Reformation mahnte er zur Rückkehr in die
Armut und Einfachheit des apoſtoliſchen Zeitalters. Wie vor=
dem Dante und mit Dantes Worten erklärte er die Schenkung
Konſtantins, welche den weltlichen Reichtum der Kirche gegründet,
für „die wahre Büchſe der Pandora". Er ſtützte ſich auf jenes
goldne Wort, das die Summe aller proteſtantiſchen Weisheit
über kirchliche Verfaſſungsfragen enthält: „wo zwei oder drei
von euch verſammelt ſind in meinem Namen, da bin ich mitten
unter ihnen." Alsbald ſtürzten die Biſchöfe ſich auf ihn mit
dem furchtbaren Rüſtzeuge jener perfiden Mittel, welche nur
gereizter Pfaffenhochmut nicht verſchmäht. Weil Milton in ſeiner
eifrigen Strenge einmal von falſchen Bärten und Nachtſchwärmern
geſprochen, ſo ward die fleckenloſe Reinheit ſeines Wandels ver=
leumdet; denn nur wer Bordelle und Spielhäuſer beſuche, könne
Kunde haben von ſolchen Dingen. Steinigt dieſe hündiſche Miß=
geburt zu Tode, auf daß ihr nicht ſelbſt verderbet, — das war
der Ton, den die Biſchöfe Hall und Uſher anſchlugen, um den
kecken Reformator zu züchtigen. Doch die Entrüſtung gegen die
Prälaten ward allgemein; und nach ſeiner kühnen Weiſe, der
es nur in den Vorderreihen der Streiter wohl war, verſchmähte
Milton jetzt, noch ferner teilzunehmen an einem Kampfe, deſſen
Ende nicht mehr zu verkennen war.

Als er nach Jahren (1659) wieder über kirchliche Fragen
zu ſchreiben begann, war ſein Denken bereits kühner, ſein Stand=
punkt freier. Er hatte erfahren, daß auch die Presbyterianer,
denen er ſelbſt zum Siege über die Biſchöflichen verholfen, ſich
nicht frei hielten von jenen theokratiſchen Neigungen, deren jede
organiſierte Kirche voll iſt. Man weiß, auf welchen zähen Wider=
ſtand Cromwell ſtieß, als er den finſtern Fanatismus ſeiner
Gläubigen zur Duldung bewegen wollte. Milton hatte nicht
geſäumt, ſeinen großen Freund in dieſen Kämpfen zu beſtärken
und anzufeuern, „denn auch der Frieden hat ſeine Siege". Er

sang ihm zu: „befrei die Seelen von der Mietlingsrotte, die
ihrem Magen frönt als ihrem Gotte." Nach dem Tode des
Protektors, da die Gefahr religiöser Verfolgung wieder nahe
gerückt war, richtete er an das Parlament die Denkschrift „über
Regierungsgewalt in kirchlichen Dingen" — eine Verherrlichung
der Duldung. Jetzt wagt er das kühne Verlangen „Trennung
von Staat und Kirche"; denn der Vermischung dieser beiden
Gewalten verdanken wir alle Kriege des letzten Jahrhunderts.
Der Staat, der seinem Wesen nach nur „die Wirkung, nicht den
Sitz der Sünde" treffen und strafen kann, verzichte fortan auf
die väterliche Gewalt, die der Kirche gebührt. Die Kirche ver=
schmähe, obrigkeitliche Rechte zu üben, „sie ist zu hoch und würdig,
um sich gleich einer Weinrebe am Stamme des Staats empor=
zuranken".

Freilich, wenn die Kirche nicht von dieser Welt ist, so besteht
und wirkt sie doch unzweifelhaft in dieser Welt; diese bittere
Wahrheit hatte schon Luther erfahren. Noch um die Mitte des
siebzehnten Jahrhunderts war niemand, auch Milton selber nicht,
fähig, den wahren Sinn des vieldeutigen Wortes „Trennung von
Staat und Kirche" zu begreifen und zu erfüllen. Auch Milton
beurteilt den Staat nach religiösen statt nach rechtlichen Begriffen,
und — seine Duldung hat ihre Grenzen. Sie umfaßt alle
Sekten, deren Menge er als ein Zeichen des zunehmenden Denk=
eifers freudig begrüßt, sogar die Socinianer, welche unsern
deutschen Lutheranern geradezu als Heiden erschienen; nur eines
umfaßt sie nicht — popery and open superstition. Der Katholi=
zismus ist ihm eine politische Partei, welche unter dem Scheine
einer Kirche die priesterliche Thyrannei anstrebt. Selbst die Gottes=
leugner mag der Staat ertragen, nur diese Papisten nicht, denen
der Papst jederzeit einen Freibrief für alle Verbrechen ausstellen
kann. Milton so wenig wie nach ihm der Skeptiker Bayle wollte
begreifen, daß mit dieser einen Ausnahme der Befreiung der
Kirche vom Joche des Staates die Spitze abgebrochen wird. Für=
wahr, wenn jede reinere Menschensitte von den Völkern nur
auf Umwegen erreicht wird, so sind die Irrgänge der religiösen

Duldung die seltsamsten von allen. Wie in Preußen die Toleranz,
die köstliche Frucht der inneren Freiheit der Menschen, damit
begann, daß sie den widerstrebenden Predigern vom Staate an-
befohlen ward, so ward in England das friedliche Leben der
Konfessionen nebeneinander erst dadurch möglich, daß man die
aggressive Macht der römischen Kirche eine Zeitlang von der
allgemeinen Duldung ausschloß. Selbst ein Idealist wie Milton
konnte sich dieser handgreiflichen Notwendigkeit nicht verschließen.
Sein starker Geist, gewohnt die historischen Dinge in der ganzen
Schärfe ihrer Gegensätze zu begreifen, bekannte sich zu dem Worte:
wer Autorität sagt, sagt Papst, oder er sagt gar nichts — zu
jenem schrecklichen Worte, welches nur darum nicht wahr ist,
weil der müden Mehrzahl der Menschen der Mut fehlt, ihren
Glauben bis in seine letzten Spitzen zu verfolgen. Ein Ketzer
ist in Miltons Augen nur, wer in Sachen des Glaubens menschlichem Ansehen folgt; das allein galt ihm als die wahre Sünde
wider den heiligen Geist. Und es scheint nicht überflüssig, daran
zu erinnern, daß diese Meinung mit den Lehren der ältesten
Kirche, ja sogar noch der päpstlichen Dekretalien sehr nahe verwandt ist.

So war Milton unter die kühnsten religiösen Reformer,
unter die Independenten getreten, und eine neue, noch im selben
Jahre erschienene Schrift „gegen die Mietlinge in der Kirche"
gab davon Zeugnis. Hatte er vordem nur den Lippendienst der
Agende bekämpft, weil sie die lebendige Kraft des freien Gebetes
verdränge, so wendet er sich jetzt gegen die Geistlichkeit selber, den
neuen Stamm Levi. Er versteht das Priestertum der Laien,
dies Palladium der Protestanten, im verwegensten Sinne, er
verwirft die Bildung einer theologischen Kaste und heischt das
Recht des Predigens für jeden Bibelkundigen. Hatte er einst
die harte puritanische Kirchenzucht verteidigt, so weiß er nun
geistige und weltliche Dinge klarer zu scheiden und erkennt die
Ausschließung als die einzige gerechtfertigte kirchliche Strafe.
Während seiner reifsten Jahre hat der fromme Dichter nie mehr
eine Kirche betreten. Noch im hohen Alter stellte er sich nach

den Worten der Bibel eine christliche Dogmatik zusammen und wahrte sich damit sein protestantisches Recht auf einen persön= lichen Glauben.

Freilich, hätte er vermocht, die Fesseln der Scholastik ab= zustreifen, so mußte er noch einen Schritt weiter gehen. Denn er bekannte sich zwar im ganzen und großen zu den Lehren des Calvinismus: vereinigte doch diese Kirche damals, da die schöpferische Kraft des Luthertums erloschen schien, in sich alle treibenden, fortschreitenden Mächte, allen Freiheitsmut des Protestantismus. Aber ein wahrhaft unbefangener Blick in sein Inneres mußte ihm sagen, wie vieles ihn von diesem Glauben trennte. Nicht nur hielt er sich rein von den pfäffischen Verirrungen der Gottseligen, welche, gleich vielen Frommen unserer Tage, mit dem Gottseibeiuns auf weit vertrauterem Fuße lebten, als mit dem Herrgott selber; sondern als ein rechter Apostel der Freiheit verwarf er auch die entsetzliche Lehre von der Vorherbestimmung. Ohne die Freiheit des Willens war ihm das Leben des Lebens nicht wert; die Notwendigkeit, „der Rechtsgrund der Tyrannen", fand keine Stelle in seinem Katechismus. Ja, in seinen letzten Jahren erkannte er bereits die Unvergänglichkeit der Materie, die Untrennbarkeit von Leib und Seele und die Immanenz Gottes. Noch mehr, in Worten und in Werken fügte er den mehr negativen Tugenden des Christentums die positiven des antiken Heidentums hinzu. Wie ehrlich gestand er, daß die ersten christlichen Jahrhunderte einen argen Rückschritt in den Sitten zeigen gegen die großen Tage der Hellenen und Römer! Mit welchem naiven Stolze, mit wie heidnischer Unbefangenheit sprach er, gleich dem modernen Heiden Scaliger, von seinem eigenen Werte! Und wie ganz „unchristlich" — nach den theologischen Begriffen der Zeit — war seine Auffassung der Moral: wir sollen zu stolz sein, uns zu hoch halten für die Sünde! „Alle Bosheit ist Schwäche"; er findet nicht Worte genug, die Kleinheit, die Verächtlichkeit der Sünde zu schildern. Mit diesen Zügen durchaus antiker Sitt= lichkeit vermischen sich in seiner Seele die herbsten Gedanken

chriſtlicher Askeſe, eine tiefe Weltverachtung und die heilige Über=
zeugung, alles Wiſſen, alle Kunſt der Menſchen ſei wertlos, wenn
ſie nicht geradeswegs hinführen zu dem „Leben in Gott" —
nur daß er ſelber dieſer Widerſprüche nimmer ſich bewußt ward.
Nach dem geiſtreichen Holländer Coornhert war Milton der erſte
Denker, welcher vermochte, in einer Zeit des konfeſſionellen Haſſes
den Geiſt des Chriſtentums in gläubiger Seele zu hegen, ohne ſich
dem Dogma einer Konfeſſion völlig anzuſchließen. —

Inzwiſchen hatten ſorgenvolle Erlebniſſe Milton zum Nach=
denken geführt über einen andern Grundpfeiler des Völkerglückes,
über die häusliche Freiheit. Der ſtrenge Mann, der nie ein
Liebesgedicht geſchrieben, fühlte doch nach Art ſtolzer, ſpröder
Naturen ſehr lebhaft das Bedürfnis der Liebe. Er war vielleicht
zu ſehr ein in abſtrakten Begriffen befangener Gelehrter, um
jene dämoniſche Anziehungskraft zu beſitzen, welche die Natur=
gewalt großer Künſtler auf die Gemüter der Frauen ausübt;
immerhin war er wohl imſtande, ein Weib zu beglücken, das
tief und innig genug empfunden hätte, um die Schroffheit des
Gatten zu tragen und zu mildern. Leider fand er in ſeiner
Gattin Mary Powel nur das platt Alltägliche. Die oberfläch=
liche vergnügungsluſtige Tochter eines luſtigen Landedelmanns
ſehnte ſich bald hinweg aus der ernſten Einförmigkeit des ſtillen
Gelehrtenhauſes. Und Milton empfand die traurigſte Nach=
wirkung politiſcher Kämpfe: die Wirren des Staates ſtörten den
Frieden ſeines Hauſes. Die anerzogenen royaliſtiſchen Grund=
ſätze ſeiner Gattin lehnten ſich auf gegen das Puritanertum des
Mannes. Nach Verlauf eines Monats kehrte ſie zu ihrem Vater
heim, und nachdem Milton vergeblich verſucht, ſie zurückzuführen,
unterfing er ſich, die Geſetzgebung ſeines Landes von einem Makel
zu befreien, deſſen Schwere er an ſich ſelbſt erfahren. Er ver=
faßte jene vier Schriften über die Eheſcheidung (1643—1645),
welche der ſittlichen Bildung ſeiner — und leider auch unſerer —
Tage weit vorauseilten. Die ganze Kühnheit dieſes Schritts
begreifen wir erſt, wenn wir uns erinnern, wie allgemein dieſes
Zeitalter — Milton ſelbſt nicht ausgeſchloſſen — der Unart er=

geben war, hinter jeder überraschenden Meinung unlautere persönliche Motive des Schriftstellers zu wittern. Von alters her
war die Freiheit der Ehe ein Lieblingsthema jener sinnlichen
Naturen, welche der laxen Moral ein bequemes Lotterbett bereiten
wollen. Der puritanische Denker dagegen ward ein Verteidiger
der Ehescheidung, weil seine stolze Tugend sehr streng und vornehm dachte von dem Wesen der Ehe.

Milton war hier in der mißlichen Lage, allgemeine Regeln
aufzusuchen für Fälle, welche als Ausnahmen von der natürlichen Ordnung nur eine individuelle Beurteilung dulden; aber
er löste seine Aufgabe mit der Logik eines schlagfertigen Denkers
und mit dem Mute eines guten Gewissens. Er will die Welt,
wie von der Last des Aberglaubens in der Kirche, so von den
eingebildeten Schrecken der Sünde im Kreise des Hauses befreien.
Siegreich zeigt er die Sinnlichkeit des kanonischen Rechts, das
nur durch fleischlichen Ehebruch die Ehe gelöst wissen will. Sein
protestantisches Gewissen empört sich gegen die leichtfertigen Dis-
pensationen vom Gesetz, welche solche übertriebene Härte notwendig veranlaßt. So streitet Milton, ihm selber vielleicht unbewußt, für die harmonische Gleichmäßigkeit der Sitte, die wir
modernen Menschen verehren, und gegen die Roheit jener alten
Tage, die zwischen Zwang und Ausschweifung haltlos taumelten.
Mit ergreifenden Worten schildert er das Glück, das ihm selber
versagt war, das Glück der Ehe als einer göttlichen, bürgerlichen
und leiblichen Gemeinschaft. Freilich, diese leibliche Gemeinschaft ruhig zu würdigen, war den Männern der Reformation
nicht gegeben. Auch Milton haftet noch an der lutherischen
Meinung, der natürliche Trieb sei sündhaft, wenn nicht Gottes
absonderliches Erbarmen seinen Mantel darüber decke. Der Beruf
des echten Liebesgottes, ruft der Puritaner, beginnt und endet in
der Seele. Ist jene göttliche Gemeinschaft gebrochen, so ist die
leibliche wertlos, so sind die Kinder „Kinder des Zorns". Der
Zweck der Ehe ist das Glück der Gatten — und „kein Vertrag
kann binden, wenn seine Ausführung dem Zwecke des Vertrages
widerspricht". Damit ist einer jener radikalen Sätze gesprochen,

die mit ihrem schneidenden Klange die träge Welt aus dem Schlafe rütteln und ihr bei den verschiedensten Anlässen immer und immer wieder in die Ohren gellen: hat doch in unseren Tagen der Freistaat Venezuela genau mit denselben Worten seine Unabhängigkeit gerechtfertigt.

So dringt dieser reine Mensch in allem, was er ergreift, auf das Wesen, auf den sittlichen Kern der Dinge. Nur leider hindert ihn auch hier seine theologische Verbildung, die köstlichsten Früchte seines Denkens zu ernten. Er ahnt, daß diese höchstpersönlichen Fragen durch die Aufstellung gesetzlicher Scheidungsgründe niemals gelöst werden können. Aber statt daraus zu folgern, daß sie billigerweise dem Wahrspruche eines Schwurgerichts von Standesgenossen unterliegen sollten, verwirft er kurzweg jede Einmischung der Gerichte in eheliche Verhältnisse; ja, er will die Entscheidung über die Trennung der Ehe dem Gewissen des Mannes anvertrauen und so unsere milderen Sitten verbessern durch die brutalen Rechtsbegriffe der Juden, welche die Menschenwürde des Weibes nicht fassen konnten!

Abweichend von der dürren Jurisprudenz der Zeitgenossen, aber übereinstimmend mit den großen Staatslehrern unter den Alten sah Milton in der Familie die Grundlage des Staats. Um dem häuslichen Leben nach allen Seiten hin gerecht zu werden, schrieb er — damals beschäftigt mit der Erziehung der Kinder einiger Freunde — sein Buch „über Erziehung“. Vielleicht hat in jenen Tagen nur der Deutsche Samuel Hartlieb diese Schrift, welche der englische „Schulmeister“ ihm widmete, ganz verstanden; so wenig hatte der Miltonische Plan eines freien, wahrhaft klassischen Jugendunterrichts mit den theologischen Begriffen des Jahrhunderts gemein. — Die häusliche Freiheit ward nicht zur Wahrheit, solange nicht „die Geburt des Gehirns ebenso frei war, wie die Geburt des Leibes“, solange der Staat die Preßfreiheit verkümmerte. Die Presbyterianer hatten im langen Parlament die Oberhand gewonnen, aber nach dem Siege bewiesen sie die gleiche Unduldsamkeit wie die gestürzten Bischöflichen, sie beschlossen (1644), daß für den

Druck jeder Schrift eine Lizenz eingeholt werden müsse. Da erkannte Milton die Gefahr, daß der große Freiheitskampf seiner Nation mit dem Siege einer Partei über die andere kläglich ende. Er richtete an das Parlament die Areopagitica, die berühmte schwungvolle Rede zum Schutze der Preßfreiheit, unzweifelhaft die schönste seiner prosaischen Schriften. Hier ist Miltons großartiger Idealismus an der rechten Stelle, hier redet sein freudiger, zweifelloser Dichterglaube an die Allmacht der Wahrheit, die — ein umgekehrter Proteus — nur aller Fesseln ledig Worte des Heiles kündet. Ein gutes Buch ist wie eine Phiole voll der reinsten Lebenskraft des schaffenden Geistes; wer einen Menschen erschlägt, tötet ein vernünftiges Wesen, wer ein Buch vernichtet, tötet die Vernunft selber, denn allerdings ist möglich, daß eine Wahrheit, einmal gewaltsam unterdrückt, nie wiederkehre in der Geschichte. Mit der Vernunft hat uns Gott die Freiheit der Wahl gegeben. Daß Ein Mensch durch freie Wahl zur Tugend gelange, frommt der Welt mehr, denn daß zehn durch Zwang dazu getrieben werden. — Die Rede vermochte zwar nicht die Herrschsucht der siegreichen Partei zu belehren; doch an einzelnen tieferen Naturen fand der Apostel der Preßfreiheit schon jetzt willige Hörer. Ein Zensor legte sein Amt freiwillig nieder, weil er durch Milton die Verächtlichkeit seines Wirkens und den päpstlichen Ursprung der Zensur kennen gelernt hatte. Erst ein Jahrhundert später ging Miltons Saat auf. Seine Rede ward eine Macht in jenen Kämpfen, welche unter Georg III. die Unabhängigkeit der englischen Presse endgültig entschieden, und kurz vor der Berufung der französischen Nationalversammlung übersetzte Mirabeau die Areopagitica für seine Landsleute und schrieb dazu: nicht seine Verfassung hat den englischen Staat so hoch erhoben, sondern die Durchführung der Miltonischen Ideen, die Achtung vor der öffentlichen Meinung.

Als diese Händel unter steigender Erbitterung der Geistlichkeit durchgefochten waren, verbrachte Milton vier Jahre (1645 bis 1649) in stiller Muße, schrieb an seiner Geschichte Englands in der angelsächsischen Epoche und folgte mit Spannung der

anschwellenden Flut der Ereignisse. Das Königtum von Gottes
Gnaden wurde von seinem Verhängnis ereilt. Ein Ausspruch
Jakobs I. mag die Bedeutung des Kampfes bezeichnen — jenes
blasphemische Wort aus der Thronrede vom Jahre 1609: „Gott
hat Gewalt zu schaffen und zu zerstören, Leben und Tod zu geben.
Ihm gehorchen Seele und Leib. Dieselbe Macht besitzen die Könige.
Sie schaffen und vernichten ihre Untertanen, gebieten über Leben
und Tod, richten in allen Sachen, selber niemand verantwortlich
denn allein Gott. Sie können mit ihren Untertanen handeln
als mit Schachpuppen, das Volk wie eine Münze erhöhen oder
herabsetzen.“ Zwischen dieser frivolen Selbstvergötterung eines
durchaus ungermanischen Despotismus und dem gekränkten
Rechtsgefühle eines gläubigen Volkes war jede Vermittlung unmöglich. Die Entscheidung mußte der Partei zufallen, welche
allein den Mut hatte, ehrlich mit dem Königtume zu brechen,
der Partei der Independenten, die nach dem eigenen Geständnis
der Royalisten durch den Glanz ihrer Talente im Lager und
im Rat alle anderen Parteien verdunkelte. Milton hatte ehe-
mals Englands Heil gesehen in dem ehrlichen Befolgen der alten
Verfassung mit ihrem „freien Parlamente unter einem freien,
nicht bevormundeten Könige“. Er hatte dann sich zu Cromwells Meinung bekehrt, der von Anfang an die Dinge mit königlichem Blicke beherrschte und den Nagel auf den Kopf traf, als
er erklärte, mit dem falschen versteckten Stuart sei jedes Verhandeln vergeblich.

Wie sollte ihn, der den Zauber einer tiefern Poesie im
Herzen trug, der romantische Reiz der ritterlichen Kavalierehre
blenden? Eine edle Freundschaft verband ihn jetzt mit Cromwell. Er erkannte in dem Helden, „der Gottes Schlachten schlug“,
der voran stand, „als des Messias großes Banner flog“, den
gebornen Herrscher, dem die von Gott gewollte Regierung der
Besten zufallen müsse. Wie verschieden geartet die beiden auch
waren: der schöne, feingebildete Dichter und der plumpe, wetterfeste, nüchterne Mann des Kriegs und der Geschäfte begegneten
sich in dem tiefen Ernste ihres Glaubens, in ihrer Verachtung

des Scheines, und beide standen hoch genug, um keiner Partei
sich gänzlich zu verpfänden. Solche grundverschiedene Naturen
mit gleicher Überzeugung schließen sich leicht aneinander zu dauernder, werktätiger Freundschaft. Milton ward der Anwalt der
großen Rebellion, er ward nach Dante der einzige große Dichter,
der als politischer Schriftsteller sich einen Kranz errungen hat.
An ihm mag man die Nüchternheit des gesunden Menschen-
verstandes verlernen, der schon bei dem Worte „Dichter und
Politiker" selbstgefällig zu lächeln beginnt. Sicher, Milton war
ein Idealist von verwegenster Kühnheit, er konnte an unabweislichen Tatsachen der Wirklichkeit mit einer, in dieser Nation
von Baconianern unerhörten Gleichgültigkeit vorübergehen. Doch
es ist gefährlich, zu spotten über die Weissagungen des Genius,
denn noch ist keiner als ein falscher Prophet erfunden worden,
der an das Edle in der Menschheit glaubte. Wenn die klugen
Leute jener Tage des Dichters lachten, der die Befreiung von
Griechenland und Italien träumte, mit welcher Ehrfurcht sollen
w i r vor solcher Sehergabe stehen! Wohl irrte er, wenn er
meinte, „der Deutschen männliche Kraft" werde für den Freiheitskampf der Briten in die Schranken treten, denn unser Volk
lag damals tief danieder in philisterhafter Verzagtheit und sah
in den Puritanern nur eine unbändige Rotte wilder Mörder, —
aber wie nun, wenn Milton heute lesen könnte in den Herzen der
edelsten Deutschen?

Rasch nacheinander hatte der Sturm der Revolution die
bischöfliche und die presbyterianische Partei danieder geworfen.
König Karl stand als Angeklagter vor dem Hause der Gemeinen;
das Gemeinwesen von England war gegründet. Aus freiem
Antrieb begann Milton, noch während der Prozeß des Königs
schwebte, die Schrift „über die Stellung der Könige und Obrigkeiten" und ließ sie kurz nach Karls Hinrichtung erscheinen.
Jetzt, da das Wohl des Staats eine große Tat gebieterisch forderte,
schien es ihm feig und müßig, nach Präzedenzfällen und Gründen
des positiven Rechts zu fragen. Er gab eine unbedingte Rechtfertigung der furchtbaren Tat nach Gründen des Naturrechts.

Der Erfolg war ungeheuer bei Freund und Feind. Die neue Republik ernannte ihren feurigen Verteidiger zum lateinischen Staatssekretär, und im Auftrage des Staatsrats führte er nun den Federkrieg gegen die Kavaliere. Alsbald nach der Hinrichtung des Königs ward offenbar, wie schwere Wunden diese Tat der Sache der Freiheit geschlagen. Der Spruch war gefällt wider das Recht des Landes, in der Person des Königs schien die Sicherheit jedes Bürgers bedroht. Der königliche Märtyrer, der doch „nur für sich, nicht für die Wahrheit Zeugnis abgelegt", fand sentimentale Bewunderer unter denen, welche dem lebenden Tyrannen geflucht, und die Kavaliere säumten nicht, diese weinerliche Stimmung zu benutzen. Der Bischof von Exeter verfaßte die berufene Schrift „Eikon Basilike, das Bildnis seiner geheiligten Majestät in seiner Einsamkeit und Qual". Das Buch, voll gefühlvoller Todesbetrachtungen und frommer Wünsche für England, erschien anonym und gab sich für ein nachgelassenes Werk des Königs selber. Es ward bald in 47 Auflagen im Lande verbreitet, und ihm vornehmlich ist zu verdanken, daß der meineidige, herzlose Stuart fortan als ein edler, großmütiger Herr in dem Herzen der Masse lebte. Unverzüglich antwortete Milton mit seinem grimmigen Eikonoklastes. Dieser Bilderstürmer enthüllte unbarmherzig den plumpen Betrug, welcher jenem königlichen Bilde zu Grunde lag. Er sprach goldene Worte wider die weibische Schwäche, welche die großen öffentlichen Sünden eidbrüchiger Fürsten vergißt über den kleinen Tugenden ihrer Häuslichkeit — goldene Worte, welche die harmlosen Bewunderer des musterhaften Familienlebens deutscher Kleinkönige noch heute nicht beherzigt haben.

Ein neuer Anwalt des absoluten Königtums und der bischöflichen Kirche trat auf. Der bekannte philologische Polyhistor Claude Saumaise, der noch vor kurzem das Bistum als eine papistische Einrichtung verdammt hatte, schrieb jetzt „für den Judaslohn von hundert Jakobstalern" die defensio regia. Mit gutem Grunde spottete Milton: wenn Karl Stuart sich den Verteidiger des Glaubens nannte, so mag sich auch Salmasius

den Verteidiger des Königs nennen, denn beiden ist eigen, daß
sie zerstören, was sie verteidigen wollen. In der Tat, nicht
unglücklicher konnte die Sache des Königtums verfochten werden.
Wie leicht war es, die Unverantwortlichkeit des Königs als einen
unumstößlichen Grundsatz des englischen Rechts aufzuweisen! Ja,
selbst die absolutistischen Gewalttaten König Karls boten einem
gewandten Sachwalter einen sehr dankbaren Stoff. Keine Frage,
sie hatten das Land an den Rand des Verderbens geführt, aber
dem positiven Rechte widersprachen sie keineswegs so unzweifel=
haft, wie man gemeinhin behauptet. Hatten doch die Tudors
hundert Jahre lang ungestraft ein nicht minder absolutes Regi=
ment, freilich zum Ruhme des Landes und zum Besten der
niederen Stände geführt. Aber der Streit zwischen Volk und
Krone von England war längst ein großer Prinzipienkampf ge=
worden. So stützte sich denn Salmasius, statt auf die schwer zu
widerlegenden Gründe des positiven Rechts, auf das Natur=
recht. Er erweiterte die fluchwürdige Politik der Habsburger, das
„novus rex, nova lex" Ferdinands II., zu einem Systeme des
Meineids. „Die Kreuzigung Christi war eine unschuldige Kleinig=
keit im Vergleich zu Karls Hinrichtung. Wie der einzelne sich
freiwillig in ewige Sklaverei verkaufen kann, so auch die Völker.
Darum bindet den König kein Schwur, kein Gesetz; seine Gewalt
ist göttlich, väterlich, schrankenlos." — So furchtbar war die
Verblendung und Erbitterung der Parteien, daß selbst ein solches
Werk der jungen Republik gefährlich scheinen mußte. Milton
schrieb zur Erwiderung die defensio pro populo Anglicano, das
berühmteste seiner prosaischen Werke, und brachte damals seinem
Lande ein Opfer, würdig der großen Taten römischer Bürger=
tugend, ein Opfer, schmerzlicher vielleicht als die Hingabe des
Lebens. Längst schon war durch die wiederholte Anstrengung der
Nachtarbeit die Gesundheit seiner Augen untergraben. Das eine
Auge war bereits trübe geworden, und jetzt gerade erklärten ihm
die Ärzte, daß auch das Licht des andern sich nur erhalten lasse
durch sorgsame Schonung. Aber Salmasius hatte die Streiter
Gottes ein Volk von Räubern und Mördern genannt: Milton

ermaß die ganze Schwere des drohenden Verlustes, tröstete sich
an dem Bilde des homerischen Achill, wählte gleich ihm ein
schmerzenreiches Leben voll Ruhmes, schrieb die Verteidigung
seines Volkes und — erblindete für immer. So offenbart sich
in Milton in idealer Vollendung, was auch den Weltlichsten
mit immer neuer Bewunderung zu diesem finstern Heiligen hin=
zieht — die Macht eines Glaubens, der Berge versetzen mag.
Die Feinde frohlockten, sie erkannten in Miltons Erblindung
Gottes sichtbare Rächerhand und schilderten ihn als das

monstrum horrendum informe ingens cui lumen ademptum.

Er aber schrieb einem Freunde: „was hält mich aufrecht
in so schwerem Leid? Nur dies Gefühl: ich gab mein Augen=
licht als Opfer hin für jenen hehren Streit, von dem die Welt
im Nord und Süden spricht." Das kleine Buch, geschmückt mit
dem Wappen der neuen Republik — dem roten Kreuz und der
irischen Harfe — ging von Hand zu Hand; die defensio wurde
das politische Erbauungsbuch der Puritaner. Wohl ward das
Werk in Paris und Toulouse von Henkershand verbrannt, aber
Salmasius erlag dem Fluche des Lächerlichen, den Miltons
erbarmungslose Polemik auf ihn herabgerufen. Um den Anwalt
der Freiheit drängten sich preisend die Staatsmänner von Eng=
land und die Gesandten der fremden Mächte. Noch in mehreren
kleinen Flugschriften verfocht Milton die Sache der Republik.
Das Kriegsrecht herrschte in England; ihn beirrte es nicht. In
greuelvollem Kampfe ward Irland unterworfen, also daß die
irische Mutter noch heute mit dem Namen Cromwell ihr weinen=
des Kind zur Ruhe schreckt; dem Dichter aber war kein Zweifel,
wider Papisten und Rebellen müsse der Streiter Gottes das
Schwert Gideons gebrauchen.

In allen diesen politischen Streitschriften Miltons offen=
bart sich zunächst, welchen mächtigen Schritt die staatliche Ein=
sicht vorwärts getan durch die Arbeit der Reformatoren. Der
Staat war endlich zu seinen Jahren gekommen, er ward gewür=
digt nach seinem eigenen Rechte und galt nicht mehr, wie in
den Tagen des Papsttums, als ein Reich des Fleisches, als ein

dienendes Anhängsel der Kirche. Hatte Luther einst, wie er gern von sich rühmte, als der erste gezeigt, was Staub und Würde christlicher Obrigkeit sei, so war der Glaube an die Selb= ständigkeit des Staats nunmehr allen Protestanten in Fleisch und Blut gedrungen. Unmöglich konnte die neue Kirche auf die Dauer sich beruhigen bei der lutherischen Lehre vom leidenden Gehorsam; wer die von Gott eingesetzten Oberhirten der Kirche nicht mehr anerkannte, mußte schließlich auch das unbeschränkte Königtum bekämpfen. Den Calvinisten bleibt das Verdienst, daß sie die letzten politischen Konsequenzen des Protestantismus gezogen. Seit den Greueln der Bartholomäusnacht ließ sich die Frage nicht mehr abweisen, wann das Recht des Wider= standes gegen tyrannische Obrigkeiten in Kraft trete. In schlag= fertigen Schriften verfochten die hugenottischen Politiker, die Hotoman, la Boétie, Languet, das Recht des Volkes, den König, den es sich selber gesetzt, im Falle des Mißbrauchs der Gewalt wieder abzusetzen. Sie alle waren, wie schon früher der Schotte Buchanan, beherrscht von der calvinistischen Vorstellung, daß der Herr Zebaoth einen Bund, einen covenant, mit seinem gläu= bigen Volke geschlossen habe. Aber aus einem Wuste unklarer theologischer Begriffe brach doch bereits jene Lehre hervor, welche zwar noch der festen wissenschaftlichen Begrenzung bedurfte, doch in ihrem Kerne rechtlich und sittlich unanfechtbar bleiben wird, solange freie Männer leben. Hubert Languet faßte das Gleich= gewicht der Pflichten und Rechte, die wahre Grundlage des Rechts= staates, in dem klassischen Worte zusammen: „wir wollen uns vom Könige beherrschen lassen, wenn er sich von dem Gesetze beherrschen läßt."

An diese Denker knüpft Milton an, und er verhält sich zu ihnen, wie die Puritaner überhaupt zu den Hugenotten: er ist kühner, tiefsinniger, aber auch härter, fanatischer. Die unbequemen Tatsachen der Geschichte schiebt der Idealist mit einigen kühnen Griffen zur Seite: das Veto des Königs ist unvernünftig und hat daher wohl niemals in England zu Recht bestanden, das Unterhaus ist sicherlich älteren Ursprungs

als das Haus der Lords! Osiris, Saul und David, die Erhebung
der Schmalkaldener wider Karl V. werden als Präzedenzfälle
für die Hinrichtung Karl Stuarts angeführt. Der Schwerpunkt
seiner Beweisführung liegt durchaus in dem großartigen Idealis=
mus seiner naturrechtlichen Doktrin. Angeboren ist die Freiheit
den Menschen; kein Volk kann für immer darauf verzichten. Der
König leitet seine Gewalt vom Volke her und darf sie nur üben
innerhalb der Schranken des Gesetzes. Ein Tyrann ist nicht
mehr König, nur die Larve eines Königs, er verfällt demselben
Strafgesetze wie jeder andere Bürger, denn das Volk ist älter,
mächtiger als der König. Doch nicht der Pöbel, zu welchem
Milton den Adel und die niederen Klassen zählt, soll herrschen;
von dem Kerne der Nation vielmehr, von dem gebildeten Mittel=
stande wird das christliche Gemeinwesen von England geleitet.
Damit, offenbar, ist ohne jede Rücksicht auf die Verschiedenheit
der Staatsformen die den Staat auf den Kopf stellende viel=
deutige Lehre der Volkssouveränität verkündet — das Kind einer
Epoche, welche alles zu fürchten hatte von dem Mißbrauche fürst=
licher Gewalt. Sie hat seitdem ruhigeren Theorien das Feld
räumen müssen, welche auch erwägen, wie das Königtum zu
schützen sei gegen die Übergriffe des Volkes. Dauern aber für
alle Zeiten werden jene schlagenden Sätze, womit Milton das
göttliche Recht des Königtums widerlegt: „daß ein Staat be=
stehe, ist Gottes Ordnung, die Wahl der Staatsformen aber ist
in der Menschen Hand gelegt. Es ist mehr Göttliches in einem
Volke, das einen ungerechten König entsetzt, denn in einem Könige,
der ein unschuldiges Volk unterdrückt." Eben jetzt war überall
in Europa das absolute Königtum im Aufsteigen; doch allmählich
begann in den Gemütern die Miltonische Lehre Wurzel zu
schlagen: „es gibt keine Götter mehr von Fleisch und Blut,"
und Cromwell durfte das stolze Wort sprechen: „der Wahn,
das Volk gehöre dem Könige, die Kirche und das Heilige dem
Papste und den Geistlichen, wie ihr sie nennt — beginnt in der
Welt ausgepfiffen zu werden."

Hier wieder indes verfällt Milton seinem tragischen Lose,

daß in den Ursachen seiner Größe zugleich die letzten Gründe
seiner Irrtümer enthalten sind. Dieselbe Kraft und Innigkeit
des religiösen Glaubens, welche allein ihn und seine Genossen
besähigte, den Despotismus zu Boden zu schlagen, stürzte ihn
auch in die entsetzlichen Lehren des jüdischen Rechts der Rache.
Milton hat allerdings, wie Cromwell, die ganze schreckliche Verkettung der Umstände gewürdigt, welche für die Sicherung der
Freiheit kaum einen andern Ausweg offen ließ, als die Hinrichtung des Königs. Aber der Beweggrund, welcher seinen Entschluß wirklich bestimmte, war ersichtlich seine tiefe Überzeugung
von der Wahrheit der hebräischen Lehre „Aug' um Auge, Zahn
um Zahn". Dieser glänzende Geist dachte im Grunde der Seele
nicht anders als jene gottseligen Dragoner, welche das Parlament bestürmten, „den Blutmann Karl Stuart zur Rechenschaft
zu ziehen für das vergossene Blut". — Die Anhänger des
konstitutionellen Königtums waren vorderhand verstummt; nur
die feilen Verfechter des frivolen Absolutismus traten dem Dichter
entgegen. Was Wunder, daß Milton, solchen Feinden gegenüber, in eine streng republikanische Richtung hineintrieb? Er
verdammt jetzt schlechthin die Monarchie. Unter den Menschen
ragt kein Geschlecht durch seine Tugenden so unzweifelhaft hervor, wie unter den Pferden die Rasse von Tutbury; unter Gleichen
aber — schon Aristoteles sagt es — darf keiner herrschen. Daß
gerade die schreiende Ungleichheit unserer Bürger, die Macht
unserer sozialen Gegensätze die Monarchie notwendig hervorruft — die Bedeutung dieser verwickelten wirtschaftlichen Tatsache vermag der starre moralische Rigorismus des Puritaners
nicht zu begreifen. Er erklärt jede Staatsverfassung kurzerhand
aus dem Volkscharakter; lebt ein Volk in einem unfreien Staate,
so fehlt ihm eben jener edle Mut, welcher die Freiheit mit
der Armut dem behaglichen Luxus der Knechtschaft vorzieht.

Um dieser tief sittlichen Auffassung des Staates willen stehen
Milton und alle die protestantischen Verteidiger der Volkssouveränität, welche die britischen Dissidenten gern als die „liberty
authors" anführen, hoch über den Jesuiten, den Suarez und

Mariana, welche dem Wortlaute nach eine sehr ähnliche Lehre
verfochten, aber ohne Glauben an die sittliche Würde, an das
selbständige Recht des Staats, lediglich zum Zwecke der Herrschaft
der Kirche über den Staat. Selbst jene milden Freidenker, welche
später, gehoben durch den glücklichen Erfolg der zweiten Revolution, für Englands Volksrechte stritten, selbst Locke und seine
Schüler haben zwar die Probleme der Staatslehre mit dem
Lichte einer unvergleichlich reicheren Erfahrung erhellt; aber wie
weit bleibt ihr mattherziger Versuch, das Gefühl an die Stelle
der Tugend zu setzen, zurück hinter Miltons mannhafter sittlicher Strenge! Wieder und wieder mahnt der blinde Seher
seine Landsleute, daß es in ihrer Hand liege, die ungeheure
Umwälzung sittlich zu rechtfertigen. „Wenn ihr jetzt nicht alles
von euch abweist, was klein und niedrig, wenn ihr jetzt nicht
all euer Denken und Tun auf das Große und Erhabene richtet,
dann ist jedes Schmähwort des Salmasius bewährt!" Die
Thrannei trachtet, die Bürger möglichst schafmäßig im Geist und
Willen zu machen; ein freies Volk aber soll den Thrannen im
eigenen Busen niederkämpfen und den Staat also gestalten, daß
er Einem großen Christenmenschen gleiche.

Es läßt sich nicht verkennen: Miltons schwungvoller Idealismus, weil er so hoch denkt von dem Wesen des Staats, vermag
nicht die Aufgabe des Staats in festen Grenzen zu halten, er
vermengt Recht und Sittlichkeit, er führt in die moderne Politik
antike Begriffe ein, welche die soziale Freiheitsliebe der Neueren
niemals ertragen wird. Jeder scharfe Kopf mußte fragen, wie
denn der Staat eine so ausgedehnte erziehende Gewalt üben
könne, wenn es wirklich — wie Milton meint — nur eine
religiöse Sittlichkeit gibt, die Religion aber dem Staate nicht
unterworfen ist. Sehr erklärlich also, daß der geistreichste Gegner
der Puritaner, Thomas Hobbes, mit der souveränen Verachtung
eines mathematischen Kopfes auf die Widersprüche der Miltonischen Lehre herabschaute. Zu dem Streite des Salmasius
mit Milton meinte er in seiner grimmigen Weise, er wisse nicht,
bei welchem von beiden die schönere Sprache und die schlechteren

Gründe zu finden seien. Wie viel folgerichtiger wußte Hobbes
seine Staatslehre auszuführen, indem er dem alles verschlingen=
den Leviathan, dem Staate, die ausschließliche höchste Entschei=
dung über alle menschlichen Dinge zuwies: „gut und böse, heilig
und teuflisch ist, was die Staatsgewalt dafür erklärt." Der Ver=
fechter der schrankenlosen Staatsallmacht dachte ebenso niedrig,
materialistisch von der menschlichen Natur, wie Milton vornehm,
idealistisch; die beiden redeten zwei Sprachen. Jede Verständigung
zwischen den zwei größten politischen Denkern, welche England
damals besaß, war unmöglich. Das mochten sie selber empfinden,
sie haben beide weislich vermieden, sich miteinander zu messen.

Am letzten Ende liegt die welthistorische Bedeutung Mil=
tons darin, daß er kühner, eindringlicher, denn irgend einer
zuvor, die Freiheit als ein angeborenes Recht der Völker ver=
kündete, während die Völker noch immer nach mittelalterlicher
Weise hergebrachte Freiheiten als einen privatrechtlichen Besitz
verteidigten. Insofern war der Dichter wirklich einer der Pioniere
einer neuen Zeit, deren Morgengrauen wir heute erst schauen,
und es ist erklärlich, daß noch in den Tagen der heiligen Allianz
ein Übersetzer der defensio in der Schweiz hart bestraft ward.
Er selber kannte die Größe seines Wirkens. „Mir ward auf=
erlegt, ruft er, eine edlere Pflanze als jene, die Triptolemus
von Land zu Lande trug, von meiner Heimat aus unter den
Völkern zu verbreiten, eine freie und bürgerliche Menschensitte
in den Städten, den Reichen, den Nationen auszusäen."

Mit schöner Schwärmerei schaute Milton auf den Helden,
welchem er nun diente. Seit Cromwell das Ruder der Republik
ergriffen, sah die Welt endlich wieder eine wahrhafte Politik
der Ideen. Nach innen freilich konnte das kühne Gebäude der
Republik nur durch eine eiserne militärische Zucht vorläufig und
notdürftig gestützt werden. Man bewegte sich in der unfrucht=
baren, rein negativen Staatskunst eines Gemeinwesens „ohne
König und Oberhaus". Denn gar zu gewaltsam war der Zu=
sammenhang einer uralten Verfassung zerschnitten, gar zu sehr
entfremdet waren die Herzen der Stände, welche die Selbstregie=

rung der Grafſchaften vorzugsweiſe tragen, und gar zu ſchmerzlich vermißten die geängſteten Gemüter der Menſchen in der
ſtrengen Ordnung des Freiſtaates jene belebende Kraft, deren
auch der Staat nimmer entbehren kann — die Freude, den
harmlos=fröhlichen Genuß der Stunde. Um ſo großartiger und
freier entfaltete ſich des Protektors Politik nach außen: der
Proteſtantismus hatte wieder einen gewaltigen Schirmherrn gefunden. Die Staatsſchriften, welche Milton im Dienſte dieſer
erhabenen Staatskunſt ſchrieb (ein Teil der unter dem Namen
Epistolae Pseudosenatus Anglicani bekannten Sammlung), feſſeln
nicht bloß durch ihr klaſſiſches Latein, ſie reden auch eine Sprache
voll Kraft und Wahrheit, welche wie voller mächtiger Glocken-
klang das dürftige Gezwitſcher des „möchte“ und „dürfte“ gemeiner diplomatiſcher Redeweiſe übertönt.

Cromwells Hoffnung war, „den geſamten proteſtantiſchen
Namen in brüderlicher Eintracht zuſammenzuknüpfen“ und dieſe
geſammelte Macht dem Hauſe Habsburg entgegenzuſtellen. Unermüdlich mahnte Milton den großen Kurfürſten von Brandenburg zum Frieden mit Schweden, die Lutheraner und Calviniſten
Deutſchlands zum Beilegen des Bruderſtreits. Alle proteſtantiſchen Höfe rief er in die Schranken zum Schutze der verfolgten
Waldenſer; ihm ſchwoll das Herz von Grimm — ein ſchönes
Sonett bezeugt es — wenn er dieſe ehrwürdige Heimat der Ketzerei
mißhandelt ſah, „dies Volk, das ſchon den wahren Gott bekannte,
als unſre Väter noch vor Klötzen knieten“. So glänzend hatte
der Inſelſtaat ſeit langem nicht dageſtanden als jetzt, da Cromwell
durch gebieteriſche Drohungen den Papſt zur Herausgabe engliſcher Schiffe zwang und von dem Könige von Spanien ſeine
„beiden Augen“ — Abſchaffung der Inquiſition und freien Handel
in Weſtindien — forderte. Freilich, dieſe proteſtantiſche Tendenz-
politik erſchien zu ſpät. Schon begannen andere, rein politiſche
Gegenſätze die Welt zu erſchüttern, ſchon hatte die Freiheit Europas mehr zu fürchten von dem begehrlichen Frankreich als von
dem tief gedemütigten Spanien, und der große Kurfürſt mußte
wohl, warum er in dem proteſtantiſchen Schweden ſeinen Tod-

feind fehen mußte. Reiche, angeregte Stunden verlebte Milton
an dem Hofe des letzten Helden des Protestantismus im Verkehre
mit Waller, Georg Wither und Selden; dann und wann erschien
Cromwell mit der Lady Protectreß in Miltons Hause und lauschte
dem Orgelspiele des Dichters. Und doch lebte man in schwülen
Tagen. Nie hatte das englische Volk die Herrschaft eines ruchlosen Königs so unruhig getragen wie das Regiment seines
größten Beherrschers. Die Aufstände wollten sich nicht legen,
das Pamphlet Killing no murder verlangte die Ermordung des
Protektors. Und bald ist Milton selbst, wie es scheint, irr geworden an seinem Helden. Von jenen wüsten Träumern freilich,
welche das Nahen des Tausendjährigen Reiches erwarteten, schied
den eleganten Gelehrten schon sein guter Geschmack. Aber der die
Wiedergeburt der antiken Freistaaten gehofft hatte, vermochte
sich nicht zu befreunden mit der Fortdauer der Diktatur. Er
begann den Staatsmann nicht mehr zu verstehen, welcher den
Mut hatte, das Notwendige zu wollen, und das Königtum, das
unentbehrliche, neu zu gründen trachtete.

Seinem republikanischen Staatsamte ist der Dichter bis nach
Cromwells Tode treu geblieben; und auch in den politischen
Federkrieg trat er wieder ein, als die Zügel des Regiments, den
schwachen Händen Richard Cromwells entgleitend, schlaff am
Boden hingen, als der Freistaat verlassen ward von dem Glauben
des Volkes, und immer lauter und zuversichtlicher der Ruf der
Kavaliere erklang: the king shall rejoice his own again. Da erfüllte sich Miltons Prophetenwort: die Briten waren „unversehrt
durch das Feuer gegangen, um dann an dem Qualm zu sterben“.
Keine Spur der harten Tugenden, welche das gefährdete Gemeinwesen heischte: überall die verzweifelte Müdigkeit, die der Anspannung ungeheurer Taten zu folgen pflegt. In offenen Briefen
und in der Schrift „der mögliche und leichte Weg, ein freies
Gemeinwesen herzustellen“ stritt Milton als der Letzte für die
„gute alte Sache“. Nach der Weise solcher hellsehenden Naturen
im einzelnen irrend, aber im großen und ganzen untrüglich,
meinte er einen glatten Heuchler wie Monk durch den Hinweis

auf die sittliche Reinheit der Republik zu rühren, und zugleich
sprach er die tiefsinnigen Worte, daß ein zurückkehrendes Königs
tum die schlimmste der Gewaltherrschaften sei, daß Englands
Volk noch einmal für sein Recht werde bluten müssen.

Eben jetzt, da die kleinen Menschen an dem Gemeinwesen
verzweifelten, erhob sich sein Idealismus zum verwegensten Fluge.
War nicht mit Cromwells Tode die Gefahr der Tyrannis ver=
schwunden und die Möglichkeit gegeben, den Staat nach den
höchsten Anforderungen protestantischer Freiheit umzugestalten,
eine feste Burg des Protestantismus, ein westliches Rom zu
gründen? Et nos consilium dedimus Sullae, demus populo nunc,
schrieb Milton und entrollte den Plan seines Staatsideals. Alle
Standesunterschiede sollen schwinden, vornehmlich muß die An=
häufung des Grundbesitzes in wenigen Händen, welche die nor=
mannische Eroberung verschuldet, durch eine Äckerverteilung ver=
nichtet und also der Schwerpunkt des Staats, der Mittelstand,
gestärkt werden. Unbedingte Freiheit des Glaubens, des Wissens,
des Verkehrs. Aber mit nichten wollte Milton, der auf die
Masse mit dem vornehmen Stolze aller feineren Geister herab=
schaute, daß diese demokratisierte Gesellschaft auch demokratisch
regiert werde. Auch er bewunderte jene seegewaltige Republik
des Protestantismus, welche Cromwell durch einen ewigen Bund
mit England zu vereinigen dachte. Ein lebenslänglicher Senat,
ähnlich den Generalstaaten im Haag, sollte den verjüngten Frei=
staat regieren, Großbritannien sollte sich umgestalten zu einem
Bunde freier Provinzen und Gemeinden nach dem Muster der
Vereinigten Niederlande, nur mit einer ungleich stärkeren Zentral=
gewalt. Noch niemals waren die demokratischen Ideen des Cal=
vinismus so kühnlich durchgeführt worden. Doch dies königliche
England war nicht gesonnen, den Träumen seines Dichters zu
lauschen. Erst hundert Jahre später, unter den Männern, die
ihren puritanischen Glauben über das Weltmeer gerettet, trat das
Staatsideal des Independenten ins Leben; aber auch die Union
von Nordamerika hat jenen Adel der Geistesbildung nicht entfaltet,
welchen der Dichter von der vollendeten Demokratie erwartete.

Das waren die letzten Worte der sterbenden Freiheit. Milton
selber verglich sich dem Propheten, der von den tauben Menschen
sich abkehrend die schweigende Welt anruft: „O Erde, Erde,
Erde!" Höher und höher schwoll „die Sündflut dieses epidemischen
Wahnsinns", man hatte die traurigste der Künste gelernt, die ein
Volk niemals lernen soll, die Kunst, das Unwürdige zu vergessen.
Ohne jede Bedingung ward der Staat einem Stuart ausgeliefert,
„auf den Knieen ihrer Herzen" begrüßten die Gemeinen von England den legitimen König. Die „Rückkehr nach Ägyptenland"
war vollbracht. Das Volk, entledigt des puritanischen Zwanges,
tanzte jubelnd um das goldene Kalb, und in den Ratsälen der
Cromwell und Bradshaw tummelte sich die Gemeinheit eines
verwilderten Hofes. Als jetzt das Gericht der Rache verhängt
ward über die großen Rebellen, als man die Leiche des Protektors
aus dem Grabe riß, da ward auch Milton von den Verfolgern
ereilt. Am 16. Juni 1660 verbrannte der Henker die defensio,
und nur der Verwendung einflußreicher Freunde gelang es, den
bereits verhafteten Dichter zu befreien. Aber wenn man meinte,
der verstockte Rundkopf werde sich freuen, so billigen Kaufes zu
entkommen, so kannte man wenig den unbeugsamen Rechtssinn
des Mannes: nicht eher schied er aus dem Gefängnis des Hauses
der Gemeinen, als bis er eine Klage eingereicht gegen den serjeant
at armes, welcher ihm zu hohe Gebühren angerechnet.

Und nun stand der Letzte der Puritaner allein, das England
Karls II. hatte keinen Platz für einen Milton. Alles, was ihm
heilig, war ein Spott der Buben geworden, und jene wunderbare Fügung, welche unter die Herrschaft des verächtlichsten Königs
den Beginn des gesicherten konstitutionellen Regiments in England verlegte — er sollte sie nicht mehr erkennen. Den ganzen
Schmerz eines Patrioten, der an der Würde seines Volkes ver-
zweifelt, legte er nieder in den trostlosen Worten eines Briefes
an einen Freund: „Meine kindliche Liebe zum Vaterlande hat
mich endlich ohne ein Vaterland gelassen." War es möglich,
daß ein römischer Bürger das Verderben seines Landes über
den Freuden seines Hauses vergessen konnte, so sollte Milton auch

dieſer Troſt verſagt bleiben. Häusliches Unglück, das Los der
meiſten großen Dichter Englands, war auch das ſeine. Seine
ungetreue Gattin hatte nach mehrjähriger Abweſenheit endlich
zu Miltons Füßen ſich niedergeworfen und die Verzeihung des
Sanftmütigen erfleht. Dann waren die beiden bis zu Marys
Tode nebeneinander hingegangen, ohne daß ihre Seelen ſich
fanden. Darauf, in den Tagen ſeines politiſchen Wirkens, ward
ihm das Glück, in Catharina Woodcock ein Weib nach ſeinem
Herzen zu finden — doch nur für ein kurzes Jahr. Wie oft
iſt dann die liebliche Geſtalt der Toten mit ihrem gütigen Lächeln
durch ſeine Träume geſchritten, bis ein trauriges Erwachen ihn
zurückführte in die kalte Nüchternheit ſeiner Vereinſamung: „ich
wache — und der Tag bringt meine Nacht zurück.“ Endlich ließ
ſich der fünfzigjährige hilfsbedürftige Blinde durch das Zureden
ſeiner Freunde zu einer dritten Heirat bewegen. Den der ge=
waltige Wechſel der Völkergeſchicke zu Boden geſchmettert, er
ſollte jetzt noch durch die Nadelſtiche alltäglicher kleinlicher Leiden
gepeinigt werden. Die rohe, derbe Haushälterin Eliſabeth
Minſhull blieb ſeinem Herzen ebenſo fremd, wie die unholde
Kälte ſeiner älteren Töchter. Und wie ſehr mußte er den etwas
willigeren Gehorſam ſeiner jüngſten Tochter Deborah aus=
beuten, wenn er ſie die unverſtandenen griechiſchen Werke vor=
leſeu ließ oder ihr buchſtabenweiſe ſeine lateiniſchen Briefe dik=
tierte. Sein Vermögen war in den Wirren des Bürgerkrieges
verloren, ſein Haus von dem großen Londoner Brande vernichtet
worden. Nur einige armſelige Geſellen, wie der Quäker Elwood,
wagten noch den gemiedenen Puritaner aufzuſuchen, wenn er
abends im ärmlichen Zimmer ſeine Tonpfeife rauchte. Am
ſchwerſten aber laſtete auf ſeiner tatenluſtigen Natur das Gefühl
ſeines Leibesgebrechens. Wenn die verzärtelte Prüderie der
Gegenwart dem Dichter gern das Reden über höchſt=perſönliche
Leiden unterſagen möchte, ſo empfand Milton bei allem Stolze
viel zu einfach und ſicher, um ſich die natürlichſte der Klagen
zu verbieten. Sein Sonett „on his blindness‘ gehört zu den
ſchönſten Klageliedern aller Zeiten: auf die vorwurfsvolle Frage,

warum sein Pfund so frühe sich vergrabe, findet der fromme
Poet die tröstliche Antwort, daß der Herr in seinem königlichen
Haushalt tausend bereite Diener habe,

> und die nur stehn und harren, dienen auch.

Freilich, wie verstand sein feuriger Geist dies „stehn und
harren"! Ein Teil seiner selbst geworden war das freudigste
aller Bibelworte: „daß denen, die Gott lieben, alle Dinge zum
besten gereichen." Auch er, wie alle edleren Naturen, ward
durch das Körperleid geadelt, gehoben. Eine Zeit der Schande
war gekommen, da jedes ernste, fromme Wort den Schriftsteller
in den Verdacht rebellischer Gesinnung brachte. Abermals, und
frecher noch als unter Karl I., ward die Unzucht der Bühne vom
Hofe begünstigt. Weder Drydens zierliche Reime, noch jene un-
flätigen Späße, womit Butler in seinem Hudibras die geschlagenen
Puritaner bewarf, konnten den Kopf eines Milton beschäftigen.
Aus dieser Welt der Flachheit und Gemeinheit flüchtete er unter
die unvergänglichen Schätze, die er seit langem im Geiste trug.
In den stillen Stunden einsamer Sammlung fühlte er die Kräfte
seiner Seele wachsen; laut und lebendig in ihm wurden der
Geist der Bibel und die Nachklänge jener großen Dichterwerke,
welche die Liebe seiner Jugend gewesen. Während sein leib-
liches Auge geschlossen war, schwebten vor seiner Seele die reinen
Gestalten einer höheren Welt und mahnten ihn, sie festzuhalten.
So wurden ihm die Tage körperlicher Leiden, häuslichen Kummers
und staatlichen Elends verklärt von einem Glücke, das seinen
sonnigsten Jugendtagen so schön nicht gelächelt hatte. Allnächt-
lich — er selber erzählt es — erschien vor seinem Lager seine
Muse, der Geist Gottes, und hauchte ihm himmlische Melodien
zu. Der alternde Milton schuf das Verlorene Paradies, und
mit gerechtem Stolze durfte er sich selbst der Nachtigall vergleichen, die im Dunkel am herrlichsten singt.

Fünfundzwanzig Jahre lang hatte das Feuer unter der
Asche geschlafen, das jetzt in hellen geläuterten Flammen hervorbrach. Nur selten hatte er die harte politische Arbeit unterbrochen und eines jener Sonette hingeworfen, welche darum so

tief und unvergeßlich wirken, weil in ihnen der lange verhaltene
Strom poetischer Empfindung mit gesammelter Kraft hervor=
bricht. Eine alte Schuld war einzulösen, denn wiederholt war
in seinen prosaischen Schriften verkündet, daß er sich mit dem
Plane eines großen Epos trage. Wenn andere, ausschließlicher
als er für das Schöne geschaffene, Künstler sich weislich hüteten,
den Zauber vorlaut zu stören, der über einem werdenden Gedichte
wacht, so hatte Milton solche Vorsicht nicht nötig. Die Aufgabe
des Dichters war ihm nicht wesentlich verschieden von dem Berufe
des Predigers: „er soll die Tugend und öffentliche Gesittung in
den Massen pflegen, die Unruhe des Herzens stillen und die
Leidenschaften in harmonischen Einklang bringen.“ Um einen
Gentleman in Tugend und Edelmut zu erziehen, versichert Milton,
ist unser weiser und ernster Dichter Spenser ein besserer Lehrer
als Scotus oder Thomas von Aquino. — Man darf in dieser
Meinung nicht bloß die moralisierende Befangenheit des Puri=
taners sehen. Wenigstens Eine Eigentümlichkeit der Kunst ist
damit aufs klarste erkannt: die wunderbare Tatsache, daß die
Kunst, indem sie ein Äußerliches darstellt, dennoch den Menschen
sammelt und auf sich selber zurückführt, während das Äußerliche
der Wirklichkeit uns zerstreut. In diesen Aussprüchen Miltons
über den Beruf des Dichters besitzen wir einen Schlüssel, der uns
das Verständnis des Paradise lost besser erschließen wird, als der
jedes theologische Gedicht verwerfende Christenhaß der Enzy=
klopädisten, oder die bornierte Salbung jener englischen Kritiker,
welche, um das „christliche“ Gedicht recht hoch zu erheben, allen
anderen Dichtern nur eine uninspired inspiration zuerkennen.

Wie unendlich viel hatte doch das englische Leben an Farben=
pracht, an Lebenslust und kerngesunder Freude in dem halben
Jahrhundert zwischen Shakespeares und Miltons Tagen ver=
loren! Nie bewährte sich unbarmherziger und schneidender das
traurigste und tiefsinnigste der historischen Gesetze, wonach jeder
Fortschritt der Völker zugleich notwendig einen Verlust enthält.
Der protestantische Glaube war ein Gemeingut des Volkes ge=
worden; aber so gänzlich war in dem besseren Teile der Nation

die alte glückliche Luſt am künſtleriſchen Spiel erſtorben, daß
ein Genius wie Milton in die embryoniſche Form der Allegorie
zurückfallen konnte, wenige Jahre, nachdem ſein Volk das
vollendete Kunſtwerk des Dramas geſchaffen! Und ſo gänzlich
hatte froſtige Gelehrſamkeit unter den Puritanern die heitere
Natürlichkeit der Sitten bewältigt, daß Milton es noch für nötig
hält, das Dichten in engliſcher ſtatt in lateiniſcher Sprache aus=
drücklich zu entſchuldigen! Verſchwunden war das merry old
England der jungfräulichen Königin, vollzogen jene harte Er=
nüchterung des Volkscharakters, welche noch heute Englands Epos
und Drama in dem engen Kreiſe des Sittenbildes feſtgebannt
hält. Wie ſpäter Byron — der einzige engliſche Dichter, der
nach Milton den Mut fand, den Kothurn zu führen — zu ſolcher
Kühnheit nur durch das Beiſpiel der deutſchen Muſe begeiſtert
worden iſt, ſo ward Milton nur auf den Flügeln der Religion,
der bibliſchen Dichtung über die proſaiſche Kälte ſeiner Zeitgenoſſen
emporgehoben.

Es konnte nicht fehlen, eine Richtung, ſo überſchwenglich reich
an geiſtigen Kräften, wie der Proteſtantismus, mußte auch nach
künſtleriſcher Verklärung ihrer Ideen ſtreben. Bereits hatte
Shakeſpeare in Geſtalten von unerreichter Großheit jene ſitt=
liche Weltanſchauung des Proteſtantismus verkörpert, welche
den Schwerpunkt der Welt in das Gewiſſen verlegt, die Idee
der Pflicht über alle andern ſtellt. Doch ſolche echte dramatiſche
Kunſt, von Grund aus ſittlich und dennoch ſinnlich ſchön, konnte
dem konfeſſionellen Eifer einer religiös hochaufgeregten Epoche
nimmermehr genugtun. Die junge Kirche bedurfte einer reli=
giöſen Dichtung, welche der Stimmung der gläubigen Gemüter
hinreißenden Ausdruck gab, die Glaubenswahrheiten des gerei=
nigten Chriſtentums verherrlichte. Wunderbar glücklich entſprach
dieſem Drange das deutſche Kirchenlied — das Herrlichſte, was
die ſpezifiſch=religiöſe Poeſie der Evangeliſchen aufzuweiſen hat,
denn nur die Lyrik vermochte dem ſpiritualiſtiſchen, durchaus
unſinnlichen Weſen des Proteſtantismus gerecht zu werden. Aber
nicht umſonſt lebte man in einer gelehrten Epoche. Hatten die

Heiden des Altertums ihre falschen Götter in Epen und Dramen
verherrlicht, so sollte auch die religiöse Poesie der Protestanten
diesen höheren Flug wagen. Der edle Hugenott Salluste du
Bartas war der erste, der dies widerspruchsvolle Unternehmen
versuchte. Sein Epos La Semaine de Création besang die alt=
testamentarische Schöpfungsgeschichte — ein Werk voll hohen
sittlichen Ernstes, an einzelnen Stellen schwungvoll, doch im
ganzen prosaisch, lehrhaft, ein dem modernen Leser unerquickliches
Gemisch von christlicher Moral und klassischer Mythologie, worin
der Herr Zebaoth friedlich neben Venus und dem paphischen
Bogenschützen prangt. Das Gedicht fiel zündend zur rechten
Stunde mitten hinein in die Erregung der Hugenottenkriege.
Mit überschwenglicher Bewunderung dankten die Streiter Gottes
ihrem Sänger. Er war der „Fürst der französischen Dichter“,
sie verhießen ihm au lieu d'un mort laurier l'immortelle couronne
und bezeichneten also mit unbewußter Ironie die Zwitternatur
seiner Dichtung. Dem gefeierten Vorgänger folgten glaubens=
eifrige Dichter in allen Ländern des Calvinismus — alle über=
ragend Hugo Grotius mit seinem Christus patiens und andern
lateinischen Tragödien aus der heiligen Geschichte.

Auch Milton lebte des Glaubens, daß ein biblischer Stoff
„ein heroischerer Gegenstand sei als der Zorn des Achilles.“ Alle
Pläne weltlicher Dichtung, die er vorzeiten gehegt, stieß er
von sich. Dem Höchsten sollte jetzt sein Dichten gelten. Um
Beistand und Erleuchtung rief er an „den Geist des Herrn, der
mit gespreizten Schwingen gleich einer Taube ob dem Chaos
schwebte — den Geist, dem ein aufrechtes, reines Herz will=
kommner ist als stolzer Tempelbau“. Und nicht durch einen
Zufall lenkte sich der Sinn des harten Puritaners auf eine Er=
zählung aus dem Alten Bunde. Aus dem milderen Neuen Testa=
mente hat nur Eine Schrift seinen Dichtergeist mächtig erregt —
die Offenbarung Johannis; sie fesselte ihn durch ihren phan=
tastischen Schwung und durch ihren starren judenchristlichen Fana=
tismus. Von allen Mythen des Alten Testaments wählte er
den schrecklichsten: wie durch den Fall der ersten Menschen der

Tod in die Welt kam — und nur kurz verkündet in den letzten Gesängen der Engel des Herrn die Botschaft der Versöhnung, daß „ein größerer Mensch" erscheinen und das verlorene Paradies wiederfinden werde. — Wenn die theologische Einseitigkeit der Briten, sogar eines Hallam, in diesem Stosse, welcher jeden Nichtgläubigen kalt läßt, das menschlichste Thema aller Dichtung finden will, so können wir nicht entschieden genug betonen, daß das Paradise lost ein symbolisches Werk ist. Milton schafft nicht Bilder, in denen eine Idee ungesucht ihren vollkommenen Ausdruck findet, sondern seinen Bildern hat der religiöse Glaube eine ihnen ursprünglich fremde Idee untergeschoben.

Er war zu sehr Dichter, um gleich seinem trockenen Freunde Harrington einen puritanischen Staatsroman zu schreiben, aber er war zu sehr Theolog, um ein reines Epos zu schaffen. Sein Zweck ist didaktisch, er will

die Wege Gottes dieser Welt erklären
und Zeugnis geben von der ew'gen Vorsicht.

Während die naiven Epiker der Alten den Helden zuerst nennen, dem ihre Gesänge gelten, bekennt der Dichter des Verlorenen Paradieses gleich in der Anfangszeile den abstrakten Inhalt seines Gedichtes: of man's first disobedience etc. Der harte Sohn eines Jahrhunderts der Kriege, will Milton seine Leser aus dem dumpfen Genußleben des Alltagslebens emporreißen zu der grandiosen Vorstellung, daß die Geschichte der Welt anhebt mit dem Kampfe Gottes wider den Bösen. In der katholischen Zeit hatte der Volksglaube seine derben Possen getrieben mit dem dummen, dem geprellten Teufel. Seit Luther erschien der böse Feind als eine beängstigende, schreckliche Macht. Milton war der erste Dichter, der diesem finsteren Teufelsglauben der Protestanten einen erhabenen Ausdruck gab. Vor seiner Seele schwebten die Bilder der Apokalypse von dem Kampfe der Seraphim mit den gefallenen Engeln: „Michael und seine Engel stritt und der Drache stritt und seine Engel." Er macht Ernst mit den Ideen der Zend-Religion, welche das Judentum in sich aufgenommen. Ihm ist der Teufel der Ahriman, der Fürst der Finsternis.

Die Fülle des Wissens und des Könnens leiht er seinem Satan,
also daß der jüngere Pitt an der prachtvollen Rhetorik dieses
Höllenfürsten sein Rednertalent schulen konnte. Herrliche Worte
des Titanentrotzes, unbeugsamer Willenskraft läßt der Sänger
seinen Teufel sprechen, und es ist bekannt, wie oft besiegte Helden
im Unglück sich an dem unbezähmbaren Mute des Miltonischen
Satan erhoben und getröstet haben; dem frommen Dichter aber
erschien der Heldenmut, der nicht dem Himmel dient, als das
schlechthin Böse. Er kann sich kaum genug tun in der Schilderung der finsteren Herrlichkeit der Hölle. Thrones, Dominations,
Princedoms, Virtues, Pow'rs redet Satan die Fürsten des Pandämoniums, die Millionen der Dämonen mit den flammenden
Schwertern an. Wohl wird der König der Finsternis zu Schanden
vor dem Herrn der himmlischen Heerscharen, und der Fluch,
welcher auf Adams Samen haftet, wird hinweggenommen durch
den Gottessohn, der das Nahen des himmlischen Reiches verkündet. Aber noch wird die Jahrtausende hindurch die Sünde
eine Macht sein unter den Menschen, klein die Zahl der Treuen,
die inmitten des Abfalls und der Bosheit zu dem Herrn halten
und hienieden schon die Seligkeit des göttlichen Friedens genießen. Und nun zieht der Dichter mit dem ungeheuren Stolze
selbstgewisser Tugend die gesamte Menschengeschichte vor seinen
Richterstuhl und scheidet die Böcke von den Schafen, spendet durch
den Mund seines Engels Segen und Fluch. Erbarmungslos
geht er ins Gericht mit seinen Zeitgenossen. Die spitzfindigen
Dogmatiker der Hochkirche, die gewandten, gottlosen Künstler
des Königsschlosses von Whitehall sitzen zu den Füßen Satans
in Miltons Hölle. Die Frechheit der entfesselten Begierde, die
am Hofe Karls II. ihre Orgien feierte, geht gräßlich zu Grunde
in der Sintflut, die der zornige Herr über die entartete Welt
ergießt. Wahrlich, mild ist sie nicht, die Muse des Puritaners.

Nach alledem wird deutschen Lesern einleuchten, daß das
Verlorene Paradies ein echtes Epos nicht ist. In der Tat, das
siebzehnte Jahrhundert, in welchem gewaltige Gegensätze des
staatlichen und des kirchlichen Lebens in bewußtem Kampfe auf-

einander prallten, war himmelweit entfernt von jener Einfach=
heit und naiven Unmittelbarkeit der Empfindung, welcher die
epiſche Dichtung entſtrömt. Nur mit Wehmut können wir das
Los des zu ſpät geborenen großen Dichters betrachten. Nicht
einmal von dem Beifalle ſeiner Glaubensgenoſſen ward er ge=
tragen. Wenn die Helden der Hugenottenkriege den Sänger
der „Woche der Schöpfung" auf den Schild hoben, ſo ſtritt Milton
für eine leidende Sache. Er ſtand

> in argen Tagen, unter böſen Zungen,
> blind, einſam, von Gefahren rings umbroht,
> doch nicht allein.

Noch in einem tieferen Sinne iſt das Verlorene Paradies
ein zu ſpät geſchaffenes Werk, ein Anachronismus. Der pro=
teſtantiſche Glaube kann und darf keine Mythen bilden, und
auch Milton iſt an dieſem Verſuch geſcheitert. Wenn die un=
vollkommenen Götter des Homer, die in Milton den gleichen
proſaiſchen Unwillen hervorriefen wie in Platon, unſere volle
menſchliche Teilnahme herausfordern, ſo ſind die reinen reli=
giöſen Begriffe des Chriſtentums poetiſch ganz wertlos. Denn
was wir blöden Sterblichen ſo gern als den Fluch unſeres Ge=
ſchlechtes beklagen, die Schwäche, die Beſchränktheit unſerer Kräfte
— das iſt in Wahrheit der Kern alles Lebens. Statt geiſt=
los nachzubeten, was Englands Eſſayiſten uns vorgeſagt,
ſollen wir ehrlichen deutſchen Ketzer uns ein Herz faſſen und
grad' heraus bekennen: dem Satan Miltons, ſeinen Kämpfen
und Sünden folgen wir mit dem lebendigſten Mitgefühle, aber
kalt und teilnahmlos blicken wir auf den poetiſchen Gott Vater
und Gott Sohn, die nicht fehlen, nicht irren, alles wiſſen und
dennoch kämpfen, deren unfaßbares, zwiſchen Beſonderheit und
Allgemeinheit hinſchwankendes Weſen mit Gewalt die proſaiſchen
Bedenken der Logik, das monumentale omnis determinatio est
negatio in uns wachruft.

Nicht ungeſtraft verachtete Milton die Sinnlichkeit, welche
dem Dichter iſt was den Fiſchen das Waſſer. Sein Bemühen,
das Unſinnliche, das Ewige poetiſch zu geſtalten, mußte oft

scheitern, ja, dann und wann in das Komische umschlagen: so
wenn Adam dem Gott Vater die Langeweile seiner Einsamkeit
klagt, und dieser erwidert: „was denkst du denn von mir, der
ich in Ewigkeit allein bin?" Auf den ersten Blick mag es scheinen,
als böte eine Welt, wo alles Wunder ist, der Phantasie un=
geheuren Spielraum. Doch schauen wir schärfer zu, so waren
auf dem Gebiete der christlichen Mythologie der schöpferischen
Kraft des Dichters sehr enge Grenzen gesetzt. Dem bibelfesten
Protestanten ist es schwerer, trockner Ernst mit seinem Glauben;
selbst den Wortlaut der Heiligen Schrift sieht er nicht gern
durch dichterische Änderungen gestört. Wir würden dies noch
stärker empfinden, wäre das Paradise lost in deutscher Sprache
geschrieben. Die lutherische Bibelübersetzung ist mit unserem
Volke gewachsen und wir mit ihr; wer als Kind die herz=
erschütternden Worte der lutherischen Bibel in seine Seele auf=
genommen hat, der überwindet nie gänzlich das Gefühl des
Befremdens, wenn ihm die biblische Weisheit in poetischer Um=
bildung entgegentritt. Auch Milton selber hätte es für eine
Blasphemie gehalten, die Glaubenslehren der protestantischen
Kirche aus ästhetischen Gründen umzugestalten. Die theologischen
Fanatiker Englands sind in ihrem guten Rechte, wenn sie den
Dichter wegen seiner arianischen Lehren verketzern; denn aller=
dings, wäre Milton nicht als ein Arianer überzeugt gewesen,
daß kein Zeilchen in der Bibel von der göttlichen Natur Christi
rede, nimmermehr hätte er in seinem Gedichte den Gottessohn
als einen Menschen dargestellt. Nun aber ist jeder Dichter not=
wendig Polytheist; schon Goethe gestand dies mit jener edlen
Unbefangenheit, welche unsere frommen Leute „heidnisch" nennen.
Auch Milton fühlte die Notwendigkeit, den öden protestantischen
Himmel zu bevölkern. Die katholischen Heiligen verwarf sein
evangelischer Eifer; so blieben ihm nur die Gestalten der Engel
und Teufel und einige allegorische Figuren wie „Urania und
ihre Schwester, die himmlische Weisheit" — frostige Abstrak=
tionen, welche durchaus den Eindruck lebloser Maschinerie hinter=
lassen. Ja selbst das Los des ersten Menschenpaares wird durch

das Einwirken überirdischer Mächte der menschlichen Teilnahme
entrückt. Nur für frei handelnde Menschen empfinden wir Mit-
gefühl. Wenn aber Gott Vater zu Adam spricht: Alles ist vorher bestimmt, und dennoch deiner freien Wahl anheimgestellt —
so erweckt der Dichter philosophische Zweifel, die jedes ästhetische
Interesse ersticken. Desgleichen, daß Ein geringfügiger Ungehorsam grenzenlosen Jammer über die Menschheit bringt, ist, als
freie Erfindung betrachtet, widersinnig und muß, je nach der
Stimmung des Lesers, Gelächter oder Empörung erregen; nur
der religiöse Glaube führt über diese Widersprüche hinweg. Mögen
also die englischen Eiferer und jene Deutschen, welche die Geistesfreiheit unseres Volkes wieder zu der Beschränktheit englischer
Rechtgläubigkeit zurückzuführen denken — mögen sie immerhin
versichern, es gehe bei dem „HErrn" des blinden Dichters „gar
zu menschlich" her!*) Der unverbildete Schönheitssinn unseres
Volkes wird sich nicht wieder von der goldenen Wahrheit trennen,
daß die Poesie nur das Menschliche darstellen kann und Miltons
Epos ebendeshalb keine ungetrübte Freude erregt, weil diese über-
sinnliche Welt zu wenig menschlich ist.

Und dennoch ist das Verlorene Paradies ein unvergängliches
Werk, das nicht mit dem Maße der ästhetischen Theorie allein
gewürdigt werden kann. Als Mulciber, der Künstler der Hölle,
den Prachtbau des Pandämoniums gegründet, da — erzählt
Milton — „bewunderten die einen das Werk, die andern den
Meister des Werks" — eine Unterscheidung von Lessingscher
Schärfe, die auch Lessings warmen Beifall fand. Wenden wir
dies Wort auf Miltons Gedicht selber an, so ist kein Zweifel,
daß dem Meister des Werks der größere Ruhm gebührt. Vergessen wir bei Homer den Dichter völlig über seinen Helden,
so empfängt das Verlorene Paradies seinen ganzen Wert von
dem erhabenen Charakter des Dichters, der hinter jeder Zeile
hervorschaut. Nie wirkt Milton gewaltiger, als wenn er unter
fremdem Namen sein eigenes Leben und Leiden schildert, wenn

---

*) So Dr. L. Wiese, Miltons Verlorenes Paradies. Berlin 1863.

er den Noah, den Abdiel vorführt, — „der getreu erfunden ward
unter den Ungetreuen, er allein getreu" — oder den Adam neben
der reuig vor ihm niederſinkenden Gattin. Die ſchönſten Stellen
des Gedichtes ſind jene, wo der Dichter die Schranken des Epos
geradezu überſpringt, ſeinem lyriſchen Genius die Zügel ſchießen
und einen mächtigen Choral zum Himmel ſteigen läßt. Das
Paradise lost iſt ein Werk von wunderbarer ſubjektiver Wahrheit:
in ſeiner ernſten Hoheit, ſeiner herben Strenge ein lebendiges
Bild des heldenhaften Mannes, der, leidend für eine große Sache,
noch den Mut fand, die Geſchichte aller Zeiten dem Richter=
ſpruche des Puritanertums zu unterwerfen. Es iſt unſterblich,
als das Werk eines reinen und reichen Menſchen, der ſelbſt
„die letzte Schwachheit edlerer Naturen", den Durſt nach Ruhm,
lächelnd überwunden hatte und ſeine ſchöpferiſchen Gedanken nur
noch in den höchſten und heiligſten Regionen ſchweifen ließ,

> Hoch ob dem Lärm und Qualm des trüben Punkts,
> den Menſchen Erde nennen.

Und nicht bloß die Perſon des Dichters, auch die Leiden
und Kämpfe des puritaniſchen Englands treten uns aus den
Verſen des Paradise lost entgegen. Kein Geſang darin, der nicht
mahnend, ſtrafend, begeiſternd auf die Nöte des Jahrhunderts
wieſe. Wenn Milton das Heer des Erzengels wider die Dämonen
der Hölle ausziehen läßt, ſo meinen wir ſie mit Händen zu
greifen, jene „Männer, wohlgewappnet durch die Ruhe ihres
Gewiſſens und von außen durch gute eiſerne Rüſtung, feſtſtehend
wie ein Mann" — jenes gottbegeiſterte Heer, welchem England
ſeine Freiheit dankt. Wir ſehen vor Augen das Schlachtfeld von
Dunbar, wir ſchauen, wie die Eiſenſeiten Oliver Cromwells ihr
blutiges Schwert in die Scheide ſtecken und das Haupt entblößen
und über das leichenbedeckte Feld das Siegeslied des ſtreitbaren
Proteſtantismus erſchallt: „lobet den Herrn, alle Helden, preiſet
ihn, alle Völker!" Dieſer Hintergrund einer großen Geſchichte
verleiht dem Gedichte Miltons jenen Reiz dramatiſcher Wahr=
heit, welchem auch Goethe nicht widerſtehen konnte.

In dieſem ſubjektiven Sinne iſt ſelbſt dies Werk didaktiſcher

Kunst ein Werk harmonischer Schönheit. Denn wie oft wir auch bei den herrlichen Dialogen des Gedichts die Frage auf= werfen möchten, warum Milton nicht, seinem erſten Plan getreu, ein wirkliches Drama geſchaffen, ſo kehren wir doch immer wieder zu der Einsicht zurück, daß ihm die Berechnung des Moments, der weltliche Sinn, die bewegliche Raschheit des Dramatikers gänzlich fehlte, daß er der tiefen Innerlichkeit ſeines Weſens nur in einem philoſophiſchen Gedichte gerecht werden konnte. So wenig ein natürlich empfindender Mensch ein Gedicht zum Lebensbegleiter wählen wird, das uns fortwährend ſpannt und emporträgt über Raum und Zeit: ſo gewiß wird jeden das volle Gefühl menschlicher Kraft und Größe überkommen, der in einer trüben Stunde der Abspannung oder Verwirrung einen Gesang des Paradise lost aufſchlägt, um den Heldenmut eines ganzen Mannes zu ſchauen, welcher „in Worten mächtiger war, als ſeine Feinde in Waffen".

Haben wir ſo den nur bedingten — den mehr historischen und ſubjektiven als rein=ästhetischen — Wert des Verlorenen Paradieses begriffen, ſo dürfen wir um ſo freudiger die gewaltige Dichterkraft bewundern, welche einen widerstrebenden Stoff ſo ſicher beherrſcht. Milton hat in dieſem Werke das Höchste und Edelſte von allem niedergelegt, was ihm je Kopf und Herz bewegte. In poetiſcher Form kehren hier wieder ſeine Ideen über das Verhältnis des Menschen zu Gott, über die Freiheit des Willens und die Notwendigkeit eines ſelbſterrungenen perſön= lichen Glaubens. Auch der zweite Ideenkreis, der ſeine Mannes= jahre beſchäftigte, lebt hier wieder auf — ſeine Gedanken über das Verhältnis von Mann und Weib. An jenem unſterblichen Gesange, welcher erzählt, wie Eva — „der Himmel war in ihren Augen" — dem Manne entgegentritt, wie die beiden ge= ſchaffen waren —

he for God only, she for God in him —

an der ganzen Darstellung des erſten Menschenpaares mag man erkennen, wie warm und innig der ſtrenge Poet von der Seligkeit der Ehe dachte. Nur leider war der alternde Dichter doch einer

der wunderlichen Heiligen (das Wort scheint recht eigentlich für
die Puritaner geschaffen). Er ist im stande, dicht auf die feu=
rigsten Schilderungen die trockensten moralischen Betrachtungen
folgen zu lassen — so jene Rede des Engels, welche dem Adam
the rule of not too much einschärft. Er predigt geradezu, die
Liebe sei erlaubt, doch nicht die Leidenschaft — was doch nur sagt,
das Feuer solle nicht brennen. Milton war nicht bloß ver=
bittert durch schwere persönliche Erfahrungen; er sah auch, wie
der Übermut unzüchtiger Weiber Unheil über das Land brachte.
Daß die Frauen durch den Reiz der Sinne den Mann und die
ganze Welt beherrschen, war ein Lieblingsthema der schmutzigen
Poesie des Tages, so der letzten Gesänge von Butlers Hudibras.
Nur um so fester hielt der Puritaner seine finstere Meinung, der
Mann entwürdigte sich, der das Weib als seinesgleichen gelten
lasse. Endlich hat Milton auch den Kern seines politischen Nach=
denkens in dem Gedichte ausgesprochen. Ganze Stellen seiner
prosaischen Schriften wiederholen sich in poetischer Umschreibung,
die staatliche Freiheit wird verherrlicht als die Belohnung der
Tugend der Völker, und das Glaubensbekenntnis des Republi=
kaners ausgesprochen in dem berühmten Worte:

man over men God made not lord.

Nicht allein die Früchte seines eigenen Nachdenkens, auch
das Köstlichste von fremder Geistesarbeit hat Milton hier ver=
sammelt. Aus jedem Gesange tönen uns Anklänge an die Werke
älterer Dichter entgegen, ganze Kapitel der Bibel werden um=
schrieben. Darum hat die kleinmeisterliche Altklugheit der Kritiker
des achtzehnten Jahrhunderts das Verlorene Paradies oft als
eine Schatzkammer voll geraubter Kleinodien verdammt. Für
uns erledigt sich die Frage durch die eine Tatsache, daß Miltons
Werk lebt und leben wird, derweil die unzähligen geistlichen
Gedichte, die er ausbeutete, längst der Vergessenheit verfielen.
Dem englischen Sänger fällt nicht ein Blatt aus seinem vollen
Kranze, wenn man uns nachweist, daß schon vor ihm der gelehrte
deutsche Jesuit Jakob Masenius ein lateinisches Epos Sarcotis
schrieb, zur Übung der Jesuitenschüler in der lateinischen Vers=

kunst, und darin die Versammlung der höllischen Geister des
Pandämoniums schilderte. Uns, die wir zurückschauen auf eine
so lange Arbeit frischen, vollkräftigen Künstlertums, steht hoffent-
lich jene Auffassung des geistigen Eigentums fest, welche zu Recht
bestehen wird, solange rüstige Künstler schaffen: der ohnmächtige
Schwächling, dem eine gute Idee über Nacht gekommen, hat
nicht das mindeste Recht zur Klage, wenn ein schöpferischer Kopf
sie seiner unfähigen Hand entreißt und lebendig verkörpert. Miltons Talent war lyrisch und, was die Charakterzeichnung an-
langt, dramatisch. Die Kraft des Dramatikers aber liegt im
Gestalten, die des erzählenden Dichters im Erfinden. Darum
haben Shakespeare, Calderon, Molière kraft göttlichen Rechtes
mit höchster Unbefangenheit fremde Dichtungen benutzt. Es
scheint, als müßten manche große Stoffe der Poesie erst durch
viele Hände gehen, bevor das Eisen zu Stahl wird und nun ein
echter Künstler die schneidige Klinge schmieden kann. Darum
ist auch Milton durchaus original: die fremden Zieraten sind
von einer nicht minder energischen selbständigen Künstlerhand
neugeschaffen, wie die homerischen Helden in Troilus und
Cressida; sie fügen sich so harmonisch in die Dichtung ein, wie
die antiken Kapitäle der Säulen an alten romanischen Kirchen.

In gleicher Weise verfuhr Milton auch mit jenem Gedichte,
das ihm offenbar die erste Anregung zu seinem Epos gab, mit
der Tragödie Adamus exul von Hugo Grotius. Die Holländer,
arm wie sie sind an großen Dichtern, hatten dies Jugendwerk
ihres großen Landsmanns schon bei seinem ersten Erscheinen,
1601, mit dem enthusiastischen Zurufe nationalen Stolzes begrüßt,
und sie pflegen noch heute nicht selten das Verlorene Paradies
für eine Kopie des Vertriebenen Adam zu erklären. Unter den
Deutschen könnte dies Märchen nicht so oft nachgesprochen werden,
wenn nicht die Tragödie des Grotius zu den literarischen Selten-
heiten gehörte. Wer sie kennt, wird zwar die getragene, an
Vergil gemahnende Würde der Darstellung preisen und an einzelnen kraftvollen Sentenzen sich erfreuen, indessen das Ganze
doch nur als die Schulübung eines geistreichen Jünglings und

eleganten Lateiners gelten lassen. Dürr und prosaisch dehnt sich
das Stück, in lehrhafter Breite und doch ohne jene Fülle des
poetischen Details, die den Dichter bezeichnet. Wie reizlos ist
die Eva des Grotius, ein gewöhnliches, schwaches Weib, während
sie bei Milton trotz aller Gebrechen nie den Adel, die zauberische
Hoheit der Ahnmutter unseres Geschlechts verleugnet. Rücksichtsloser, als heute dem Dichter gestattet wird, hat Milton einzelne
Stellen des Holländers verwendet, doch der Raub wird zur
Beschämung für den Beraubten. Wenn der Satan des Grotius
sagt:

> alto praeesse Tartaro siquidem juvat
> caelis quam in ipsis servi obire munia —

so spricht er bei Milton kurz und wuchtig:

> better to reign in hell than serve in heav'n.

Dies eine Beispiel sagt mehr als eine lange Betrachtung.
Gerade an der Tragödie des Niederländers mag man lernen,
wie grundprosaisch dies siebzehnte Jahrhundert empfand, wie
einsam Miltons Künstlergeist in solchen Tagen stand. Aus der
Heimat des guten Geschmacks und der eleganten Gelehrsamkeit
schreibt Grotius seine Vorrede an den Prinzen von Condé und
rühmt die Nützlichkeit seines Gedichts, da viele Verse für den
Theologen und Metaphysiker, den Astrologen und Geographen
Belehrung böten, welche Stellen denn auch im Index säuberlich
verzeichnet stehen! — Dann und wann freilich zeigt sich selbst
Milton angekränkelt von dieser prosaischen Schwerfälligkeit seiner
Zeit; die ungeheure Gelehrsamkeit des Dichters stört den künstlerischen Eindruck. Wir begreifen leicht, wie der Klang großer
historischer Namen dem blinden Sänger, der das wache Traumleben der Erinnerung führte, eine Welt glänzender Bilder vor
die Seele führen mußte. Da geschieht es denn, daß „Dame
Gedächtnis", die er die Muse schlechter Dichter nennt, auf Augenblicke auch seine Muse wird: oft füllt er ganze Verse mit
mächtig tönenden Namen, und nur des jungen Macaulay blinde
Schwärmerei konnte diese Schwäche bewundern. Auch die aus-

führliche Schilderung der Kämpfe der Engel ist einer gelehrten
Grille entsprungen. Es war die Meinung der Ästhetiker der
Zeit, das kunstgerechte Epos bedürfe der mit Ariostischer Breite
ausgeführten Schlachtszenen. Man wußte nicht, daß Ariost und
seine Leser als Freunde der schönen Fechtkunst den Kampf=
schilderungen ein Kennerinteresse entgegenbrachten, welches im
siebzehnten Jahrhundert nicht mehr bestand.

Wie das Werk um seiner subjektiven Erregtheit willen ganz
einsam dasteht unter den epischen Gedichten, so ist auch die ge=
drungene Knappheit der Komposition das gerade Gegenteil der
behaglichen Breite epischer Darstellung. Auch der reimlose blank
verse, den Milton zum Erstaunen der Zeitgenossen zuerst in
das Epos einführt, ist der Vers des Dramas; er gewährt dem
sprachgewaltigen Dichter volle Freiheit, hebräische, griechische,
altenglische Redewendungen zu gebrauchen. Schon oft wurde
das musikalische Gefühl des Dichters bewundert, der durch seine
Erziehung, seine Bibelkunde, seine Blindheit und seinen Glauben
gleich sehr auf die „christlichste der Künste" geführt ward. Merk=
würdiger noch, wie mit dieser musikalischen Innigkeit eine solche
Prägnanz der Sprache, eine solche plastische Kraft der Schilde=
rung sich paaren. Denn Milton wußte, wie Shakespeare, das
reiche Erbteil der altenglischen Mysterienspiele zu verwerten:
er ist Meister im anschaulichen Personifizieren abstrakter Begriffe.
Mit so dämonischer Kraft reißt er uns in seine Welt hinein, daß
wir den bloß symbolischen Gehalt derselben oft gänzlich vergessen:
eine ästhetisch so unbedeutende Tat wie der Apfelbiß berührt
uns mit dem ganzen Schauder eines ungeheuren Weltereignisses.
Freilich kommt es Milton dabei zu gute, daß die wenigsten Leser
im stande sind, solche von dem Glauben von Jahrtausenden
getragene Mythen mit bloß ästhetischem Blicke zu betrachten.

Den ganzen Farbenreichtum seiner Einbildungskraft ver=
schwendet der blinde Dichter, wo es gilt, die Herrlichkeit der Erde
zu schildern, die an goldner Kette dicht bei dem saphirnen Wall
des Himmels schwebt — der Erde, deren Pracht auch den vom
Himmel niedersteigenden Engel noch mit Bewunderung erfüllt.

15*

Die Schrecken der Hölle dagegen liebt er mit andern, mehr
geistigen Mitteln darzustellen. Zwar verschmäht er nicht, seinen
diabolischen Figuren jene halb menschliche, halb tierische Miß-
gestalt zu geben, welche schon die Alten als das Grauenhafteste
erkannten. Aber den tiefsten Schauder ruft er hervor durch den
sittlichen Ekel; nichts scheußlicher, als jene Reihe von Inzesten,
wodurch Tod und Sünde mit Satan verwandt geworden. Die
Unmöglichkeit, eine Welt zu schildern, „wo Länge, Höhe, Breite,
Zeit und Raum verloren sind," weiß er dadurch zu überwinden,
daß er das unseren Sinnen Hohnsprechende recht laut und entschieden betont: die berühmten Darstellungen der „sichtbaren
Finsternis" und „des festen Feuers" wirken wie die leibhaftig-
sten Bilder. Auch Milton allerdings ist nicht immer glücklich
mit diesen Versuchen, das Grenzenlose, Unbestimmte, Formlose
darzustellen: oft tragen wir statt des Genusses nur einen unklaren panischen Schrecken davon und erinnern uns der echten
Künstlerworte Goethes, daß das Gefühl der Wasserwage und
des Perpendikels den Menschen erst zum Menschen macht. Noch
weniger vermag der puritanische Eiferer die tief gemeinen, diabolischen Geister in objektiver Wahrheit vorzuführen. Der Charakter des Satans mit seinem erhabenen Ehrgeiz, seiner gewaltigen politischen Leidenschaft ward von Milton verstanden
und lebendig verkörpert, aber die niedrigen, sinnlich lüsternen
Geister, die Mammon und Belial, wußte er nur mit tenden-
ziöser Bitterkeit zu schildern. Die größte Kunst entfaltet der
Dichter in der Schilderung des Paradieses. Hier gelingt ihm
das Unmögliche, in das ermüdende Einerlei ungetrübten Glückes
einiges Leben zu bringen. Zur rechten Zeit immer weiß er den
Schauplatz zu wechseln; nur der kontrastierende Reiz der himmlischen, irdischen, höllischen Szenen macht dem Leser möglich, die
überstarke Anspannung der Seele, die der Poet ihm auferlegt,
zu ertragen. — Der wahre Zauber des Gedichts, wir wiederholen es, liegt in dem Charakter des Dichters, in dem tief
melancholischen, weltverachtenden Geiste, der das Ganze über-
schattet.

    So wird die Welt dahingehn
    Den Guten feindlich und den Bösen hold,
    Aufstöhnend unter ihrer eignen Last —

dies der Weisheit letzter Spruch, die der erzählende Engel aus
der Betrachtung der Historie zieht. Und selbst der am Ende
des Gedichts auftauchende Hinweis auf die Erlösung des Menschengeschlechts vermag nicht den Eindruck dieser ernsten Stimmung
zu verwischen.

    Durch solche strenge Hoheit des Sinnes ist Milton nahe
verwandt mit dem ersten großen christlichen Epiker, Dante. Beide
Männer von ungeheurer Willenskraft und sprödem Stolze, durch
das untrügliche Bewußtsein eines großen Berufs über die gemeinen Nöte des Lebens emporgehoben, hatten beide die beste
Kraft der Mannesjahre an die politischen Kämpfe einer tiefbe-
wegten Zeit gewendet und eine geniale Begabung nicht zu gut
gehalten für das Handwerk des Tagesschriftstellers. Und der
glühende Verteidiger der kaiserlichen Monarchie, der den Brutus
erbarmungslos in die Hölle verstößt, steht dem radikalen Anwalt des Königsmordes, dem Feinde der Cäsaren in seinen
politischen Schriften näher, als der oberflächliche Blick erkennen
mag. Denn der eine wie der andere lehrte, daß die Obrigkeit
besteht um des Volkes willen, eiferte für die Rückkehr der Kirche
zur ursprünglichen Einfachheit und Reinheit und ahnte, ohne
doch zu den letzten Folgesätzen zu gelangen, die große Wahrheit
der Trennung geistlicher und weltlicher Dinge. Nach Bürgerpflicht ergriffen beide Partei, aber der Überlegenheit dieser Köpfe
blieben die Sünden ihrer Genossen unverborgen: wie Milton
aus reiner Höhe vornehm herabschaute auf die plumpe Unduldsamkeit der Puritaner, so mahnte der ghibellinische Dichter:
„mit andern, andern Waffen zieh zum Streit der Ghibelline;
jeden wird's gereuen, der trennt den Aar von der Gerechtigkeit."
Dann sahen beide ihr eigenes Lebensglück in den Schiffbruch
ihrer vaterländischen Hoffnungen hineingerissen; gleich schwer
vom Schicksal heimgesucht steht der blinde, verfolgte Puritaner
neben dem landflüchtigen Florentiner, der mit Tränen lernte,

wie gesalzen das Brot aus fremden Händen schmeckt und wie
bitter es ist, fremde Treppen zu steigen. Nun sammelten sich
beide in ihren reifsten Tagen, um in einem religiös allegori=
schen Gedichte die Bilderfülle ihrer stürmischen Laufbahn in dem
plastischen Stile Vergils darzustellen, ihre religiösen und po=
litischen Ideale zu verkörpern und die große Summe ihres
Lebens zu ziehen. Beiden erschien der Cherub, der einst den
Mund des Propheten gesegnet, und sprach: „siehe, hiermit sind
deine Lippen gerühret, daß deine Missetat von dir genommen
und deine Sünde versöhnet sei."

Also von Gott geweiht, sprachen beide ihren Wahrspruch
über die Geschichte der Welt, und noch kühner sogar als der
Stolz des Protestanten erscheint die hohe Sicherheit der Seele
des mittelalterlichen Menschen, der sich vermaß, er, der katho=
lische Christ, das Tun aller Päpste, Kaiser und Könige zu ver=
dammen oder zu begnadigen und von seinem Gedichte also redete:
„Gegenstand ist der Mensch, wie er durch Sündigen oder Gutestun
nach freiem Willen der Gerechtigkeit der Strafe oder des Lohnes
verfällt." Beide legen ihrem Werke ein festgeschlossenes System
von Glaubenslehren zu Grunde, das nicht bloß poetisch wahr
sein soll, beide erkennen in der „Hinaufläuterung des Sinn=
lichen zum Himmlischen" den Sinn alles Lebens und glauben,
der Gerechte werde schon hienieden der Seligkeit teilhaftig. Der
eine wie der andere übersieht das gesamte geistige Vermögen
seiner Epoche und legt in seinem Gedichte einen Schatz von neu
geschaffenem fremden Wissen und Denken neben seinem eigenen
nieder; doch weder Milton noch Dante vermag die lehrhafte
Tendenz zu verleugnen und Massen prosaischen Wissens voll=
kommen in schöne Gestalten umzugießen. Beide verstehen die
Eintönigkeit eines übersinnlichen Stoffs reizvoll zu machen, indem
sie den Schauplatz und den Ton der Darstellung wechseln. Beide
halten eine unübersehbare Fülle von Bildern durch eine kraftvolle
Komposition zusammen, nur daß der Bau des Kunstwerks bei
dem modernen Sänger dramatisch, bei dem mittelalterlichen in
scholastische Formeln gebannt ist. Aber der Florentiner gibt

in seinen Selbstgeständnissen zugleich ein vollkommenes Abbild des innersten Wesens seines Zeitalters. Die tiefsinnige Mystik der Göttlichen Komödie, ihr phantastischer Frauenkultus, ihr halb antiker, halb kirchlicher Ideengehalt entspricht den tiefsten Herzensgeheimnissen der zwiegeteilten mittelalterlichen Bildung. Die harmonische Gesittung einer protestantischen Zeit dagegen konnte in einem allegorischen Werke nimmermehr ihren vollen Ausdruck finden.

Vor diese beiden christlichen Epen trete jeder, der verstehen will, was dem Dichter der Glaube seines Volkes bedeutet. „Der war in der Hölle!" raunten sich die Veroneser erschrocken zu, wenn die düstere Gestalt des verbannten Florentiners maje= stätisch durch die Straßen schritt. Das Kind einer solchen Zeit erscheint Dante — so seltsam es klingen mag — neben Milton als ein naiver Künstler. Gänzlich unbefangen weist er die Zeit= genossen und die Menschen vergangener Tage der Hölle oder dem Fegefeuer zu; er nennt sie beim Namen, erzählt ihr Geschick, schildert sie ab vom Wirbel bis zur Zehe. Solche Kühnheit durfte Milton inmitten der skeptischen modernen Welt nicht mehr wagen: die Weltgeschichte betrachtet er in Bausch und Bogen in raschem Überblick, und den Zeitgenossen gegenüber muß er sich mit Anspielungen behelfen: wir erraten nur, daß unter den grübelnden Dämonen des Pandämoniums die Dogmatiker der Hochkirche gemeint sind. Dergestalt ist das Gedicht des Italieners ungleich reicher an echt historischem Gehalt. Jeder Gesang der „Hölle" führt uns in monumentaler Großheit ein erschüttern= des Bild von Menschenschuld und Menschenleiden vor Augen; und solange warme Herzen schlagen, werden die Erzählungen von Ugolino, von Francesca von Rimini auch jene Leser im Innersten ergreifen, welche für die symbolische Bedeutung des Gedichts, für Dantes mystische Weltanschauung kein Verständnis haben. Solche Szenen von rein menschlicher Schönheit sind im Paradise lost weit seltener zu finden. Und wie viel würdiger eines Dichters war Dantes Geschick! Sein Italien war das Herz der Welt; alle Schönheit, alle Tugenden und Laster der

Zeit drängten sich zusammen in den gewaltigen Städten seiner
Heimat, und über dieser farbenreichen Erde prangte noch der
katholische Himmel mit seiner Fülle glänzender Gestalten. In
dieser Welt lernte Dante den Reichtum des Lebens und des
Menschenherzens in ganz anderer Weise kennen, als der ein=
seitige Puritaner.

Freier, klarer zum mindesten mögen Miltons sittliche Ideen
sein; doch um Dantes Haupt schwebt jener Zauber, welcher der
großen Künstlerseele die höchste Weihe gibt, der Zauber der
Liebe. Der finstere Sänger, der die Greuel der Stadt der Qual=
erkorenen kündete, er rühmte sich auch, daß er auf alle Liebes=
töne lausche, er hat auch — menschlicher als der puritanische
Weiberfeind — die schmelzende Weise gesungen: „die ihr die
Liebe kennt, ihr edlen Frauen.“ Der Gedanke der Hinaufläute=
rung des Fleisches zum Geiste ist für Milton ein philosophischer
Satz; Dante erfaßt ihn inniger, künstlerischer, er besingt, wie die
irdische Liebe sich zur himmlischen verklärt. Der Puritaner mußte
mit kühlerem Gleichmute als der leidenschaftliche Romane den
schweren Wandel seines Geschicks zu tragen; gleichmäßig, stetig
wuchs er auf, er hat nicht wie dieser einen Tag von Damaskus
erlebt. Aber Dante vermag auch den vollen Sturm der Leiden=
schaft durch seine Verse brausen zu lassen und das Herz des Hörers
sogar noch mächtiger als Milton aufzuregen. Der Florentiner
wagte, Gott und göttliche Dinge in der mißachteten Sprache der
Frauen zu besingen, und erweckte seiner Nation das helle Bewußt=
sein ihres Volkstums; ja, der gesamten Dichtung der modernen
Welt wies er die Bahn, denn sein Gedicht ist das erste seit
dem Altertume, das die scharfen Züge eines eigenartigen Menschen
zeigt; durch ihn gelangte die Persönlichkeit in der Kunst wieder
zu ihrem unendlichen Rechte. Dem englischen Sänger fiel ein
härteres Los: als ein Spätling erschien er am Ende einer
großen Kunstepoche, und erst lange nach seinem Tode, auf fremdem
Boden gab seine Dichtung den Anstoß zu einer neuen Entwick=
lung der Literatur.

Das große Werk, das dem Dichter zweimal fünf Pfund

Sterling einbrachte, hatte Mühe, der Zensur zu entrinnen. Keine
Zeile in dem Gedichte, die den Fanatikern der Restauration nicht
staatsgefährlich erscheinen mußte, und doch — da ja das Völkchen
den Teufel nie spürt — waren es nur zwei Verse, welche der
Zensor hochbedenklich fand und nach langem Verhandeln endlich
freigab. Noch bei Miltons Lebzeiten ward das Werk viel gelesen,
freilich nur von der aufstrebenden Jugend und den Stillen im
Lande, die sich daran ihren puritanischen Glauben stärkten. Unter
die anerkannten Größen der englischen Dichtung ist das Paradise
lost erst eingetreten, seit Addison seine Landsleute darauf hinwies,
wie Milton ihrer Sprache neue Kraft und Würde gegeben. Seitdem ward die — leider mehr erbauliche als ästhetische — Bewunderung von Miltons Genius in England so allgemein, daß
selbst der arge Spötter Voltaire bei seinem Londoner Aufent-
halte den christlichen Dichter bewundern lernte und in Ferney
das Bild des Puritaners neben Franklins Porträt bewahrte.
Noch mächtiger wirkte Miltons Vorbild in Deutschland. Nachdem einmal der gerade Weg verlassen war, den Shakespeare der
modernen Dichtung gezeigt, fand Er zuerst wieder den Deutschen
einen Pfad, auf dem sie fortschreiten konnten, um die Fülle und
Tiefe ihres Gemütslebens in erhabenen Gestalten zu verkörpern.
Von ihm erbten unsere Bodmer und Klopstock den Mut, Schwung
und Empfindung unserer ernüchterten Sprache wiederzubringen,
und nur die Gottsched und Genossen schreckten zurück vor dem,
was sie Miltons Überschwenglichkeit nannten. Unfähig, das
Wesen der volkstümlichen Dichtung — also auch des echten Epos
— zu verstehen, sah unser achtzehntes Jahrhundert, selbst Lessing
nicht ausgeschlossen, in Milton das Urbild des epischen Dichters.
Dann verdrängte Shakespeare den puritanischen Sänger aus den
Herzen der Deutschen. Erst die politische Bewegung der neuesten
Zeit zeigt wieder einige Teilnahme für Milton den Bürger, und
eben jene Härte des Charakters, welche die Menschen des achtzehnten Jahrhunderts erschreckte, erwirbt ihm heute Verehrer.

Hatte in dem Verlorenen Paradiese Milton, der Dichter
und der Denker, sein volles Selbstbekenntnis abgelegt, so ist in

den beiden Gedichten seines Greisenalters je eine dieser beiden
Seiten seines Wesens gesondert zur Darstellung gebracht. Das
Wiedergefundene Paradies wird immer aufs neue das Befremden
erregen, wie doch ein frommer Christ von den heiligsten Glaubens=
sätzen der christlichen Kirche so weit abweichen, und wie doch
ein großer Dichter ein Kunstwerk von so geringem poetischen
Werte schaffen konnte. Nicht das Leiden und Sterben und die
Auferstehung Christi war für Milton das Bedeutungsvollste in
dem Wirken des Erlösers. In allen theologischen Schriften des
Puritaners wird dieser letzte, für die Kirche wichtigste Teil des
Lebens Jesu nur kurz berührt. In Miltons Glauben ist nichts
von Mystik, nichts von Liebe. Ein Mann der Tat, erfüllt von
dem alttestamentarischen Gedanken der Gerechtigkeit, sieht er in
Jesus vor allem den makellosen, den gerechten Menschen. Das
Paradies ward verloren, weil das erste Menschenpaar der Ver=
suchung des Teufels erlag, es wird wiedergewonnen, weil ein
gerechter Mensch alle Verführungskünste des bösen Feindes ab=
schlägt. Paradise regained ist die Erzählung von der Versuchung
Christi durch Satan. Nicht ästhetische Gründe bewogen den
Dichter, zu dem Paradise lost dies Gegenbild zu schaffen; die Idee
des Werks — die Erlösung der Welt — lag ja bereits poetisch
genugsam ausgesprochen in den letzten Gesängen des Verlorenen
Paradieses. Nur seine Gedanken über die Nichtigkeit und Schal=
heit weltlichen Tuns und weltlicher Lust wollte er aussprechen;
zu diesem didaktischen Zwecke ergriff er den biblischen Stoff und
ließ in langen Gesprächen den Erlöser und den Satan den Wert
weltlicher Größe philosophisch erörtern.

Schon der Mangel jeder Steigerung des Interesses beweist,
daß Milton — ein Meister in der Komposition — gar nicht
daran dachte, seine Leser ästhetisch zu befriedigen. Die Ver=
suchungsgeschichte ist von Matthäus sehr einfach und sehr wirksam
dargestellt: dreimal, und mit immer steigender Kühnheit, versucht
Satan den Menschensohn zu betören. Diese einfache Form der
Erzählung, die sich dem Dichter von selber empfahl, hat Milton
verschmäht. Er folgt der weit künstlicheren Schilderung des Lukas

und schiebt in die Darstellung des Evangelisten neue, selbst-
erfundene Versuchungen ein: er will den beiden Disputierenden
Gelegenheit geben, ihr Thema, den Unwert irdischer Herrlichkeit,
nach allen Seiten hin zu erschöpfen. Und schrecklich, grausam
sind die Weisheitssprüche dieses Miltonischen Jesus. Immer
mehr verbitterte sich der Geist des einsamen Puritaners inmitten
einer verworfenen Zeit, immer tiefer lebte er sich ein in die
unmenschliche Härte des Alten Testaments. Die herbsten, die
düstersten Stellen des Paradise lost kehren umschrieben im Paradise
regained wieder. In den zwei Büchern de doctrina Christiana,
die er in diesen Jahren zusammenstellte, verteidigte er sogar
die Vielweiberei als eine von Jehova den Patriarchen gestattete
Sitte. Selbst die Gedichte seiner Griechen erscheinen ihm jetzt
leer, eitel, weltlich gegenüber den heiligen Gesängen Davids.
Ja er läßt seinen Jesus das für einen Dichter entsetzliche Wort
sprechen:

> Die Schönheit wird allein bewundert
> von schwachen Seelen, die sich kirren lassen!

Offenbar, ein so trocken lehrhaftes und zugleich so finsteres
Gedicht kann keine ästhetische Freude erregen. Daher ist einer
unserer geistreichsten Literaturkenner, J. W. Loebell, auf die
Vermutung gekommen, das Paradise regained sei ein Bruchstück,
Milton habe ursprünglich das Leben des Erlösers weiter führen
wollen bis zu der Auferstehung, der rechten Wiedereroberung
des Paradieses. *) Loebell erklärt, nur die Faulheit der Literaturhistoriker, die einander gedankenlos abschreiben, habe diese unzweifelhafte Tatsache übersehen können. Nun, der Vorwurf gegen
die Literaturhistoriker ist nicht grundlos; es steht zu fürchten, daß
in Zukunft die Behauptung, das Paradise regained sei unvollendet,
aus dem Loebell abgeschrieben werde. Darum will ich in Kürze
nachweisen, daß diese Vermutung sich nicht halten läßt. Wir
wissen, das Wiedergewonnene Paradies war dem Dichter das
liebste seiner Werke, alle Lebensweisheit seines Alters hatte er

---

*) Loebell, Vorlesungen über die Entwicklung der deutschen Poesie seit
Klopstock. 1856. I, 185.

darin niedergelegt. Ist es wahrscheinlich, daß er dies Lieblings=
werk unvollendet gelassen hätte, da er doch nachher noch den
Samson und prosaische Schriften verfaßte? Gehen wir an die
erste Quelle, zu der ausgesprochenen Absicht des Dichters selber
zurück. Milton eröffnet das Gedicht mit den Worten: „Ich
habe vordem besungen, wie das Paradies durch Eines Menschen
Ungehorsam verloren ward: jetzt will ich singen, wie es wieder=
gewonnen ward durch Eines Menschen festen, in jeder Versuchung
erprobten Gehorsam, wie der Versucher abgeschlagen und Eden
wieder aufgerichtet ward in der weiten Wildnis.“ Nun folgt die
Versuchungsgeschichte. Auf das Wort Jesu, „es steht geschrieben:
versuche nicht den Herrn, deinen Gott“, bricht Satan zusammen
und stürzt hinab zur Hölle. Engelscharen erscheinen, tragen den
Erlöser auf ihren Schwingen in ein blumiges Tal und singen
ihm zu:

> Now, thou hast avenged
> supplanted Adam, and by vanquishing
> Temptation, hast regain'd lost Paradise —

und weiter „ein schönres Paradies ist jetzt gegründet“. — Ich
begreife nicht, wie man nach diesen Worten noch bestreiten kann,
der Dichter habe die Aufgabe, welche er sich selbst gestellt, wirklich
zu Ende geführt. Loebell erklärt es für unmöglich, daß ein
Milton ein Gedicht mit den Worten schließen konnte:

> he (Jesus) unobserved
> home to his mother's house private return'd.

Gewiß, diese Verse sind steif und unschön, aber kein unpassender
Schluß einer Erzählung. Der Held tritt ab — jene Worte sind
das episch ausgeführte exeunt omnes des Dramatikers, ja sie
bilden ersichtlich eine Parallelstelle zu dem Schlusse des Paradise
lost, wo der Dichter ebenfalls die Helden, Adam und Eva, ab=
treten läßt:

> they hand in hand, with wand'ring steps and slow
> through Eden took their solitary way.

Und wie diese schönen melodischen Zeilen sich zu jenen hölzernen
Versen verhalten, genau so verhält sich der poetische Wert des

Verlorenen zu dem des Wiedergewonnenen Paradieses; jenes ist ein herrliches Epos mit einzelnen didaktischen Stellen, dieses ein ernsthaftes Lehrgedicht in epischer Einkleidung. Allerdings, nachdem die Engel dem Menschensohne Glück gewünscht, weil er das Paradies wieder erobert habe, schließen sie ihr Lied mit den Worten:

> Queller of Satan, on thy glorious work
> now enter and begin to save mankind —

Worte, welche in die Zukunft hinausdeuten. Aber wir wissen bereits aus dem Paradise lost: durch die Erscheinung und den straflosen Wandel eines vollkommenen Menschen war, nach Miltons Glauben, der Fluch hinweggenommen, den Adam über unser Geschlecht gebracht; die Vollendung der Erlösung, die Gründung des Reiches Gottes sollte sich erst im Verlaufe der Weltgeschichte, durch fortwährendes Ringen der Gläubigen mit dem Bösen, vollziehen. Wer Milton zutraut, er habe die Leidensgeschichte Christi besingen wollen, der setzt bei dem Puritaner die Gesinnung nicht eines Milton, sondern eines Klopstock voraus.

Dieser dritte der großen christlichen Epiker nämlich ging zwar gleich dem Puritaner auf die religiöse Erbauung seiner Leser aus, er war beseelt von grenzenloser Verehrung für den englischen Dichter, dessen Bild er „weinend angestaunt wie Cäsar das Bild Alexanders". Aber wie gänzlich hatte sich inzwischen der Protestantismus verwandelt! Das erstarrte Luthertum war, dank den Pietisten von Halle, neu belebt. Eine tief gemütliche, innige Religiosität beseligte die gläubigen Seelen, und diese Stillen im Lande betonten gerade jene christlichen Dogmen von dem Leiden und Tode des Erlösers, welche Milton kalt ließen. Von diesen deutschen Pietisten, welche „in tätiger, brüderlicher und gemeiner Liebe das Evangelium leben" wollten, ging Klopstock aus. Sein Gott ist der Gott der Gnade, des Erbarmens, Miltons Herr der gerechte, zürnende Jehova der Juden. Erschrecken wir oft vor Miltons Härte, so lachen wir Söhne einer derberen Zeit bereits herzlich über die zerflossene Empfindelei in Klopstocks Versen:

eine getreue Zähre der Huld — die seh' ich noch immer —
netzte sein Antlitz; ich küßte sie auf.

Jede Vergleichung des Verlorenen Paradieses mit Klopstocks
Messias richtet sich selbst. Beide Dichter freilich waren wesentlich
lyrische Genien, aber Milton besaß zugleich jene plastische Gestal=
tungskraft des Epikers, welche Klopstock versagt war. Während
Klopstocks lyrische Gedichte in den Herzen seines Volkes fortleben,
hat der Messias heute nur noch historische Bedeutung. Was man
auch sagen möge — er ist unlesbar für die moderne Welt;
es schwirrt uns vor den Augen, wenn wir ein Epos lesen, das
keine Gestalten enthält. Nur eines darf der deutsche Dichter als
einen Vorzug für sich beanspruchen: das humane Lächeln einer
milderen Epoche blickt aus Klopstocks Versen.

Seit Jahren lebte Milton wieder wissenschaftlichen Arbeiten,
auch in dem Paradise regained war überwiegend sein Verstand
tätig gewesen. Da ergoß sich noch einmal alle Leidenschaft des
Dichters glühend aus seiner gequälten Brust. Er schrieb das
Drama Samson Agonistes.

Die Briten, gewohnt, an jede Tragödie den Maßstab der
Shakespearischen Dramatik anzulegen, sind gegen Miltons letztes
Werk ebenso ungerecht, wie sie seine anderen Gedichte in der
Regel überschätzen. Sie vergessen, daß die Reinheit der Dichtungs=
art, welche sie in diesem lyrischen Drama vermissen, bei Milton
überhaupt nirgends zu finden ist. Und sie bedenken nicht, daß
Milton von dem Shakespearischen Drama in bewußter Absicht
sich entfernte: die Einmischung des Komischen schien ihm eine
Entwürdigung der Tragödie, und er bekannte sich bereits zu der
mißverstandenen aristotelischen Lehre von den dramatischen Ein=
heiten. Das Gedicht zeigt Spuren jener manierierten Schreib=
weise, welche alternde Künstler selten vermeiden. Auch gelehrte
Grillen kehren wieder: nach der wunderlichen Art der latei=
nischen Dramendichter jener Zeit benutzt Milton die Versmaße
der Chöre der Alten ohne ihre Musik. Trotzdem bleibt der
Samson ein wunderschönes Gedicht, ein Werk aus einem Gusse,
wie es Milton sonst nie gelungen, von der ersten bis zur letzten

Zeile ein Mark und Bein erschütterndes Klagelied. Der aus=
gewählte Streiter Gottes, der, geblendet und mißhandelt von
den Unbeschnittenen, sich zur letzten Tat heiliger Rache empor=
rafft, um die Heiden und Lästerer zu Jehovas Ehren in den
Staub zu schmettern — wahrlich, das war ein Held, zu dessen
Preise dem blinden verfolgten Puritaner die Verse von selbst zu=
strömen mußten. Hier ist Milton ganz Leidenschaft; die Weis=
heitssprüche, die auch diesmal nicht fehlen, werden mit einer
fanatischen Heftigkeit hervorgestoßen, welche ihnen die lehrhafte
Trockenheit nimmt. Die Götzendiener, die ihn mißhandelt, sollten
es hören, daß der Tag der Vergeltung nahe; nicht ihn, den
Herrn selber hatten sie beleidigt —

> Der Kampf ist zwischen Gott und Dagon nun allein.

Und wie gewaltig rauschen die Klagen dahin, von dem ersten
Ausbruche des Schmerzes:

> O Dunkel, Dunkel, Dunkel! Mitten im Mittagsglanz
> Unwiederbringlich Dunkel! Ewige Finsternis —
> Und nimmer wird es tagen!
> Warum gilt mir nicht Gottes erst Gebot:
> Es werde Licht! — und Licht ward's überall? —

bis zu dem finsteren, eines Hiob würdigen Chorgesange über die
Falschheit der Weiber und der schweren Frage: was ist der Mensch,
wenn die Helden, so Gott feierlich erhoben, dem Schwert der
Heiden wehrlos vorgeworfen sind? — Nicht als ein Drama,
wohl aber als ein erhabener Hymnus in dialogischer Form ist
der Samson das ästhetisch vollendetste von Miltons Gedichten.
Schlägt unser Urteil der Meinung der berühmtesten englischen
Kritiker ins Gesicht, so steht uns dafür ein deutscher Geistes=
verwandter Miltons zur Seite: durch den Samson Agonistes
ließ Händel sich anregen zu seinem unsterblichen Oratorium. —

Dies Werk des Hasses und der Klage war das letzte Gedicht
des Sängers, der am 8. November 1674 verschied.

Wir verwerfen die Unart der modernen Kritik, welche nur
allzu geneigt ist, die Frage nach dem Kunstwerte eines Gedichtes
zu vermengen mit der Frage nach dem sittlichen Werte des

Dichters. Wir wissen sehr wohl, daß eine geheimnisvolle Fügung gar oft den lauteren Wein der Dichtkunst in unreine Schläuche füllt. Wenn aber ein Dichter die Aufgabe, welche Milton dem Künstler zugewiesen, wirklich löst und fein Leben selbst zu einem wahren Gedichte zu gestalten weiß, dann scheint uns das Höchste gelungen, was dem Menschen zu erreichen beschieden ist. Als ein solcher Mann ist Milton „durch des Lebens eitles Maskenspiel" geschritten. Sein Name wird leben, solange die edlen Geister aller Nationen das große Evangelium der Freiheit singen und sagen werden, solange das Wort eine Wahrheit bleibt:

> no sea
> swells like the bosom of a man set free.

Fichte und die nationale Idee.

(Leipzig 1862.)

In rascher Folge haben sich in den jüngsten Jahren die
Feste gedrängt, welche das Andenken der großen Männer unseres
Volkes feierten. Aber laut und schneidend klingen in den Jubel
der Menge die fragenden Stimmen der Mahnung und des
Spottes: ob wir denn gar nicht müde werden, uns behaglich die
Hände zu wärmen an dem Feuer vergangener Größe? ob uns
denn gar zu wohl sei in dem Bewußtsein einer epigonenhaften
Zeit? ob wir denn ganz vergessen, daß alle Straßen und Plätze
von Athen prunkvoll geschmückt waren mit den Standbildern
seiner großen Männer, zur Zeit da Griechenland des Eroberers
Beute ward? — Nicht ein Wort mag ich erwidern auf den Vorwurf, daß wir in einem Zeitalter der Epigonen lebten. Denn
mit solchem Willen soll eine jede Zeit sich rüsten, als ob sie die
erste sei, als ob das Höchste und Herrlichste gerade ihr zu erreichen bestimmt sei; und ruhig mögen wir einem späteren Jahrhundert überlassen zu entscheiden, ob unser Streben ein ursprüngliches gewesen — wie ich denn sicher hoffe, es werde unsern Tagen
dies Lob dereinst nicht fehlen. Aber wohl gebührt sich eine Antwort auf den anderen Vorwurf der Selbstbespiegelung. Nein,
nicht die Eitelkeit, nicht einmal jene ehrenwerte Pietät, die andere
Völker treibt, ihre großen Toten zu ehren — ein tieferes Bedürfnis der Seelen ist es, was gerade jetzt gerade unser Volk bewegt,
seiner Helden zu gedenken mit einer Innigkeit, die von den
Fremden vielleicht nur der Italiener versteht.

Auf uns lastet das Verhängnis, daß wir staatlosen Deutschen

die Idee des Vaterlandes nicht mit Händen greifen an den Farben
des Heeres, an der Flagge jedes Schiffes im Hafen, an den
tausend sichtbaren Zeichen, womit der Staat den Bürger überzeugt, daß er ein Vaterland hat. Nur im Gedanken lebt dies
Land; erarbeiten, erleben muß der Deutsche die Idee des Vaterlandes. Jeder edlere Deutsche hat entscheidungsvolle Jahre durchlebt, da ihm im Verkehre mit Deutschen aus aller Herren Ländern die Erkenntnis anbrach, was deutsches Wesen sei, bis endlich
der Gedanke, daß es ein Deutschland gebe, vor seiner Seele stand
mit einer unmittelbaren Gewißheit, die jedes Beweises und jedes
Streites spottet. Wachsen wir so erst im Verkehre mit den Leben-
bigen zu Deutschen heran, so begreift sich das Volk als ein Ganzes
in seiner Geschichte. Und das ist der Sinn jener Feste, deren
die politisch tiefbewegte Gegenwart nicht müde wird, daß wir,
rückschauend auf die starken Männer, die unseres Geistes Züge
tragen, erfrischen das Bewußtsein unseres Volkstums und stärken
den Entschluß, daß aus dieser idealen Gemeinschaft die Gemeinschaft der Wirklichkeit, der deutsche Staat erwachse. Darum fällt
die Feier solcher Tage vornehmlich jenen als ein unbestrittenes
schönes Vorrecht zu, die sich nicht genügen lassen an dem leeren
Worte von der Einigkeit der Deutschen, sondern Kopf und Hände
regen zum Aufbau des deutschen Staates. — Und das auch ist
ein rühmliches Zeichen für das lebende Geschlecht, daß aus der
langen Reihe von Jahrhunderten, welche dies alte Volk hinter
sich liegen sieht und in der Gegenwart gleichsam neu durchlebt,
keine Epoche uns so traulich zum Herzen redet, uns so das Innerste
bewegt, wie jene siebenzig Jahre seit der Mitte des vorigen
Jahrhunderts, da unser Volk sich losrang zuerst von der Geistes-
herrschaft, dann von dem politischen Joche unheimischer Gewalten.
Erst heute werden die Helden jener Zeit von ihrem Volke verstanden, besser oft verstanden als von den Zeitgenossen; und wenn
es ein Herrliches war, eine Zeit zu schauen, die einen Stein und
Goethe gebar, so mögen wir auch als ein Glück preisen, in Tagen
zu leben, die diesen Männern zuerst ganz gerecht geworden.

Ein gesegneter Winkel des obersächsischen Landes fürwahr,

der in kaum hundert Jahren den Deutschen Lessing, Fichte,
Rietschel schenkte — drei Geister im Innersten verwandt, wie
fremd sie sich scheinen, der kühne Zertrümmerer der französischen
Regeln unserer Dichtung, der tapsere Redner und der weiche
sinnige Bildhauer — jeder in seiner Weise ein Träger der besten
deutschen Tugend, der Wahrhaftigkeit. Ein Dorfwebersohn, wuchs
Fichte auf in dürstiger Umgebung, in der altfränkischen Sitte der
Lausitzer Bauern. Frühzeitig und stark arbeitet er im Innern
mit dem Verstande und mehr noch mit dem Gewissen. Der so
begierig lernt, daß er eine Predigt nach dem Hören wiederholen
kann, wie rüstig kämpft er doch gegen die Dinge, die so lebendig
auf ihn eindringen! Das schöne Volksbuch vom hörnernen Siegfried wirft er in den Bach als einen Versucher, der ihm den
Geist ablenkt von der Arbeit. Als ihm dann durch die Gunst
eines Edelmannes eine gelehrte Erziehung auf der Fürstenschule
zu Pforta zuteil wird, stemmt sich der eigenwillige Knabe wider
jene Verkümmerung des Gemüts, welche der familienlosen Erziehung anhaftet, sein waches Gewissen empört sich gegen die
erzwungene Unwahrhaftigkeit der Gedrückten. Er gesteht seinen
herrischen Oberen den Entschluß der Flucht; er flieht wirklich;
auf dem Wege, im Gebete und im Andenken an die Heimat kommt
das Gefühl der Sünde über ihn; er kehrt zurück zu offenem
Bekenntnis. So früh sind die Grundzüge seines Wesens gereist,
wie zumeist bei jenen Menschen, deren Größe im Charakter liegt.
Der Knabe schon bezeichnet seine Bücher mit dem Sinnspruch,
den der Mann bewährte: Si fractus illabatur orbis, impavidum
ferient ruinae.

Schwerer, langsamer entscheidet sich die Richtung seiner Bildung. Kümmerlich schlägt er sich durch die freudlose Jugend
eines armen Theologen, und sein Stolz — „die verwahrloseste
Seite meines Herzens" — schämt sich bitterlich der Armut. Erst
in seinem siebenundzwanzigsten Jahre wird ihm das Schicksal
gütiger. Er sammelt auf der weiten Fußwanderung nach einer
Hauslehrerstelle in Zürich eine für jene Zeit ziemlich ausgedehnte
Erfahrung von dem Elend des armen leidenden Volkes, er wird

in der Schweiz mit der großen Arbeit der deutschen Literatur
vertrant, er lernt in Zürich das schmucklose Wesen eines ehren=
haften Freistaates verstehen, das seinem schlichten Stolze zusagt,
und findet dort endlich in Johanna Rahn, einer Nichte Klop=
stocks, das herrliche Weib seiner Liebe. Eine verwandte Natur,
sehr ernsthaft, wirtschaftlich nach Schweizer Weise, nicht gar jung
mehr und längst schon gewohnt, ihr warmes Blut in strenger
Selbstprüfung zu beherrschen, tritt sie ihm fertig und ruhig ent=
gegen, und oftmals mochten ihre Augen strenge unter dem
Schweizerhäubchen hervorblicken: „Höre, Fichte, stolz bist du.
Ich muß dir's sagen, da dir's kein anderer sagen kann." Auch in
der abhängigen Stellung des Hauslehrers weiß er sich seine
feste Selbstbestimmung zu wahren; er zwingt die Eltern, die
Erziehung bei sich selber anzufangen, führt ein gewissenhaftes
Tagebuch über ihre wichtigsten Erziehungsfehler. Nach zwei
Jahren sieht er sich wieder in die Welt getrieben; eine Fülle
schriftstellerischer Pläne wird entworfen und geht zu Grunde.

Da endlich erschien seines inneren Lebens entscheidende Wen=
dung, als er, bereits achtundzwanzigjährig, in Leipzig durch
einen Zufall Kants „Kritik der reinen Vernunft" kennen lernte.
„Der Hauptendzweck meines Lebens ist der," hatte er früher
seiner Braut geschrieben, „mir jede Art von (nicht wissenschaft=
licher, ich merke darin viel Eitles, sondern) Charakterbildung zu
geben. Ich habe zu einem Gelehrten von Metier so wenig
Geschick als möglich. Ich will nicht bloß denken, ich will handeln,
ich mag am wenigsten denken über des Kaisers Bart." Und mit
der gleichen Verachtung wie auf die Gelehrten von Metier schaute
er hinab auf die „Denkerei und Wisserei" der Zeit, auf jene
Nützlichkeitslehre, welche nur darum nach Erkenntnis strebte, um
durch einzelne hastig und zusammenhanglos aufgegriffene Er=
fahrungssätze die Mühsal des Lebens bequemer, behaglicher zu
gestalten. Der rechte Gelehrte sollte gar nicht ahnen, daß das
Wissen im Leben zu etwas helfen könne. Sein Trachten stand
nach einer Erkenntnis, die ihn befähige, „ein rechtlicher Mann zu
sein, nach einem festen Gesetze und unwandelbaren Grundsätzen

einherzugehen." Aber woher diese Sicherheit des Charakters,
solange sein Gemüt verzweifelte über der Frage, die vor allen
Problemen der Philosophie ihn von früh auf quälend beschäf=
tigte, über der Frage von der Freiheit des Willens? Sein logischer
Kopf hatte sich endlich beruhigt bei der folgerichtigen Lehre Spi=
nozas, wie Goethes Künstlersinn von der grandiosen Geschlossen=
heit dieses Systems gefesselt ward. Sein Gewissen aber verweilt
zwar gern bei dem Gedanken, daß das einzelne selbstlos unter=
gehe in dem Allgemeinen, doch immer wieder verwirft es die
Idee einer unbedingten Notwendigkeit, denn „ohne Freiheit keine
Sittlichkeit". Welch ein Jubel daher, als er endlich durch Kant
die Autonomie des Willens bewiesen fand, als er jenes große
Wort las, das nur ein Deutscher schreiben konnte: „es ist überall
nichts in der Welt, überhaupt auch außerhalb derselben zu denken
möglich, was ohne Einschränkung für gut könnte gehalten werden,
als allein ein guter Wille." Über Kants Werken verlebt er jetzt
seine seligsten Tage; all sein vergangenes Leben erscheint ihm
ein gedankenloses Treiben in den Tag hinein, der Weisheit Kants
verdankt er „seinen Charakter bis auf das Streben, einen haben
zu wollen." Der Verkündigung dieser Lehre soll nun sein Leben
geweiht sein; „ihre Folgen sind äußerst wichtig für ein Zeitalter,
dessen Moral bis in seine Quellen verderbt ist." Und zum
sichersten Zeichen, daß er hier einen Schatz von Gedanken ge=
funden, der seinem eigensten Wesen entsprach, entfaltete sich jetzt
seine Bildung ebenso rasch und sicher, als sie schwer und tastend
begonnen hatte. Eine Reise nach Polen und Preußen führt ihn
zu dem Weisen von Königsberg, dem er ehrfürchtig naht, „wie
der reinen Vernunft selbst in einem Menschenkörper." Bei ihm
führt er sich ein durch die rasch entworfene Schrift „Kritik aller
Offenbarung, 1791."

Damit beginnt sein philosophisches Wirken, das näher zu
betrachten nicht dieses Orts noch meines Amtes ist, so reizvoll
auch die Aufgabe, zu verfolgen, wie die Denker, nach dem Worte
des alten Dichters, die Leuchte des Lebens gleich den Täuzern im
Fackelreigen von Hand zu Hand geben. Es genüge zu sagen, daß

Fichte die Lehre von der Selbständigkeit und Unabhängigkeit des
Willens mit verwegenster Kühnheit bis in ihre äußersten Folge=
säße hindurchführte. Weil die Bestimmung unseres Geistes sich
nur verwirklichen läßt im praktischen Handeln, das praktische
Handeln aber eine Bühne fordert, deshalb und nur deshalb ist
der Geist gezwungen, eine Außenwelt aus sich herauszuschauen
und als eine wirkliche Welt anzunehmen. „Ich bin ja wohl
transzendentaler Idealist," gesteht Fichte, „härter als Kant, denn
bei ihm ist noch ein Mannigfaltiges der Erfahrung; ich aber
behaupte mit dürren Worten, daß selbst dieses von uns durch
ein schöpferisches Vermögen reproduziert wird." Hatte Kant die
große Wahrheit gefunden, daß die Dinge sich richten nach der
Beschaffenheit unseres Erkenntnisvermögens: sein Nachfolger
schreitet weiter und behauptet getrost: „die Dinge werden erst
durch unser Ich geschaffen; es gibt kein Sein, sondern nur Han=
deln; der sittliche Wille ist die einzige Realität." Allein an der
Kühnheit dieser Abstraktionen, der verwegensten, die deutscher
Denkermut zu fassen wagte, können wir den aufrechten Trotz
des Mannes ermessen. Zuversichtlich glauben wir ihm, daß „seine
wissenschaftliche Ansicht nur die zur Anschauung gewordene innere
Wurzel seines Lebens" selber war; denn „was für eine Philo=
sophie man wählt, richtet sich danach, was für ein Mensch man
ist." In sicherem Selbstgefühle faßt der Mann sich jetzt zu=
sammen, als die namenlose Schrift des Anfängers für ein Werk
des Meisters Kant gehalten wird, und der triviale Lärm seichter
Lobreden ihn rasch die Nichtigkeit der literarischen Handwerker
durchschauen läßt.

So steht sein Charakter vollendet, mannhaft, fast männisch,
des Willens, die ganze Welt unter die Herrschaft des Sitten=
gesetzes zu beugen, gänzlich frei von Schwächen, jenen kleinen
Widersprüchen wider die bessere Erkenntnis — und eben darum
zu einem tragischen Geschicke bestimmt, zu einer Schuld, die mit
seinem Wesen zusammenfiel, die er selber unwissend bekannte,
indem er sich also verteidigte: „Man paßt bei einer solchen
Denkart schlecht in die Welt, macht sich allenthalben Verdruß.

Ihr Verächtlichen! Warum sorgt ihr mehr dafür, daß ihr euch den andern anpaßt, als diese euch und sie für euch zurecht legt?" — Andere für sich zurecht legen — das ist die herrische Sünde der idealistischen Kühnheit. Als in der Not des Krieges von 1806 sein Weib, einsam zurückgeblieben in dem vom Feinde besetzten Berlin, voll schwerer Sorge um den fernen Gatten, in Krankheit fällt, da schreibt ihr der gewaltige Mann: „ich hoffte, daß du unsere kurze Trennung, gerade um der bedeutenden Geschäfte willen, die dir auf das Herz gelegt waren, ertragen würdest. Ich habe diesen Gedanken bei meiner Abreise dir empfohlen und habe ihn in Briefen wieder eingeschärft. Starke Seelen, und du bist keine schwache, macht so etwas stärker — und doch!" So hart kann er reden zu ihr, die ihm die Liebste ist; denn er glaubt an die Allmacht der Wahrheit. Ihm ist kein Zweifel, wo die rechte Erkenntnis sei, da könne das rechte Handeln, ja das rechte Schicksal nicht fehlen, und jeden Einwand menschlicher Gebrechlichkeit weist er schroff zurück. Darum keine Spur von Humor, von liebenswürdigem Leichtsinn, nichts von Anmut und Nachgiebigkeit in ihm, der das derbe Wort gesprochen: „eine Liebenswürdigkeitslehre ist vom Teufel." Nichts von jener Sehnsucht nach der schönheitssatten Welt des Südens, die Deutschlands reiche Geister in jenen Tagen beherrschte. Unfähig, ungeneigt sich liebevoll zu versenken in eine fremde Seele, verkündet er kurzab, er lehre alle Dinge nur von einer Seite zu betrachten, „nämlich von der rechten."

Entfremdet der Natur, die ihm nur besteht, um unterjocht zu werden von dem Geiste, mahnt er zur Hingebung, zur Selbst= vergessenheit eine sinnliche, selbstsüchtige Zeit: auch essen und trinken sollen wir nur um Gottes willen. Nicht die leiseste sinn= liche Vorstellung soll uns den erhabenen Gottesgedanken trüben: „ein Gott, der der Begierde dient, ist ein Abgott. Gott will nicht, Gott kann nicht das Gute, das wir gern möchten, uns geben außer durch unsere Freiheit; Gott ist überhaupt nicht eine Naturgewalt, wie die blinde Einfalt wähnt, sondern ein Gott der Freiheit." Die Freuden des Himmels, die bequeme Tröstung

schwacher Gemüter, müssen schwinden vor einer geistigeren Auf=
fassung: „die Ewigkeit kommt der neuen Zeit mitten in ihre
Gegenwart hinein;" die vollendete Freiheit, die Einheit mit Gott
ist schon im Dießseits möglich.

Beseelt von solchen Gedanken der Ertötung alles Fleisches,
der asketischen Sittenstrenge, ist Fichte ein unästhetischer Held
geblieben, wie groß er auch dachte von der Kunst, die der Natur
den majestätischen Stempel der Idee aufdrücke. Auch in ihm,
wie in allen edleren Söhnen jener an den Helden Plutarchs
gebildeten Tage, wogte und drängte ein großer Ehrgeiz; er
gedachte an seine Existenz für die Ewigkeit hinaus für die Mensch=
heit und die ganze Geisterwelt Folgen zu knüpfen; aber, fährt
er fort, „ob ich's tat braucht keiner zu wissen, wenn es nur
geschieht!" Jene hohe Leidenschaft, die dem strengsten aller
Dichter, Milton, nur als die letzte Schwäche edlerer Naturen
erscheint, der Durst nach Ruhm, wird scharf und schonungslos
als eine verächtliche Eitelkeit verworfen von dieser selbstgewissen
Tugend, welche leben will aus dem erkannten rein Geistigen
heraus. In Augenblicken des Zweifels — als gälte es Schillers
witziges Epigramm zu bewähren — prüft der gestrenge Mann,
auf welcher Seite seine Neigung stehe, um dann mit freudiger
Sicherheit des anderen Weges zu gehen. Selber folgerichtig im
Kleinsten wie im Größten, sagt er den Zeitgenossen erbarmungslos
auf den Kopf zu, welches die notwendigen Folgen ihrer weich=
lichen Grundsätze seien. Trocken spricht er: „dies weiß man
gewöhnlich nicht, gibt es nicht zu, ärgert sich daran, glaubt es
nicht; aber es kann alles dieses nichts helfen, so ist's." Er findet
unter den Menschen nur wenige bösartig und gewalttätig —
„denn hierzu gebricht es bei der Mehrzahl an Kraft: — sondern
sie sind in der Regel bloß dumm und unwissend, feige, faul und
niederträchtig." In diese Welt tritt er ein mit dem stolzen Bewußt=
sein eines apostolischen Berufs: „so bin ich drum wahrhaft
Stifter einer neuen Zeit — der Zeit der Klarheit — bestimmt
angebend den Zweck alles menschlichen Handelns, mit Klarheit
Klarheit wollend. Alles andere will mechanisieren, ich will be=

freien." — Wenn Goethe fürchtete, der eigenrichtige Mann sei
für sich und die Welt verloren: für den Philosophen war das
Widerstreben der Welt gar nicht vorhanden. „Wenn ich im
Dienste der Wahrheit stürbe," sagt er einfach, „was täte ich
dann weiter als das, was ich schlechthin tun müßte?" —

Ein Eloge zu halten ist nicht deutsche Weise, und in Fichtes
Geiste am wenigsten würde ich handeln, wenn ich nicht trotzig
sagte, wie gar fremd unserer Zeit, die an sich selber glaubt und
glauben soll, dieser Idealismus geworden ist, der so nur ein=
mal möglich war und keinen Schüler fand. Seit jenen Tagen ist
das Leben unseres Volkes ein großer Werkeltag gewesen. Wir haben
begonnen in harter Arbeit den Gedanken der Welt einzubilden
und sind darüber der Natur freundlich näher getreten. Sehr
vieles nehmen wir bescheiden hin als Ergebnis der Natur und
Geschichte, was Fichte dem Sittengesetze zu unterwerfen sich ver=
maß. Mit dem steigenden Wohlstande ist ein hellerer Weltsinn
in die Geister eingezogen; ein schönes Gleichmaß von Genuß
und Tat soll uns das Leben sein. Wer unter uns bezweifelt, daß
die Sittlichkeit der Athener eine reinere war als die Tugend
der Spartaner und dem Genius unseres Volkes vertrauter ist?
Seitdem ist auch die gute Laune wieder zu ihrem Rechte gelangt,
wir heißen sie willkommen selbst mitten in der Spannung des
Pathos; die kecke Vermischung von Scherz und Ernst in Shake=
speares Gedichten ist erst dem realistischen Sinne der Gegenwart
wieder erträglich geworden. Doch eben weil jener Idealismus
Fichtes unserem Sinne so fern liegt, weil längst der Zeit ver=
fiel, was daran vergänglich war, weil Lust und Not des rast=
losen modernen Lebens uns von selber ablenken und jeder Über=
spannung des Gedankens — ebendeshalb gereicht es unseren
fröhlicheren Tagen zum Segen, sich in diese weltverachtenden
Ideen weltverachtender Sittlichkeit zu versenken wie in ein stählen=
des Bad der Seele, Selbstbeherrschung daran zu lernen und zu
gedenken, daß ein tatloses Wesen dem Humor anhaftet und der
Dichter sicher wußte, warum er seinem Hamlet die Fülle sprudeln=
den Witzes lieh. Wie beschämt muß all unsere heitere Klugheit

verstummen vor dem einen Worte: „nur über den Tod hinweg,
mit einem Willen, den nichts, auch nicht der Tod, beugt und
abschreckt, taugt der Mensch etwas."

Noch immer, leider, werden übergeistreiche Beurteiler nicht
müde, das Bild des Denkers in eine falsche Beleuchtung zu rücken.
Man nennt ihn einen Gesinnungsgenossen der Romantiker —
ihn, dessen spartanische Strenge so recht den Gegensatz bildet
zu der vornehm spielenden Ironie der Romantiker — ihn,
der, obwohl nicht frei von mystischen Stimmungen, dennoch
als ein herber Protestant, für alle katholisierenden Richtungen
nur Worte schärfster Verachtung hatte. Auch Fichte genoß ein
wenig von dem Segen jener schönen, reizvollen Geselligkeit, welche
die Gegenwart nicht mehr kennt; geistreiche Frauen saßen zu
seinen Füßen und stritten sich um die Ehre, ihm Famulusdienste
zu leisten, wenn er über die höchsten Gegenstände der Erkenntnis
sprach. Und doch ist nie ein Mann freier gewesen von jeder
romantischen Vergötterung der Frauen. Abhängigkeit, Bedürf-
tigkeit war ihm das Wesen des Weibes. Leidenschaftslos, voll
warmer, treuer Zuneigung steht er ehrenfest neben seinem Weibe,
gleich einem jener derben Bürger auf alten deutschen Holzschnitten;
kein schöneres Lob weiß er ihr zu sagen als „männlichere Seele,
Johanna!" — Das Ärgste aber in der Umkehrung der Wissenschaft hat Stahl geleistet; er nennt Napoleon das verkörperte
weltschaffende Ich Fichtes. Also, in dem Helden der souveränen
Selbstsucht wäre Fleisch geworden das System des deutschen
Denkers, der unermüdlich eifert, es sei die Seligkeit des Ich, sich
der Gattung zu opfern?! — Auch das ist vielen ein Rätsel
gewesen, wie dieser schroffe, schneidige Charakter gerade aus dem
obersächsischen Stamme hervorgehen konnte. Er selber sagt von
seiner Heimat, sie berge „einen Grad von Aufklärung und ver-
nünftiger Religionskenntnis, wie ihn in dieser Ausdehnung gegen-
wärtig kein Land in Europa besitzt." Doch das alles sei „durch
eine mehr als spanische Inquisition eingezwängt. Daraus entsteht denn eine knechtische, lichtscheue, heuchlerische Denkungsart."
In der Tat, alle Voraussetzungen echter Geistesfreiheit, eine Fülle

von Bildungsmitteln, eine weit verbreitete Volkskultur waren
vorhanden in dem Mutterlande der Reformation. Aber Druck
von oben und das Übermaß geistigen Schaffens, dem kein großes
politisches Wirken das Gegengewicht hielt, hatten in dem ohne=
dies mehr elastischen als massiven Stamme endlich jene Schmieg=
samkeit und Höflichkeit erzeugt, welche schroffe, reformatorische
Naturen nur schwer erträgt. Nächst dem schwäbischen hat das
obersächsische Land die größte Zahl von Helden des deutschen
Geistes geboren; aber Obersachsen verstieß die Mehrzahl seiner
freieren Söhne. In allen diesen Heimatlosen, in Pufendorf
und Thomasius, in Lessing und Fichte, erhebt sich der freie
Geist, der so lange mit der zahmen Sitte seiner Umgebung ge=
rungen, zu schroffem Stolze; rücksichtsloser Freimut wird ihnen
allen zur Leidenschaft. —

Dem Vielgewanderten kamen endlich frohere Tage, als eine
Änderung seiner äußeren Lage ihm erlaubte, seine treue Johanna
heimzuführen, und der Ruf ihn traf zu der Stelle, die ihm
gebührte, zum akademischen Lehramte in Jena. Schon der erste
Plan des jungen Mannes war der kecke Gedanke gewesen, eine
Rednerschule zu gründen in einem Volke ohne Rednerbühne.
Nach seiner Auffassung der Geschichte wurden alle großen Welt=
angelegenheiten dadurch entschieden, daß ein freiwilliger Redner
sie dem Volke darlegte, und er selber war zum Redner geboren.
Zur Tat berufen sind jene feurigen Naturen, denen Charakter
und Bildung zusammenfallen, jede Erkenntnis als ein lebendiger
Entschluß in der Seele glüht; doch nicht das unmittelbare Ein=
greifen in die Welt konnte den weltverachtenden Denker reizen.
Von ihm vor allen gilt das Stichwort des philosophischen
Idealismus jener Tage, daß es für den wahrhaft sittlichen Willen
keine Zeit gibt, daß es genügt, der Welt den Anstoß zum Guten
zu geben. Auf den Willen der Menschen zu wirken, des Glaubens,
daß daraus irgendwo und irgendwann die rechte Tat entstehen
werde, das war der Beruf dieses eifernden geselligen Geistes.
Daher jener Brustton tiefster Überzeugung, der, wie alles Köst=
lichste des Menschen, sich nicht erklären noch erkünsteln läßt.

Daher auch der Erfolg — in diesem seltenen Falle ein sehr gerechter Richter — denn was der große Haufe sagt: „ihm ist es Ernst," das bezeichnet mit plumpem Wort und feinem Sinn den geheimsten Zauber menschlicher Rede. Vergeblich suchen wir bei Fichte jene Vermischung von Poesie und Prosa, womit romanische Redner die Phantasie der Hörer zu blenden lieben. Sogar die Neigung fehlt ihm, freie Worte als ein Kunstwerk abzuschließen; der Adel der Form soll sich ihm gleich der guten Sitte ungesucht ergeben aus der vollendeten Bildung. Nur aus der vollkommenen Klarheit erwächst ihm jede Bewegung des Herzens; die Macht seiner Rede liegt allein begründet in dem Ernste tiefen gewissenhaften Denkens, eines Denkens freilich, das sichtbar vor unseren Augen entsteht.

Er strebt nach der innigsten Gemeinschaft mit seinen Hörern; an der Energie seines eigenen Denkens soll ihre Selbsttätigkeit sich entzünden; er liebt es, „eine Anschauung im Diskurs aus den Menschen zu entwickeln." „Ich würde," sagt er schon in einer Jugendschrift, „die Handschrift ins Feuer werfen, auch wenn ich sicher wüßte, daß sie die reinste Wahrheit, auf das bestimmteste dargestellt, enthielte, und zugleich wüßte, daß kein einziger Leser sich durch eigenes Nachdenken davon überzeugen würde." Diese Selbstbesinnung des Hörers zu erwecken, ihn hindurchzupeitschen durch alle Mühsal des Zweifels, angestrengter geistiger Arbeit — dies ist der höchste Triumph seiner Beredsamkeit, und es ist da kein Unterschied zwischen den „Reden" und den Druckschriften; alle seine Werke sind Reden, das Denken selber wird ihm alsbald zur erregten Mitteilung. Ein Meister ist er darum in der schweren Kunst des Wiederholens; denn wessen Geist fortwährend und mit schrankenloser Offenheit arbeitet, der darf das hundertmal Gesagte noch einmal sagen, weil es ein Neues ist in jedem Augenblicke, wie jeder Augenblick ein neuer ist. Doch vor allem, er denkt groß von seinen Hörern, edel und klug zugleich hebt er sie zu sich empor, statt sich zu ihnen herabzulassen. Die Jugend vornehmlich hat dies dankend empfunden; denn der die Menschheit so hoch, das gegenwärtige Zeitalter so niedrig achtete, wie sollte er nicht das werdende Geschlecht lieben, das noch rein geblieben war von der Seuche der Zeit? Der stets nur den ganzen Menschen zu ergreifen trachtete, er war der geborene Lehrer jenes Alters, das der allseitigen Ausbildung der Persönlichkeit lebt, bevor noch die Schranken des Berufs den Reichtum der Entwicklung beengen. Endlich — fassen wir die Größe des Redners in dem einen von tausend Hörern wiederholten Lobe zusammen — was er sprach, das war er. Wenn er die Hörenden beschwor, eine Entschließung zu fassen, nicht ein schwächliches Wollen irgend einmal zu wollen, wenn er die Macht des Willens mit Worten verherrlichte, die selbst einem Niebuhr wie Raserei erschienen: da stand er selber, die gedrungene überkräftige Gestalt mit dem aufgeworfenen Nacken, den streng geschlossenen Lippen, strafenden Auges, nicht gar so mild und ruhig, wie Wichmanns Büste ihn zeigt, welche die Verklärung des Toten verkörpert, voll trotzigen Selbstgefühles und doch hoch erhaben über der Schwäche beliebter Redner, der persönlichen Eitelkeit — in jedem Zuge der Mann der durchdachten Entschließung, die des Gedankens Blässe nicht berührte. Darum hat sich von allen Lehrern, die neuerdings an deutschen Hochschulen wirkten, sein Bild den jungen Gemütern am tiefsten eingegraben; sein Schatten ist geschritten durch die Reihen jener streitbaren Jugend, die für uns blutete und in seinem Sinne ein Leben ohne Wissenschaft höher achtete denn eine Wissenschaft ohne Leben.

Jene „mehr als spanische Inquisition" seiner Heimat sollte endlich auch ihn ereilen. Eine pöbelhafte Anklage bezichtigte Fichte bei dem kursächsischen Konsistorium des Atheismus und vertrieb ihn aus Jena, weil er nicht imstande war, den Schein des Unrechts auf sich zu nehmen, wo sein Gewissen ihm recht gab. Da wollte eine glückliche Fügung, daß der Rat des Ministers Dohm ihn nach Preußen führte, in den Staat, der gerade diesem Manne eine Heimat werden mußte. Der Staat Preußen hat den Lehrer und Philosophen zum Patrioten gebildet.

Ein strenger Geist harter Pflichterfüllung war diesem Volke eingeprägt durch das Wirken willensstarker Fürsten, fast un=

menschlich schwer die Lasten, die auf Gut und Blut der Bürger
drückten. Was andere schreckte, Fichte zog es an. Nur das
eine mochte ihn abstoßen, daß jener Sinn der Strenge schon
zu weichen begann, daß zu Berlin bereits ein Schwelgen in
weichlichen unpoetischen Empfindungen, eine seichte, selbstzu=
friedene Aufklärung sich brüstete, deren Haupt Nicolai unser
Held bereits in einer seiner totschlagenden humorlosen Streit=
schriften gezüchtigt hatte. Ein rührender Anblick, wie nun der
Kühnste der deutschen Idealisten den schweren Weg sich bahnt,
den alle Deutschen jener Tage zu durchschreiten hatten, den Weg
von der Erkenntnis der menschlichen Freiheit zu der Idee des
Staates: wie ihn, dem die Außenwelt gar nicht bestand, die
Erfahrung belehrt und verwandelt. Noch zur Zeit der Auster=
litzer Schlacht konnte er schreiben: „welches ist denn das Vater=
land des wahrhaft ausgebildeten christlichen Europäers? Im
allgemeinen ist es Europa, insbesondere ist es in jedem Zeitalter
derjenige Staat in Europa, der auf der Höhe der Kultur steht.
Mögen doch die Erdgeborenen, welche in der Erdscholle, dem
Flusse, dem Berge ihr Vaterland erkennen, Bürger des gesun=
kenen Staates bleiben; sie behalten, was sie wollten und was
sie beglückt. Der sonnenverwandte Geist wird unwiderstehlich
angezogen werden und hin sich wenden, wo Licht ist und Recht.
Und in diesem Weltbürgersinne können wir über die Handlungen
und Schicksale der Staaten uns beruhigen, für uns selbst und für
unsere Nachkommen bis an das Ende der Tage.“ Dann ward durch
den Wandel der Weltgeschicke auch der Sinn des weltverachtenden
Philosophen nicht verwandelt, aber vertieft und zu hellerem Ver=
ständnis seiner selbst geführt. Kein Widerspruch allerdings, aber
eine höchst verwegene Weiterentwicklung, wenn Fichte jetzt er=
kennt, daß der Deutsche Licht und Recht nur in Deutschland finden
könne. Er begreift endlich, daß der Kosmopolitismus in Wirklich=
keit als Patriotismus erscheine, und verweist den einzelnen auf
sein Volk, das „unter einem besonderen Gesetze der Entwicklung
des Göttlichen aus ihm“ stehe. —

Längst schon war der Philosoph der freien Tat durch das

Wesen seines Denkens auf jene Wissenschaft geführt worden, welche
den nach außen gerichteten Willen in seiner großartigsten Ent=
faltung betrachtet. Aber sehr langsam nur lernte er die Würde,
den sittlichen Beruf des Staates verstehen. Auch er sah — gleich
der gesamten deutschen Staatswissenschaft, die ihre Heimat noch
allein auf dem Katheder fand — im Staate zuerst nur ein not=
wendiges Übel, eine Anstalt des Zwanges, gegründet durch frei=
willigen Vertrag, um das Eigentum der Bürger zu schützen.
Unversöhnlichen Krieg kündete er dem Gedanken an, daß der
Fürst für unsere Glückseligkeit sorge: „Nein, Fürst, du bist nicht
unser Gott; gütig sollst du nicht gegen uns sein, du sollst gerecht
sein." Diese Rechtsanstalt des Staates aber soll sich entwickeln zur
Freiheit, also daß jeder das Recht habe, „kein Gesetz anzuerkennen,
als welches er sich selbst gab;" der Staat muß das Prinzip der
Veränderung in sich selber tragen. — Der also dachte, war längst
gewohnt, von dem vornehmen und geringen Pöbel sich einen
Demokraten schelten zu lassen. Und radikal genug, mit dem
harten rhetorischen Pathos eines Jakobiners, hatte er einst die
Revolution begrüßt als den Anbruch einer neuen Zeit, und
die staatsmännische Kälte, womit Rehberg die große Umwälzung
betrachtete, gröblich angegriffen. Mit grimmiger Bitterkeit hatte
er dann die Denkfreiheit zurückgefordert von den Fürsten; denn
die einzigen Majestätsverbrecher sind jene, „die euch anraten,
eure Völker in der Blindheit und Unwissenheit zu lassen und freie
Untersuchungen allerart zu hindern und zu verbieten."

Doch im Grunde ward sein Geist nur von einer Erscheinung
der Revolution mächtig angezogen: von dem Grundsatze der
Gleichheit des Rechts für alle Stände. Privilegien fanden keine
Gnade vor diesem konsequenten Kopfe: aus seinen heftigen Aus=
fällen wider den Adel redet der Zorn des sächsischen Bauern=
sohns, der eben jetzt seine mißhandelten Standesgenossen sich
erheben sah gegen ihre adligen Bedrücker. Sehr fern dagegen
stand er den Ideen der modernen Demokratie, welche die freieste
Bewegung des einzelnen im Staate verlangen; eine harte Rechts=
ordnung sollte jede Willkür des Bürgers bändigen. Dieser de=

spotische Radikalismus trat in seiner ganzen Starrheit hervor,
als er jetzt das Gebiet des „Naturrechts" verließ und das wirt=
schaftliche Leben der Völker betrachtete. In sozialistischen Ideen
ist jederzeit der verwegenste Idealismus mit dem begehrlichsten
Materialismus zusammengetroffen. Durch die Mißachtung des
banausischen Getriebes der Volkswirtschaft wurde Platon auf
das Idealbild seiner kommunistischen Republik und die Alten
alle zu dem Glaubenssatze geführt, daß der gute Staat des Not=
wendigen die Fülle besitzen müsse; durch die Überschätzung der
materiellen Güter gelangten die modernen Kommunisten zu ihren
lustigen Lehren. Und wieder die Verachtung alles weltlichen
Genusses verleitete den deutschen Philosophen zu dem vermessenen
Gedanken: der Staat, als eine lediglich für die niederen Bedürf=
nisse des Menschen bestimmte Zwangsanstalt, müsse sorgen für
die gleichmäßige Verteilung des Eigentums. Solchem Sinne
entsprang die despotische Lehre von dem „geschlossenen Handels=
staate," der in spartanischer Strenge sich absperren sollte von
den Schätzen des Auslandes und das Schaffen der Bürger also
regeln sollte, daß ein jeder leben könne von seiner Arbeit.

Auf dem Gebiete des Rechtes und der Wirtschaft gelang es
dem Idealisten wenig, die Welt für sich zurecht zu legen. In=
dessen sank der Staat der Deutschen tief und tiefer. „Deutsche
Fürsten," ruft Fichte zornig, „würden vor dem Dei von Algier
gekrochen sein und den Staub seiner Füße geküßt haben, wenn
sie nur dadurch zum Königstitel hätten kommen können." In
diesen Tagen der Schmach brach ihm endlich die Erkenntnis
an von dem Tiefsinn und der Größe des Staatslebens. Er sah
vor Augen, wie mit dem Staate auch die Sittlichkeit der Deutschen
verkümmerte, er begriff jetzt, daß dem Staate eine hohe sitt=
liche Pflicht auferlegt sei, die Volkserziehung. Auf diesem idealsten
Gebiete der Staatswissenschaft hat Fichte seine tiefsten politischen
Gedanken gedacht. Wir fragen erstaunt: wie nur war es mög=
lich? Ist doch dem Politiker die Erfahrung nicht eine Schranke,
sondern der Inhalt seines Denkens. Hier gilt es nach Aristoteles'
Vorbild, mit zur Erde gewandtem Blicke eine ungeheure Fülle

von Tatsachen zu beherrschen, Ort und Zeit abwägend zu schätzen,
die Gewalten der Gewohnheit, der Trägheit, der Dummheit zu
berechnen, den Begriff der Macht zu erkennen, jenes geheimnis=
volle allmähliche Wachsen der geschichtlichen Dinge zu verstehen,
das die moderne Wissenschaft mit dem viel mißbrauchten Worte
„organische Entwicklung" bezeichnet. Wie sollte er dies alles er=
kennen? Er, dessen Bildung in die Tiefe mehr als in die Breite
ging, der die Menschheit zur Pflanze herabgewürdigt sah, wenn
man redete von dem langsamen natürlichen Reisen des Staates?
Er hat es auch nicht erkannt; nicht einen Schritt weit kam sein
Idealismus der Wirklichkeit entgegen. Aber er lebte in Zeiten,
da allein der Idealismus uns retten konnte, in einem Volke,
das, gleich ihm selber, von den Ideen der Humanität erst herabstieg
zur Arbeit des Bürgertums, in einer Zeit, die nichts dringender
bedurfte als jenen „starken und gewissen Geist", den er ihr zu
erwecken dachte. Mit der Schlacht von Jena schien unsere letzte
Hoffnung gebrochen; „der Kampf — so schildert Fichte das Un=
heil und den Weg des Heils — der Kampf mit den Waffen ist
beschlossen; es erhebt sich, so wir es wollen, der neue Kampf
der Grundsätze, der Sitten, des Charakters." Wohl mögen wir
erstaunen, wie klar der Sinn des nahenden Kampfes in diesen
Tagen der Ermannung von allen verstanden ward, wie diese
Worte Fichtes überall ein Echo fanden. Die Regierung selber
erkannte, daß allein ein Volkskrieg retten könne, allein die Entfes=
selung aller Kräfte der Nation, der sittlichen Mächte mehr noch als
der physischen — „einer der seltenen, nicht oft erlebten Fälle,"
sagt Fichte rühmend, „wo Regierung und Wissenschaft überein=
kommen." So, gerade so, auf dieser steilen Spitze mußten die
Geschicke unseres Volkes stehen, einen Krieg der Verzweiflung
mußte es gelten um alle höchsten Güter des Lebens, eine Zeit
mußte kommen von jenen, die wir die großen Epochen der Ge=
schichte nennen, da alle schlummernden Gegensätze des Völker=
lebens zum offenen Durchbruch gelangen, die Stunde mußte
schlagen für eine Staatskunst der Ideen, wenn gerade dieser Denker
unmittelbar eingreifen sollte in das staatliche Leben.

Nicht leicht ward ihm seine Stelle zu finden unter den
Männern, die dieser Staatskunst der Ideen dienten. Denn was
den Nachlebenden als das einfache Werk einer allgemeinen frag=
losen Volksstimmung erscheint, das ist in Wahrheit erwachsen
aus harten Kämpfen starker eigenwilliger Köpfe. Wie fremd
stehen sie doch nebeneinander: unter den Staatsmännern Stein,
der Gläubige, der schroffe Aristokrat, und Hardenberg, der Jünger
französischer Aufklärung, und Humboldt, der moderne Hellene,
und Schön, der trotzige Kantianer; unter den Soldaten die denken=
den Militärs, die Scharnhorst und Clausewitz, denen die Kriegs=
kunst als ein Teil der Staatswissenschaft erschien, und Blücher,
dem der Schreibtisch Gift war, der eines nur verstand — den
Feind zu schlagen, und York, der Mann der alten militärischen
Schule, der Eiferer wider das Natterngezücht der Reformer;
unter den Denkern und Künstlern neben Fichte Schleiermacher,
dessen Milde jener als leichtsinnig und unsittlich verwarf, und
Heinrich v. Kleist, der als ein Dichter mit unmittelbarer Leiden=
schaft empfand, was Fichte als Denker erkannte. Ihm zitterte die
Feder in der Hand, wenn er in stürmischen Versen die Enkel der
Kohortenstürmer, die Römerüberwinderbrut zum Kampfe rief.
Einen Schüler Fichtes meinen wir zu hören, wenn Kleist seinem
Könige die Türme der Hauptstadt mit den stolzen Worten zeigt:
„sie sind gebaut, o Herr, wie hell sie blinken, für beßre Güter
in den Staub zu sinken." Und er selber war es, der Fichte
die höhnenden Verse ins Gesicht warf:

> setzet, ihr träft's mit euerer Kunst und zögt uns die Jugend
> nun zu Männern wie ihr: liebe Freunde, was wär's?

Wenn er seine Adler geschändet sah von den Fremden, wie
mochte der stolze Offizier ertragen, daß dieser Schulmeister heran=
trat, die Nöte des Augenblicks durch die Erziehung des werden=
den Geschlechts zu heilen? Und dennoch haben sie zusammen=
gewirkt, die Männer, die sich befehdeten und schalten, einträchtig
in dem Kampfe der Idee gegen das Interesse, der Idee des Volks=
tums wider das Interesse der nackten Gewalt.

Schon vor der Schlacht von Jena hatte sich Fichte erboten,

mit dem ausrückenden Heere als weltlicher Prediger und Redner,
„als Gesandter der Wissenschaft und des Talents," zu mar=
schieren, denn was — ruft er in seiner kecken, die Weihe des
Gedankens mitten in die matte Wirklichkeit hineintragenden Weise
— „was ist der Charakter des Kriegers? Opfern muß er sich
können; bei ihm kann die wahre Gesinnung, die rechte Ehrliebe
gar nicht ausgehen, die Erhebung zu etwas, das über dies Leben
hinaus liegt." Doch das letzte Heer des alten Regimes hätte
solchen Geist nicht ertragen. Die Stunden der Schande waren
gekommen. Fichte floh aus Berlin und sprach: „ich freue mich,
daß ich frei geatmet, geredet, gedacht habe und meinen Nacken
nie unter das Joch des Treibers gebogen." Auch ihn überwältigte
jetzt auf Augenblicke die Verzweiflung, da er zufrieden sein wollte
ein ruhiges Plätzchen zu finden, und es den Enkeln überlassen
wollte zu reden — „wenn bis dahin Ohren wachsen zu hören!"
Nicht die Zuversicht fand er wieder, aber die Stärke des Pflicht=
gefühls, als er nach dem Frieden dennoch redete zu den Lebendigen
ohne Hoffnung für sie, „damit vielleicht unsere Nachkommen tun,
was wir einsehen, weil wir leiden, weil unsere Väter träumten."
In Stunden einsamer Sammlung war nun sein ganzes Wesen
„geweiht, geheiligt"; der alte Grundgedanke seines Lebens, in
eigener Person das Absolute zu sein und zu leben, findet in dieser
weihevollen Stimmung eine neue religiöse Form, erscheint ihm
als die Pflicht „des Lebens in Gott". Rettung um jeden Preis —
dieser ungeheuren Notwendigkeit, die leuchtend vor seiner Seele
stand, hatte er manches geopfert von der Starrheit des Theo=
retikers. Er pries jetzt sogar Machiavellis Weisheit der Ver=
zweiflung; denn von der entgegengesetzten, der niedrigsten
Schätzung des Menschenwertes gelangte dieser Verächter aller her=
gebrachten Sittlichkeit doch zu dem gleichen Endziele, der Rettung
des großen Ganzen auf Kosten jeder Neigung des einzelnen.
Gereift und gefestigt ward dieser Ideengang, als Fichte jetzt
sich schulte an den großartig einfachen Mitteln uralter Menschen=
bildung, an Luthers Bibel und an der knappen Form, der herben
Sittenstrenge des Tacitus.

Also vorbereitet hielt er im Winter 1807/8, belauscht von fremden Horchern, oft unterbrochen von den Trommeln der französischen Besatzung, zu Berlin die „Reden an die deutsche Nation". Sie sind das edelste seiner Werke, denn hier war ihm vergönnt, unmittelbar zu wirken auf das eigentlichste Objekt des Redners, den Willen der Hörer; ihnen eigen ist im vollen Maße jener Vorzug, den Schiller mit Recht als das Unter=pfand der Unsterblichkeit menschlicher Geisteswerke pries, doch mit Unrecht den Schriften Fichtes absprach, daß in ihnen ein Mensch, ein einziger und unschätzbarer, sein innerstes Wesen abgebildet habe. Doch auch der Stadt sollen wir gedenken, die, wie eine Sandbank in dem Meere der Fremdherrschaft, dem kühnen Redner eine letzte Freistatt bot; die hocherregte Zeit und die hingebend andächtigen Männer und Frauen sollen wir preisen, welche des Redners schwerem Tiefsinn folgten, den selbst der Leser heute nur mit Anstrengung versteht. Riesenschritte — hebt Fichte an — ist die Zeit mit uns gegangen; durch ihr Übermaß hat die Selbstsucht sich selbst vernichtet. Doch aus der Vernichtung selber erwächst uns die Pflicht und die Sicher=heit der Erhebung. Damit die Bildung der Menschheit erhalten werde, muß diese Nation sich retten, die das Urvolk unter den Menschen ist durch die Ursprünglichkeit ihres Charakters, ihrer Sprache. — Unterdrücken wir strenge das wohlweise Lächeln des Besserwissens. Denn fürwahr ohne solche Überhebung hätte unser Volk den Mut der Erhebung nie gefunden wider die ungeheuere Übermacht. Freuen wir uns vielmehr an der feinen Menschenkenntnis des Mannes, der sich gerechtfertigt hat mit dem guten Worte: „ein Volk kann den Hochmut gar nicht lassen, außerdem bleibt die Einheit des Begriffs in ihm gar nicht rege." — Diesem Urvolke hält der Redner den Spiegel seiner Taten vor. Er weist unter den Werken des Geistes auf die Größe von Luther und Kant, unter den Werken des Staates — er, der in Preußen wirkte und Preußen liebte — auf die alte Macht der Hansa und preist also die streitbaren, die modernen Kräfte unseres Volkstums — im scharfen und bezeichnenden Gegensatze

zu Fr. Schlegel, der in Wien zu ähnlichem Zwecke an die roman=
tische Herrlichkeit der Kaiserzeit erinnerte.

Ju diesem hochbegnadeten Volke soll erweckt werden „der
Geist der höheren Vaterlandsliebe, der die Nation als die Hülle
des Ewigen umfaßt, für welche der Edle mit Freuden sich opfert,
und der Unedle, der nur um des ersteren willen da ist, sich
eben opfern soll." Und weiter — nach einem wundervollen Rück=
blick auf die Fürsten der Reformation, die das Banner des Auf=
standes erhoben nicht um ihrer Seligkeit willen, deren sie ver=
sichert waren, sondern um ihrer ungeborenen Enkel willen —
„die Verheißung eines Lebens auch hienieden, über die Dauer
des Lebens hinaus, allein diese ist es, die bis zum Tode fürs
Vaterland begeistern kann." Nicht Siegen oder Sterben soll
unsere Losung sein, da der Tod uns allen gemein und der Krieger
ihn nicht wollen darf, sondern Siegen schlechtweg. Solchen Geist
zu erwecken, verweist Fichte auf das letzte Rettungsmittel, die
Bildung der Nation „zu einem durchaus neuen Selbst" — und
fordert damit, was in anderer Weise E. M. Arndt verlangte,
als er der übergeistigen Zeit eine Kräftigung des Charakters
gebot. Noch war die Nation in zwei Lager gespalten. Die
einen lebten dahin in mattherziger Trägheit, in der lauwarmen
Gemütlichkeit der alten Zeit; ihnen galt es eine große Leiden=
schaft in die Seele zu hauchen: „wer nicht sich als ewig erklärt,
der hat überhaupt nicht die Liebe und kann nicht lieben sein
Volk." Das sind dieselben Töue, die später Arndt anschlug,
wenn er dem Wehrmann zurief: „der Mensch soll lieben bis
in den Tod und von seiner Liebe nimmer lassen noch scheiden;
das kann kein Tier, weil es leicht vergisset." Den anderen
schwoll das Herz von heißem Zorne; schon war unter der ge=
bildeten Jugend die Frage, wie man Napoleon ermorden köune,
ein gewöhnlicher Gegenstand des Gesprächs. Diese wilde Lei=
denschaft galt es zu läutern und zu adeln: „nicht die Gewalt der
Arme, noch die Tüchtigkeit der Waffen, sondern die Kraft des
Gemütes ist es, welche Siege erkämpft." Ein neues Geschlecht
soll erzogen werden fern von der Gemeinheit der Epoche, ent=

rissen dem verderbten Familienleben, erstarkend zu völliger Ver=
leugnung der Selbstsucht durch eine Bildung, die nicht ein Be=
sitztum, sondern ein Bestandteil der Personen selber sei. In
Pestalozzis Erziehungsplänen meint Fichte das Geheimnis dieser
Wiedergeburt gefunden. War doch in ihnen der Lieblings=
gedanke des Philosophen verkörpert, daß der Wille, „die eigent=
liche Grundwurzel des Menschen," die geistige Bildung nur ein
Mittel für die sittliche sei; gingen sie doch darauf aus, die Selbst=
tätigkeit des Schülers fort und fort zu erwecken. Wenn die
Stein und Humboldt unbefangen den gesunden Kern dieser Pläne
würdigten: dem Philosophen war kein Zweifel, der Charakter
der Pestalozzischen Erziehungsweise sei — „ihre Unfehlbarkeit";
fortan sei nicht mehr möglich, daß der schwache Kopf zurückbleibe
hinter dem starken.

Zu solchem Zwecke redet er „für Deutsche schlechtweg, von
Deutschen schlechtweg, nicht anerkennend, sondern durchaus bei=
seite setzend und wegwerfend alle die trennenden Unterscheidungen,
welche unselige Ereignisse seit Jahrhunderten in der einen Na=
tion gemacht haben." „Bedenket — beschwört er die Hörer —,
daß ihr die letzten seid, in deren Gewalt diese große Veränderung
steht. Ihr habt doch noch die Deutschen als Eines nennen hören,
ihr habt ein sichtbares Zeichen ihrer Einheit, ein Reich und einen
Reichsverband, gesehen oder davon vernommen, unter euch haben
noch von Zeit zu Zeit Stimmen sich hören lassen, die von dieser
höheren Vaterlandsliebe begeistert waren. Was nach euch kommt,
wird sich an andere Vorstellungen gewöhnen, es wird fremde
Formen und einen anderen Geschäfts= und Lebensgang annehmen,
und wie lange wird es noch dauern, daß keiner mehr lebe, der
Deutsche gesehen oder von ihnen gehört habe?" — Auch den
letzten kümmerlichen Trost raubt er den Verzagten, die Hoffnung,
daß unser Volk in seiner Sprache und Kunst fortdauern werde.
Da spricht er das furchtbare Wort: „ein Volk, das sich nicht
selbst mehr regieren kann, ist schuldig, seine Sprache aufzugeben."
So geschieht ihm selber, was er seinem Luther nachrühmte, daß
deutsche Denker, ernstlich suchend, mehr finden als sie suchen,

weil der Strom des Lebens sie mit fortreißt. In diesem radikalen
Satze schlummert der Keim der Wahrheit, welche erst die Gegen=
wart verstanden hat, daß ein Volk ohne Staat nicht existiert. —
„Es ist daher kein Ausweg," schließen die Reden — „wenn ihr
versinkt, so versinkt die ganze Menschheit mit ohne Hoffnung
einer einstigen Wiederherstellung."

Wir Nachgeborenen haben den bewegenden Klang jener
Stimme nicht gehört, welche die andachtsvollen Zuhörer zu Berlin
ergriff, — und jeder rechte Redner wirkt sein Größtes durch einen
höchstpersönlichen Zauber, den die Nachwelt nicht mehr begreift —
aber noch vor den toten Lettern zittert uns das Herz, wenn der
strenge Züchtiger unseres Volkes „Freude verkündigt in die tiefe
Trauer" und an die mißhandelten Deutschen den stolzen Ruf
ertönen läßt: „Charakter haben und deutsch sein ist ohne Zweifel
gleichbedeutend." — Und welchen Widerhall erweckten diese Reden
in der Welt? Achselzuckend ließ der Franzose den törichten Ideo=
logen gewähren, gleichgültig erzählte der Moniteur von einigen
Vorlesungen über Erziehung, die in Berlin einigen Beifall ge=
funden. Die Fremden wußten nicht, aus wie tiefem Borne
dem deutschen Volke der Quell der Verjüngung strömt, und kein
Verräter erstand, ihnen den politischen Sinn der Reden zu deuten.
Mit wieviel schärferem politischen Blicke hatte einst Machiavelli
seinem Volke den allerbestimmtesten Plan der Rettung mit den
bestdurchdachten Mitteln vorgezeichnet! Aber sein Principe blieb
ein verwegenes Traumbild, die Reden des deutschen Philosophen
wurden einer der Funken, daran sich die Glut der Befreiungs=
kriege entzündete. Fichte freilich meinte, sein Wort sei verhallt
in den „tiefverderbten" Tagen, sein ganzes System sei nur ein
Vorgriff der Zeit. Denn es ist das tragische Geschick großer
Männer, daß sie ihren eigenen Geist nicht wieder erkennen, wenn
er von den Zeitgenossen empfangen und umgeformt wird zu
anderen Gestalten, als sie meinten. Und dennoch war der Redner
an die deutsche Nation nur der Mund des Volkes gewesen, er
hatte nur dem, was jedes Herz bewegte, einen kühnen, hoch=
gebildeten Ausdruck geliehen. Denn was war es anders, als

jene höhere Vaterlandsliebe, die der noch ungeborenen Enkel deukt
— was anders war es, das den Landwehrmann von Haus und
Hof und Weib und Kindern trieb, das unsere Mütter bewog,
alles köstliche Gut der Erde bis zu dem Ringe des Geliebten
für ihr Land dahinzugeben? Was anderes war es, als daß sie
unser gedachten? In diesem Sinne — denn wer ermißt die
tausend geheimnisvollen Kanäle, welche das durchdachte Wort
des Philosophen fortleiteten in die Hütte des Bauern? — in
diesem Sinne hat Fichtes Wort gezündet, und die Kundigen
stimmten ein, wenn Friedrich Gentz, diesmal wahrhaft ergriffen,
sagte: „so groß, tief und stolz hat fast noch niemand von der
deutschen Nation gesprochen."

Wieder kamen Jahre stiller Arbeit. Unter den ersten wirkte
Fichte bei der Gründung der Berliner Hochschule, die dem er=
wachenden neuen Geiste ein Herd sein sollte. Ein Glück, daß
Wilhelm Humboldt, als ein besonnener Staatsmann, an die alt=
bewährten Überlieferungen deutscher Hochschulen anknüpfte und
die verwegenen Gedauken des Philosophen verwarf; denn mit
der ganzen Strenge seiner herrischen Natur hatte Fichte einen
Plan mönchischer Erziehung entworfen, der die Jugend absperren
sollte von jeder Berührung mit den Ideenlosen, doch in Wahr=
heit jede echte akademische Freiheit vernichtet hätte. Um so un=
erschütterlicher bekämpfte er auf der neuen Hochschule die falsche
akademische Freiheit; er fand es verwerflich, grundverderblich,
Nachsicht zu üben mit alten unseligen Unsitten der Jugend.
Das wüste Burschenleben war ihm eine bewußte, mit Freiheit
und nach Gesetzen hergebrachte Verwilderung. In diesen Jahren
weihte er seine ganze Kraft dem Lehramte. Die gewohnte Macht
über die jugendlichen Gemüter blieb ihm nach wie vor. Er
nutzte sie, den Keim zu legen zu der deutschen Burschenschaft.
Er förderte, wie schon früher in Jena, unter den Studierenden
den Widerstand gegen den Unfug der alten Landsmannschaften
und warute die Gesellschaft der „Deutsch=Jünger" vor jenen
beiden Irrtümern, welche später die Burschenschaften lähmten:
sie sollten sich hüten, mittelalterlich und deutsch zu verwechseln,

und sorgen, daß das Mittel — die Verbindung — ihnen nicht wichtiger werde als der Zweck — die Belebung deutschen Sinnes. —

Endlich erfüllten sich die Zeiten; dies Geschlecht, das er verloren gab, fand sich wieder; denn so tief war es nie gesunken, als der Idealist meinte. Die Trümmer der großen Armee kehrten aus Rußland heim, die Provinz Preußen stand in Waffen, der ostpreußische Landtag harrte auf das Wort des Königs. Der König erließ von Breslau den Aufruf zur Bildung von Frei= willigen=Korps; aber noch war der Krieg an Frankreich nicht erklärt. Auf der Straße begegneten den französischen Gen= darmen dichte Haufen still drohender Bauern, die zu den Fahnen zogen; und Fichtes Schüler zitterten vor Ungeduld, dem Rufe des Königs zu folgen, doch sie warteten des Lehrers. Wer meinte nicht, daß in diesen schwülen Tagen der Erwartung ein glühender Aufruf aus Fichtes Munde wie ein Blitzstrahl hätte einschlagen sollen? — Schlicht und ernst, wie nach einem großen Entschlusse, tritt er endlich am 19. Februar 1813 vor seine Stu= denten. Nur selten berichten die lauten Annalen der Geschichte von dem Edelsten und Eigentümlichsten der großen historischen Wandlungen. So ist auch das Herrlichste der reinsten politischen Bewegung, die je unser Volk erhob, noch nicht nach Gebühr gewürdigt — jener Geist schlichter, gefaßter Manneszucht, der das Ungeheuere vollzog so ruhig, so frei von jedem falschen Pathos, wie die Erfüllung alltäglicher Bürgerpflichten. Nichts staunenswürdiger an diesen einzigen Tagen, als jener ernste, unverbrüchliche Gehorsam, der unser Volk selbst dann noch be= herrschte, da die hochgehenden Wogen volkstümlicher Entrüstung die Decke sprengten, die sie lange gehemmt. Ein Heldenmut ist es, natürlich, selbstverständlich in den Tagen tiefer Bewe= gung, dem Rohre der feindlichen Kanone freudig ins Gesicht zu blicken, aber jedes Wort des Preises verstummt vor der mann= haften Selbstbeherrschung, die unsere Väter beseelte. Als ein Heißsporn des ostpreußischen Landtags die Genossen fragte: „wie nun, meine Herren, wenn der König den Krieg nicht erklärt?" —

da erwiderte ihm Heinrich Theodor von Schön: „dann gehen
wir ruhig nach Hause." Durchaus getränkt von diesem Geiste
ernster Bürgerpflicht war auch die Rede, die Fichte jetzt an seine
Hörer richtete. Er habe, gesteht er, lange geschwankt, ehe er
mit solchem Worte vor seine Schüler getreten sei. Die Wissenschaft allerdings sei die stärkste Waffe gegen das Böse, und in
diesem Kampfe würden Siege erfochten, dauernd für alle Zeit.
Aber zu dem geistigen Streite bedürfe es des äußern und des innern
Friedens: und nur darum, weil diese Ruhe des Gemütes ihn
selber, trotz vielfacher Übung in der Selbstbesinnung, zu verlassen beginne, schließe er jetzt seine Vorlesungen. — Das einfache Wort genügte, die Jünglinge in die Reihen der Freiwilligen
zu führen. Noch einmal ist ihm dann der Gedanke gekommen, als ein
Redner in das Lager zu gehen — noch einmal vergeblich. Dann
ist Fichte krank und halb gelähmt mit den gelehrten Genossen
und dem kaum mannbaren Sohne in den Landsturm getreten;
Lanze und Säbel lehnten nun an der Tür des Philosophen.

Als die Kunde erscholl von den herrlichsten deutschen Siegen,
von den Tagen von Hagelberg und Dennewitz, selbst dann hat er
nicht gelassen von der alten tüchtigen Weise, den Dingen nachzudenken bis zum Ende. Im Sommer 1813 hielt er vor den
wenigen Studierenden, die dem Kampfe fern blieben, Vorlesungen
über die Staatslehre. Auch jetzt noch bewegt er sich ausschließlich im Gebiete der Ideen; seinen kühnsten Sätzen fügt er stolz
abweisend hinzu: „es gilt vom Reiche (der Vernunft), nicht von
ihren Lumpenstaaten." Noch immer geht er dem Staate der
Wirklichkeit mit radikaler Härte zu Leibe; Erblichkeit der Reprä-
sentation ist ihm ein absolut vernunftwidriges Prinzip, „die
erste Pflicht der Fürsten wäre, in dieser Form nicht da zu sein,"
der Wahn der Ungleichheit ist bereits durch das Christentum
praktisch vernichtet. Aber wie viel reicher und tiefsinniger erscheint ihm jetzt der Staat! Mit scharfen Worten sagt er sich los
von der naturrechtlichen Lehre, die er bereits in den Reden an
die deutsche Nation verlassen hatte. Er verwirft die „schlechte
Ansicht", welche im Staate nur den Schützer des Eigentums

erblickt und darum Kirche, Schule, Handel und Gewerbe allein
den Privatleuten zuweist und im Falle des Krieges die Ruhe für
die erste Bürgerpflicht erklärt. Der Staat ist berufen, die sittliche Aufgabe auf Erden zu verwirklichen. In den beiden schönen
Vorlesungen, die „von dem Begriffe des wahrhaften Krieges"
handeln, stellt er scharf und schroff die sinnliche und die sittliche
Ansicht vom Staate einander gegenüber. Nach jener gilt „zuerst das Leben, sodann das Gut, endlich der Staat, der es schützt."
Nach dieser steht obenan „die sittliche Aufgabe, das göttliche Bild;
sodann das Leben in seiner Ewigkeit, das Mittel dazu, ohne allen
Wert, außer inwiefern es ist dieses Mittel; endlich die Freiheit,
als die einzige und ausschließende Bedingung, daß das Leben sei
solches Mittel, drum — als das einzige, was dem Leben selbst
Wert gibt." — Der einst mit dem Mißtrauen des deutschen
Gelehrten die Zwangsanstalt des Staates betrachtet, er sieht jetzt
mit der Begeisterung eines antiken Bürgers in dem Staate den
Erzieher des Volkes zur Freiheit, alle Zweige des Volkslebens
weist er der Leitung des Staates zu. Nur in einem solchen
Staate ist „ein eigentlicher Krieg" möglich, denn hier wird durch
feindlichen Einfall die allgemeine Freiheit und eines jeden be-
sondere bedroht; es ist darum jedem für die Person und ohne
Stellvertretung aufgegeben der Kampf auf Leben und Tod.

Schon längst waren seine radikalen Theorien dann und wann
erhellt worden durch ein Aufblitzen historischer Erkenntnis; bereits in seiner Jugendschrift über die französische Revolution
hatte er Friedrich den Großen gepriesen als einen Erzieher zur
Freiheit. Doch jetzt erst beginnt er die historische Welt recht zu
verstehen. Er erkennt, daß ein Volk gebildet werde durch gemeinsame Geschichte, und berufen sei, „in dem angehobenen Gange
aus sich selber sich fortzuentwickeln zu einem Reiche der Vernunft."
Alle Staaten der Geschichte erscheinen ihm jetzt als Glieder
in der großen Kette dieser Erziehung des Menschengeschlechts zur
Freiheit. Ist diese Erziehung dereinst vollendet, dann wird „ir-
gendeinmal irgendwo die hergebrachte Zwangsregierung ein-
schlafen, weil sie durchaus nichts mehr zu tun findet," dann

wird das Christentum nicht bloß Lehre, nein, die Verfassung
des Reiches selber sein. In diesem Reiche werden die „Wissenschaftlichen" regieren über dem Volke, denn „alle Wissenschaft ist
tatbegründend". So gelangt auch Fichte zu dem platonischen
Idealbilde eines Staates, welchen die Philosophen beherrschen.
Und wenn der nüchterne Politiker betroffen zurückweicht vor
diesem letzten Fluge des Fichteschen Geistes, so bleibt doch erstaunlich, wie rasch die große Zeit sich ihren Mann erzogen hat:
der Held des reinen Denkens wird durch den Zusammenbruch
seines Vaterlandes zu der Erkenntnis geführt, daß der Staat
die vornehmste Anstalt im Menschenleben, die Verkörperung des
Volkstums selber ist. Näher eingehend auf die Bewegung des
Augenblicks schildert er das Wesen des gewaltigen Feindes, der
unter den Ideenlosen der Klügste, der Kühnste, der Unermüdlichste,
begeistert für sich selber, nur zu besiegen ist durch die Begeisterung
für die Freiheit. So stimmt auch Fichte mit ein in die Meinung
unserer großen Staatsmänner, welche erkannten, daß die Revolution in ihrem furchtbarsten Vertreter bekämpft werden müsse
mit ihren eigenen Waffen. Fast gewaltsam unterdrückt er den
unabweislichen Argwohn, daß nach dem Frieden alles beim alten
bleibe. Nicht ungerügt freilich läßt er es hingehen, daß man in
solchem Kampfe noch gotteslästerlich von Untertanen rede, daß
die Formel „mit Gott für König und Vaterland" den Fürsten
gleichsam des Vaterlandes beraube. Aber alle solche Makel
der großen Erhebung gilt es als schlimme alte Gewohnheiten zu
übersehen; „dem Gebildeten soll sich das Herz erheben beim
Anbruche seines Vaterlandes." Beim Anbruche seines Vaterlandes — die aus der Ferne leidenschaftlos zurückblickende Gegenwart mag diese schöne Bezeichnung der Freiheitskriege bestätigen,
welche die hart enttäuschten Zeitgenossen kummervoll zurück-
nahmen.

Auch zu einer rein publizistischen Arbeit ward der Denker
durch die Sorge um den Neubau des Vaterlandes veranlaßt.
Alsbald nach dem Aufrufe des Königs an sein Volk schreibt
er den vielgenannten „Entwurf einer politischen Schrift". Die

wenigen Blätter sind unschätzbar nicht bloß als ein getreues Bild
seiner Weise zu arbeiten — denn hier, in der Tat, sehen wir
ihn pochen und graben nach der Wahrheit, den Verlauf des
angestrengten Schaffens unterbrechen mit einem nachdenklichen
„Halt, dies schärfer!" und die Schlacken der ergründeten Wahr=
heit emporwerfen aus der Grube — sondern mehr noch, weil
uns hier Fichte entgegentritt als der erste namhafte Verkün=
diger jener Ideen, welche heute Deutschlands nationale Partei
bewegen. Schon oft war, bis hinauf in die Kreise der Mäch=
tigsten, der Gedanke eines preußischen Kaisertums über Nord=
deutschland angeregt worden. Hier zuerst verkündet ein bedeu=
tender Mann mit einiger Bestimmtheit den Plan, den König
von Preußen als einen „Zwingherrn zur Deutschheit" an die
Spitze des gesamten Vaterlandes zu stellen. Parteien freilich
im heutigen Sinne kannte jene Zeit noch nicht, und Fichte am
wenigsten hätte sich der Mannszucht einer Partei gefügt; er
schreibt seine Blätter nur nieder, damit „diese Gedanken nicht
untergehen in der Welt." Aber kein Parteimann unserer Tage
mag das tödliche Leiden unseres Volkes, daß es mediatisiert ist,
klarer bezeichnen als er mit den Worten, das deutsche Volk
habe bisher an Deutschland Anteil genommen allein durch seine
Fürsten. Noch immer schwebt ihm als höchstes Ziel vor Augen
eine „Republik der Deutschen ohne Fürsten und Erbadel", doch
er begreift, daß dieses Ziel in weiter Ferne liege. Für jetzt gilt
es, daß „die Deutschen sich selbst mit Bewußtsein machen".
— „Alle großen deutschen Literatoren sind gewandert," ruft er
stolz; und jenes freie Nationalgefühl, das diese glänzenden
Geister trieb, die Enge ihres Heimatlandes zu verlassen, muß
ein Gemeingut des Volkes werden, damit zuletzt der Einzelstaat
als überflüssig hinwegfalle. Ein haltbarer Nationalcharakter
wird gebildet zunächst durch die Freiheit, denn „ein Volk ist
nicht mehr umzubilden, wenn es in einen regelmäßigen Fort=
schritt der freien Verfassung hineingekommen." Aber auch im
Kriege wird ein Volk zum Volke, und hier spricht er ein Wort,
dessen tiefster Sinn sich namentlich in Fichtes Heimatlande als

prophetisch bewährt hat: „wer den gegenwärtigen Krieg nicht
mitführen wird, wird durch kein Dekret dem deutschen Volke
einverleibt werden können." Als einen Erzieher zur Freiheit,
zur Deutschheit brauchen wir einen Kaiser. Österreich kann die
Hand nie erheben zu dieser Würde, weil es unfrei und in fremde
undeutsche Händel verwickelt ist; sein Kaiser ist durch sein Haus=
interesse gezwungen, „deutsche Kraft zu brauchen für seine per=
sönlichen Zwecke." Preußen aber „ist ein eigentlich deutscher
Staat, hat als Kaiser durchaus kein Interesse zu unterjochen,
ungerecht zu sein. Der Geist seiner bisherigen Geschichte zwingt
es fortzuschreiten in der Freiheit, in den Schritten zum Reich
(das will sagen: zum Vernunftreiche); nur so kann es fort=
existieren, sonst geht es zu Grunde."

So — nicht eingewiegt, nach der gemeinen Weise der Idea=
listen, in leere Illusionen, aber auch nicht ohne frohe Hoffnung
ist Fichte in den Tod gegangen für sein Land. Welch ein Wandel
seit den Tagen der Revolutionskriege, da er der Geliebten noch
vorhielt, daß sie gleichgültig sei gegen die Welthändel! Der
Schwung der großen Zeit, die opferbereite Empfindung weib=
lichen Mitgefühls führt jetzt Johanna Fichte unter die wunden
Krieger der Berliner Hospitäler. Alle guten und großen Worte
des Gatten von der Macht der göttlichen Gnade werden ihr lebendig
und strömen von ihrem Munde, da sie die unbärtigen Jünglinge
der Landwehr mit dem hitzigen Fieber ringen, in letzter Schwäche,
in unbezwinglichem Heimweh die Heilung von sich weisen sieht.
In den ersten Tagen des Jahres 1814 bringt sie das Fieber
in ihr Haus. Einen Tag lang verweilt der Gatte an ihrem
Lager, eröffnet dann gefaßt seine Vorlesungen und findet, zurück=
gekehrt, die Totgeglaubte gerettet. In diesen Stunden des
Wiedersehens, meint der Sohn, mag den starken Mann der Tod
beschlichen haben. In seine letzten Fieberträume fiel noch die
Kunde von der Neujahrsnacht 1814, da Blücher bei der Pfalz
im Rheine den Grenzstrom überschritt und das feindliche Ufer
widerhallte von den Hurrarufen der preußischen Landwehr. Unter
solchen Träumen von kriegerischer Größe ist der streitbare Denker

verschieden am 27. Januar 1814. Sein Lob mag er selber
sagen: „Unser Maßstab der Größe bleibe der alte: daß groß sei
nur dasjenige, was der Ideen, die immer nur Heil über die
Völker bringen, fähig sei und von ihnen begeistert."

Seitdem ist eine lange Zeit vergangen, Fichtes Name ist
im Wechsel gepriesen worden und geschmäht, ist aufgetaucht und
wieder verschwunden. Als die kriegerische Jugend, heimkehrend
von den Schlachtfeldern, in die Hörsäle der Hochschulen zurück-
strömte, da erst ward offenbar, wie tief das Vorbild des „Vaters
Fichte" in den jungen Seelen haftete. „Die Jugend soll nicht
lachen und scherzen, sie soll ernsthaft und erhaben sein," war
seine Mahnung, und wirklich, wie Fichtes Söhne erschienen diese
spartanischen Jünglinge, wie sie einherschritten in trutziger Haltung, abgehärteten Leibes, in altdeutscher Tracht, hochpathetische
Worte voll sittlichen Zornes und vaterländischer Begeisterung
redend. Die Ideen, welche diese jungen Köpfe entzückten, lagen
zwar tief begründet in der ganzen Richtung der Zeit, aber
unzweifelhaft gebührt den Lehren Fichtes daran ein starker Anteil. Vor seinem Bilde, dessen lautere Hoheit uns kein Schopen-
hauer hinwegschmähen wird, erfüllte sich das junge Geschlecht
mit jenen Grundsätzen herber Sittenstrenge, die unseren Hochschulen eine heilsame Verjüngung brachten. Und welch ein Vorbild der „Deutschheit" besaß die Jugend in ihm, der aus der
dumpfen Gemütlichkeit des kursächsischen Lebens sich emporrang
zu jenem vornehmen Patriotismus, welcher nur noch „Deutsche
schlechtweg" kennen wollte und den Kern unserer Nation in der
norddeutsch-protestantischen Welt erblickte. Mochte er immerhin seinen politischen Ideen die abwehrende Weisung hinzufügen:
„auf Geheiß der Wissenschaft soll die Regierung jene bändigen
und strafen, welche diese Lehren auf die Gegenwart anwenden":
— die Jugend wußte nichts von solcher Unterscheidung. Die
Hoheit seiner Ideen und der Radikalismus seiner Methode wirkten
berauschend auf die deutschen Burschen. „Der deutsche Staat
ist in der Tat einer; ob er nun als einer oder mehrere erscheine, tut nichts zur Sache" — solcher Worte diktatorischer

Klang drang tief in die jungen Seelen. Die Vorstellung, daß
das Bestehende schlechthin unberechtigt sei und einem deutschen
Reiche weichen müsse, ward durch Fichtes Lehren mächtig ge=
fördert.

Als eine edle Barbarei hat man treffend die Stimmung
der Burschenschaft bezeichnet, und auch an den Sünden dieser
edlen Barbaren ist Fichte nicht schuldlos. Seine mönchische
Strenge spiegelt sich wider in dem altklugen, unjugendlichen
Wesen, das uns so oft zurückstößt von der wackeren teutonischen
Jugend. Wenn er immer wieder die Bildung des Charakters
betonte, war es da zu verwundern, daß schließlich die Jugend,
die den Wert eines gereiften Charakters noch nicht zu beurteilen
vermag, mit Vorliebe den polternden Moralpredigern folgte und
an alle glänzenden Geister unseres Volkes den Maßstab der „Ge=
sinnungstüchtigkeit" legte? Wenn er unermüdlich die Jugend
darstellte als den noch reinen Teil der Nation und die „Wissen=
schaftlichen" als die natürlichen Lenker des Volkes: — mußte da
nicht endlich die Anmaßung aufwuchern in der wissenschaftlichen
Jugend? — „Unser Urteil hat das Gewicht der Geschichte selbst,
es ist vernichtend!" — in solchen Reden, die im Burschenhause
zu Jena, als Arnold Ruge jung war, widerhallten, offenbart
sich die Kehrseite des Fichteschen Geistes. Fichte starb zu früh;
bei längerem Leben wäre all seine wache Sorge dahin gegangen,
die edle Barbarei der Jugend maßvoll und bescheiden zu erhalten.
Weder Luden noch Oken oder Fries, und am allerwenigsten der alte
Jahn stand hoch genug, um die spartanische Rauheit des jungen
Geschlechts zu mäßigen. — Vornehmlich in dieser sittlichen Ein=
wirkung auf die Gesinnung des werdenden Geschlechts liegt Fichtes
Bedeutung für die Geschichte unserer nationalen Politik —
und wer darf leugnen, daß der Fluch dieses Wirkens tausendmal
überboten ward von dem Segen? Nimmermehr wird diesem
Denker gerecht, wer ihn lediglich beurteilt als einen politischen
Schriftsteller. Der Publizist mag lächeln über Fichtes ungeübten
politischen Scharfblick, der „Gelehrte von Metier" mag erschrecken
vor seiner mangelhaften Kenntnis der politischen Tatsachen; aber

hoch über die Fachgelehrten und die Publizisten hinaus erhebt sich
der Redner an die deutsche Nation, wenn er mit der Kühnheit
des Propheten das Ethos unserer nationalen Politik verkündet,
wenn er den zersplitterten Deutschen den Geist der echten Vaterlandsliebe predigt, der über den Tod hinaus zu hassen und zu
lieben vermag.

Das war mithin kein Zufall, daß der Name dieses Denkers
durch den deutschen Bundestag in den Kot getreten ward. Viel
zu milde, leider, lautet das landläufige Urteil, daß unser Volk
mit Undank belohnt worden für die Errettung der Throne, die
sein Blut erkauft. Als ein Verbrechen vielmehr galt zu Wien
und Frankfurt der Geist des Freiheitskrieges. Und wer hatte
den „militärischen Jakobinismus" des preußischen Heeres
schroffer, schonungsloser ausgesprochen als Fichte in den Worten:
„kein Friede, kein Vergleich! Auch nicht falls der zeitige Herrscher
sich unterwürfe und den Frieden schlösse! Ich wenigstens habe
den Krieg erklärt und bei mir beschlossen, nicht für seine An-
gelegenheit, sondern für die meinige, meine Freiheit." Wie sehr
mußte die Woge demokratischen Zornes und Stolzes, welche
in diesen Worten brandet, jene Schmalz und Kamptz erschrecken,
die den Freiheitskrieg für eine Tat gewöhnlichen Gehorsams erklärten, vergleichbar dem Wirken der Spritzenmannschaft, die
zum Löschen befehligt wird! Darum, als die Zentral-Unter-
suchungskommission zu Mainz den unbeschämten Augen des Bun-
destages die demagogischen Umtriebe darlegte, standen obenan
unter den verbrecherischen Geheimbünden — die Vereine, welche
in den Jahren 1807—13 sich gebildet zum Zwecke der Vertreibung
der Franzosen, und die Liste der Verdächtigen ward eröffnet
mit den erlauchten Namen von — Fichte und Schleiermacher.
Nur mit Erröten denken wir der Tage, da man in Berlin verbot, die Reden an die deutsche Nation aufs neue zu drucken.

Mag es sein, daß Fichtes nervige Faust den Bogen zu
heftig spannte und über das Ziel hinausschoß; in der Richtung
nach dem Ziel ist sicherlich sein Pfeil geflogen. Die Zeit wird
kommen, die Sehergabe des Denkers zu preisen, der Preußen

die Wahl stellte, unterzugehen oder fortzuschreiten zum Reiche.
Mag es sein, daß der verwegene Idealist oftmals abirrte in der
nüchternen Welt der Erfahrung: — ein Vorbild des Bürger-
mutes ist er uns geworden, der lieber gar nicht sein wollte,
als der Laune unterworfen und nicht dem Gesetz. Und auch das
praktisch mögliche hat der Theoretiker dann immer getroffen,
wenn er handelte von den sittlichen Grundlagen des staatlichen
Lebens. Alle Vorwände der Zagheit, all das träge Harren auf
ein unvorhergesehenes glückliches Ereignis — wie schneidend weist
er sie zurück, wenn er versichert, keiner der bestehenden Landes-
herren „könne Deutsche machen", nur aus der Bildung des
deutschen Volksgeistes werde das Reich erwachsen. Wenn wir
willig diesem Worte glauben, so hoffen wir dagegen — oder
vielmehr wir müssen es wollen, daß ein anderer Zukunftsspruch
des Denkers nicht in Erfüllung gehe. Schon einmal sahen wir
ihn, nach der Weise der Propheten, sich täuschen in der Zeit:
sechs Jahre schon nach den Reden an die deutsche Nation erhebt sich das Geschlecht, das er gänzlich aufgegeben. Sorgen wir,
daß dies Volk nochmals rascher lebe, als Fichte meinte, daß
wir mit eigenen Augen das einige deutsche Reich erblicken,
welches er im Jahre 1807 bescheiden bis in das 22. Jahrhundert
verschob. — Wieder ist den Deutschen die Zeit des Kampfes
erschienen; wieder steht nicht der Gedanke gerüstet gegen den
Gedanken, nicht die Begeisterung wider die Begeisterung. Die
Idee streitet gegen das Interesse, die Idee, daß dieses Volk
zum Volke werde, wider das Sonderinteresse von wenigen, die
an das nicht glauben, was sie verteidigen. Wenn die Langsamkeit dieses Streites, der uns aus sittlichen noch mehr denn
aus politischen Beweggründen zu den Fahnen ruft, uns oft
lähmend auf die Seele fällt, dann mögen wir uns aufrichten
an dem Fichteschen Worte der Verheißung, daß in Deutschland
das Reich ausgehen werde von der ausgebildeten persönlichen
Freiheit und in ihm erstehen werde ein wahrhaftes Reich des
Rechts, gegründet auf die Gleichheit alles dessen, was Menschenangesicht trägt. Damit, fürwahr, sind bezeichnet die beschei-

densten, die gerechtesten Erwartungen der Deutschen. Was die Deutschen, wenn sie den Einmut finden, ihren Staat zu gründen, bei mäßiger Macht dennoch hoch stellen wird in der Reihe der Nationen, ist allein dieses: kein Volk hat je größer gedacht als das unsere von der Würde des Menschen, keines die demokratische Tugend der Menschenliebe werktätiger geübt.

Mit schönen Worten pries Fichte das Schicksal des großen Schriftstellers: „unabhängig von der Wandelbarkeit spricht sein Buchstabe in allen Zeitaltern an alle Menschen, welche diesen Buchstaben zu beleben vermögen, und begeistert, erhebt und veredelt bis an das Ende der Tage." Nicht ganz so glücklich ist das Los, das den Werken Fichtes selber fiel; denn nur wenige scheuen nicht die Mühe, den echten Kern seiner Gedanken loszuschälen aus der Hülle philosophischer Formeln, welchen die Gegenwart mehr und mehr entwächst. Doch daß der Geist des Redners an die deutsche Nation nicht gänzlich verflogen ist in seinem Volke, davon gab die Feier seines hundertjährigen Geburtstages ein Zeugnis. Wohl mancher Nicolai verherrlichte an jenem Tage den lauteren Namen des Denkers und ahnte nicht, daß er seinen Todfeind pries. Aber nimmermehr konnte ein ganzes, ehrliches Volk einen Helden des Gedankens als einen Helden der Nation feiern, wenn nicht in diesem Volke noch der Glaube lebte an die weltbewegende Macht der Idee. Und er wird dauern, dieser vielgeschmähte Idealismus der Deutschen. Und dereinst wird diesem Volke des Idealismus eine schönere Zukunft tagen, da eine reifere Philosophie die Ergebnisse unseres politischen Schaffens, unseres reichen empirischen Wissens in einem großen Gedankensysteme zusammenfaßt. Wir Lebenden werden Fichtes Geist dann am treuesten bewahren, wenn alle edleren Köpfe unter uns wirken, daß in unsern Bürgern wachse und reife der „Charakter des Kriegers", der sich zu opfern weiß für den Staat. Die Gegenwart denkt, wenn Fichtes Name genannt wird, mit Recht zuerst an den Redner, welcher diesem unterjochten Volke die heldenhaften Worte zurief: „Charakter haben und deutsch sein ist ohne Zweifel gleichbedeutend." —

18*

Königin Luise.

Vortrag, gehalten am 10. März 1876 im Kaiser-
saale des Berliner Rathauses. *)

In Wort und Schrift, in Bild und Reim ist die hochherzige
Königin, zu deren Gedächtnis ich Sie hier versammelt sehe, oft gefeiert worden; in der Erinnerung ihres dankbaren Volkes lebt sie
fort wie eine Lichtgestalt, die den Kämpfern unseres Befreiungskrieges, den Pfad weisend, hoch in den Lüften voranschwebte.
Wollte ich dieser volkstümlichen Überlieferung folgen oder gar
jener Licht ins Lichte malenden Schmeichelei, die nach den Worten
Friedrichs des Großen wie ein Fluch an die Fersen der Mächtigen
dieser Erde sich klammert, so müßte ich fast verzweifeln bei dem
Versuche, Ihnen ein Bild von diesem reinen Leben zu geben, wie
der Künstler sich scheut, das unvermischte Weiß auf die Leinwand
zu tragen. Das ist aber der Segen der historischen Wissenschaft,
daß sie uns die Schranken der Begabung, die endlichen Bedingungen des Wirkens edler Menschen kennen lehrt und sie so erst
unserem menschlichen Verständnis, unserer Liebe näher führt.
Auch diese hohe Gestalt stieg nicht wie Pallas gepanzert, fertig
aus dem Haupte Gottes empor, auch sie ist gewachsen in schweren
Tagen. Sie hat, nach Frauenart, in schamhafter Stille, doch
in nicht minder ernsten Seelenkämpfen wie jene starken Männer,
die in Scham und Reue den Gedanken des Vaterlands sich er-

---

*) [Preuß. Jahrb., Band 37 (Aprilheft 1876), S. 417 ff. Auch erschienen
unter dem Titel: Königin Luise. Zwei Festreden von Th. Mommsen und
H. v. Treitschke. (Berlin, G. Reimer 1876.) S. 5 ff.]

oberten, einen neuen reicheren Lebensinhalt gefunden. Dieselben Tage der Not und Schmach, welche den treuen schwedischen Untertan Ernst Moriz Arndt zum deutschen Dichter bildeten und dem Weltbürger Fichte die Reden an die deutsche Nation auf die Lippen legten, haben die schöne anmutvolle Frau, die beglückende und beglückte Gattin und Mutter mit jenem Heldengeiste gesegnet, dessen Hauch wir noch spürten in unserem jüngsten Kriege.

Wie die Reformation unserer Kirche das Werk von Männern war, so hat auch dieser preußische Staat, der mit seinen sittlichen Grundgedanken fest in dem Boden des Protestantismus wurzelt, allezeit einen bis zur Herbheit männlichen Charakter behauptet. Er dankt dem liebevollen frommen Sinne seiner Frauen Unvergeßliches. Am Ausgange des Dreißigjährigen Krieges blieb uns von der alten Großheit der Väter nichts mehr übrig als das deutsche Haus; aus diesem Born, den Frauenhände hüteten, trank unser Volk die Kraft zu neuen Taten. Dem öffentlichen Leben aber sind die Frauen Preußens immer fern geblieben, im scharfen Gegensatze zu der Geschichte des katholischen Frankreichs. Ganz deutsch, ganz preußisch gedacht ist das alte Sprichwort, das jene Frau die beste nennt, von der die Welt am wenigsten redet. Keine aus der langen Reihe begabter Fürstinnen, welche den Thron der Hohenzollern schmückten, hat unseren Staat regiert. Auch Königin Luise bestätigt nur die Regel. Ihr Bild, dem Herzen ihres Volkes eingegraben, ward eine Macht in der Geschichte Preußens, doch nie mit einem Schritte übertrat sie die Schranken, welche der alte deutsche Brauch ihrem Geschlechte setzt. Es ist der Prüfstein ihrer Frauenhoheit, daß sich so wenig sagen läßt von ihren Taten. Wir wissen wohl, wie sie mit dem menschenkundigen Blicke des Weibes immer eintrat für den tapfersten Mann und den kühnsten Entschluß; auch einige, nur allzuwenige, schöne Briefe erzählen uns von dem Ernst ihrer Gedanken, von der Tiefe ihres Gefühles. Das alles gibt doch nur ein mattes Bild ihres Wesens. Das Geheimnis ihrer Macht lag, wie bei jeder rechten Frau, in der Persönlichkeit, in dem Adel natürlicher Hoheit, in jenem Zauber einfacher Herzensgüte, der in Ton und Blick un-

willkürlich und unwiderstehlich sich bekundete. Nur aus dem
Widerscheine, den dies Bild in die Herzen der Zeitgenossen warf,
kann die Nachwelt ihren Wert erraten. Nach dem Tage von Jena
mußte auch Preußen den alten Fluch besiegter Völker ertragen:
eine Flut von Anklagen und Vorwürfen wälzte sich heran wider
jeden Mächtigen im Staate. Noch schroffer und schärfer hat in
den leidenschaftlichen Parteikämpfen der folgenden Jahre die
schonungslose Härte des norddeutschen Urteils sich gezeigt; kein
namhafter Mann in Preußen, der nicht schwere Verkennung,
grausamen Tadel von den Besten der Zeit erfuhr. Allein vor
der Gestalt der Königin blieben Verleumdung und Parteihaß ehr=
fürchtig stehen; nur eine Stimme von Hoch und Niedrig bezeugt,
wie sie in den Tagen des Glückes das Vorrecht der Frauen übte,
mit ihrem strahlenden, glückseligen Lächeln das Kleine und Kleinste
zu verklären, in den Zeiten der Not durch die Kraft ihres Glau=
bens die Starken stählte und die Schwachen hob. —

Das gute Land Mecklenburg hat unserem Volke die beiden
Feldherren geschenkt, welche die Schlachten des neuen Deutsch=
lands schlugen; wir wollen ihm auch die Ehre gönnen, diese
Tochter seines alten Fürstenhauses sein Landeskind zu nennen,
obgleich sie fern dem Lande ihrer Väter geboren und erzogen
wurde. An dem stillen Darmstädter Hofe genoß die kleine Prin=
zessin mit ihren munteren Schwestern das Glück einer schlicht
natürlichen, keineswegs sehr sorgfältigen Erziehung. Da sie her=
anwuchs, erzählte alle Welt von den wunderschönen mecklen=
burgischen Schwestern. Jean Paul widmete ihnen seine über=
schwengliche Huldigung. Goethe lugte im Kriegslager vor Mainz
verstohlen zwischen den Falten seines Zeltes hervor und musterte
die lieblichen Gestalten mit gelassenem Kennerblicke; seiner
Mutter, der alten Frau Rat, lachte die Kinderlust aus den braunen
Augen, wenn die jungen Damen nach Frankfurt kamen und
im Dichterhause am Hirschgraben Specksalat aßen oder an dem
Brunnen im Hofe sich selber einen frischen Trunk holten.

So menschlich einfach wie die Kindheit der Prinzessin verlief,
ist auch der Schicksalstag der Frau in ihr Leben eingetreten;

dort in Frankfurt, am Tische des Königs von Preußen, fand
sie den Gatten, der ihr fortan „der beste aller Männer" blieb.
An lauten Huldigungen hat es wohl noch niemals einer deutschen
Fürstenbraut gefehlt; das war doch mehr als der frohe Zuruf
angestammter Treue, was die beiden mecklenburgischen Schwestern
bei ihrem Einzug in Berlin begrüßte. In einem Augenblicke
gewann die Kronprinzessin alle Herzen, da sie das kleine Mädchen,
das ihr die üblichen Hochzeitsverse hersagte, in der Einfalt ihrer
Freude, zum Entsetzen der gestrengen Oberhofmeisterin umarmte
und küßte. Die unerfahrene siebzehnjährige Frau, aufgewachsen
im einfachsten Leben, sollte sich nun zurecht finden auf dem
schlüpfrigen Boden dieses mächtigen Hofes, wo um den früh
gealterten König ein Gewölk zweideutiger Menschen sich scharte,
wo der geistvolle Prinz Ludwig Ferdinand sein unbändig leiden=
schaftliches Wesen trieb und der Kronprinz mit seiner frommen
Sittenstrenge ganz vereinsamt stand; da fand sie eine treue und
kundige Freundin an der alten Gräfin Voß. Wer kennt sie nicht,
die strenge Wächterin aller Formen der Etikette, die in siebzig
Jahren höfischen Lebens das gute Herz, das gerade Wort und
den tapferen Mut sich zu bewahren wußte? Sie gab ihrer
Herrin den besten Rat, der einer jungen Frau erteilt werden
kann: keinen anderen Freund und Vertrauten sich zu wählen
als ihren Gemahl; und dabei blieb es bis zum Tode der Fürstin.

Für den edlen, doch früh verschüchterten und zum Trübsinn
geneigten Geist Friedrich Wilhelms ward es ein unschätzbares
Glück, daß er einmal doch herzhaft mit vollen Zügen aus dem
Becher der Freude trinken, die schönste und liebevollste Frau
in seinen Armen halten, an ihrer wolkenlosen Heiterkeit sich
sonnen durfte. Aber auch die Prinzessin fand bei dem Gatten,
was die rechte Ehe dem Weibe bieten soll: sie rankt sich empor
an dem Ernst, dem festen sittlichen Urteile des reifen Mannes,
lernt manche wirre Träumerei des Mädchenkopfes aufzugeben.
Unablässig strebt sie „sich zur inneren Harmonie zu bilden";
ihre wahrhaftige Natur duldet keine Phrase, keinen halbver=
standenen Begriff. Etwas Liebenswürdigeres hat sie kaum ge=

schrieben als die naiven Briefe an ihren alten freimütigen Freund,
den Kriegsrat Scheffner. Da fragt sie kindlich treuherzig, da=
mals schon eine reife Frau und viel bewunderte Königin: was
man eigentlich unter Hierarchie verstehe, und wann die Gracchi=
schen Unruhen, die Punischen Kriege gewesen; „frägt man aber
nicht und schämt sich seiner Einfalt gegen jeden, so bleibt man
immer dumm, und ich hasse entsetzlich die Dummheit". Sie
lebt sich ein in die Geschichte des königlichen Hauses, teilt mit
ihrem Gemahl die Begeisterung für Friedrich den Großen und
wählt sich unter den Fürstinnen des Hohenzollernstammes ihren
Liebling: jene sanfte Oranierin, die schon einmal den Namen
Luise den Preußen wert gemacht, die erste Gemahlin des Großen
Kurfürsten, die unserem evangelischen Volke das Lied „Jesus
meine Zuversicht" sang. A. W. Schlegel hatte einst der ein=
ziehenden Braut zugerufen: „Du bist der goldnen Zeit Ver=
fünderin". Fast schien es, als sollte der Dichtergruß sich erfüllen.
Leicht und heiter flossen die Tage; wir Nachlebenden, die wir
auch davon zu reden wissen, schenken der guten Gräfin Voß willig
Glauben, wenn sie in ihrem Tagebuche am 22. März 1797
vergnüglich von der Geburt eines Prinzen erzählt und weise
hinzufügt: „es ist ein prächtiger kleiner Prinz". Wenn der Blick
der glücklichen Mutter auf der dichten Schar ihrer schönen Kinder
ruhte, dann rief sie wohl: „die Kinderwelt ist meine Welt!"
Nach der Thronbesteigung ihres Gemahls lernte die junge
Königin auch die entlegenen Provinzen des Staates kennen;
überall, selbst bei den Polen in Warschau, derselbe jubelnde
Empfang, wie einst in der Hauptstadt. Sie war stets bereit,
für den schweigsamen König das Wort zu nehmen zu einer
freundlichen Ansprache, doch jeden Eingriff in die Staatsge=
schäfte des Mannes wies sie bescheiden von sich. Jeder von uns
hat wohl einmal aus dem Munde des alten Geschlechts, das
heute zu Grabe geht, vernommen, wie das Volk mit seiner
schönen Königin lebte. Als ich vor Jahren auf die Kösseine im
Fichtelgebirge wanderte, da erzählte der Führer, ein steinalter
Mann, wie er einst als junger Bursch mit dem König und der

Königin desselben Wegs gezogen; er fand des Schwatzens kein
Ende, dann zerschnitt er ein Farnkraut, zeigte uns die dunklen
Punkte auf dem Querschnitt des weißen Stengels und meinte
stolz: das sei der brandenburgische Adler, und dies Adlerfarn=
kraut wachse nur hier auf den alten preußischen Fichtelbergen.

Überall in Preußen war die junge Fürstin behaglicher Ruhe,
warmer Anhänglichkeit begegnet, überall schien das Volk von
der alten Ordnung befriedigt; die getreuen Breslauer versicherten
beim Einzuge: „von Freiheit schwatze wer da mag", der Preuße
finde in dem geliebten Königspaare sein höchstes Glück. Und
doch schwankte der Staat, der so sicher schien, längst haltlos
einer entsetzlichen Niederlage entgegen. Kein Zeitraum der preu=
ßischen Geschichte liegt so tief im Dunkel, wie das erste Jahr=
zehnt Friedrich Wilhelms III. Das furchtbare Unglück und die
glorreiche Erhebung der folgenden Jahre haben ihren breiten
Schatten über diese stille Zeit geworfen; niemand bemüht sich,
sie zu durchforschen. Man schließt aus den schweren Gebrechen,
welche der Tag von Jena bloßlegte, kurzerhand zurück und ver=
dammt den Anfang des Jahrhunderts als eine Epoche geistloser
Erstarrung. Dies Urteil kann schon deshalb nur halb richtig
sein, weil die Helden der Wiedererhebung, Stein und Harden=
berg, Scharnhorst und Blücher, allesamt schon vor dem Jahre
1806 dem Staate dienten, manche bereits in hohen Ämtern.
Fast alle die reformatorischen Taten, welche nachher dem nieder=
geworfenen Staate neue Stärke brachten, die Befreiung des Land=
volks, die Neugestaltung des Heeres, die Stiftung der Universität
Berlin, sind schon vor der Jenaer Schlacht erwogen und vor=
bereitet worden. Der König betrachtete die Bluttaten der Revo=
lution mit dem Abscheu des ehrlichen Mannes, doch über den
berechtigten Kern der furchtbaren Bewegung urteilte er unbe=
fangener als die Legitimisten seines Hofadels. Schlicht und
bescheiden, arbeitsam und pflichtgetreu, ganz unberührt von
adeligen Vorurteilen, wollte er ein König der Bettler sein nach
der Überlieferung seines Hauses. „Er ist Demokrat auf
seine Weise — sagte einer seiner Minister zu dem französischen

Gesandten Otto: — er wird die Revolution, die ihr von unten
nach oben vollzogen, bei uns langsam von oben nach unten durch=
führen; er arbeitet ohne Unterlaß, die Vorrechte des Adels
zu beschränken, aber durch langsame Mittel; in wenigen Jahren
wird es keine feudalen Rechte mehr in Preußen geben." Aber
keiner dieser wohlgemeinten Entwürfe kam zur Reife; es lag
wie ein Bann auf den Gemütern. Die Keime frischen jungen
Lebens, die in dem Staate sich regen, vermögen die Decke nicht
zu sprengen; die ganze Zeit, so reich an verborgenen geistigen
Kräften, trägt jenen schwunglos philisterhaften Charakter, den
wir alle aus der kahlen Nüchternheit ihrer Bauten, aus der
Alten Münze und ähnlichen einst vielbewunderten Kunstwerken
genugsam kennen. Man blieb bei bedachtsam schüchternen Vor=
bereitungen, die kaum für Tage tiefen Friedens genügten. Und
währenddem wankte die alte Welt in ihren Fugen, auf rollen=
den Rädern stürmte die neue Zeit daher, ein kurzes Jahrzehnt
warf die Grenzen aller Länder durcheinander, erhob auf den
Trümmern der alten Staatengesellschaft das napoleonische Welt=
reich. Der preußische Staat verlor den Boden unter seinen
Füßen; das deutsche Reich kam ins Wanken, und die waffen=
losen Kleinstaaten des Südwestens, Preußens altes Werbegebiet,
wurden durch die gewaltige Faust des Eroberers zu größeren
Massen zusammengeballt, bildeten sich selber ihre Heere, ver=
schlossen ihr Land den preußischen Werbern.

Wie war es möglich, daß in diesem scharf urteilenden, bis
zur Tadelsucht freimütigen norddeutschen Volke so lange die
Frage gar nicht aufkam: ob denn unser Norden immerdar wie
eine friedliche Insel in dem tosenden Meere des Weltkrieges
ruhen, ob Preußen allein unwandelbar bleiben könne in diesem
großen Wandel der Zeiten? Die Königin, die so oft das rechte
Wort zu finden wußte, hat auch hier die zutreffende Antwort
gegeben: „wir waren eingeschlafen auf den Lorbeeren Friedrichs des
Großen." Die Größe der fridericianischen Tage lastete lähmend auf
diesem Geschlechte. Dieser Staat, kaum erst durch wunderbare Siege
emporgehoben in die Reihe der großen Mächte, war noch vor

wenigen Jahren der beſtregierte des Feſtlandes geweſen; noch
im letzten Kriege hatten ſeine wohlgeſchulten Soldaten den verachteten franzöſiſchen „Katzenköpfen" ihre Überlegenheit gezeigt.
Nun ruhte er ſo wohlgeborgen hinter der Demarkationslinie des
Baſeler Friedens, den ganz Norddeutſchland als eine Wohltat
pries; unter dem Schutze der preußiſchen Waffen blühten Handel
und Wandel, die deutſche Dichtung ſah ihre ſchönſten Tage.
Dem Könige ſchien es ein Frevel, ſo vielen Segen leichtfertig auf
das Spiel zu ſetzen. Wenn ſein klarer Verſtand zuweilen ſich
fragte: wie es doch zuging, daß die vielen kleinen Siege der
rheiniſchen Feldzüge am Ende nur zu einer politiſchen Niederlage geführt hatten? und ob die neue Zeit nicht neue Formen
fordere? — dann traten ihm die alten Generale, die noch die
Kränze der fridericianiſchen Siege um die Stirn trugen, mit
überlegener Sicherheit entgegen, und ſcheu verbarg er ſeine guten
Gedanken wieder im Buſen.

An einem großen Mißgeſchicke des Gemeinweſens iſt niemand ganz ſchuldlos, und auch die Königin war es nicht. Sie
wußte wohl, warum ſie in den Tagen des Unglücks die rührende
Klage: „wer nie ſein Brot mit Tränen aß" in ihr Tagebuch
ſchrieb und ſelbſt den letzten herben Vorwurf ſich nicht erſparte:
„denn jede Schuld rächt ſich auf Erden". Die unbewußte Selbſt-
ſucht des Glückes hatte auch ihr den Geſichtskreis verengert,
ſo daß ſie von den ſittlichen Schäden des ſinkenden Staates lange
nichts ahnte. In der reinen Luft ihres befriedeten Hauſes blieb
ihr verborgen, welche wüſte, überfeinerte Unzucht ihr Weſen
trieb in dieſem Berlin, das wenige Jahre ſpäter allen anderen
deutſchen Städten mit opferfreudiger Vaterlandsliebe voranging;
ſie ſelbſt wie ihr Gemahl verkehrte leutſelig und ſchlicht mit
jedermann, doch im Heere und in den höheren Ständen herrſchte
ein Ton geringſchätzigen Übermutes gegen die kleinen Leute,
der alle Grundlagen des bürgerlichen Friedens zu erſchüttern
drohte Die Glückliche ahnte nicht, wie alles morſch ward in
dem Staate, wie das Auge des großen Königs zürnend auf die
Erben niederblickte.

Die Gräfin Voß hatte schon vor Jahren, da ihre Herrin
um die Geburt eines toten Kindes trauerte, feinfühlend er=
kannt, wie dieser Charakter durch das Unglück gehoben wurde.
Erst als das Verderben dem Staate näher rückte, begann die
Königin mit gespannten Blicken dem Gange der Ereignisse zu
folgen, und Friedrich Genz erstaunte, sie so genau und sicher
unterrichtet zu finden. Seit der Besetzung Hannovers durch
die Franzosen lag die Schwäche der Monarchie vor aller Augen;
nicht einmal ihren Stolz, die Sicherheit des deutschen Nordens,
hatte sie zu hüten verstanden; seitdem ahnte die Königin, daß
die Friedensliebe des Hofes zur Feigheit wurde. Ihr ganzes
Wesen wird freier und größer in diesen sorgenvollen Jahren,
auch ihr Geschmack edler und reiner: wenn sie vordem an den
tränenseligen Romanen des Modedichters Lafontaine sich gern
erbaute, so läßt sie jetzt nur noch das Echte und Tiefe gelten und
erhebt sich das Herz an Herder und Goethe, wie an Schillers
mächtigem Pathos.

Das heilige Reich brach zusammen, die Fürsten des Südens
und Westens traten als Vasallen unter Frankreichs Schutz. Da
endlich wagte König Friedrich Wilhelm allzuspät die Überliefe=
rungen seines Oheims wieder aufzunehmen und „die letzten
Deutschen unter seinen Fahnen zu sammeln". Er versuchte,
dem Rheinbunde einen norddeutschen Bund entgegenzustellen;
diese Rückkehr Preußens zu seiner alten deutschen Politik führte
den verhängnisvollen Krieg herbei. An einem Tage stürzte der
Waffenruhm des friderizianischen Heeres in Trümmer, und es
folgte jene Zeit der Schmach und Schande, die uns noch heute,
so oft und so glorreich gesühnt, in der Erinnerung empört. Die
Königin hat noch später die Vorstellungen eines französischen
Unterhändlers zurückgewiesen mit den Worten: „Die Frauen
haben über Krieg und Frieden nicht mitzusprechen." Sie weilte
fern im Bade zu Pyrmont, als in Berlin der Krieg beschlossen
wurde; aber „ich würde — so gestand sie beim Ausbruch des
Kampfes an Genz — für den Krieg gestimmt haben, wenn
man mich gefragt hätte, weil die Ehre gebot, aus unserer zwei=

deutigen Haltung herauszutreten." Mit sicherem Instinkt ahnte
Napoleon die Kraft des Widerstandes, die in diesem schwachen
Weibe schlummerte; wie er allezeit in den sittlichen Mächten des
Völkerlebens die gefährlichsten Feinde seines Weltreichs sah und
die „Ideologen" mit seinem wildesten Hasse verfolgte, so über=
häufte er auch die fromme Frau auf dem preußischen Throne
mit den pöbelhaften Schimpfreden der Wachtstube; er schildert
sie in seinen Bulletins als die Kriegsfurie Preußens, als die
Armida, die im Wahnsinn ihr eigenes Schloß anzündet: elle
voulait du sang!

Die Königin bemerkte wohl die ratlose Verwirrung im Haupt=
quartiere, und zu dem zaudernden Feldherrn, dem alten Herzog
von Braunschweig, wollte sie kein Vertrauen fassen. Einen so
jähen Fall, wie er nun ihrer Krone bereitet wurde, hatte sie
doch nicht erwartet. Das glänzende Bild von dem Staate Fried=
richs des Großen, daran sie seit dreizehn Jahren bewundernd
geglaubt, lag plötzlich in Scherben vor ihren Füßen; weinend
erzählte sie ihren Söhnen auf der Flucht: „der König hat sich
getäuscht in der Tüchtigkeit seiner Generale, seines Heeres." Aber
mitten im Unglück erhebt sie sich zu jener Ansicht des Völker=
lebens, welche der mutigste Mann immer mit dem frömmsten
Weibe teilen wird. „Die Zeiten machen sich nicht selbst, die
Menschen machen die Zeit" — und wieder: „es kann nur gut
werden in der Welt durch die Guten". Das ist die königliche
Auffassung der Geschichte; der gesamte Staatsbau der Monarchie
ruht auf dem Gedanken, daß Personen die Geschichte machen.
In solchen Zeiten der höchsten Not darf die Stimme des natür=
lichen Gefühles mitreden im Rate der Staatskunst; die Königin
übte Frauenrecht und Fürstenpflicht, wenn sie jetzt dem tief=
gebeugten Gemahl tröstend zur Seite stand und ihn bestärkte
in dem Entschlusse, den ungleichen Kampf fortzuführen bis zum
Schwinden der letzten Hoffnung. Alle Schrecken des Krieges
brachen über die Unglückliche herein. Krank und fiebernd flieht
sie aus Königsberg vor dem Feinde, denn „lieber in die Hände
Gottes fallen, als in die Hände dieser Menschen"; da sie in

einem elenden Bauernhause auf der Kurischen Nehrung über=
nachtet, jagt der Sturm die eisigen Flocken durch das zerbrochene
Fenster über das Bett der kranken Königin. In Memel, auf
der letzten Scholle deutscher Erde, die noch frei und preußisch
war, fand sie ein bescheidenes Obdach. Damals lernte sie unter
strömenden Tränen das Wort verstehen: „Leid und Elend sind
Gottes Segen.‟

Den Haß der Römerin hat das sanfte Herz der deutschen
Frau nie gekannt; nur ihre stolze Verachtung traf den großen
Feind, der ihr der Held der rohen Selbstsucht war, und nie=
mals wollte sie glauben, daß Gottes Weisheit diese Herrschaft
der frechen Gewalt auf die Dauer zulassen könne. Sie sah,
wie der alte deutsche Heldenmut wieder lebendig ward unter
den tapferen Verteidigern von Kolberg, Graudenz und Danzig;
ihre tiefe Frömmigkeit und das gute Zutrauen zu ihrem Volke
begegneten sich in der Überzeugung, daß dieser Staat nicht unter=
gehen könne: „der politische Glaube ist wie der religiöse, eine
feste Zuversicht dessen, was man hoffet, aber nicht siehet‟. Vor
diesen Briefen der schmerzbeladenen, hoffnungsstarken Königin
wird uns ein uraltes Gefühl des Germanenherzens wieder leben=
dig: die fromme Scheu vor dem Weibe: und wir verstehen,
warum unsere Ahnen einst im Dickicht der cheruskischen Wälder
eine heilige und weissagende Macht, sanctum aliquid providumque,
an ihren Frauen ehrten. Der Mann geht auf in den Kämpfen
und Sorgen des Augenblicks; das sichere gesammelte Gefühl
des Weibes vermag in schweren Tagen klarer als er die Zeichen
der Zeit zu deuten, hinter dem Glanze des Siegers die hohle
Nichtigkeit, unter der Schmach des Besiegten die ungebrochene
Kraft zu ahnen. Als der König nach der Schlacht von Eylau,
der ersten, die der Unbesiegte nicht gewonnen, die lockenden
Friedensvorschläge Napoleons zurückweist und sich weigert, den
russischen Bundesgenossen zu verlassen, da schreibt seine Gemahlin
einfältig wie ein gläubiges Kind: „das wird Preußen einst
Segen bringen!‟ So einfach, wie sie wähnte, sind Lohn und
Strafe im Leben der Völker nicht verteilt; gleichwohl bleibt

dem frommen Worte seine Wahrheit: ohne den Sinn alt=
preußischer Ehre, den der König bei jener schweren Versuchung
bewahrte, hätte der Staat sich nie wieder erhoben. Was die
Preußen empfanden, da sie also den heldenhaften Sinn ihrer
schönen Königin kennen lernten, das wissen wir aus den Versen
Heinrich von Kleists:

> Denn eine Glorie in jenen Nächten
> Umglänzte deine Stirn, von der die Welt
> Am lichten Tag der Freude nichts geahnt.
> Wir sah'n dich Anmut endlos niederregnen;
> Daß du so groß als schön warst, war uns fremd.

Noch eine letzte, schmähliche Demütigung stand der miß=
handelten Frau bevor. Zar Alexander gab seinen treuen Bundes=
genossen preis und schloß den Tilsiter Frieden; aus Rücksicht
auf den neugewonnenen russischen Freund verstand sich Napoleon
dazu, die Vernichtung Preußens, die längst beschlossene Sache
war, aufzuschieben und dem Könige die Hälfte der Monarchie
zurückzugeben. Da ersann die frevelhafte Torheit feigherziger
Ratgeber den Vorschlag: die unvergeßlich beleidigte Königin
solle selber den Sieger um mildere Bedingungen bitten. Auch
dies Äußerste nahm sie auf sich, in der frauenhaften Hoffnung,
es könne ihr vielleicht doch gelingen, das Herz des Eroberers
zu rühren und ihrem Volke einige Erleichterung zu bringen.
Die Hoffnung trog. Mit rohem Spotte schrieb Napoleon an
seine Josephine: „es hätte mir zu viel gekostet, den Galanten
zu spielen;" und an Clarke: „Sie begreifen, daß der König
von Preußen sehr unzufrieden ist, da er sein Bollwerk, Magde=
burg, in meinen Händen lassen muß."

In der entlegensten Provinz des verstümmelten und aus=
gesogenen Staates verbrachte nun der Hof zwei schwere Jahre.
Man zeigt noch in dem alten Ordensschlosse zu Königsberg das
bescheidene Eckzimmer mit dem dunklen Alkoven daneben, wo
die Königin wohnte: ein kleiner Schreibtisch, ein mehr als ein=
faches Klavier; von der Wand blickt das Bildnis Scharnhorsts
mit großen, tiefen Augen hernieder. Welche Zeiten! Ringsum

auf Schritt und Tritt die Erinnerungen an Preußens Macht
und Glück: von jenem Fenster da hatte Luise vor zehn Jahren
den Jubel des Huldigungsfestes mit angehört; hier vor diesem
Tore steht das Schlütersche Standbild des ersten Königs, von
ihrem Gemahl einst „dem edlen Volke der Preußen gewidmet";
dort im Vorzimmer der Ofenschirm stammt noch aus den Hohen-
friedberger Tagen, da der große König wie ein junger Gott von
Sieg zu Sieg stürmte, irgendeine übermütige kleine Prinzessin
hat zierlich die Inschrift darauf gestickt: pour nous point
d'Alexandre, le mien l'emporte! Und daneben diese jammervolle
Gegenwart! Der Staat, ausgestoßen aus dem Kreise der
großen Mächte, mitten im Frieden von feindlichen Truppen
überschwemmt, verspottet und geschmäht von seinen Landsleuten.
Die deutsche Nation fand kein Wort des Mitleids, nur Hohn
und Schadenfreude für die Besiegten. In Preußen aber lebte
noch die alte Treue. Fürst und Volk traten einander näher,
wie im verwaisten Hause die Überlebenden sich inniger zusammenschließen; der ärmliche Hofhalt zu Königsberg und Memel empfing
von allen Seiten rührende Beweise der Teilnahme, der König
lud seine getreuen Stände als Paten zur Taufe der jüngsten
Prinzessin. Dies stolze und trotzige Ostpreußen, das Stiefkind
Friedrichs des Großen, schloß in Not und Trübsal, ohne viele
Worte, den Herzensbund mit seinem Herrschergeschlechte, der im
Frühjahr 1813 seine Kraft bewähren sollte.

Die schwere Natur Friedrich Wilhelms verwand nur langsam
die Schläge des Unglücks; er glaubte oft, daß ihm nichts gelinge,
daß er für jedes Unheil geboren sei. Da er einmal mit der
Königin die Gräber der preußischen Herzöge im Chore des Doms
zu Königsberg besuchte, fiel sein Blick auf die Grabschrift: „meine
Zeit in Unruhe, meine Hoffnung zu Gott." „Wie entsprechend
meinem Zustande!" rief er erschüttert und wählte sich das ernste
Wort zum Wahlspruch für sein eigenes Leben. Nur das Pflicht-
gefühl hielt ihn aufrecht unter der Bürde seines schweren Amtes.
Er begann mit Scharnhorst die Herstellung des zerrütteten Heeres
und berief den Freiherrn vom Stein für den Neubau der Ver-

waltung. Mit herzlichem Vertrauen begrüßte die Königin den
Mann „großen Herzens, umfassenden Geistes: Stein kommt,
und mit ihm geht mir wieder etwas Licht auf". Sie war mit
ihm und ihrem Gemahl einig in dem Gedanken, daß es gelte,
alle sittlichen Kräfte des erschlafften Staates zu beleben; fast
wörtlich übereinstimmend mit den allbekannten Worten, die der
König seiner Berliner Hochschule in die Wiege band, schrieb sie
einmal: „wir hoffen den Verlust an Macht durch Gewinn an
Tugend reichlich zu ersetzen."

Die Acht Napoleons trieb den stolzen Reichsfreiherrn aus
dem Lande, gerade in dem Augenblicke, da ein neuer Krieg des
Imperators gegen Österreich sich vorbereitete und die Königin
auf eine Erhebung des gesamten Deutschlands hoffte. Sie besaß
nach Frauenart wenig Verständnis für die mächtigen Interessen,
welche trennend zwischen den beiden Großmächten des alten
Reiches standen, und sah in Österreich schlechtweg den stamm=
verwandten Genossen. Mit der Mahnung, unsere leidenden öster=
reichischen Brüder dereinst zu rächen, hatte sie vor Jahren ihren
ältesten Sohn begrüßt, da er zum ersten Male den Offiziersrock
trug. Vor wie nach dem Kriege bekannte sie: „meine Hoffnung
ruht auf der Verbindung alles dessen, was den deutschen Namen
trägt" — während der König, die militärische Lage richtiger
schätzend, nicht ohne Rußlands Beistand den neuen Kampf wagen
wollte. Jetzt aber sochten die Russen auf Frankreichs Seite;
die Absichten des Wiener Hofes, der die Schlacht von Jena mit
kaum verhohlener Schadenfreude begrüßt hatte, blieben in ver=
dächtigem Dunkel. Das unfähige Kabinett, das die Erbschaft
Steins angetreten, fand in der schwierigen Lage keinen festen
Entschluß; Österreich unterlag, und die kriegerische Begeisterung
des deutschen Nordens verrauchte in einigen kecken Parteigänger=
zügen. Die Königin aber schrieb verzweifelnd: „Österreich singt
sein Schwanenlied, und dann ade, Germania!"

Zwei Tage der Hoffnung waren ihr noch beschieden am Abend
ihres kurzen Lebens. Sie kehrt zurück in ihr geliebtes Berlin,
und als sie durch das Königstor einzog in dem neuen Wagen,

den ihr die verarmte Stadt verehrt, nahebei der König zu Roß
und die beiden ältesten Söhne im Zuge ihres Regiments, da
begrüßten die dichtgedrängten Massen den Hof wie die Truppen
mit herzlichem Willkommruf; Preußens Volk und Heer, die ein=
ander so bitter gescholten und angeklagt, feierten ihre Versöh=
nung, um fortan einig zu bleiben für alle Zukunft. Bald nach=
her, wenige Tage bevor die Königin ihre letzte Reise antrat, entließ
Friedrich Wilhelm das Ministerium Altenstein; er verwarf die
Abtretung von Schlesien, die ihm seine kleinmütigen Räte zu=
muteten, und berief Hardenberg an die Spitze der Geschäfte.
Mit dem neuen Staatskanzler kam frisches Leben in die Verwal=
tung; er führte das Werk der Reformen des Freiherrn vom Stein
kühn und besonnen weiter und bereitete durch ein vielverkanntes
kluges diplomatisches Spiel die große Erhebung vor, während
Scharnhorst die Waffen schärfte für den Tag der Befreiung.
Diesen Tag zu erleben hatte Luise nie gehofft. Ihr zarter Körper
erlag dem verzehrenden Kummer. In ihrer Heimat, in den
Armen des Gatten ist sie den Tod der Christin gestorben. Die
letzten Zeilen ihrer Feder lauteten: „ich bin heute so glücklich,
liebster Vater, als Ihre Tochter und als die Frau des Besten
der Männer." Das gesamte Volk trauerte mit dem Witwer;
doch auf dem Leben des schwergeprüften Fürsten blieb ein dunkler
Schatten; niemals, auch nicht in den Tagen der leuchtenden Siege,
hat er das starke, schwellende Gefühl des Glückes wiedergefunden.

Ohne jede Ahnung des eigenen Wertes, wie sie immer war,
hat die Königin einst selber ausgesprochen, was sie von dem
Urteil der Geschichte erwartete: „die Nachwelt wird mich nicht
zu den berühmten Frauen zählen; aber möge sie von mir sagen:
sie duldete viel, sie harrte aus im Dulden und sie gab Kindern
das Dasein, welche besserer Zeiten würdig waren, sie herbei=
zuführen gestrebt und endlich sie errungen haben." Wie über
alles menschliche Hoffen hinaus ist diese demütig=stolze Erwartung
in Erfüllung gegangen! Die historische Wissenschaft führt ihre
denkenden Jünger zurück zu dem schlichten Glauben, daß der
Eltern Segen den Kindern Häuser baut; denn sie lehrt, wie

die Vergangenheit fortwirkt mitten in der lärmenden Gegenwart, und das Leben des Menschen nicht abschließt mit dem
letzten Atemzuge. Nur wenigen Glücklichen ist ein so reiches
Leben nach dem Tode beschieden gewesen, wie dieser deutschen
Königin. Die Hoffnung besserer Zeiten war in der Tat, wie
Schleiermachers Trauerpredigt sagte, ihr köstlichstes Vermächtnis.
Wer noch deutschen Stolz im Herzen trug, gedachte ihres Aus-
spruchs: „wir gehen unter mit Ehren, geachtet von Nationen,
und werden ewige Freunde haben, weil wir sie verdienen." Der
alte Blücher meinte grimmig, da er die Nachricht ihres Todes
empfing: „wenn die Welt in die Luft flöge, mir wär' es recht."
Als endlich die Stunde der Erhebung schlug, da stiftete der König
an Luisens Geburtstage den Orden des Eisernen Kreuzes, als ob
er ihren Schutz anrufen wollte für den heiligen Krieg. Wer
weiß es nicht aus den Liebern Theodor Körners, wie das Verlangen, die zu Tode gequälte Königin an dem ungroßmütigen
Sieger zu rächen, die tapfere Jugend des Befreiungskrieges ent-
flammte? Wer spürte nicht in dem gottesfürchtigen, menschen-
freundlichen Sinne jener Heldenscharen einen Hauch von dem Geiste
der Verklärten? Da der Friede kam, zogen jahraus jahrein
Tausende zu dem stillen Tempel in Charlottenburg, und wahrlich
nicht bloß um das Werk des Künstlers zu bewundern, dem die
Tote einst selber den Weg zu großem Schaffen ebnete, sondern
um sich das Herz zu erquicken an dem Anblick eines geliebten
Menschenbildes. Die beiden gewaltigen Könige unseres achtzehnten Jahrhunderts wurden geehrt und gefürchtet, wenig
geliebt. Mit dem Hause der Königin Luise lebte und litt das
Land; seitdem erst entstand zwischen den Hohenzollern und ihrem
Volke jenes einfach menschliche Verständnis, das die Leidenschaften
der Parteien nie zerstören konnten.

Wenn ich die Stimmung recht verstehe, welche an dem Gedenk-
tage der Königin über unserer Stadt und über diesem Saale liegt,
so ist uns allen zu Mute, als ob wir heute die ruhevolle Hoheit
der lieblichen Gestalt mit eigenen Augen erblickt hätten. Zeiten
des Glückes sind stark im Vergessen; diese Tote aber ward ihrem

19*

Volke nach jedem neuen Siege lieber und vertrauter. Die Mutter
schrieb ihr klagendes: Ade Germania! Ihrem Sohne beschied
ein wundervolles Geschick, den Morgen eines langersehnten neuen
Tages über sein Volk heraufzuführen, mit seinem guten Schwerte
die Herrlichkeit des deutschen Reiches wieder aufzurichten. An
dem Grabe seiner Eltern — wir alle erlebten es ja mit tief
erschüttertem Herzen — hat der Sohn sich Mut und Kraft gesucht
für die Schlachten des großen Krieges, für den steilen Weg zur
kaiserlichen Krone.

Fern sei es von uns, heute einen verjährten Haß gewaltsam
zu beleben, der seinen Sinn verloren hat, seit Frankreich längst
die Buße seiner Schuld gezahlt, oder dies und jenes Wort der
Königin leichtfertig auszubeuten für die Parteizwecke der Gegen=
wart. Wir werden das Andenken der Mutter unseres Kaisers
dann am würdigsten ehren, wenn wir auch in den Tagen der
Siege die Demut des Herzens und die stolze Geringschätzung der
endlichen Güter des Lebens uns erhalten, wenn wir in diesem
männischen Jahrhundert, unter den Hammerschlägen hastiger
Arbeit und dem Lärmen der politischen Kämpfe die alte deutsche
ritterliche Ehrfurcht vor Frauensitte und Frauenanmut uns be=
wahren, vor jenen menschlichen Tugenden, welche dem Ruhm
und der Macht der Völker allein die Gewähr der Dauer geben. —

Die Völkerschlacht bei Leipzig.*)

Die Elbe war überschritten. In einer persönlichen Unter-
redung bewog Blücher den schwedischen Kronprinzen, seinem Zuge
zu folgen; derweil Bernadotte in den süßesten Artigkeiten sich
erging, rief der Alte seinem Dolmetscher zu: Sagen Sie dem
Kerl, der Teufel soll ihn holen, wenn er nicht will! Schon am
8. Oktober stand die schlesische Armee in der Nähe von Düben,
wenige Meilen nördlich von Leipzig, hinter ihr bei Dessau das
Nordheer. Blüchers Vormarsch brachte alles in Bewegung.
Während das böhmische Heer sich endlich anschickte auf Leipzig
zu marschieren, nahm Napoleon seine Truppen vom rechten Elb-
ufer zurück, mit dem Befehle, vorher alles bis auf den letzten
Obstbaum zu zerstören, sicherte Dresden durch eine starke Garni-
son und eilte selber nordwestwärts, den beiden vereinigten Armeen
entgegen. Doch Blücher wich abermals aus, zog sich westlich
über die Saale, so daß ihm der Weg nach Leipzig offen blieb,
und der diplomatischen Kunst Rühle von Liliensterns gelang
es auch, den Kronprinzen, der schon über die Elbe zurückweichen
wollte, zu dem Marsche über die Saale zu bewegen. Napoleon
erkannte zu spät, daß er in die Luft gestoßen hatte. Jetzt, in
der höchsten Bedrängnis, kam er nochmals auf seinen Lieblings-
plan zurück und dachte an seinen fünften Zug gegen Berlin:
so leidenschaftlich war sein Verlangen, den Herd der deutschen
Volksbewegung zu züchtigen. Seine Vortruppen drangen bereits

---

*) Aus: Deutsche Geschichte im 19. Jahrhundert, Bd. I.

über die Elbe, Tauenzien trat mit seinem Korps einen übereilten
Rückzug an, und am 13. Oktober befürchtete die preußische Hauptstadt noch einmal einen feindlichen Angriff. Doch inzwischen
hatte der Imperator seinen Entschluß wieder geändert und wen-
dete sich nach Leipzig zurück. Sein Stolz verschmähte die offene
Rückzugslinie nach dem Rheine; er hoffte dicht vor den Mauern
Leipzigs der von Süden heranrückenden böhmischen Armee
die Schlacht anzubieten, bevor die beiden anderen Heere ein-
trafen. Das edle Wild war gestellt; das gewaltige Kesseltreiben
dieses Herbstes näherte sich dem Ende.

Gneisenaus Augen leuchteten, als er am Morgen des 18. Ok-
tobers das ungeheure Schlachtfeld überblickte, wie vom Nordwesten und Norden, vom Südosten und Süden her die Heer-
säulen der Verbündeten im weiten Halbkreise gegen Leipzig
heranzogen. Er wußte, die Stunde der Erfüllung hatte geschlagen, und wie er empfand das Volk. Wie oft hatten sich die
Deutschen erfreut an den Schilderungen der Kaufleute von dem
vielsprachigen Völkergewimmel, das von Zeit zu Zeit marktend
und schachernd die hochgiebligen Straßen der alten Meßstadt erfüllte; jetzt strömten wieder alle Völker des Weltreichs vom
Ebro bis zur Wolga in den schlachtgewohnten Ebenen Ober-
sachsens zusammen. Die große Zahlwoche kam heran, die Ab-
rechnung für zwei Jahrzehnte des Unheils und der Zerstörung.
Nach der Schlacht erzählte sich das Volk in der Pfalz, wie die
acht Kaiser aus den Grüften des Speirer Doms sich erhoben
hatten und nächtens über den Rhein gefahren waren, um bei
Leipzig mitzukämpfen; nach vollbrachter Arbeit ruhten sie wieder
still im Grabe. Die Verbündeten hatten für sich den dreifachen
Vorteil der Überzahl an Mannschaft und Geschütz, des kon-
zentrischen Angriffs und einer sicheren Flügelanlehnung.
Napoleon stand im Halbkreise auf der Ebene östlich von Leipzig;
hinter ihm lagen die Stadt und die Auen — jene wildreichen
dichten Laubwälder, die sich meilenlang zwischen der Elster, der
Pleiße und ihren zahlreichen sumpfigen Armen ausdehnen, ein
für die Entfaltung großer Truppenmassen völlig unbrauchbares

Wald= und Sumpfland, das die beiden Flügel der Verbündeten gegen jede Umgehung sicherte. Gelang der Angriff, so konnte der Imperator vielleicht versuchen, irgendwo den eisernen Ring der alliierten Heere zu durchbrechen und sich ostwärts nach Torgau durchzuschlagen — ein tollkühnes Wagnis, das bei einiger Wach= samkeit der Verbündeten sicher scheitern mußte. Sonst blieb ihm nur noch der Rückzug nach Westen offen, erst durch die enge Stadt, dann auf einer einzigen Brücke über die Elster, endlich auf dem hohen Damme der Frankfurter Landstraße quer durch die nassen Wiesen der Auen — der denkbar ungünstigste Weg für ein geschlagenes Heer.

Am 15. war Rühle von Lilienstern mit einer Botschaft des schlesischen Hauptquartiers bei dem Oberfeldherrn in Pegau an= gelangt. Gneisenau schlug vor, am ersten Schlachttage das Gefecht hinzuhalten, weil mindestens 80 000 Mann von der verbündeten Armee noch nicht zur Stelle waren. Sobald diese Verstärkungen eingetroffen, sollte der Angriff auf allen Stellen des Halbkreises mit entschiedener Übermacht wieder aufgenommen und indessen durch ein in Napoleons Rücken entsendetes Korps dem Feinde die einzige Rückzugsstraße gesperrt werden; dann war nicht nur ein Sieg, sondern eine Vernichtungsschlacht, eine in aller Geschichte unerhörte Waffenstreckung möglich. Zu so hohen Flügeln ver= mochte sich freilich Schwarzenberg nicht aufzuschwingen. Eine Zeitlang hoffte er sogar die Schlacht gänzlich zu vermeiden, schon durch das Erscheinen der drei vereinigten Armeen den Imperator zum Rückzuge zu nötigen. Auch als er sich endlich überzeugen mußte, daß ein Napoleon so leichten Kaufes nicht zu verdrängen sei, entwarf er einen überaus unglücklichen Schlacht= plan. Da die böhmische Armee vom Süden, die beiden anderen Heere vom Norden herankamen, so mußte der Oberfeldherr — das war die Meinung des schlesischen Hauptquartiers — die Entscheidung auf seiner rechten Flanke suchen, dort auf der Rechten sich mit der Nordarmee zu verbinden streben, um die Umklamme= rung des Feindes zu vollenden. Statt dessen ballte er eine Masse von 35 000 Mann, lauter Österreicher, auf seinem äußersten

linken Flügel zusammen und ließ sie durch das unwegsame Busch=
land der Auen gegen Connewitz vorgehen, in der sonderbaren
Hoffnung, dort auf ganz unzugänglichen Boden Napoleons
rechten Flügel von der Stadt abzudrängen. Sein General
Langenau hatte diesen unseligen Anschlag eingegeben; der ehr=
geizige Sachse, der erst im Frühjahr zugleich mit dem Minister
Senfft in österreichische Dienste übergetreten war, brannte vor
Begier, sich in der Gnade seines Kaisers festzusetzen, und wollte
darum den Hauptschlag durch die Österreicher allein ausführen,
den Preußen, die er mit dem ganzen Ingrimm des Partikula=
risten haßte, eine untergeordnete Rolle zuweisen. Der kleinliche
Gedanke sollte sich grausam bestrafen.

Napoleon sammelte die Hauptmasse seiner Streitkräfte bei
Wachau, drei Stunden südöstlich der Stadt. Da er von dem
Zauberer Bernadotte nichts befürchtete und die schlesische Armee
noch weitab im Nordwesten bei Merseburg wähnte, so gab er
dem Marschall Marmont, der im Norden bei Möckern stand, den
Befehl, sich mit der Hauptarmee zu vereinigen, um die Nieder=
lage des böhmischen Heeres vollständig zu machen. In der Tat
entsprach Karl Johann den Erwartungen des Imperators. Die
Nordarmee erschien am 16. gar nicht auf dem Schlachtfelde, der=
gestalt daß die Alliierten nur eine geringfügige Überzahl, 192 000
gegen 177 000 Mann, in das Gefecht führen konnten; eine weite
Lücke blieb zwischen den beiden Hälften der verbündeten Heere
offen, die Kämpfe des ersten Tages zerfielen in Wahrheit in
zwei selbständige Schlachten, bei Möckern und bei Wachau.

Blücher dagegen kam nicht auf dem Umwege über Merse=
burg, sondern geradeswegs von Halle auf der Landstraße am Ost=
raude der Auen heran und zwang Marmont durch sein un=
erwartetes Erscheinen, bei Möckern stehen zu bleiben. Wie lieblich
war den tapferen Schlesischen das Leben eingegangen die letzten
Tage über, als sie jubelnd in Halle einzogen, von den Bürgern
der endlich befreiten treuen Stadt auf den Händen getragen,
und dann bei Becherklang und vaterländischen Gesängen, nach
altem Burschenbrauche die Nacht verbrachten. Dem Rausche der

jugendlichen Lust folgte die ernste Arbeit, die blutigste des ganzen Krieges, denn wieder fiel dem Yorkschen Korps die schwerste Aufgabe zu. Als York am Morgen des 16. in Schkeuditz unter seinen Fenstern die Husaren zum Aufsitzen blasen hörte, da hob er sein Glas und sprach den Kernspruch seines lieben Paul Gerhardt: den Anfang, Mitt' und Ende, Herr Gott, zum besten wende! Wohl mochte er sich einer höheren Hand empfehlen, denn unangreifbar wie bei Wartenburg schien wieder die Stellung des Feindes. Marmont lehnte sich mit seiner linken Flanke bei Möckern an den steilen Talrand der Elster, hatte die Mauern des Dorfes zur Verteidigung eingerichtet, weiter rechts auf den flachen Höhen eine Batterie von 80 Geschützen aufgefahren. Gegen diese kleine Festung stürmten die Preußen heran auf der sanft ansteigenden baumlosen Ebene; sechsmal drangen sie in das Dorf und verloren es wieder; das Gefühl der einzigen Größe des Tages beschwingte beiden Teilen die Kraft. Endlich führt York selber seine Reiterei zum Angriff gegen die Höhen unter dem Rufe: „marsch, marsch, es lebe der König", nach einem wütenden Häuserkampfe schlägt das Fußvolk den Feind aus dem Dorfe heraus; am Abend muß Marmont gegen die Stadt zurückweichen, 53 Kanonen in den Händen der Preußen lassen, und an den Wachtfeuern der Sieger ertönt das Lied: Nun danket alle Gott, wie in der Winternacht von Leuthen. Aber welch ein Anblick am nächsten Morgen, als die Truppen zum Sonntagsgottesdienst zusammentraten. Achtundzwanzig Kommandeure und Stabsoffiziere lagen tot oder verwundet; von seinen 12 000 Mann Infanterie hatte York kaum 9000 mehr, seine Landwehr war im August mit 13 000 Mann ins Feld gezogen und zählte jetzt noch 2000. So waren an dieser einen Stelle die Verbündeten bis auf eine kleine Stunde an die Tore von Leipzig herangelangt.

Das Ausbleiben der Nordarmee hatte die üble Folge, daß Blücher seine Armee nicht schwächen durfte und nicht, wie seine Absicht war, ein Korps westlich durch die Auen auf die Rückzugslinie Napoleons entsenden konnte. Dort im Westen stand also

Gyulay mit seinen 22 000 Österreichern den 15 000 Mann des
Bertrandschen Korps allein gegenüber und er verstand nicht seine
Übermacht zu verwerten; die große Frankfurter Straße blieb
dem Imperator gesichert. Auch auf dem Hauptschauplatze des
Kampfes, bei Wachau fochten die Verbündeten nicht glücklich.
Hier hatte zwei Tage vorher ein großartiges Vorspiel der Völker=
schlacht sich abgespielt, ein gewaltiges Reitergefecht, wobei König
Murat nur mit Not dem Säbel des Leutnants Guido v. d. Lippe
von den Neumärkischen Dragonern entgangen war. Heute hielt
Napoleon selber mit der Garde und dem Kerne seines Heeres die
dritthalb Stunden lange Linie von Dölitz bis Seifertshain
besetzt, durch Zahl und Stellung den Verbündeten überlegen,
121 000 gegen 113 000 Mann. Auf dem linken Flügel der
Alliierten, zwischen den beiden Flüssen, vergeudeten die unglück=
lichen Opfer der Feldherrnkunst Langenaus ihre Kraft in einem
tapferen, aber aussichtslosen Kampfe; eingeklemmt in dem
buschigen Gelände vermochten sie ihre Macht nicht zu gebrauchen,
General Merveldt selbst geriet mit einem Teile seines Korps in
Gefangenschaft; mit Mühe wurden die Reserven dieser Österreicher
aus den Auen über die Pleiße rechtsab auf die offene Ebene
hinaufgezogen. Es war die höchste Zeit, denn hier im Zentrum
konnten Kleists Preußen und die Russen des Prinzen Eugen
sich auf die Dauer nicht behaupten in dem verzweifelten Ringen
gegen die erdrückende Übermacht, die unter dem Schutze von
300 Geschützen ihre Schläge führte. Die volle Hälfte dieser
Helden von Kulm lag auf dem Schlachtfelde. Schon glaubt
Napoleon die Schlacht gewonnen, befiehlt in der Stadt Viktoria
zu läuten, sendet Siegesboten an seinen Vasallen König Friedrich
August, der in Leipzig angstvoll der Entscheidung harrt. „Noch
dreht sich die Welt um uns" — ruft er frohlockend seinem Daru
zu. Ein letzter zerschmetternder Angriff der gesamten Reiterei soll
das Zentrum durchbrechen. Noch einmal dröhnt die Erde von
dem Feuer der 300 Geschütze, dann rasen 9000 Reiter in ge=
schlossener Masse über das Blachfeld dahin, ein undurchdring=
liches Dickicht von Rossen, Helmen, Lanzen und Schwertern.

Da kommen die österreichischen Reserven aus der Aue heran,
und während die Reitermassen, atemlos von dem tollen Ritt,
allmählich zurückgedrängt werden, setzen sich die Verbündeten
nochmals in den verlorenen Dörfern fest und am Abend behaupten
sie fast wieder dieselbe Stellung wie am Morgen. Schwarzenbergs
Angriff war gescheitert, doch der Sieger hatte nicht einmal den
Besitz des Schlachtfeldes gewonnen.

Trat Napoleon jetzt den Rückzug an, so konnte er sein Heer
in guter Ordnung zum Rheine führen; denn die schlesische Armee,
die einzige Siegerin des ersten Schlachttags, stand von der Frankfurter Straße noch weit entfernt und war überdies tief erschöpft
von dem verlustreichen Kampfe. Aber der Liebling des Glücks
vermochte das Unglück nicht zu ertragen. Nichts mehr von der
gewohnten Kälte und Sicherheit der politischen Berechnung; sein
Hochmut wollte sich den ganzen Ernst der Lage nicht eingestehen,
wollte nicht lassen von unmöglichen Hoffnungen. Der Imperator
tat das Verderblichste, was er wählen konnte, versuchte durch
den gefangenen Merveldt Unterhandlungen mit seinem Schwieger-
vater anzuknüpfen und gewährte also den Verbündeten die Frist,
ihre gesamten Streitmassen heranzuziehen. Am 17. Oktober
ruhten die Waffen, nur Blücher konnte sich die Lust des Kampfes
nicht versagen, drängte die Franzosen bis dicht an die Nordseite
der Stadt zurück.

Am 18. früh hatte Napoleon seine Armee näher an Leipzig
herangenommen, ihr Halbkreis war nur noch etwa eine Stunde
von den Toren der Stadt entfernt. Gegen diese 160000 Mann
rückten 225000 Verbündete heran. Mehr als einen geordneten
Rückzug konnte der Imperator nicht mehr erkämpfen; er aber
hoffte noch auf Sieg, wies den Gedanken an eine Niederlage
gewaltsam von sich, versäumte alles, was den schwierigen Rück-
marsch über die Elster erleichtern konnte.

Die Natur der Dinge führte endlich den Ausgang herbei,
welchen Gneisenaus Scharfblick von vornherein als den einzig
möglichen angesehen hatte: die Entscheidung fiel auf dem rechten
Flügel der Verbündeten. Napoleon übersah von der Höhe des

Thonbergs, wie die Österreicher auf dem linken Flügel der
Alliierten abermals mit geringem Glück den Kampf um die
Dörfer an der Pleiße eröffneten, wie dann das Zentrum der
Verbündeten über das Schlachtfeld von Wachau herankam. Es
waren die kampferprobten Scharen Kleists und des Prinzen
Eugen; über die unbestatteten Leichen der zwei Tage zuvor ge-
fallenen Kameraden ging der Heerzug hinweg, man hörte die
Knochen der Toten unter den Hufen der Rosse und den Rädern
der Kanonen knarren. Vor der Front der Angreifer lagen lang-
hingestreckt die hohen Lehmmauern von Probstheida, auf beiden
Seiten durch Geschütze gedeckt — der Schlüssel des französischen
Zentrums. Unter dem Kreuzfeuer der Batterien begann der
Angriff, ein sechsmal wiederholtes Stürmen über das offene
Feld, doch zuletzt behauptete sich Napoleons Garde in dem Dorfe,
und auch Stötteritz nebenan blieb nach wiederholtem Sturm
und mörderischem Häuserkampfe in den Händen der Franzosen;
man sah nachher in den Gärten und Häusern die Leichen von
Russen und Franzosen, die einander gegenseitig das Bajonett
durch den Leib gerannt, angespießt auf dem Boden liegen. Unmittelbar unter den Augen des Imperators ward auch heute den
Verbündeten kein entscheidender Erfolg, obgleich sie dicht an den
Schlüsselpunkt seiner Stellung herangelangten. Indessen rückte
auf ihrem rechten Flügel das Nordheer in die Schlachtlinie ein,
füllte die Lücke, welche die böhmische Armee von der schlesischen
trennte, schloß den großen Schlachtenring, der die Franzosen um-
saßte. Es hatte der Mühe genug gekostet, bis Karl Johann, der
am 17. endlich bei Breitenfeld auf der alten Stätte schwedischen
Waffenruhmes angelangt war, zur tätigen Teilnahme beredet
wurde; um den Bedachtsamen nur in den Kampf hineinzureißen,
hatte Blücher seiner eigenen Tatkraft das schwerste Opfer zugemutet, 30 000 Mann seines Heeres an die Nordarmee abgetreten und damit selber auf den Ruhm eines neuen Sieges
verzichtet. Einmal entschlossen zeigte Bernadotte die Umsicht des
bewährten Feldherrn. Während Langerons Russen auf der
· äußersten Rechten der Angriffslinie durch wiederholten Sturm

den Feind aus Schönefeld zu verdrängen suchten, traf die Haupt=
masse der Nordarmee am Nachmittag auf der Ostseite von Leipzig
ein. Bülow führte das Vordertreffen und schlug das Korps
Reyniers aus Paunsdorf hinaus.

So stießen die alten Feinde von Großbeeren abermals auf=
einander, doch wie war seitdem die Stimmung in den sächsischen
Regimentern umgeschlagen! Wunderbar lange hatte die unge=
heure Macht des deutschen Fahneneides die Truppen des Rhein=
bundes bei ihrer Soldatenpflicht festgehalten; außer einigen ver=
einzelten Bataillonen waren bisher nur zwei westfälische Reiter=
regimenter zu den Verbündeten übergegangen. Mit dem Glücke
schwand auch das Selbstgefühl der napoleonischen Landsknechte;
sie begannen sich des Krieges gegen Deutschland zu schämen, sie
empfanden nach, was ihr Landsmann Rückert ihnen znrief:

> Ein Adler kann vielleicht noch Ruhm erfechten,
> Doch sicher ihr, sein Raubgefolg, ihr Raben
> Erfechtet Schmach bei kommenden Geschlechten!

Die Sachsen fühlten sich zudem in ihrer militärischen Ehre ge=
kränkt durch die Lügen der napoleonischen Bulletins; sie sahen
mit Unmut, wie ihre Heimat ausgeplündert, ihr König von Ort
zu Ort hinter dem Protektor hergeschleppt wurde; und sollten
sie mit nach Frankreich entweichen, wenn Napoleon die Schlacht
verlor und Sachsen ganz in die Gewalt der Verbündeten fiel?
Selbst die Franzosen empfanden Mitleid mit der unnatürlichen
Lage dieser Bundesgenossen; Reynier hatte bereits den Abmarsch
der Sachsen nach Torgau angeordnet, als das Anrücken der
Nordarmee die Ausführung des wohlgemeinten Befehls verhin=
derte. Nur König Friedrich August zeigte kein Verständnis für
die Bedrängnis seiner Armee noch für seine eigene Schaube. Un=
wandelbar blieb sein Vertrauen auf den Glücksstern des Großen
Alliierten: noch während der Schlacht verwies er seine Generale
trocken auf ihre Soldatenpflicht, als sie ihn baten, die Trennung
des Kontingents von dem französischen Heere zu gestatten. Die
deutsche Gutmütigkeit wollte dem angestammten Herrn so viel
Verblendung nicht zntrauen. Die Offiziere glaubten fest, ihr

König sei unfrei; keineswegs in der Meinung, ihren Fahneneid
zu brechen, sondern in der Absicht, das kleine Heer dem Landes=
herrn zu erhalten, beschlossen sie das Ärgste, was der Soldat
verschulden kann, den Übergang in offener Feldschlacht. In
der Gegend von Paunsdorf und Sellerhausen schlossen sich etwa
3000 Mann der sächsischen Truppen an die Nordarmee an; mit
ihnen eine Reiterschar aus Schwaben. Die Preußen und Russen
nahmen die Flüchtigen mit Freuden auf; nur den württem=
bergischen General Normann, der einst bei Kitzen die Lützower
verräterisch überfallen hatte, wies Gneisenau mit verächtlichen
Worten zurück. Friedrich Wilhelms Ehrlichkeit aber hielt den
Vorwurf nicht zurück: wie viel edles Blut die Sachsen dem
Vaterlande ersparen konnten, wenn sie ihren Entschluß früher,
vor der Entscheidung, faßten! Der traurige Zwischenfall blieb
ohne jeden Einfluß auf den Ausgang der Völkerschlacht; doch
warf er ein grelles Schlaglicht auf die tiefe sittliche Fäulnis
des kleinstaatlichen Lebens. Das Gewissen des Volkes begann
endlich irr zu werden an der Felonie des napoleonischen Klein=
königtums; trotz aller Lügenkünste partikularistischer Volksver=
bildung erwachte wieder die Einsicht, daß auch nach dem Unter=
gange des alten Reichs die Deutschen noch ein Vaterland besaßen
und ihm verbunden waren durch heilige Pflichten.

Gegen 5 Uhr vereinigte Bülow sein ganzes Korps zu einem
gemeinsamen Angriff, erstürmte Sellerhausen und Stüntz, drang
am Abend bis in die Kohlgärten vor, dicht an die östlichen Tore
der Stadt. Da währenddem auch Langeron auf der Rechten das
hart umkämpfte Schönefeld endlich genommen hatte und eben=
falls gegen die Kohlgärten herandrängte, so war Ney mit dem
linken Flügel der Franzosen auf seiner ganzen Linie geschlagen.
Durch diese Niederlage ward Napoleons Stellung im Zentrum
unhaltbar. Noch am Abend befahl er den Rückzug des gesamten
Heeres. Nun wälzten sich die dichten Massen der geschlagenen
Armee durch drei Tore zugleich in die Stadt hinein, um dann
allesamt in entsetzlicher Verwirrung auf der Frankfurter Straße
sich zu vereinigen. Daß dieser eine Weg noch offen blieb, war

das Verdienst des unglücklichen Gyulay, der auch am britten
Schlachttage auf der Westseite nichts ausgerichtet hatte; bis zur
Saale hin hielt Bertrand den Franzosen die Rückzugsstraße frei.
Die Hunderttausende, die beim Feuerscheine von zwölf brennen-
den Dörfern auf dem teuer erkauften Schlachtfelde lagerten,
empfanden tief erschüttert den heiligen Ernst des Tages; unwillkürlich stimmten die Russen eines ihrer frommen Lieder an,
und bald klangen überall, in allen Zungen der Völker Europas,
die Dankgesänge zum Himmel auf. Die Sieger beugten sich
unter Gottes gewaltige Hand; recht aus dem Herzen der fromm
bewegten Zeit heraus sang der deutsche Dichter:

> O Tag des Sieges, Tag des Herrn,
> Wie feurig schien dein Morgenstern!

Nur der Feldherr, der von Amts wegen als der Besieger
Napoleons gefeiert wurde, vermochte die Größe des Erfolges
nicht zu fassen. Schwarzenberg weigerte sich die noch ganz unberührten russischen und preußischen Garden zur Verfolgung aus-
zusenden — nicht aus Arglist, wie manche der grollenden Preußen
annahmen, sondern weil sein Kleinmut die Geschlagenen nicht
zur Verzweiflung treiben wollte. Blücher hatte den Tag über,
wegen des verspäteten Eintreffens der Nordarmee, sein kleines
Heer zusammenhalten müssen, um einen Ausfall in der Richtung
auf Torgau, den man noch immer befürchtete, zurückweisen zu
können; darum ward York erst am Abend auf dem weiten Umwege über Merseburg dem fliehenden Feinde nachgesendet. Also
konnte Napoleon noch 90 000 Mann, fast durchweg Franzosen,
aus der Schlacht retten. Die Deckung des Rückzugs, die Verteidigung der Stadt überließ er seinen Vasallen, den Rhein-
bündnern, Polen und Italienern; mochten sie noch einmal für
ihn bluten, dem Kaiserreich waren sie doch verloren.

So mußte denn am 19. der Kampf um den Besitz der Stadt
selber von neuem begonnen werden. Während Blücher im Norden
seine Russen gegen das Gerbertor führt und dort zuerst von den
Kosaken mit dem Ehrennamen Marschall Vorwärts begrüßt wird,
bricht Bülows Korps aus den Kohlgärten gegen die Ostseite der

Stadt auf. Vorstells Brigade dringt in den Park der Milch=
insel, Friccius mit der ostpreußischen Landwehr erstürmt das
Grimmaische Tor. Noch stehen die Regimenter des Rheinbundes
dicht gedrängt auf dem alten Markte, da tönen schon die Flügel=
hörner der pommerschen Füsiliere die Grimmaische Gasse herunter,
dazwischen hinein der donnernde Ruf: Hoch Friedrich Wilhelm!
Bald blitzen die Bajonette, lärmen die Trommeln und gellen die
Querpfeifen auch in den andern engen Gassen, die nahe bei dem
alten Rathause münden. Alles strömt zum Marktplatze; die Sieger
von der Katzbach, von Kulm und Dennewitz feiern hier in Gegen=
wart der gefangenen Feinde jubelnd ihr Wiedersehen. Neue stür=
mische Freudenrufe, als der Zar und der König selber einreiten;
selbst die Rheinbündner stimmen mit ein; alle fühlen, wie aus
Schmach und Greueln der junge Tag des neuen Deutschlands
leuchtend emporsteigt. Während den König von Preußen sein
tapferes Heer frohlockend umdrängt, steht nahebei — ein kläg=
liches Bild der alten Zeit, die nun zu Grabe geht — Friedrich
August von Sachsen entblößten Hauptes, mitten im Gewühle
an der Tür des Königshauses. Der hat während der Stunden
des Sturmes ängstlich im Keller gesessen, betrogen von den prahle=
rischen Verheißungen des Protektors noch bis zum letzten Augen=
blicke auf die siegreiche Rückkehr des Unüberwindlichen gehofft.
Nun würdigen ihn die Sieger keines Blickes, sein eigenes Volk
beachtet ihn nicht, vor seinen Augen wird seine rote Garde von
Friedrich Wilhelms Adjutanten Natzmer zur Verfolgung der
Franzosen hinweggeführt. Mit naiver Freude wie ein Held des
Altertums schreibt Gneisenau die Siegesbotschaft den entfernten
Freunden in allen Ecken des Vaterlandes: „Wir haben die
Nationalrache in langen Zügen genossen. Wir sind arm ge=
worden, aber reich an kriegerischem Ruhme und stolz auf die
wiedererrungene Unabhängigkeit.“

Dreißigtausend Gefangene fielen den Siegern in die Hände.
Die Umzingelung der Stadt von den Auen her war bereits
nahezu vollendet, als die Elsterbrücke an der Frankfurter Straße
in die Luft gesprengt und damit den wenigen, die sich viel=

leicht noch retten konnten, der letzte Ausweg versperrt wurde.
Ein ganzes Heer, an hunderttausend Mann, lag tot oder ver=
wundet. Was vermochte die Kunst der Ärzte, was die menschen=
freundliche Aufopferung des edlen Ostfriesen Reil gegen solches
Übermaß des Jammers? Das Medizinalwesen der Heere war
überall noch nicht weit über die Weisheit der fridericianischen
Feldscherer hinausgekommen, und über der wackeren, gutherzigen
Leipziger Bürgerschaft lag noch der Schlummergeist des alten
kursächsischen Lebens, sie verstand nicht rechtzeitig Hand anzu=
legen.   Tagelang blieben die Leichen der preußischen Krieger
im Hofe der Bürgerschule am Wall unbeerdigt, von Raben und
Hunden benagt; in den Konzertsälen des Gewandhauses lagen
Tote, Wunde, Kranke auf faulem Stroh beisammen, ein ver=
pestender Brodem erfüllte den scheußlichen Pferch, ein Strom
von zähem Kot sickerte langsam die Treppe hinab. Wenn die
Leichenwagen durch die Straßen fuhren, dann geschah es wohl,
daß ein Toter der Kürze halber aus dem dritten Stockwerk
hinabgeworfen wurde, oder die begleitenden Soldaten bemerkten
unter den starren Körpern auf dem Wagen einen, der sich noch
regte, und machten mit einem Kolbenschlage mitleidig dem Greuel
ein Ende. Draußen auf dem Schlachtfelde hielten die Aasgeier
ihren Schmaus; es währte lange, bis die entflohenen Bauern
in die verwüsteten Dörfer heimkehrten und die Leichen in großen
Massengräbern verscharrten. Unter solchem Elend nahm dies
Zeitalter der Kriege vom deutschen Boden Abschied, die fürchter=
liche Zeit, von der Arndt sagte: „dahin wollte es fast mit uns
kommen, daß es endlich nur zwei Menschenarten gab, Menschen=
fresser und Gefressene!" Dem Geschlechte, das solches gesehen,
blieb für immer ein unauslöschlicher Abscheu vor dem Kriege,
ein tiefes, für minder heimgesuchte Zeiten fast unverständliches
Friedensbedürfnis.

Zwei Kaiser.*)

15. Juni 1888.

Zum zweiten Male binnen hundert Tagen steht die Nation
an der Bahre ihres Kaisers. Nach dem glücklichsten aller ihrer
Herrscher beweint sie den unglücklichsten. Es ist, als sollten
mit der Herrlichkeit von Kaiser und Reich auch die ungeheuren
tragischen Schicksalswechsel unserer alten Kaisergeschichte sich erneuern. Recht eigentlich unter Gottes Führung, wie er es so oft
in schlichter Demut aussprach, erreichte Kaiser Wilhelm die Höhen
weltgeschichtlichen Ruhmes, wider alles menschliche Erwarten und
Berechnen, weit über sein eigenes Hoffen hinaus, und doch beständig steigend, jeder neuen, jeder größeren Aufgabe, die ihm
das Schicksal stellte, vollauf gewachsen, bis er schließlich an den
letzten Grenzen menschlichen Alters wie in Verklärung endigte,
im Tode noch der gewaltige Einiger der Deutschen, die einst
beim Donner seiner Schlachten seit Jahrhunderten zum ersten
Male wieder das Glück ungeteilter Siegesfreude genossen hatten
und nun an seiner Gruft im Einmut heiliger Trauer sich zu-
sammenfanden.

In den Jahren, da der Charakter des werdenden Mannes
sich zu entscheiden pflegt, konnte Prinz Wilhelm nur den Ehrgeiz hegen, dereinst als Feldherr seines Vaters oder Bruders
die Heere Preußens zu neuen Siegen zu führen. Der jüngste
fast unter den Kämpfern des Befreiungskrieges, teilte er mit
Gneisenau, mit Clausewitz, mit allen politischen Köpfen des preu-

---

*) [Sonderausgabe 1.—10. Abdruck. Berlin 1888, G. Reimer.]

ßischen Heeres die Überzeugung, daß Deutschlands neue Westgrenze ebenso unhaltbar sei, wie seine lockere Bundesverfassung,
und erst ein dritter Punischer Krieg den alten Machtkampf
zwischen Galliern und Germanen endgültig entscheiden, dem
deutschen Staate die Selbständigkeit sichern könne. An dieser
Hoffnung hielt er fest, die ganze stille Friedenszeit hindurch.
Noch im Jahre 1840 schrieb er sich das Beckersche Lied: „sie
sollen ihn nicht haben, den freien deutschen Rhein" eigenhändig
ab und setzte unter die Schlußworte „bis seine Flut begraben
des letzten Manns Gebein" jenen kühnen Federzug, der seitdem aus der kaiserlichen Namensunterschrift der weiten Welt
bekannt wurde. Haß gegen die Franzosen blieb seinem freien
Gemüte fremd; aber scharf wie unter allen preußischen Staatsmännern der Zeit vielleicht nur der eine Motz, faßte er frühe
schon die europäische Lage seines Staates ins Auge und erkannte, daß dies Preußen wachsen mußte, um sich der unerträglichen Pressung zwischen so vielen überlegenen Militärmächten
zu entwinden. Von solchen Gedanken königlicher Ehrfurcht erfüllt, ward er, ganz Soldat, nach wenigen Jahren der Liebling
und das Vorbild des Heeres, beliebt durch seine freundliche Leut-
seligkeit, gefürchtet durch eine dienstliche Strenge, die selbst dem
letzten Troßknecht zeigte, daß ein sorgendes und strafendes Auge
über ihm wachte. Auf sein Volk in Waffen und dessen „geweckte
Intelligenz" schaute er mit der ganzen Begeisterung des Befreiungskrieges, aber auch mit dem nüchternen Entschlusse, die
Ideen Scharnhorsts nach dem Wandel der Zeiten unablässig
fortzubilden, so daß dies Heer allezeit das erste bliebe. Draußen
in den Kleinstaaten hielt man für müßiges Paradespiel, was
tiefer politischer Ernst war. Die öffentliche Meinung schwelgte
in radikalen Träumen, sie schwärmte in fremdbrüderlicher Begeisterung für Polen und Franzosen, sie hoffte auf den ewigen
Frieden. Im Dünkel ihrer Überbildung konnte sie nicht begreifen,
was die schlichte kriegerische Tüchtigkeit und Pflichttreue dieses
Prinzen für die Zukunft des Vaterlandes bedeutete.

Erst unter der Regierung seines Bruders, als der „Prinz

20*

von Preußen" schon mit der Möglichkeit seiner eigenen Thron=
besteigung rechnen mußte, trat er in die Staatsgeschäfte ein.
Gleich seinem Vater wollte er die Grundlagen der alten monar=
chischen Verfassung unverändert erhalten: „Preußen soll nicht
aufhören, Preußen zu sein." Wort für Wort sagte er dem
Bruder voraus, was er dereinst selber in den Tagen des Streites
um die Neugestaltung des Heeres erleben sollte: der Landtag
werde sein Steuerbewilligungsrecht mißbrauchen, um durch die
Verkürzung der Dienstzeit die Schlagkraft der Armee zu schwächen,
und könne durch den Schein der Sparsamkeit leicht auch die
Treugesinnten betören. Seine Warnung ward überhört, und
wie er einst um des Staates willen seine Jugendliebe geopfert
hatte, so gab er jetzt gehorsam jeden Widerspruch auf, sobald
die Entscheidung des Königs gefallen war. Ritterlich trat er
auf dem Vereinigten Landtage selber in die Bresche, als erster
Untertan des Königs, um allen Groll, der sich in der gärenden
Zeit wider die Krone angesammelt hatte, auf sich abzulenken.

Es kamen die Stürme der Revolution. Ein wahnsinniger
Haß, eine ungeheure Verkennung entlud sich über seinem Haupte,
nur das Heer, das ihn kannte, ward nicht an ihm irr; an den
Beiwachtfeuern der preußischen Garde in Schleswig=Holstein er=
klang das Lied: „Prinz von Preußen, ritterlich und bieder, kehr'
zu deinen Truppen wieder, heißgeliebter General!" Und als
er dann heimkehrte aus der Verbannung, die er um des Bruders
willen auf sich genommen, da stellte er sich sogleich, dem Könige
gehorsam, auf den Boden der neuen konstitutionellen Ordnung.
Was berechtigt war und lebensfähig in den Entwürfen des Frank=
furter Parlamentes, erkannte er freudig an; allein die Ehren=
rechte der deutschen Fürsten und die streng monarchische Ord=
nung des Heeres wollte er doktrinären Neuerungsversuchen nicht
preisgeben. Die führerlose Bewegung endete mit einer schreck=
lichen Enttäuschung. Der Prinz selbst sah sich genötigt, den
Aufruhr in Baden niederzuwerfen. In den langen Jahren der
Ermattung nachher blieb ihm Muße genug, den Gründen des
Mißlingens nachzudenken und den Ausspruch seines Bruders zu

erwägen, daß eine Kaiserkrone nur auf dem Schlachtfelde er=
worben werden könne.

Da führte ihn die Erkrankung König Friedrich Wilhelms IV.
an die Spitze des Staates. Nach einem Jahre schonenden Zu=
wartens übernahm er, feingesponnene Ränke mit festem Griffe
zerreißend, kraft eigenen Rechts die Regentschaft, zwei Jahre
darauf die Krone. Aber nochmals, nach kurzen Tagen jauchzen=
der Freude, unbestimmter Erwartungen, mußte er den Wandel
der Volksgunst erfahren und jenen Kampf beginnen, den er einst
als Thronfolger vorausgesehen, den Kampf um sein eigenstes
Werk, um die Neugestaltung seines Heeres. Ins Ungeheuerliche
schwoll der Parteihaß an, wie es nur möglich war in dem Volke
des Dreißigjährigen Krieges; es kam so weit, daß die deutschen
Witzblätter dies mannhaft treuherzige Kriegerangesicht, das doch
immer von dem Lächeln der Königin Luise umspielt ward, unter
dem Zerrbilde des Tigers darstellten, und so heillos verwickelte
sich der Verfassungskampf, daß allein noch die durchschlagende
Macht kriegerischer Erfolge den Knoten zerhauen, das Recht des
Königs erweisen konnte.

Und diese Erfolge kamen in jenen großen sieben Jahren,
da mit einem Male die Summe gezogen wurde aus zwei Jahr=
hunderten preußischer Geschichte, da Schlag auf Schlag alle die
Aufgaben ihre Lösung fanden, an denen die Staatskunst der
Hohenzollern durch so viele Geschlechter hindurch gearbeitet hatte.
Die letzte der deutschen Nordmarken ward der skandinavischen
Herrschaft entrissen, und damit das Werk des Großen Kurfürsten
vollendet; die Schlacht von Königgrätz verwirklichte, was am
Tage von Kollin gescheitert war, die Befreiung Deutschlands
von der Herrschaft des Hauses Österreich; und durch eine Reihe
unvergleichlicher Siege, durch die Kaiserkrönung im Bourbonen=
saale von Versailles ward alles überboten, was die Kämpfer
von 1813 einst von dem ersehnten dritten Punischen Kriege er=
hofft hatten. Die Preußen erkannten dankbar, daß ihre Ver=
fassung unter diesem starken Königtum besser denn je gesichert
war; denn sofort nach dem böhmischen Kriege leistete der König,

der in der Sache so gänzlich recht behalten, freiwillig die gesetz=
liche Sühne für die Verletzung der Formen, und nicht ein Wort
der Bitterkeit, das an den abgetanen Zwist erinnerte, kam aus
seinem Munde. Die deutschen Bundesgenossen aber hatten durch
die Siege dieses ersten wahrhaft gemeinsamen Kampfes endlich
einen gesunden nationalen Stolz gewonnen und in der Freude
an dem neuen Reiche des vielhundertjährigen Haders vergessen.

In allen diesen wunderbaren Fügungen, die auch ein nüch=
ternes Hirn betören konnten, erscheint König Wilhelm immer
gleich fest und sicher, gütig und bescheiden. Während des Ver=
fassungskampfes brachte er nach seinem eigenen Geständnis das
schwerste Opfer, das seinem liebebedürftigen Herzen zugemutet
werden konnte, er ertrug die Entfremdung von seinem geliebten
Volke; und mit der gleichen Selbstüberwindung faßte er den
schweren Entschluß zum Kriege gegen das altbefreundete Öster=
reich. Doch ganz unbedenklich forderte er nach dem Siege die
Eroberungen, die er aus den Händen der Revolution niemals
angenommen hätte, als den Preis eines gerechten Krieges; noch
während des ersten norddeutschen Reichstages sagte er mit seiner
großartigen naiven Offenheit zu dem Abgeordneten für Leipzig
lächelnd: „Ja, Leipzig hätte ich doch gern behalten." Geschwankt
hat er in diesen schweren Jahren nur dann, wenn sein soldatischer
Gradsinn sich nicht sogleich entschließen konnte, an die Hinter=
gedanken arglistiger Gegner zu glauben: so in Baden 1863,
als der deutsche Fürstentag ihn so freundvetterlich und bieder
zu den Frankfurter Verhandlungen einlud, so wieder in Ems
bei den Unterredungen mit Benedetti. Es heißt aber die Ge=
schichte verfälschen, wenn man ihre großen Wandlungen klein=
meisterlich allzu nahe betrachtet; der Nachwelt genügt, zu wissen,
daß König Wilhelm nach kurzem Zaudern, das seinem Gemüte
zur Ehre gereicht, in beiden Fällen den rechten Entschluß fand.

Nach der Heimkehr sagte der neue Kaiser: „Lange lag dieser
Ausgang in den Herzen. Jetzt ist es an das Licht gebracht.
Sorgen wir, daß es Tag bleibe." Er glaubte selbst in einer
„kurzen Spanne Zeit" nur noch die ersten Anfänge der neuen

Ordnung deutscher Dinge erleben zu können. Alles kam anders und schöner! Er sollte nicht nur selber alle die grundlegenden Gesetze des Reichs vollenden, sondern auch durch die Macht seiner Persönlichkeit dem werdenden Reiche den innern Halt geben. Zu Anfang sah mancher der verbündeten Fürsten in der Reichsverfassung nur eine Fessel, bald erkannten sie alle in ihr die Bürgschaft der eigenen Rechte, weil der unbestreitbar erste Mann des deutschen hohen Adels die Kaiserkrone trug und seine Treue jedem unverbrüchliche Sicherheit gewährte. So ist es geschehen, wesentlich durch das Verdienst des Kaisers und gegen die ausgesprochene Erwartung des Kanzlers, daß der Bundesrat, den einst alle Welt als den Träger des Partikularismus beargwöhnte, in wenigen Jahren die zuverlässige Stütze der nationalen Einheit wurde, während der Reichstag bald wieder dem unberechenbaren Spiele der Parteiung verfiel.

Einen Vertrauten, der ihn in allem beriet, hat Kaiser Wilhelm nie besessen. Mit sicherer Menschenkenntnis fand er geniale Kräfte für seinen Rat heraus, und mit der Neidlosigkeit eines großen Herzens ließ er die Erprobten sehr frei gewähren, aber jeden, selbst den Reichskanzler, nur innerhalb seines Faches. Immer blieb er der Kaiser, nur in seiner Hand liefen alle Fäden der Herrschaft zusammen.

Das höchste Glück des Lebens erblühte ihm erst, als er wie durch ein Wunder dem Meuchelmorde entgangen, den Feinden der Gesellschaft mit jener großmütigen kaiserlichen Botschaft antwortete, welche die sozialen Schäden der Gegenwart zuerst an der Wurzel abzugraben unternahm. Seitdem erst begriff die Nation ganz, was sie an ihrem Kaiser besaß; ein Strom der Liebe, wie er nur den Tiefen des deutschen Gemütes entquillt, hat ihn dann durch seine letzten Jahre dahingetragen. Europa gewöhnte sich in dem greisen Schlachtensieger den Wahrer des Weltfriedens zu verehren; um des Friedens willen schloß er, die alte Vorliebe für Rußland überwindend, das mitteleuropäische Bündnis. Im Innern trat der streng monarchische Charakter seiner Regierung mit den Jahren immer bestimmter

hervor; der persönliche Wille des Herrschers behauptete sein gutes
Recht neben den Parlamenten, und jetzt unter der warmen Zu=
stimmung der endlich belehrten öffentlichen Meinung. Die
Deutschen wußten, daß ihr Kaiser immer das Notwendige tat und
in seiner einfachen, kunstlosen, bestimmten Sprache immer „sagte,
was zu sagen war", wie Goethe es nannte. Selbst auf Gebieten,
die seinem Bildungsgange ferner lagen, fand er sich mit seinem
angeborenen königlichen Blicke schnell zurecht; wie Großes ver=
dankt ihm auch das ideale Schaffen der Nation, niemals hat er
unter den Künstlern und Gelehrten einen Unwürdigen aus=
gezeichnet. Einzelne Züge seines Charakters erinnern an die
Ahnen, an den Großen Kurfürsten wie an den Großen König,
an den ersten und den britten Friedrich Wilhelm; eigentümlich
blieb ihm die glückliche, ruhige Harmonie seines Wesens. An
seiner schlichten Größe war nichts blendend, nichts rätselhaft,
außer der fast übermenschlichen Lebenskraft des Leibes und der
Seele. Alle konnten ihn verstehen, nur nicht der Hochmut der
Halbbildung; allen, den Geistreichen wie den Einfältigen, konnte
die stärkste Kraft seines Charakters, die unwandelbare Pflicht=
treue, zum Vorbilde bienen. So ward er der beliebteste aller
Hohenzollernschen Herrscher. Wärmer, inniger von Jahr zu Jahr
schloß sich die Nation ihrem Kaiser an. In schönem Einmut
bewilligte ihm der Reichstag noch die notwendige Verstärkung
des Heeres, und bis zum Ende schauten die treuen Augen aus
den altersgrauen, verwitterten Zügen hoffnungsfroh auf alles,
was lebendig war in der jungen Zeit. Noch kurz vor dem
Scheiben sprach er mit Zuversicht von dem vaterländischen Sinne
der deutschen Jugend. Als er dahinging, da war allen zu
Mute, als ob Deutschland ohne ihn nicht leben könne, obwohl
wir doch seit Jahren schon das Ende erwarten mußten.

Welch ein Gegensatz zwischen diesem beständig aufsteigenden
Lebensgange des großen Vaters und dem finsteren Geschick des
edlen Sohnes! Zum Throne geboren und bei der Geburt schon
am glückverheißenden Jahrestage der Leipziger Schlacht freudig
begrüßt von allen preußischen Herzen, burch treffliche Lehrer

sorgfältig für das Fürstenamt erzogen, erschien Prinz Friedrich
Wilhelm, sobald er zum Manne gereift war, als der Herrlichste
von allen, strahlend in männlicher Kraft und Schönheit. Und
als er dann die englische Prinzeß Royal heimführte, da erwartete
die gesamte liberale Welt von seiner Herrschaft eine Zeit des
Völkerglückes; denn noch galt England als das Musterland der
Freiheit, der Heiligenschein der politischen Legende verklärte noch
die Häupter Leopolds von Belgien und des hochzeitsfrohen
koburgischen Hauses. Man erfuhr bald, daß der Kronprinz mit
jenen Verletzungen des formalen Rechtes, welche der Verfassungs=
kampf herbeiführte, sich ebensowenig befreunden konnte, wie mit
dem Plane der Einverleibung Schleswig=Holsteins. Aber niemals
hätte er sich dazu verstanden, nach dem Brauche der meisten
englischen Thronfolger an die Spitze der Opposition zu treten;
den Gedanken, daß es jemals eine Partei des Kronprinzen geben
könne, wies er als unpreußisch weit von sich. Im Dänischen Kriege
erwarb er sich sein erstes großes Verdienst um den Staat; unter
seiner kräftigen Mitwirkung entschloß sich die noch unerfahrene,
mehrfach zaudernde Heerführung zu kühnerem Vorgehen. Und
nun erschienen die glänzenden Tage seines Feldherrnruhms, die
ihm für immer seine Stelle in der deutschen Geschichte gesichert
haben. Er half durch die kühnen Angriffsgefechte seines schlesischen
Heeres den Sieg von Königgrätz vorbereiten und entschied ihn
durch den Sturm auf Chlum. Er führte die ersten zermalmenden
Schläge des französischen Krieges; seine blonde germanische
Reckengestalt verkündete den Elsassern zuerst, daß ihr altes Vater=
land sie wieder zurückforderte; durch seine Kriegstaten und die
herzbewegende Macht seiner heiteren, volkstümlichen Güte wurden
die bayrischen und schwäbischen Krieger erst ganz für die Einheit
Deutschlands gewonnen, und allezeit wird im deutschen Heere
des Tages gedacht werden, da nach neuen, herrlichen Siegen
„unser Fritz“ vor dem Standbilde des vierzehnten Ludwig im
Versailler Schloßhofe die Eisernen Kreuze an seine Preußen und
Bayern verteilte.

Nach dem Frieden war die Stellung des hochgerühmten

Feldherrn nicht leicht. Er stand als Feldmarschall schon zu
hoch in der militärischen Rangordnung und fand auch an dem
alltäglichen Friedensdienste zu wenig Freude, als daß sich ein
angemessenes Kommando für ihn hätte finden lassen. Nur die
wichtigste der deutschen Armee-Inspektionen, die Aufsicht über
die süddeutschen Truppen, ward ihm übertragen, und alljährlich
wartete er dieses Amtes einige Wochen lang: immer einsichtig,
fest und freundlich, so daß er im Süden fast noch mehr Liebe
fand als in der nordischen Heimat. Die Süddeutschen sahen ihn
tätig, in seiner ganzen Kraft; daheim trat er nur selten in das
öffentliche Leben hinaus. Er wurde das Opfer der wunderbaren
Größe seines Vaters, darin lag sein tragisches Verhängnis. Lange
Jahre männlicher Vollkraft, die er nach allem menschlichen Ermessen schon auf dem Throne hätte verleben müssen, verbrachte
er in einem Stilleben, das ihm wohl des Vaterglücks die Fülle
brachte und ihm auch oft Gelegenheit gab, seine schöne natürliche
Beredsamkeit zu zeigen, für wohltätige und gemeinnützige Zwecke
segensreich zu sorgen, aber nicht ausgefüllt war durch ganze
Mannesarbeit. Schon als junger Prinz hegte Kaiser Wilhelm
sehr strenge, wohlerwogene Grundsätze über die unvermeidliche
Selbstbeschränkung der Thronfolger; er wußte, daß der erste
Untertan nicht mitreden darf, wenn er nicht in Versuchung geraten soll, mitzuregieren. Wie alle großen Monarchen der Ge-
schichte, wie sämtliche Hohenzollern mit der einzigen Ausnahme
König Friedrich Wilhelms III., hielt er seinen Thronerben den
Regierungsgeschäften fern.

　　Nur einmal, nach dem letzten Mordversuche, wurde der
Kronprinz beauftragt, die Stelle des Vaters zu vertreten. Es
war eine ereignisschwere Zeit, der Berliner Kongreß soeben versammelt, die Friedensverhandlung mit der römischen Kurie kaum
begonnen, das Sozialistengesetz noch im Entstehen. Alle die
schweren Arbeiten bewältigte der Kronprinz mit musterhafter
Umsicht, und nie soll ihm Deutschland vergessen, daß er,
sicherlich gegen die Neigung seines milden Herzens, den hohen
Mut fand, das Richtbeil niederfallen zu lassen auf den Nacken

des Kaisermörders. Durch diese tapfere Tat verhalf er der im
Reiche schon halbverschollenen Todesstrafe wieder zu der Geltung,
die ihr in jedem festgeordneten Staate gebührt. Nach der Ge=
nesung des Kaisers trat er wieder in die Ruhe seines Hauses
zurück, und es konnte nicht fehlen, daß der an den Höfen aller
Thronfolger heimische Geist der Kritik sich auch hier dann und
wann äußerte, aber immer nur in bescheidener, ehrerbietiger
Form. Reich und fruchtbar ward sein Wirken für die Kunst:
ohne ihn wäre der Hermes des Praxiteles nicht zum neuen
Leben erweckt, das Berliner Gewerbemuseum nicht in so muster=
gültiger Formenreinheit vollendet worden. Er war der erste
akademisch Gebildete in der Reihe der preußischen Thronfolger,
und mit Stolz trug er den Purpurmantel des Rektors der alten
Albertina. Doch in dem langen Stilleben verlor der Kronprinz
zuweilen die Fühlung mit der gewaltig aufstrebenden Zeit und
konnte ihren neuen Gedanken nicht mehr recht folgen. Die anti=
semitische Bewegung, deren Grund doch allein in der Selbst=
überhebung der Judenschaft lag, meinte er mit einigen Worten
zornigen Tadels abzutun, und die Königsberger Studenten
warnte er gar vor den Gefahren des Chauvinismus — einer
Empfindung, die nach zwei Jahrhunderten des Weltbürgertums
den Deutschen so fremd ist wie ihr welscher Name.

Aber die menschlichen Dinge erscheinen anders vom Throne,
anders von unten her gesehen. Wie die Nation den vielgeliebten
Prinzen kannte, hoffte sie zuversichtlich, daß er gleich dem Vater
mit seinen Lebensaufgaben selber wachsen und als Herrscher
sich ebenso kräftig zeigen würde, wie einst als Stellvertreter
des Kaisers. Da brach das Unheil über ihn herein. Drei deutsche
Ärzte, die Berliner Professoren Gerhardt, v. Bergmann, Tobold,
erkannten zuerst das Wesen der Krankheit und sprachen die
Wahrheit ohne Menschenfurcht aus, wie wir es von deutschen
Gelehrten zu erwarten gewöhnt sind. Noch war Heilung möglich,
wahrscheinlich sogar. Aber der rettende Entschluß blieb aus —
und wer darf hier tadeln, da doch fast jeder Laie in gleicher
Lage die gleiche Wahl getroffen hätte? Nunmehr ward der

Kranke einem englischen Arzte ausgeliefert, der alsbald durch
unerhörte Verlogenheit seiner Berichte den guten Ruf unseres
alten, ehrlichen Preußens besudelte. In wachsender Angst be=
gannen die Deutschen zu ahnen, dies teuere Leben sei in schlechten
Händen. Der Erfolg übertraf die ärgsten Befürchtungen. Als
Kaiser Wilhelm die Augen geschlossen hatte, kehrte ein sterbender
Kaiser heim, das hohe Erbe anzutreten.

Die Größe der Monarchie, ihre Überlegenheit gegenüber
allen republikanischen Staatsformen beruht wesentlich auf der
wohlgesicherten langen Dauer des fürstlichen Amtes. Ihre Kraft
erlahmt, wo diese Sicherheit fehlt. Die Regierung des sterbenden
Kaisers konnte nur eine traurige Episode der vaterländischen
Geschichte werden, traurig durch die namenlosen Leiden des edlen
Kranken, traurig durch das lügnerische Treiben des englischen
Arztes und seiner unsaubern journalistischen Spießgesellen,
traurig durch die Frechheit der deutschfreisinnigen Partei, die
sich begehrlich an den Kaiser herandrängte, als ob er selber zu
ihr gehörte, und einmal doch einen Erfolg, den Sturz des
Ministers v. Puttkamer, erreichte — während die monarchischen
Parteien durch das Gefühl der Pietät wie durch die Voraussicht
des nahen Endes genötigt wurden, ihre Stimme zu dämpfen.
In solchen Tagen der Prüfung offenbaren sich alle Herzens=
geheimnisse der Parteien. Wer es noch nicht wußte, der muß
jetzt begreifen, welch ein Sykophantentum unter der Flagge des
Freisinns sein Wesen treibt, und welch ein Gesinnungsterrorismus
jeden freien Kopf mißhandeln würde, wenn diese Partei jemals
ans Ruder gelangte, die zu unserem Glück im ganzen Reiche
nichts weiter hinter sich hat als die Mehrheit der Berliner,
einzelne in die Politik verschlagene Gelehrte, die Kaufmannschaft
einiger unzufriedenen Handelsplätze und die allerdings ansehn=
liche Macht des internationalen Judentums. Doch hinweg mit
diesen finsteren Bildern; die Geschichte ist über sie hinweg=
geschritten. Halten wir fest in ehrfurchtsvoller Erinnerung, was
der schmerzensreichen Regierung Kaiser Friedrichs die sittliche
Weihe gibt. Mit einem frommen Duldermute, dessen Größe

wohl nur wenige Eingeweihte ganz ermessen, mit einer Helden=
kraft, die allen Glanz seiner Schlachtensiege überstrahlt, hat er
die Qualen seiner Krankheit ertragen, der Sprache beraubt, im
Angesichte des Todes immer und immer die alte Pflichttreue
der Hohenzollern, seine warme Begeisterung für alle ewigen Güter
der Menschheit bewährt. Würdig der Väter ist er zum ewigen
Frieden eingegangen, und solange deutsche Herzen schlagen, werden
sie des königlichen Dulders gedenken, der uns einst als der
glücklichste und frohmutigste der Deutschen erschien und nun in
so tiefem Leide enden mußte.

In jenen frohen Tagen, da das Bild „der vier Könige"
an allen deutschen Schaufenstern hing, sagte sich mancher in
banger Ahnung, das sei allzuviel des Glücks. Nun hat die
ausgleichende Gerechtigkeit der Vorsehung auf die Fülle der
Freuden ein Übermaß der Trauer folgen lassen, das fast zu
hart scheint für ein monarchisches Volk. Von den vier Königen
sind zwei nicht mehr. Aber das Leben gehört den Lebendigen.
Mit hoffendem Vertrauen wendet die Nation ihre Augen auf
ihren jungen kaiserlichen Herrn. Alles, was er bisher zu seinem
Volke sprach, atmet Kraft und Mut, Frömmigkeit und Gerechtig=
keit. Wir wissen jetzt, daß der gute Geist der wilhelminischen
Zeiten dem Reiche unverloren bleibt, und schon in diesen ersten
Trauertagen erlebten wir eine große Stunde deutscher Geschichte.
In deutscher Treue scharte sich unser gesamter Fürstenstand um
seinen Kaiser und erschien mit ihm vor den Vertretern der
Nation. Die Welt erfuhr, daß der deutsche Kaiser nicht stirbt,
wer immer seine Krone tragen mag. Welch ein Wandel der
Dinge seit den Zeiten, da die Höfe an jedem Neujahrstage
ängstlich auf die Aussprüche des geheimnisvollen Cäsars an der
Seine lauschten! Heute gedenkt die deutsche Thronrede mit keinem
Worte mehr dieser Westmächte, die sich einst anmaßten, die Ge=
sittung der Welt allein zu vertreten, denn mit unbelehrbaren
Feinden läßt sich ebensowenig rechten wie mit zudringlichen
zweifelhaften Freunden. Mag Europa sich in Frieden an die
Verschiebung der alten Machtverhältnisse gewöhnen, oder mag

das deutsche Schwert nochmals aus der Scheide fahren zur
Sicherung des Gewonnenen: für beide Fälle hoffen wir gerüstet
zu sein. Wenn nicht alle Zeichen trügen, so wird dies große
Jahrhundert, das als ein französisches zu beginnen schien, als
deutsches Jahrhundert enden: durch Deutschlands Gedanken und
Deutschlands Taten wird die Frage gelöst, wie sich eine starke
überlieferte Staatsgewalt mit den berechtigten Ansprüchen der
neuen Gesellschaft vertragen könne. Einmal doch muß die Zeit
kommen, da die Völker fühlen, daß die Schlachten Kaiser Wilhelms
nicht bloß den Deutschen ein Vaterland geschaffen, sondern auch
der Staatengesellschaft eine gerechtere, vernünftigere Ordnung
gegeben haben. Dann wird sich erfüllen, was einst Emanuel
Geibel dem greisen Sieger zurief:

> Und es mag am deutschen Wesen
> Einmal noch die Welt genesen!

Zum Gedächtnis des großen Krieges.*)

Hochansehnliche Versammlung!

Liebe Kollegen und Kommilitonen!

Uns Älteren ruft die heutige Feier die goldenen Tage unseres Lebens vor die Seele, die Tage, da Gottes Gnade unter Kampf und Not und Jammer allen Träumen, aller Sehnsucht unserer Jugend über jedes Hoffen hinaus die herrliche Er= füllung schenkte. Und doch, indem ich zu reden beginne, empfinde ich lebhaft, wie tief sich die Welt in diesem Vierteljahrhundert verwandelt hat. Nicht jede Zeit vermag das Große zu tun, nicht jede vermag es recht zu verstehen. Auf die Entscheidungs= stunden der Geschichte folgt gemeinhin ein Geschlecht, das die eherne Stimme des gewaltigen Völkerbildners, des Krieges, noch im eigenen Herzen nachzittern fühlt und sich mit jugendlicher Begeisterung des Errungenen freut. Aber ohne die beständige Arbeit der Selbstbesinnung und Selbstprüfung schreiten die menschlichen Dinge nicht vorwärts. Neue Parteien mit neuen Gedanken treten auf; sie fragen zweifelnd oder höhnend, ob das erreichte Ziel der gebrachten Opfer wert gewesen. Die Feldherren der Schreibstube berechnen, was sich wohl auf dem geduldigen Papiere noch vollkommener hätte gestalten lassen; betriebsame Ährenleser spüren emsig all das Widrige und Häß= liche auf, was sich, wie der Schwamm an den Eichbaum, an

---

*) Rede bei der Kriegserinnerungsfeier der kgl. Friedrich=Wilhelms=Uni= versität zu Berlin am 19. Juli 1895.

lnis des großen Krieges.*)

ansehnliche Versammlun!

Kollegen und Kommilitcen!

...uft die heutige Feier ie goldenen Tage
c die Seele, die Tage, da Gottes Gnade unter
und Jammer allen Träumn, aller Sehnsucht
über jedes Hoffen hinaus die herrliche Er-
.te. Und doch, indem ich zu redt beginne, empfinde
, wie tief sich die Welt in diesen Vierteljahrhundert
.lt hat. Nicht jede Zeit vermag as Große zu tun,
oe vermag es recht zu verstehen. Ai die Entscheidungs-
en der Geschichte folgt gemeinhin eir Geschlecht, das die
.ie Stimme des gewaltigen Völkerbildnes, des Krieges, noch
eigenen Herzen nachzittern fühlt und ich mit jugendlicher
egeisterung des Errungenen freut. Abe ohne die beständige
Arbeit der Selbstbesinnung und Selbstprüfung schreiten die
menschlichen Dinge nicht vorwärts. Neue Parteien mit neuen
Gedanken treten auf; sie fragen zweifeld oder höhnend, ob
das erreichte Ziel der gebrachten Opfer wert gewesen. Die
Feldherren der Schreibstube berechnen, us sich wohl auf dem
geduldigen Papiere noch vollkommener ätte gestalten lassen;
betriebsame Ährenleser spüren emsig all s Widrige und Häß-
liche auf, was sich, wie der Schwamm in den Eichbaum, an

---

*) Rede bei der Kriegserinnerungsfeier der Jl. Friedrich-Wilhelms-Uni-
versität zu Berlin am 19. Juli 1895.

jedes mächtige Menschenwerk ansetzt, und über der Fülle des
Tadels gehen leicht Freude und Dank verloren. Es bedarf meist
einer langen Frist, bis sich ein Volk entschließt, das Große
seiner Vergangenheit wieder im Großen zu sehen. Der hohe
Sinn des Befreiungskrieges ist der Mehrzahl der Deutschen doch
erst fast ein halb Jahrhundert nachher durch die Werke von
Häußer, Droysen, Bernhardi, Sybel erschlossen worden. Lassen
Sie uns heute von allem Kleinlichen absehen und nur der sittlichen
Mächte gedenken, die in dem glücklichsten aller Kriege walteten.

Als Feldmarschall Moltke einst sein Regiment, die Kol-
bergischen Grenadiere, besuchte, da wies er auf das Bildnis
Gneisenaus, des ersten Chefs, der vormals diese ehrenreiche
Truppe hinter den Wällen der unbesiegten pommerschen Festung
aus den verlaufenen Trümmern des alten Heeres gebildet hatte,
und sagte: „Zwischen uns beiden ist ein großer Unterschied.
Wir haben nur Siege zu verzeichnen gehabt. Er hat die Armee
nach einer Niederlage zum Siege geführt. Diese höchste Probe
haben wir noch nicht bestanden.“ Wer kann diesen Ausspruch
hören, ohne die tiefe Bescheidenheit und zugleich den hohen Ehrgeiz
des Feldmarschalls zu bewundern? Aber nachsprechen dürfen wir
die schönen Worte nicht; wir danken dem Helden vielmehr, daß
er sie durch seine Taten selbst widerlegt hat. So, gerade so,
unfehlbar wie der Hammer Thors mußte das deutsche Schwert
schmetternd niederfallen, so, wider alle Erfahrung, mußte das
wandelbare Kriegsglück zur Unwandelbarkeit gezwungen werden
und Kranz auf Kranz um unsere Fahnen winden, wenn dies
bestverleumdete und bestverhöhnte aller Völker wieder die rechte
Stelle in der Staatenwelt erringen sollte. Wir waren die Jahrhunderte entlang durch die weltbürgerliche Macht unseres
römischen Kaisertums, wie die Italiener durch ihr Papsttum,
in der einfachen Arbeit nationaler Politik gehemmt und geschädigt
worden; wir mußten dann in unserem Staatenbunde mehrere
ausländische Mächte mittaten lassen und sahen uns zugleich an-
gekettet an eine halbdeutsche Macht, an eine verhüllte Fremdherrschaft, deren Unwahrheit ein großer Teil der Nation, be-

fangen in alten teuren Erinnerungen, niemals erkennen wollte.
Der Ruhm der Unbesiegbarkeit, den einst niemand den Fahnen
Friedrichs zu bestreiten gewagt, war durch alle die herrlichen
Schlachten der Befreiungskriege nicht wiederhergestellt; denn
immerdar höhnten die Fremden: als die Preußen bei Jena
allein standen, wurden sie geschlagen, nur im Bunde mit anderen
Mächten siegten sie wieder! Und dabei wuchs und wuchs in
der Nation das Bewußtsein einer unermeßlichen Kraft, einer
lebendigen, unzerstörbaren Gemeinschaft des gesamten geistigen
und wirtschaftlichen Lebens. Ein Volk in so beispiellos schwieriger
Lage, so stark in seinem berechtigten Selbstgefühl und so schwach
durch seine jämmerliche Bundesverfassung, mußte notwendig in
verworrene, ziellose Parteikämpfe, in alle Kinderkrankheiten des
politischen Lebens verfallen. Im Ausland aber war unter
Millionen nur einer, unser treuer Freund Thomas Carlyle,
der in dem Wirrwarr unserer Parteiung den Adel der deutschen
Volksseele liebevoll erkannte. Sonst stimmten alle überein in
dem Gedanken, daß aus uns nichts werden dürfe, daß diese
Mitte des Weltteils, auf deren Schwäche die alte Staatengesell=
schaft so lange beruht hatte, niemals erstarken solle. Wir waren
den Fremden nur die lächerlichen festlustigen Sanges= und
Schützenbrüder, und der deutsche Name Vaterland galt in Eng=
land schlechthin als Schimpfwort. Als Preußen dann die alten
Siegesbahnen des großen Kurfürsten und des großen Königs
wieder eingeschlagen, unsere Nordmark befreit und im Schlachten=
donner von Königgrätz die Fremdherrschaft des Hauses Öster=
reich zertrümmert hatte, da blieb Europa noch weit davon entfernt,
die neue Ordnung der deutschen Dinge anzuerkennen. Wir hatten
vorzeiten nach der Weltherrschaft des römischen Reiches ge=
trachtet und waren dann durch die grausame Gerechtigkeit der
Geschichte lange zu einem leidenden Weltbürgertum verurteilt
worden, so daß unser Boden den Tummelplatz abgab für die
Heere und das diplomatische Ränkespiel aller Völker. Sollte
das also bleiben?

Was wir brauchten, war ein ganzer, unbestreitbarer, allein

burch deutsche Kraft errungener Sieg, der die Nachbarn zwang, die freie Mündigkeit dieser Nation endlich zu achten. Das hat König Wilhelm, der so oft seinem Volke das Wort von den Lippen nahm, recht begriffen, als er in seiner Thronrede sagte: „Hat Deutschland Vergewaltigungen seines Rechts und seiner Ehre in früheren Jahrhunderten schweigend ertragen, so geschah es nur, weil es in seiner Zerrissenheit nicht wußte, wie stark es war." Wir waren längst nicht mehr das arme mißhandelte Volk von 1813, das seine Fahnen geschändet, seine Felder ver= wüstet, seine Städte geplündert sah, das in heiligem Zorne betete: Rettung vor dem Joch der Knechte! und dann, auf das Ärgste still gefaßt, den ungleichen Kampf wagte. In heller Freude vielmehr erhob sich auf des Königs Wink eine freie, starke, stolze Nation; sie kannte ihre Kraft, aus dem brausenden Getöse der Volksversammlungen und des Straßenlärmes, der Zeitungen und der Flugschriften erklang übermächtig der eine Ruf: wir müssen, wir werden siegen. Dichter haben den greisen Herrscher, wenn er einherritt vor seinen Paladinen, wohl mit den Heer= königen des germanischen Altertums verglichen. König Wilhelm war mehr, er war ein Held unserer Zeit, der gebietende monarchi= sche Führer einer ungeheuren demokratischen Massenbewegung, die alle Höhen und Tiefen unseres Volkes erschütterte und ihres Zieles sicher über alle Bedenken zaudernder Höfe im Sturme hinwegschritt. Das verstand sich von selbst, daß die alten treuen Adlerlande Preußens freudig zu den Waffen griffen. Hier sprach man noch auf jedem Bauernhofe vom alten Fritz und vom alten Blücher. Hier hingen selbst in den französischen Kirchen die Tafeln mit dem Eisernen Kreuz und der Inschrift: Morts pour le roi et la patrie; und die langen Reihen der französischen Namen darunter erzählten, wie tief ein edler Staat edle Fremd= linge mit seinem Geiste zu durchdringen vermag. Aber auch in den kleinen Staaten, die so lange der Siegesfreude entbehrt hatten und jetzt erst lernten, was ein Volk in Waffen ist, erwachte überall der gleiche Eifer und die gleiche Zuversicht.

Dann fügte es ein gnädiges Geschick, daß gleich beim Beginn

des Krieges das Schuldbuch deutschen Bruderstreites zerrissen, alle Sünden alten Haders für immer abgetan wurden. Die Bayern, die schon dreimal der Freundschaft Preußens die Rettung ihres Staates verdankten, neuerdings aber, durch die Verblendung des Hofes, sich ihrem alten natürlichen Bundesgenossen ganz entfremdet hatten, halfen jetzt, von Preußens Kronprinzen geführt, die ersten Siege des Feldzuges bei Weißenburg und Wörth mit erfechten. Unser Fritz mit seinem gütigen, strahlenden Lächeln ward ihrer aller Liebling, er schlug die Brücke zwischen den Herzen von Süd und Nord, und nicht lange, so nannte der Bayer den Preußen seinen treuesten Bruder. Einst hatte Moritz von Sachsen das Bollwerk Lothringens den Franzosen verraten. Jetzt führten kursächsische Regimenter, die Schuld der Väter edel sühnend, bei St. Privat die letzten Schläge in den Schlachten um Metz; und ihr Kronprinz Albert, der vor vier Jahren noch bei Königgrätz den Rückzug des geschlagenen Heeres ritterlich gedeckt hatte, erwies sich nunmehr als der besten einer unter den Führern des preußisch-deutschen Heeres. Der Neid und die Scheelsucht der deutschen Stämme verschwanden vor dem leiden=schaftlichen Wetteifer guter Kameraden und Blutsfreunde. Nun gar an die ängstliche Schonung der preußischen Garden, die noch im Jahre 1814 so viel Mißmut erregt hatte, mochte niemand auch nur denken. Die Garde blutete und kämpfte, schwerer als viele andere Korps, und wenn einer klagte, so geschah er nur, weil er fand, daß seine Truppe nicht oft genug ins Feuer gekommen sei.

Mit einem solchen Heere ließ sich alles wagen; jeder General trachtete nach dem stolzen Vorrecht der Initiative, das König Friedrich seinen Preußen zuerkannte. Ungewollt, ohne Plan, und doch notwendig geboten durch den Charakter unseres Heeres, entbrannte die furchtbare Schlacht um die Höhen von Spichern, weil jeder Korpsführer kurzerhand dem Donner der Kanonen entgegenging. Einen Tag früher als ihnen befohlen war, zogen die Brandenburger auf das linke Ufer der Mosel und versperrten dann den langen Sommertag hindurch, allein, erst spät unterstützt, dem gesamten feindlichen Heere den rettenden Rückzug, bei Mars

la Tour, in der heldenhaftesten Schlacht des ganzen Krieges, also
daß zwei Tage nachher jener verwegene, ungeheuere Kampf mit
verkehrter Front möglich wurde, der unsere Scharen, wenn sie
nicht siegten, mitten ins feindliche Land hinausgeschleudert hätte.
Als das eine Heer in den Wällen von Metz eingeschlossen war,
begann alsbald — so sagten die Musketiere — das große Kessel=
treiben gegen das zweite. Bei Sedan überboten die Enkel alles,
was ihre Vorfahren einst von der Paviaschlacht der frommen
Landsknechte gesungen hatten: der Kaiser und sein letztes Heer
streckten die Waffen.

Bis dahin hatten die Unseren in zerschmetternden Angriffen,
wie es der stolzen preußischen Überlieferung entsprach, ein wohl=
geschultes Heer bekämpft, das zum guten Teile aus alten sieg=
gewohnten Berufssoldaten bestand, aber der Kopfzahl des Gegners
nachstand. Jetzt erwuchs ihnen plötzlich eine ganz andere, mühe=
vollere, dem preußischen Wesen weniger zusagende Aufgabe. Es
begann die in aller Geschichte beispiellose Belagerung einer mit
fanatischem Mute verteidigten Millionenstadt. Derweil die
Deutschen die beständigen Ausfälle des weit überlegenen Pariser
Volksheeres zurückschlugen, drängten von allen Seiten her zum
Entsatze der Hauptstadt neue Heere heran, unzählbare Massen,
die Blüte der französischen Jugend, Trümmer der alten Armee
und wüstes, zuchtloses Gesindel in krausem Gemenge. Gegen sie
mußte der Belagerer selber große Ausfallskämpfe führen, durch
kühne Vorstöße weithin bis zum Kanal und zur Loire. Wir
Deutschen dürfen Gambetta wahrlich nicht, wie manche seiner
Landsleute in der Hitze des Parteikampfes, den Namen des
wütenden Narren geben. Für die Rettung des Vaterlandes das
unmögliche versuchen, bleibt immer groß. Und schlechthin un=
möglich waren die Pläne des Diktators nicht, der mit seinem
revolutionären Ungestüm immer neue Armeen aus dem Boden
stampfte und die heiße Vaterlandsliebe seines Volkes bis zur
Wut des Rassenkrieges erhitzte. Die reichen, in langer Kultur=
arbeit angesammelten wirtschaftlichen Kräfte des vom Kriege noch
nicht berührten südlichen Frankreichs schienen unerschöpflich; aber

die sittlichen Kräfte sind es nicht, bei den Völkern so wenig, wie bei dem einzelnen. Den Heeren Frankreichs fehlten von vornherein die Treue, das Vertrauen, der Rechtssinn, die allein dem Geschlagenen einen Rückhalt gewähren, und als nun aller flammende Mut, alle Wucht erdrückender Massen, alle Überlegenheit der Feuerwaffen des Fußvolks in zwanzig Schlachten das Kriegsglück nimmer wenden konnte, als die Deutschen hinter dem Schleier ihrer weit dahinsegenden Reitergeschwader immer wieder unverhofft hervorbrachen, da packte auch tapsere Herzen der preußische Alp, le cauchemar prussien.

Frankreich hatte die führende Stellung in Europa schon seit dem Sturze des ersten Kaiserreichs verloren und sie dann für einige Jahre scheinbar zurückgewonnen durch die diplomatische Kunst des britten Napoleon. Sobald Preußens böhmische Siege ein gerechtes Gleichgewicht der Mächte wiederherzustellen drohten, da bemächtigte sich jener lärmenden Pariser Kreise, welche von jeher die willenlose Provinz beherrschten, ein phantastischer Rausch nationalen Hochmuts; der alte Wahn kam wieder auf, daß Frankreichs Größe auf der Schwäche seiner Nachbarn beruhe. Die öffentliche Meinung der Unberufenen nötigte den kranken Kaiser wider seinen Willen zur Kriegserklärung, sie meisterte und störte vorlaut jede Bewegung der Heere, sie erzwang den verhängnisvollen Zug nach Sedan. Nach den ersten Niederlagen fiel der Kaiserthron, der keine andere Stütze besaß als das Glück, und die Parteiherrschaft der neuen revolutionären Regierung konnte weder Gerechtigkeit üben noch allgemeines Ansehen erlangen. Daß der Befehlende befiehlt und der Gehorchende gehorcht, ward in dem allgemeinen unheimlichen Mißtrauen fast vergessen. Jedes Mißgeschick galt für Verrat, auch als der Krieg sich seine Männer gebildet und die Armee der Loire in Chanzy einen Feldherrn gefunden hatte; und zuletzt noch, nach der Übergabe von Paris, zerfleischten sich die Besiegten unter den Augen der Sieger selbst in einem gräßlichen Bürgerkriege.

Selten hat sich so klar gezeigt, daß es der Wille ist, der

in den Daseinskämpfen der Völker entscheidet, und in dem Einmut
des Wollens waren wir die Stärkeren.   Dies Frankreich, das
so oft unsern inneren Zwist genährt und mißbraucht hatte, stand
mit einem Male der lebendigen Einheit der Deutschen gegenüber;
denn ein gerechter Krieg entfesselt alle natürlichen Kräfte des
Gemüts, neben dem Hasse auch die Macht der Liebe.   Unver=
brüchliches Vertrauen verband die deutsche Mannschaft mit ihren
Offizieren und alle mit der obersten Heeresleitung.   Die
Schwaben, Badener und Bayern, die uns bisher doch nur als
Feinde gekannt hatten und erst durch das lose Band völkerrecht=
licher Verträge mit uns verbunden waren, sagten ganz ebenso
zuversichtlich wie die Preußen: Der König und sein Moltke
wird es schon machen.   Welch ein Hort und Halt war dies
unbedingte Vertrauen für die Masse der gemeinen Mannschaften,
als sie nach dem Siegesjubel des Sommers nun im Winter die
ganze entsetzliche Prosa des Krieges kennen lernten: Hunger,
Frost, Ermattung und die notgedrungene Unbarmherzigkeit gegen
das feindliche Volk, als sie nach kurzer Nachtrast in den schneeigen
Ackerfurchen immer wieder durch den Klang der Trommeln und
der Querpfeifen zu neuen Gefechten geweckt wurden, zu endlosen
Märschen, deren Sinn und Zweck sie nicht begriffen.   Manche
lernten selbst den Wert ihrer eigenen Siege erst nachträglich,
wie durch Hörensagen kennen, so die tapferen Sechsundfünfziger,
die in blutigem Nachtgefechte die Mobilgarden der Bretagne aus
dem Hofe La Tuilerie hinausschlugen, ohne zu ahnen, daß sie
damit der dreitägigen Schlacht von Le Mans die entscheidende
Wendung gaben.   „Guter Wille, Ausdauer und Mannszucht über=
wanden alle Schwierigkeiten" — so urteilt Moltke einfach.   Dieser
gute Wille aber war nur möglich in einem frommen Kriegsvolk.
In schlichter Demut, ohne viel Reden und Beten, beugten sich
die Männer vor dem Unerforschlichen, der auf dem Schlachtfelde
die Halme mäht, und wie oft vernahm der Feldprediger, wenn
er den letzten Trost spendete, von den Lippen der Sterbenden
rührende Geständnisse einer tiefen, schamhaften Gottesfurcht.
Auch den Daheimgebliebenen ward das Herz freier, weiter, lieb=

reicher, der Ernst der Zeit hob sie über die Selbstsucht des
Werktagstreibens empor. Der Streit der Parteien verrauchte,
vereinzelte vaterlandslose Toren wurden rasch zum Schweigen
gebracht, und je länger das Ringen währte, um so fester vereinigte sich die gesamte Nation in dem Entschlusse, daß dieser
Kampf uns das Deutsche Reich und die verlorene alte Westmark
wiederbringen müsse. Hundertunddreißigtausend deutsche Männer
fielen dem unersättlichen Kriege zum Opfer, endlos schienen die
Züge der nachrückenden alten Landwehrmänner, mehr als eine
Million unserer Krieger überschritt nach und nach die französische
Grenze. Alle kamen, es mußte sein. Wenn die Todesnachrichten
aus dem Westen einliefen, dann sagten die Väter und die Brüder:
viel Trauer, viel Ehre; und auch den Müttern, den Frauen, den
Schwestern blieb im schweren Herzeleid doch der Trost, daß ihrem
kleinen Hause ein Blatt gehöre in dem schwellenden Kranze
deutschen Ruhmes.

Ideen allein entzünden kein nachhaltiges Feuer im Herzen
des Volkes, sie bedürfen der Männer. Und wohl war es ein
Glück, daß die Nation einmütig aufblicken konnte zu dem greisen
Herrscher, dessen ehrwürdiges Bild kommenden Geschlechtern
immer größer erscheinen wird, je näher die historische Forschung
herantritt. Seine Majestät sieht alles — so wetterten die Feld-
webel ihre säumigen Leute an, und sie sagten die Wahrheit.
Als ihn das Schicksal im hohen Alter auf den nie gesuchten
Thron gehoben, da empfand er bald, daß die Vorsehung ihn und
sein Heer zum Werkzeug für ihre Fügungen bestimmt hatte.
Wenn ich das nicht glaubte, sagte er ruhig, wie hätte ich sonst
die Last dieses Krieges tragen können? Er hatte als Jüngling
das Volk in Waffen bewundert, da es sich nach Scharnhorsts
Plänen im Drange der Not halbgeordnet zusammenscharte, er
hatte als Mann mit Scharnhorsts Erben, Boyen, beständig erwogen, wie diese unfertigen Gedanken sich lebenskräftig aus-
gestalten könnten, und endlich als König unter schweren par-
lamentarischen Kämpfen die dreijährige Dienstzeit der verstärkten
Linientruppen durchgesetzt, die uns ein zugleich volkstümliches

und kriegerisch ausgebildetes Heer sicherte. Er kannte jedes kleine
Räderwerk der riesigen Maschine, jetzt sah er zufrieden, wie sie
arbeitete. Allein, ohne Kriegsrat, faßte er seine Entschlüsse nach
Moltkes Vorträgen. Früher und sicherer als alle seine Umgebungen ahnte er, daß die Schlacht von Sedan den Krieg entschieden, aber noch lange nicht beendigt hatte. Er kannte den
glühenden Nationalstolz der Franzosen, er hatte vor allen anderen
die reiche, in starkem Gedächtnis bewahrte Erfahrung des Greisenalters voraus; noch immer sah er leibhaftig vor sich, wie einst
vor sechsundfünfzig Jahren die bewaffneten Bauernscharen der
Champagne unter den Augen der Preußen aus der Erde auf-
gestiegen waren. Früher und klarer als alle durchschaute er die
Gefahr, die von der Loire her drohte und befahl die Verstärkung
des Heeres im Süden. So blieb er bis zum Ende der Kriegsherr,
und als er den Boden Frankreichs verließ, da gedachte er, nach
solchen Siegen, gewissenhaft des ewigen Wandels der menschlichen
Dinge und ermahnte die Armee des nunmehr geeinten Deutschlands, daß sie sich nur bei stetem Streben nach Vervollkommnung
auf ihrer Stufe erhalten könne.

Es ist die anheimelnde Schönheit der deutschen Geschichte,
daß wir nie einen jede Persönlichkeit niederdrückenden Napoleon
gekannt haben. In allen großen Zeiten standen neben unseren
führenden Helden freie Männer von fester Eigenart und sicherem
Stolze, und König Wilhelm verstand, ein geborener Herrscher,
starke, in ihrem Fache ihm selber überlegene Talente, jedes am
rechten Ort, frei schalten zu lassen. Menschlich würdiger ist
nichts als die treue Freundschaft, welche den Kriegsherrn mit
dem Schlachtendenker verband, dem geistigen Leiter der Heere,
dem wunderbaren Manne, dem die verschwenderische Natur neben
dem untrüglichen Blick und der genialen Tatkraft des großen
Feldherrn auch die Schärfe eines fast den gesamten Bereich
menschlichen Wissens umfassenden Verstandes und den Künstlersinn des klassischen Schriftstellers schenkte. Und neben Moltke
stand Roon, der Gestrenge, bitter Gehaßte; hart und unerschütter-
lich in seinen Grundsätzen, wie ein gottseliger Dragoner Oliver

Cromwells, hatte er die Neugestaltung des Heeres nach den Vorschriften seines Kriegsherrn bewirkt, jetzt nannten ihn die bekehrten Gegner den neuen Waffenschmied Deutschlands. Und dann die Führer der Armeen und der Korps. Neben den Prinzen: Goeben, der ernste Schweiger, von dem seine Leute sagten, er könne nicht sprechen, aber auch nicht irren — sie ahnten nicht, daß seine Feder ganz im Stil der Kommentarien Cäsars zu reden wußte. Dann Konstantin Alvensleben, der echte Sohn des märkischen Kriegervolkes, munter und gütig, aber furchtbar in der Schlacht, stürmisch, unaufhaltsam, bis zuletzt noch bei Le Mans das Hurra Brandenburg! seiner Scharen erklang. Gott verzeih' mir's, sagte er nach dem Todesritte von Mars la Tour, ich fragte nicht, was auf oder unter der Erde lag, ich dachte nur an die Zukunft. Dann der geistvolle, feurige Franke von der Tann, der jetzt vollenden half, was er einst im brausenden Jugendmut als Führer der schleswig=holsteinischen Freischaren versucht hatte — und so weiter, eine dichte Wolke kühner und denkender Männer, die unser Volk, wie die Helden des Be=freiungskrieges, im Laufe der Jahre immer lieber gewinnen wird. Wie der König selbst so schlicht und sicher auftrat, daß die Schmeichler der Höfe sich nie an ihn heranwagten, so zeigten auch seine Generale, sehr wenige ausgenommen, das anspruchslose Wesen, das deutscher Empfindung wohl tut. Wandern Sie hinaus durch den Wald nach dem kleinen Jagdhaus von Dreilinden. Dort im Gebüsch wohnte der Feldherr, dem die Meldung er=stattet wurde: „Monseigneur, j'ai l'ordre de vous rendre la garde impériale", Prinz Friedrich Karl, der die größte Kapitulation der Weltgeschichte erzwang.

Endlich kam die Zeit der Ernte. Paris ergab sich, der letzte verzweifelte Vorstoß der Franzosen gegen das südliche Elsaß scheiterte kläglich. Vier große Armeen waren gefangen oder entwaffnet, und an dem unermeßlichen Erfolge hatten alle deutschen Stämme den gleichen, schönen Anteil. In diesen letzten Wochen des Krieges trat der Mann wieder in den Vordergrund deutscher Geschichte, der Gewaltige, von dem die Truppen beim

Beiwachtfeuer so oft gesprochen hatten. Solange es eine Ge=
schichte gibt, haben die Massen des Volks das Gemüt und die
Tatkraft allezeit höher geschätzt als den Geist und die Bildung;
die allergrößte, die schrankenlose Volksgunst ward immer nur
den Helden der Religion und den Helden des Schwertes zuteil.
Der einzige Staatsmann, der eine Ausnahme zu bilden scheint,
bestätigt nur die Regel. Dem Volke war Bismarck nie etwas
anderes als der reckenhafte Kriegsmann mit dem erzenen Helm
und dem gelben Kragen der Kürassiere von Mars la Tour,
so wie ihn die Maler auf seinem Ritte durch die Pappelallee
bei Sedan darstellen. Er hatte einst das rettende Wort gesprochen:
Los von Österreich, er hatte durch die Verträge mit den Süd=
staaten den unausbleiblichen neuen Krieg umsichtig vorbereitet.
Als er heute vor fünfundzwanzig Jahren dem Reichstage die
Kriegserklärung Frankreichs vorlas, da war allen zu Mute, als
ob er zuerst den Ruf erhöbe: Alldeutschland nach Frankreich
hinein, und allen schien es, als ob er wie ein Herold den deutschen
Geschwadern in Feindesland voranritte. Nunmehr zog er die
Summe aus den großen Kämpfen, er brachte Metz und Straßburg
ihrem Vaterlande wieder und vereinbarte in mühseligen Unter=
handlungen die Verfassung für das neue Reich. Sie schien ganz
neu und rief doch die altheiligen unvergessenen Empfindungen
deutscher Kaisertreue wieder wach. Sie schien verwickelt bis zur
Formlosigkeit und war doch im Grunde einfach, weil sie eine
unendliche Weiterbildung ermöglichte. Dem Ausland gegenüber
gab es fortan nur ein Deutschland, und trotz manchem Bedenken
hofften die Einsichtigen alle: wir haben den Kaiser, das Reich
wird sich auswachsen.

Fast allen den alten Parteien, die sich bisher auf unserem
Boden bekämpft, brachte dies Werk eine Befriedigung und Ver=
söhnung. Sie alle hatten gefehlt und geirrt, und fast alle fanden
in der Reichsverfassung einige ihrer eigensten Gedanken wieder.
Gesündigt hatte vornehmlich unser Fürstenstand. Er war im
Verlauf einer wechselreichen Geschichte oft ein Hüter deutscher
Glaubensfreiheit und der reichen Mannigfaltigkeit unserer Kultur

gewesen, aber oft auch durch dynastischen Neid und Stolz betört
worden bis zum Verrat, und gerade um die Mitte des Jahr=
hunderts stand er in seines Hochmuts Blüte; denn was anderes
bezweckte der Krieg von 1866, als den Staat des großen Friedrich
zu zerschlagen, ihn hinabzureißen in die Erbärmlichkeit deutscher
Kleinherrschaft? Da rief die Entthronung der Souveräne von
Hannover, Kurhessen, Nassau den Fürsten ein donnerndes Me=
mento mori zu. Sie besannen sich wieder auf sich selbst, auf
die schönen Überlieferungen altfürstlicher Reichsgesinnung; sie
scharten sich, sobald der Krieg begann, fest um den führenden
König. Darum konnten sie, nach altem deutschen Fürstenrecht,
nun selber ihren Kaiser küren und sich den gebührenden Anteil
an der neuen Reichsgewalt wahren. Dort in Frankreich wurde
der erste Grund gelegt zu jenem unsichtbaren deutschen Fürsten=
rate, der etwas anderes ist als der Bundesrat, der in keinem
Artikel der Reichsverfassung verzeichnet steht und doch hand=
greiflich, immer zum Heile des Vaterlandes wirkt; noch niemals
hat in ernster Stunde den Hohenzollernschen Kaisern die treue
Hilfe der Fürsten gefehlt. Die konservativen Parteien Preußens
waren mutig eingetreten für die Umgestaltung des Heeres, doch
der deutschen Politik des neuen Bundeskanzlers anfangs nicht
ohne Mißtrauen gefolgt; jetzt sahen sie die Kriegsherrlichkeit
ihres Königs gefestigt und erkannten bald, daß die revolutionäre
Idee der deutschen Einheit in Wahrheit nichts anderes bedeutete,
als den Sieg der monarchischen Ordnung über dynastische
Anarchie. Eine späte Genugtuung war den alten Gothaern be=
schieden, den verlachten Professoren der Frankfurter Paulskirche.
Wohl hatten sie geirrt, als sie das Kaisertum durch den Macht=
spruch eines Parlaments zu erzwingen dachten; jetzt blieb ihnen
doch die Ehre der ersten Pfadfinder des nationalen Gedankens.
Wort für Wort ging in Erfüllung, was ihr Führer Dahlmann
im Frühjahr 1848 gesagt hatte: Wenn Deutschlands einträchtiger
Fürstenrat einen Fürsten seiner Wahl als erbliches Reichsober=
haupt dem Reichstage zuführe, dann würden Freiheit und Ord=
nung selbander bestehen. Selbst die Demokraten, sofern sie nicht

ganz in den Wolken schweiften, durften sich eines Erfolges freuen.
Ihr bester Mann, Ludwig Uhland, hatte doch recht behalten, als
er weissagte: es wird kein Haupt über Deutschland leuchten, das
nicht mit einem reichlichen Tropfen demokratischen Öls gesalbt ist.
Ohne die Mitwirkung der Parlamente des norddeutschen Bundes
und der Südstaaten konnte dies neue Kaisertum nicht entstehen.

Am schwersten waren die Anhänger Österreichs, die Groß=
deutschen geschlagen, so schwer, daß selbst ihr Parteiname spurlos
verschwand. Aber die Ehrlichen unter ihnen hatten den „klein=
deutschen Gegenkaiser" doch nur darum bekämpft, weil sie
fürchteten, ein preußisches Kaisertum würde zu schwach sein für
die Weltstellung der Nation. Und wie stand es jetzt? Wer
ein Deutscher sei, das konnte niemand je bezweifeln; den Stempel
unserer Art und Unart trugen wir alle so deutlich auf die Stirn
geprägt, wie vormals die geistes= und schicksalsverwandten
Hellenen. Wo aber Deutschland lag, das blieb durch die Jahr=
hunderte immer bestritten; seine Grenzen wechselten beständig
oder verschwammen im Nebel des Reichsrechts. Jetzt erst
entstand ein deutscher Staat, der seine Grenzen kannte. Er hatte
die Marken des Südostens verloren, die von langeher mit dem
Reiche nur lose zusammenhingen, aber dafür die avulsa imperii
am Rhein und an der Mosel endlich zurückerobert und durch
den Staat der Hohenzollern im Osten und Norden weite Gebiete
gewonnen, die dem alten Reiche niemals oder kaum dem Namen
nach angehörten: Schlesien, Posen, das Ordensland Preußen,
Schleswig. Er war mächtiger als das alte Reich seit sechs Jahr=
hunderten je gewesen; wer durfte ihn noch Kleindeutschland
schelten? Aus dem ewigen Wogen und Fluten der Völker im
Herzen Europas waren schließlich zwei große Kaiserreiche her=
vorgegangen, das eine rein deutsch und kirchlich gemischt, das
andere katholisch und von vielen Nationen bewohnt, die doch
deutscher Sprache und Bildung nicht entbehren konnten. Ein
solcher Ausgang vielhundertjähriger Kämpfe mußte selbst der
Phantasie großdeutscher Schwärmer vorläufig genügen. Die
ungeheure Mehrheit der Nation stimmte jauchzend ein, als im

Schloſſe von Verſailles der Heilruf der Fürſten und des Heeres
den Kaiſer begrüßte, der in ſeiner tiefen Beſcheidenheit die neue
Würde nur zögernd annahm. —

Nicht alle Blüten jener hocherregten Tage ſind zu Früchten
ausgereift. Wir hofften damals, der begreifliche Groll der Be=
ſiegten würde in zwei Jahrzehnten mindeſtens ſich mildern und
ein freundnachbarliches Verhältnis zwiſchen den beiden, durch
gemeinſame Kulturzwecke ſo eng verbundenen Nationen wieder
möglich werden. Wir hofften umſonſt. Unerwidert, aber un=
verſöhnlich klingen uns über die Berge des Wasgaus die Stimmen
des Haſſes entgegen; ernſte Gelehrte ſogar muten uns zu, die
altdeutſche, durch Hekatomben unſerer Männer wiedergewonnene
Weſtmark freiwillig herauszugeben, eine freche Beleidigung, die
wir nur im Bewußtſein unſeres guten Rechtes mit kalter Ver=
achtung erwidern können. Es iſt nicht anders, der Krieg von
1870 wirkt in der Geſtaltung der Staatengeſellſchaft viel länger
nach als einſt die Befreiungskriege. Der unbelehrbare Haß der
Nachbarn bannt unſere auswärtige Politik auf eine Stelle,
erſchwert ihr die überſeeiſche Machtentfaltung. Wir hofften auch,
ſobald die alte lähmende Eiferſucht ſchwände, Öſterreich und
Deutſchland als freie Verbündete ſelbſtändig nebeneinander
ſtänden, dann würde unſer Volkstum an der Donau kräftiger
aufblühen. Auch dies war ein Irrtum. Rückſichtslos vollſtrecken
die ſubgermaniſchen Nationen des Donaureichs das alte Geſetz
des hiſtoriſchen Undanks gegen ihre deutſchen Kulturbringer, und
furchtbar ernſt tritt an uns die Mahnung heran, mindeſtens
daheim, wo wir die Herren ſind, jeden Zollbreit deutſcher Ge=
ſittung gegen ausländiſche Gewalten zu behaupten. Es war der
Lauf der Welt, daß nach dem Siege der Waffenſtillſtand der
deutſchen Parteien gekündigt wurde. Immer roher und gröber
geſtalteten ſich von Jahr zu Jahr unſere Parteikämpfe; ſie
bewegen ſich ſelten um politiſche Gedanken, meiſt um wirtſchaft=
liche Intereſſen, ſie ſchüren den Klaſſenhaß, bedrohen den Frieden
der Geſellſchaft.

Dieſe Vergröberung der Politik hat ihren tiefſten Grund

in einer bedenklichen Wandlung unseres gesamten Volkslebens. Vieles, was wir sonst für eine Eigentümlichkeit des sinkenden Altertums hielten, ist in Wahrheit die Ausgeburt jeder über- bilbeten städtischen Kultur und wiederholt sich heute vor unseren Augen. Eine demokratisierte Gesellschaft trachtet nicht, wie die Schwärmer wähnen, nach der Herrschaft des Talents, das immer aristokratisch bleibt, sondern nach der Herrschaft des Geldes oder des Pöbels, oder auch nach beiden zugleich. Erschreckend schnell schwindet dem neuen Geschlechte, was Goethe den letzten Zweck aller sittlichen Erziehung nannte, die Ehrfurcht: die Ehrfurcht vor Gott, die Ehrfurcht vor den Schranken, welche die Natur den beiden Geschlechtern und der Bau der menschlichen Gesell- schaft den Begierden gesetzt hat; die Ehrfurcht auch vor dem Vaterlande, das dem Wahnbilde einer genießenden geldzählen- den Menschheit weichen soll. Auf je weitere Kreise die Bildung sich ausdehnt, um so mehr verflacht sie; der Tiefsinn der antiken Welt wird verachtet, nur was den Zwecken des nächsten Tages dient, scheint noch wichtig. Wo jeder über jedes, nach der Zei- tung und dem Konversationslexikon mitredet, da wird die schöpfe- rische Kraft des Geistes selten und mit ihr der schöne Mut der Unwissenheit, der den selbständigen Kopf auszeichnet. Die Wissen- schaft, die einst zu weit in die Tiefe hinabsteigend, das Un- ergründliche zu erweisen suchte, verliert sich in die Breite, und nur vereinzelt ragen die Edeltannen ursprünglicher Gedanken- kraft aus dem niederen Gestrüpp der Notizensammlungen empor. Der übersättigte Geschmack, der das Wahre nicht mehr versteht, hascht nach dem Wirklichen, schätzt die Wachsfigur höher als das Kunstwerk. In der Langeweile eines leeren Daseins gewinnt der Zeitvertreib, die erkünstelte Natürlichkeit der Wetten und der Kampfspiele eine unverdiente Bedeutung, und wenn wir sehen, wie unmäßig man heute die Helden des Zirkus, die Tausend- künstler der Spielplätze überschätzt, so denken wir voll Ekels an das kostbare riesige Mosaikbild der 28 Faustkämpfer aus den Thermen des Caracalla.

Das alles sind ernste Zeichen der Zeit. Aber niemand steht

so hoch, daß er sein Volk nur anklagen dürfte; wir Deutschen
zumal haben uns durch maßlose Tadelsucht oft an uns selbst
versündigt. Und niemand darf sagen, daß er sein Volk wirklich
kenne. Im Frühjahr 1870 ahnten die Frohesten selber nicht,
daß unsere Jugend schlagen würde, wie sie schlug. So wollen
auch wir hoffen, daß heute in den Tiefen unseres Volkes ver-
jüngende Kräfte wirken, die wir nicht ahnen. Und wieviel
Unvergängliches ist uns trotz alledem aus dem großen Kriege
geblieben. Das Reich steht aufrecht, stärker als wir jemals erwarteten; sein mächtiges Wirken spürt jeder Deutsche selbst in
den Gewohnheiten des Alltags, im Münzenaustausch des Marktes.
Wir alle können ohne das Reich nicht mehr leben, und wie stark
der Reichsgedanke die Herzen durchglüht, das zeigt uns die dankbare Liebe, welche den ersten Reichskanzler über die Bitternis
seiner alten Tage zu trösten sucht. In meiner Jugend sagte man
oft: wenn die Deutschen Deutsche werden, gründen sie das Reich
auf Erden, das der Welt den Frieden bringt. So harmlos
empfinden wir nicht mehr. Wir wissen längst: das Schwert
muß behaupten, was das Schwert gewann, und bis an das
Ende aller Geschichte wird das Männerwort gelten: βιᾷ βιᾷ
βιάζεται, durch Gewalt wird Gewalt überwältigt. Und doch
liegt ein tiefer Sinn in jenen alten Versen. Wie der Kampf
um Preußens Dasein, der Siebenjährige Krieg, zugleich der
erste europäische Krieg war, wie unser Staat die beiden alten
Staatensysteme des Ostens und des Westens zu einer europäischen Staatengesellschaft vereinigte, so hat er auch, endlich er-
starkt, als ein Land der Mitte, durch ein Vierteljahrhundert voll
gefährlicher diplomatischer Reibungen dem Weltteil den Frieden
geboten, nicht durch das Heilmittel der Friedensschwärmer, die
Abrüstung, sondern durch das genaue Gegenteil, die allgemeine
Rüstung. Deutschlands Beispiel erzwang, daß überall die Heere
zu Völkern, die Völker zu Heeren, mithin die Kriege zum furchtbaren Wagnis wurden; und da noch kein Franzose je behauptet
hat, daß Frankreich allein seinen alten Raub mit den Waffen
wiedergewinnen könne, so dürfen wir vielleicht noch einige fried-

liche Jahre mehr erwarten. Unterdessen verwächst unsere West=
mark langsam, aber unaufhaltsam mit dem alten Vaterlande,
und die Zeit wird kommen, da die deutsche Bildung, die ihre
Stätten so oft verändert hat, in ihren ältesten Heimatlanden
wieder die volle Herrschaft erlangt. Und nach so mancher schmerz=
lichen Enttäuschung ist uns jüngst doch ein Werk gelungen, wie
es nur einem großen, einigen Volke gelingt. Es war doch ein
guter Tag, als die Wasserstraße zwischen Nord= und Ostsee er=
schlossen wurde und die Deutschen am schwäbischen Meere ihren
Brudergruß zur fernen Küste sandten.

An solche Stunden frohen Gelingens müssen Sie sich halten,
meine lieben Kommilitonen, wenn Ihnen der Kopf wüst wird
von dem Toben der Parteiung. Ihnen vornehmlich gilt doch
unsere Feier. Aufzuschauen, hochgemut der Zukunft zu ver=
trauen, nicht die Taten der Väter zu verachten oder zu versinken
im Gezänke des Tages, das ist der Jugend Recht und Glück. Sie
haben nicht wie wir Älteren mit der Waffe oder dem Messer
des Arztes oder mit der schwachen Feder sich Ihr Vaterland
erobern helfen; Sie haben nicht wie wir, liebe Jugendfreunde
verderben sehen an Leib und Seele, weil sie zu früh an Deutsch=
land verzweifelten. Sie können die Idee des Vaterlandes viel=
leicht nicht mit so stürmischer Liebe erfassen, wie wir, als wir
jung waren. Sie sind glücklicher. An Sie ergeht der einfache
Ruf: Spartam nactus es, hanc exorna! Ja, Sie haben es gefunden,
ohne Ihr Verdienst, dies einige Vaterland, das zum Heile der
Menschheit von Fehrbellin bis Leuthen, von Belle=Alliance bis
Sedan immer höher stieg. In ihm bleibt Raum für jede starke
Manneskraft, und die beste ist ihm kaum gut genug. Sollte je
die Stimme des Kriegsherrn Sie unter die Fahnen des Adlers
rufen, dann werden Sie nicht schwächer sein wollen an Mut und
Treue, an Gottesfurcht und Hingebung, als die alten Berliner
Studenten, deren teure Namen wir auf dem Marmor in unserer
Aula bewahren. Mag Deutschland Arbeiten des Friedens oder
Taten des Krieges von Ihnen heischen, immer beherzigen Sie
das Gelübde, das einst der Dichter, niederschauend auf die Leichen=
felder um Metz, in unser aller Namen ablegte:

Nimmer soll, das ihr vergossen,
Euer Blut umsonst geflossen,
Nimmer soll's vergessen sein!

Und nun, hochansehnliche Versammlung, wie bei allen vaterländischen Festen unserer Hochschule, gedenken wir in alter Königs-
treue ehrfurchtsvoll des Herrschers, der unser Reich mit seinem
Zepter schützt. Gott segne Seine Majestät unseren Kaiser und
König. Gott gebe ihm ein weises, gerechtes, festes Regiment,
uns allen die Kraft, das köstliche Vermächtnis glorreicher Zeiten
zu wahren und zu mehren.

Hie gut Deutsch allerwegen! Stimmen Sie mit mir ein
in den Ruf:

Es lebe Kaiser und Reich!

———

Von **Heinrich von Treitschke** sind früher erschienen:

Historische und politische Aufsätze.

6. Auflage. 4 Bände. Geheftet Mk. 26.—, gebunden Mk. 34.—.

Erster Band. Charaktere, vornehmlich aus der neuesten deutschen Geschichte.
Geheftet Mk. 6.—, gebunden Mk. 8.—.

Zweiter Band. Die Einheitsbestrebungen zerteilter Völker.
Geheftet Mk. 6.—, gebunden Mk. 8.—.

Dritter Band. Freiheit und Königtum.
Geheftet Mk. 6.—, gebunden Mk. 8.—.

Vierter Band. Biographische und historische Abhandlungen, vornehmlich aus der neueren deutschen Geschichte.
Geheftet Mk. 8.—, gebunden Mk. 10.—.

Deutsche Kämpfe.

Neue Folge. Schriften zur Tagespolitik.
Geheftet Mk. 6.—, gebunden Mk. 8.—.

Politik.

Vorlesungen, gehalten an der Universität zu Berlin. Herausgegeben von M. Cornicelius. 2. Auflage. 2 Bände.
Geheftet Mk. 22.—, gebunden Mk. 26.—.

Druck von August Pries in Leipzig.

CPSIA information can be obtained
at www.ICGtesting.com
Printed in the USA
BVHW071703061118

532319BV00011B/806/P